陳榮捷撰

王陽明傳習錄詳註集評

臺灣學生書局印行

目錄

傳習錄 卷下

概說

有明王學展播全國，支配國人精神思想百有餘年。其致良知與知行合一之旨，至今仍爲我國哲學一擎天高峯，而四句之教，聚訟數百載，火尚未闌。東渡而異地開花，于明治維新，給大生力。此強健思想之源泉，乃傳習錄也。錢穆嘗謂我國有關修養人人所必讀者爲論、孟、老、莊、六祖壇經、近思錄、與傳習錄。比錄于經，豈奢語哉？一九六三年哥倫比亞大學有東方記錄（名著）編譯之舉，來商于予。予遂譯傳習錄以應。搜集中日註譯，務求詳盡。英譯題爲 Instructions for Practical Living。由該大學出版部刊行，迄今將二十年矣。茲整理舊稿，增益註疏，遠出英譯之上。第一三九條註割股達一千七百餘字，爲最詳盡。注中有詞必釋，有名必究。引句典故，悉溯其源。不特解釋，且每錄經典原文，以達全意。註家有所引者，皆檢查原書，備舉卷頁。英譯無評語，今則廣擇中日評論二十餘家。以前諸家从來未採馮柯，亦不用日人東正純與國人但衡今富有哲學性之精到案語。後者或未之聞，前者則必其以馮氏攻擊陽明而避之也。今則純以學術立場爲主，贊毀在所不論。其于陽明之言有所發明或修正，如劉宗周與佐藤一齋等人之語，則寧多毋少。其徒事表揚或止重述陽明之意，如孫奇逢東敬治等人之語，則寧少毋多。間或敢自下評語，如關于主一（第十五條），中庸著者（四十二），收斂（五十四），許衡（五十六），明鏡（六十二），朱子詩（六十八），天泉證道（一〇一），上智下愚不移（一〇九），居敬窮理（一一七），陸子之粗（二〇五）是也。註釋中亦有多少考證，如關于沖漠無朕（二十一），虛靈不昧（三十二），猫捕鼠（三十九），先儒（四十三），操存（四十八），箇箇圓成（一〇七），欒惠（一一二），蕭惠（一二二），興菴（中卷序），割股（一三九），荅周道通書（一四八），體用一原（一五六），寺刹（三一五。後錢序），餘干（三一七），禹穴（二四四）等。此外又于傳習錄三百四十二條與佐藤一齋增補三十七條之上，从王文成公全書卷目抄出四條。又从年譜抄出十條。此拾遺五十一條，均未見我國諸本傳習錄與評註。今之增補，不特志求完璧，而亦因拾遺諸條有新義也。如拾遺第三條言工夫本體，誠爲傳習錄第二〇四，三一五，三三七等條所未及。拾遺第四鄉愿狂者之辨，比傳習錄三一二條爲精微。拾遺第五條言尊德性，第二十三條伊川言覺，第二十四條言戒懼與愼獨之關係，皆有新見解。凡此于王學研究，不無小補也。此外略述傳習錄歷史，版本，與評註。末附「从朱子晚年定論看陽明之于朱子」，希于此數百年之公案，微有貢獻焉。曾春海博士教研忙中，代爲校對，僅此誌謝。

甲　傳習錄略史

(一)　傳習錄卷上（初刻傳習錄）

此卷語錄共一百二十九條。其中徐愛所錄十四條，陸澄所錄八十條（第十五至第九十四條），薛侃所錄三十五條（第九十五至一二九條）。徐愛正德二年（一五〇七）受業。七年（一五一二）十二月與陽明同舟歸越，論大學宗旨。其所錄有序云：門人有私錄陽明先生之言者。先生聞之謂之曰，「聖賢教人如醫用藥，皆因病立方。若拘執一方，鮮不殺人矣。…若遂守爲成訓，他日誤己誤人，某之罪過，可復追贖乎」？…愛既備錄先生之教，同門之友有以是相規者。愛因謂之曰，「如子之言，卽又拘執一方，復失先生之意矣。…今備錄先生之語，固非先生之所欲。使吾儕嘗在先生之門，亦何事于此？…使能得之言意之表，而誠諸踐履之實，則斯錄也，固先生終日言之之心也」。全書載此序于卷首爲舊序。單本傳習錄則或載或不載。

徐錄十四條又有引言略云，「先生于大學格物諸說，悉以舊本爲正。…世之君子或與先生僅交一面，或猶未聞其謦欬。…傳聞之說，臆斷懸度，如之何其可也？从遊之士，聞先生之教，往往得一而遺二。…故愛備錄平日之所聞，私以示夫同志，相與考而正之…」。十四條後有短跋略云，「如說格物是誠意的工夫，明善是誠身的工夫，窮理是盡性的工夫，道問學是尊德性的工夫，博文是約禮的工夫，惟精是惟一的工夫。諸如此類，始皆落落難合。其後思之旣久，不覺手舞足蹈」。

徐愛所錄，決不止十四條。可有兩證。一則上擧道問學與尊德性一題，不在該錄之內。二則續刻傳習錄徐愛序後有云，「此徐子曰仁（愛）之自序其錄者。不幸曰仁亡矣。錄亦散失。今之錄，雖全非其筆，然其全不可得云」。可知徐愛所錄，已散失若干矣。

徐愛之序，全重保存陽明敎言，以爲實踐之範。引言則注重維護陽明學說，尤其是大學格物諸說。跋亦有此意。兩者比稱，則知引言必在正德七年（一五一二）同舟歸越與聞大學宗旨之後，而序則在引言與跋之前。同行互相傳鈔。護敎爲重。故引言與跋成爲語錄之首尾，而序則或竟不載矣。

正德十三年（一五一八），陽明四十七歲。是年八月門人薛侃得徐愛所錄與其序跋引言，又得陸澄所錄。乃並其本人所錄共一二九條，刻于江西虔州（贛州）爲三卷。是爲初刻傳習錄，卽今之傳習錄上卷。徐序實踐云云，已示傳習之意。傳習一詞出自論語學而篇第一，第四章，「傳不習乎」？朱子論語集注註此章曰，「傳謂受之于師，習謂熟之于己」。大概薛侃首用此詞。然徐愛先用，亦有可能。

(二) 傳習錄卷中（續刻傳習錄）

嘉靖三年（一五二四）陽明五十三歲。是年十月，門人南大吉以初刻傳習錄爲上册，陽明論學書九篇爲下册，命弟逢吉校對而刻于越（今浙江紹興）爲續刻傳習錄。論學書九篇爲荅徐成之二篇，荅人（顧東橋）論學書，啓周道通書，荅陸元靜二書，荅歐陽崇一書，荅羅整庵書，與荅聶文蔚書。卷首有十月八日南大吉序。南序有云，「是錄也，門弟子錄陽明先生問爲之辭，討論之書，而刻以示諸天下者也」。觀此，可知不特薛侃已刻問荅之辭，而其他門人亦已刻論學之書。所謂續刻傳習錄者，乃南大吉併合已刻之語錄與另刻之論學書爲傳習錄二册也。全書卷二十一，頁三十七上，荅王亹庵中丞（甲申，一五二四）謂「謹以新刻小書二册奉求教正），即指此也。年譜嘉靖三年載大吉取陽明論學書復增五卷。今查南刻本上册卷一爲徐愛所錄，卷二爲陸澄所錄，卷三爲薛侃所錄。下册卷一至卷四爲論學書，卷五爲示弟立志說與訓蒙大意。佐藤一齋謂薛刻于虔爲四卷，南刻于越亦四卷，未知何所據而云然。南大吉序全書及他本並不載。只關東刻本傳習錄載之。

嘉靖三十五年丙辰（一五五六），即陽明死後二十八年，亦即南刻續刻傳習錄之後之三十二年，錢德洪編傳習錄上中下三卷。序中卷云，「先師手書凡八篇（實九篇。德洪以荅陸原靜二書爲一書）。其荅徐成之二書。吾師自謂天下是朱非陸。論定既久，一旦反之爲難。二書姑爲調停兩可之說。…今朱陸之辨，明于天下久矣。洪刻先師文錄（嘉靖十四年，一五三五），置二書于外集（卷二十一，頁九上至十七下）者，示未全也。故今不復錄。…而揭必有事焉，即致良知工夫。明白簡切，使人言下即得入手。此又莫詳于荅文蔚之第二書。故增錄之」。德洪又增訓蒙大意示教讀劉伯頌等。結果爲荅顧東橋書（第一三〇至一四三條），啓周道通書（第一四四至一五〇條），荅陸原靜書（第一五一至一五四條），又一書（第一五五至一六七條），荅歐陽崇一書（第一六八至一七一條），荅羅整庵少宰書（第一七二至一七七條），答聶文蔚書（第一七八至一八四條），答聶文蔚第二書（第一八五至一九四條），訓蒙大意示教讀劉伯頌等（第一九五至二〇〇條）。德洪幷易論學書爲問答體。此卽今之傳習錄中卷。

南刻之續刻傳習錄曾于嘉靖二十三年（一五四四）重刻于德安府（今湖北安陸縣治）。上册分四卷。以徐愛錄爲卷一，陸澄錄爲卷二，薛侃錄爲卷三，答歐陽崇一一篇與答聶文蔚書三篇爲卷四。下册亦分四卷。以答徐成之書二篇，答儲柴墟書二篇，答何子元書一篇，與答羅整庵書一篇爲卷一，以答友人論學書爲卷二，以啓周道通書一篇與答陸元靜書二篇爲卷三，以示弟立志說與訓蒙大意爲卷四。續刻傳習錄又有日本內閣記錄課所藏一本，分六卷。以徐愛所錄十二條爲卷一，陸澄所錄四十二條爲卷二，薛侃所錄二十五條爲卷三，以示弟立志說與訓蒙大意爲卷四，以答羅整庵書爲卷五，以答友人論學書爲卷六。卷首有南大吉續刻傳習錄序與初刻傳習錄徐愛序與引言。

㈢　傳習錄卷下（傳習續錄）

卷末錢德洪跋云，「嘉靖戊子（七年，一五二八）多，德洪與王汝中（畿）奔師喪至廣信（今浙江上饒）。訃告同門，約三年收錄遺言。…合所私錄，得若干條。居吳（蘇州，一五三五）時將與文錄並刻矣。適以憂去未遂。…去年（嘉靖三十四年，一五五五）同門曾子才漢，得洪手抄，復傍爲采輯，名曰『遺言』，以刻行于荆（今湖北江陵縣治）。洪讀之，覺當時采錄未精。乃爲删其重複，削去蕪蔓。存其三之一。名曰「傳習續錄。復刻于寧國

（安徽）之水西精舍。今年（一五五六）夏，洪來游蘄（今湖北蘄春）。沈君思畏……請裒其所逸者增刻之。……乃復取逸稿，采其語之不背者得一卷。其餘影響不眞，于文錄既載者，皆削之」。是卽爲今傳習錄之卷下。共一四二條。內陳九川錄二十一條（第二〇一至二二一條），黃以方錄十五條（第二二二至二三六條），黃敏叔錄十一條（第二三七至二四七條），黃勉之錄六十八條（第二四八至三一五條），黃以方錄二十七條（第三一六至三四二條）。其中第二六〇，二九七，三一三，三一五，三三七，三三八，三四二，皆用德洪之名，則爲德洪本人所錄無疑。第二六〇至三一五條，或全爲德洪所錄，亦未可知。

(四) 傳習錄三卷

是年（嘉靖丙辰三十五年，一五五六），德洪既成下卷，又易中卷爲問荅語。乃幷上中下三卷付黃梅（湖北）尹張君增刻之。四月乃序其始末于蘄之崇正書院。隆慶壬申（六年，一五七二），謝廷傑刻陽明全書，約錢德洪附錄陽明之朱子晚年定論于語錄之後（卽卷下之末）。于是傳習錄卷下又有德洪之附錄定論之引言，陽明之朱子晚年定論，與袁慶麟正德十三年（一五一八）所寫之晚年定論跋。如上所述，傳習錄之演變與編就，凡歷五十五年。

乙 傳習錄版本

傳習錄版本甚多。現擇其要者以年代先後爲序，冠以本書所用簡稱。繕錄如下：

1. **虔刻**。**初刻傳習錄**。正德十三年（一五一八）薛侃刻于江西虔州爲三卷。參看上述傳習錄略史㈠。

2. **南本**。**續刻傳習錄**。嘉靖三年（一五二四）南大吉刻于越，二册。參看上述傳習錄略史㈡。

3. **閭東本**。續刻傳習錄有閭東刻本。載南大吉序。並于黃省曾所錄第三一五條後增多一條。今錄于卷末爲拾遺第五條。

4. **遺言**。嘉靖三十四年（一五五五）曾才漢刻于荆。參看上述傳習錄略史㈢。

5. **續錄**。**傳習續錄**。同年錢德洪刻于寧國之水西精舍。參看同上述。

6. **傳習錄三卷**。嘉靖三十五年（一五五六），錢德洪編成上、中、下三卷。刻于蘄之崇正書院。至隆慶六年（一五七二）謝廷傑編王文成公全書，德洪復加朱子晚年定論。參看上述傳習錄略史㈣。

7. **宋本**。**宋儀望**（字望之，嘉靖丁未，一五四七，進士）校，河東重刻**陽明先生文錄**，二十册。文錄五卷，外集九卷，別錄十卷。卷首有嘉靖癸丑（三十二年，一五五三）序。是年刻于河東。

8. **全書**。**謝廷傑**（字宗聖，號虬峰，壯年一五七二）編，**王文成公全書**三十八卷。隆慶六年。（一五七二）徐階序。以傳習錄上卷爲第一卷，中卷爲第二卷，下卷爲第三卷。學者以此全書爲最完備而可靠。版本若干。今所用者爲四部叢刊影印隆慶六年（一五七二）刋本。四部備要本名**陽明全書**。

9. **朱本**。明人**朱文啓朱文教**同編，**王陽明先生傳習錄**四卷。萬曆二十一年（一五九三）陳九敘序，同年校刊，四卷。卷一爲傳習錄上。卷二爲傳習錄下。卷三爲論學九書。卷四爲示弟立志說，大學問，修道說，訓蒙大意，與朱子晚年定論。

10. **楊刻**。嘉靖三十年（一六〇二）**楊荊山**，字嘉猷，刻錢德洪原本，並附錄詠學詩，示徐曰仁應試，諭俗四條，客坐私祝諸篇，總名**傳習錄**。

11. **陳本**。**陳龍正**（字惕龍，號幾亭，崇禎四年，一六三七，進士）葉紹顒同編，**陽明要書**。崇禎五年（一六三二）年序。傳習錄下卷黃省曾錄中分何廷仁條（第二一六條）以下五十一條爲錢德洪所錄，以其用德洪之名也。

12. **施本**。**施邦曜**（字爾韜，一五八五—一六四四）編，**陽明先生集要三編**。施序無年月。惟有崇禎八年（一六三五）王志道序。分理學編四卷，經濟集七卷，文章集四卷。全書各處加以評語。理學集卷一爲傳習錄，即今之上卷。共一百一十六條，內徐愛錄十四條。卷二爲語錄，共八十一條，選自今之下卷。末有數條爲全書下卷所無者。中卷之論學書六篇則入卷三書札。

13. **俞本**。**俞嶙**（字仲高，號嵩菴）編，**陽明全集**，二十二卷，內傳習錄一卷，語錄一卷。康熙十二年（一六七三），刻于江州（今江西九江）匡山書院。傳習錄一卷，即今之上卷。內徐愛錄十四條，序跋各一。陸澄錄八十一條。薛侃錄三十五條。語錄一卷即傳習錄下卷。內陳九川錄十九條，黃以方錄五十三條，黃修易錄十一條，錢德洪錄六十七條。其傳習錄中卷之論學書，則載卷一至卷四書札。

14. **王本**。**王貽樂**（壯年一六八〇）編，**王陽明先生全集**。康熙十九年（一六八〇）序。貽樂爲陽明五世孫。是年得「陽明集要」三編，互參正訛，分別類序，合爲一部，共十六卷。卷二爲傳習錄。內徐愛錄十五條，陸澄錄八十條，薛侃錄三十六條，錢德洪錄六十條，語錄四十七條（包括黃以方錄二十三條），與大學問。卷三至五爲論學書。後淸人陶潯霍（字春田）加以批註。

15. **張本**。**張問達**（字天民，壯年一六七九）編，**陽明文鈔**二十卷。康熙二十八年（一六八九）序。第一卷爲傳習錄上，其中徐愛錄九條，序二，陸澄錄六十七條，薛侃錄三十二條。卷二爲傳習錄下。其中陳九川錄十八條，黃以方錄六十二條，黃修易錄十三條，黃省曾錄十二條，錢德洪錄五十三條，跋二篇。第三卷爲傳習錄之論學書七篇，錢德洪序一。黃以方前後二錄（即第二二三條以後及三一六條以後）合併爲一。其中四條以爲錢德洪所記，故附入錢錄。重複者删之。前後分見者併之。

16. **標註傳習錄**。**三輪執齋**（名希賢，字善藏，號執齋，一六六九—一七四四）日本正德三年（一七一三）編。上中下三卷，又附錄，共四冊。上卷徐愛錄十四條，序二，跋一；陸澄錄八十條，薛侃錄三十五條。中卷八書，即南本下卷。執齋又从一本加示弟立志及訓蒙大意。下卷陳九川所輯凡一一五條。其中二十一條爲陳所自記，十五條爲黃以方錄，十一條爲黃修易錄，六十八條爲黃省曾錄。錢德洪跋原在卷末，執齋則移在第三一六條之前，不解何故。最後爲朱子晚年定論。附錄載大學問，示徐曰仁應試，諭俗四條，客坐私祝。四者皆从楊荊山刻，惟不取楊刻之詠學詩一卷。又加略年譜。此標註傳習錄乃日本二三百年以來之基本版本。標注頗詳。參看下面傳習錄註評。

17. **傳習錄欄外書**。**佐藤一齋**（名坦，字大道，號一齋，一七七二——一八五九）日本天保元年（一八三〇）編。因讀標註傳習錄而改鈔為三卷。考證諸本異同，至為詳盡。內容與次序依標注傳習錄上中下三卷，惟刪去朱子晚年定論。亦無附錄。上卷補錄南大吉序，中卷依南本增錄荅徐成之等五書。卷下卷首有閭刻錢德洪序。又附錄各本所載而三卷傳習錄所無者三十餘條（今皆入本書「拾遺」）。評註甚精。參看下面傳習錄註評。一齋以上卷為文成中年語，下卷為錢德洪所選之遺言，中卷乃文成晚年親筆。標註與欄外書在日本影響甚大。

18. **傳習則言**，一卷。收入學海類編（子類，頁一上至八下），百陵學山（第三册，頁一上至七下），叢書集成，明世學山，丘陵學山五叢書。提要，頁一九七〇云，「**傳習錄略**，一卷。取傳習錄刪存大略。曹溶（一六一三——一六八五）收入學海類編者。……末有鄒元標（一五五一——一六二四）跋語。然亦但云嘗讀傳習錄，不云有所刪輯。蓋以傳習錄跋移綴之。均非其舊也」。所謂傳習錄略，實卽傳習則言。今學海類編無跋。日本內閣文庫藏有**陽明則言**。乃薛侃與王畿由傳習錄，文錄，別錄中選萃編為二帙者。上卷摘錄語錄及遺編一百六十五條，下卷採訓蒙大意，立志說，大學古本序，大學問等十七篇。卷首有嘉靖十六年薛侃序。慶安五年（一六五二）刊行。此與傳習則言雖同名則言，然是全集之縮本，非傳習錄之板本也。

19. **英譯** Instructions for Practical Living and Other Neo-Confucian Writings by Wang Yang-ming（王陽明之傳習錄及其他理學文章）Wing-tsit Chan（陳榮捷）譯。一九六三年，紐約，哥倫比亞大學出版部出版。為東方文化偉大記錄之一。傳習錄外，

另選大學問與有關社會政治文章八篇。注頗詳。並有傳習錄略史與中日西文參考書表。

丙　傳習錄注評

傳習錄評注，不下二十種。中日各半。以注釋論，則日本方面較勝。以評論言，則中國方面爲優。茲以年期先後爲序，羅列如左。

1. **馮柯**（字貞白，壯年一五六二），**求是編**（四明叢書，貞白五書之一），四卷。萬曆癸酉（一五七三）序。共六十八章。或取傳習錄全條，或摘取要語，而批評之。長者達二三千言。專意護朱攻王。等己于孟子之闢楊墨。然亦有其是處。其同邑王黎于馮柯評議又下斷語，無非贊助之詞。然間亦謂各有一理。馮柯之子熼亦附品評數語。馮柯固是門戶之見，而諸集評从未有採馮柯者，則直以門戶對門戶耳。

2. **劉宗周**（字起東，號念臺，稱蕺山先生，一五七八－一六四五），劉子全書遺編，二十四卷。道光三十年（一八五〇）刻本。光緒二十五年（一八九九）重修。崇禎十二年（一六三九）序。卷十一至十三爲**陽明傳信錄**。卷十一摘錄陽明論學書若干。卷十二與卷十三選錄傳習錄上卷與下卷約一百一十條。書札與語錄大多加以評語。評語雖短，而針針見血。後之評家，未有出其上者。明儒學案卷十姚江學案幾全部複述陽明傳信錄。本書所用爲道光三十年（一八五〇）本。

3. **孫奇逢**（字啓泰，又字鍾元，稱夏峯先生，一五八四－一六七五），**理學宗傳**，二十六卷。

康熙五年（一六六六）序。卷九「王子」選錄傳習錄六十六條，另荅顧東橋書之拔本塞源論（第一四二至一四三條），並加以簡短評論。不在發明而在證實陽明教言之旨。本書用粵東芸香堂藏板本。

4. **施邦曜**，**陽明先生集要**。見上，乙，傳習錄版本，12。

5. **黃宗羲**（字太沖，號梨洲，一六一〇—一六九五），**明儒學案**，六十二卷。康熙三十二年（一六九三）序。卷十姚江學案「語錄」之部摘錄陽明論學書與劉宗周之評語。傳習錄之部則幾全錄陽明傳信錄與劉氏評語。日本註家不知評語出自宗周，幾皆誤以爲黃宗羲語。姚江學案黃氏之叙述，語多精警。其精切處非後之學者所能及。本書用四部備要本。

6. **王應昌**（字亮之）。**王陽明先生傳習錄論**。順治丙戌年（一六四六）序。依傳習錄分上中下三卷，惟中下卷次序倒置。卷上之前有宗譜纂要與年譜纂要。卷下之末附朱子晚年定論。每條王氏有評，大都發表其本人哲學。王氏又請**唐九經**（字敏一）于若干條書眉上加甚簡短之評語若干。此書爲美國哈佛大學圖書館所藏。不知是否孤本。

7. **陶潯霍**，字春田，清初人，惟生卒年不詳。陶氏于王貽樂所編**王陽明先生全集**加以批註。評語甚略。大都贊美之詞。于陽明學說與學術史無大貢獻。

8. **三輪執齋**，（一六六九—一七四四）**標註傳習錄**，日本正德二年（一七一二）。四冊。板本已如上述。其註解爲以後日本訓釋之典型。字句出處典故頗詳。訓詁據集韻等書。並採用五經之註，佛典祖庭事苑，朝鮮李退溪集等等。義理說明雖簡少而短，然皆根據論孟與程朱之書。其徒河田琴卿（一六八四—一七六〇）據執齋之註而加以解釋，爲**傳習錄筆記**。

9. **佐藤一齋**（一七七二—一八五九），**傳習錄欄外書**。三册。日本天保元年（一八三〇）。板本已如上述。一齋勘校十餘板本異同，詳盡無比。自加評語，均从理學要理出發。又引施邦曜，陳龍正，彭定求，顧憲成等人之語。以板本言，以評註言，此爲研究傳習錄所萬不可少之書。

10. **吉村秋陽**（名晉，字麗明，號秋陽，又稱六卿史氏，一七九七—一八六六），**王學提綱**，日本文久元年（一八六一）序，元治元年（一八六四）刊。二册。上册以荅顧東橋書之拔本塞源論（第一四二至一四三條）爲主，次以論學書依兪本次序摘萃。下册以傳習錄上卷爲主，下卷次之，後爲各種摘萃。若干條加以簡短評語，闡明陽明宗旨。又引施邦曜劉宗周等人之語。和刻影印近世漢籍叢書，此書爲東京二松學舍大學陽明研究所所藏。別處未見。

11. **東正純**（號澤瀉，一八三二—一八九一）**傳習錄參考**，明治二十四年（一八九一）著，載大正八年（一九一九）刊之澤瀉先生全集上册，頁六二三至六八六。選錄傳習錄之半而每條有所評議，皆从性理之論。並引劉宗周，周汝登，鄧以讚，陶望齡，李顒等十餘人。可謂傳習錄評註中之最爲純粹哲學者。

12. **東敬治**，（字正堂）**傳習錄講義**，第一，第二，第三，三編，各分上下，共三册。明治三十八年（一九〇五）年序。東京松山堂發行。傳習錄三卷後，附錄大學古本序，大學問，示徐曰仁應試，諭俗四條，客座私祝，傳習拾遺三十二條，荅徐成之二書，荅儲柴墟二書，荅何子元書，與簡略年譜。傳習錄每條有摘解（注釋），通釋（卽譯日文），發明（東敬治之發揮)。其實舖張爲多，學術發明較少。每述其父東正純。

13. **山川早水，訓註傳習錄**，明治四十三年(一九一〇)序。東京山本鐐藏發行。以三輪執齋之標註傳習錄爲據。註解甚略。附大學古本序，大學問，示徐曰仁應試，諭俗四條，客坐私祝，與年譜節略。

14. **安井小太郎**註，**傳習錄**，漢文大系第十六卷。大正二年(一九一三)安井自序。東京富山房發行。此乃三輪執齋之標註傳習錄而安井加以簡單小註。並無特別出色之處。

15. **孫鏘，傳習錄集評**。三卷，附錄一卷，年譜一卷。民國三年(一九一四)孫自序。民國四年再版。上海新學會社發行。序云，「余將餘姚施公邦曜，山陰劉公宗周，容城孫公奇逢，餘姚黃公宗羲，瀏陽陶公潯霍。⋯以及近人新會梁啓超等各家總評散評，彙錄書內」。是爲集評之始。

16. **小柳司氣太**註，**傳習錄**。漢文叢書第十七卷。大正八年(一九一九)，東京友朋重刊行。小柳氏參考三輪執齋之標註傳習錄與佐藤一齋之傳習錄欄外書而以爲註釋。又譯各條爲日文。惟無評語。

17. **梁啓超**，(字卓如，又字任甫，號任公，一八七三—一九二九)**節本明儒學案**，二册(飲冰室叢書第六種)。民國五年(一九一六)，上海商務印書館發行。上册頁一〇一至一四九採劉宗周之陽明傳信錄。梁氏云，「此篇是爲蕺山之所錄。蕺山于王學又一轉手。其去取別有尺度。未可謂盡得其眞也。然所錄固一無流弊矣。今全鈔，不删一字」。于是于書眉作三十許簡單評語，未見精彩。

18. **小野機太郎，現代語譯傳習錄**。大正十二年（一九二三）序。東京新光社刊行。昭和五年（一九三〇）編入支那哲學大系，爲第十二卷。無漢文原文。皆譯日文。注甚少，即在譯文之內。

19. **葉紹鈞，傳習錄點註**。民國十六年（一九二七），上海商務印書館印行。民國五十五年（一九六六）台灣商務印書館再版名葉鈞，傳習錄。標點及註。註頗少。不解字義。引典大多不指明出處。不見精彩。

20. **山田準，王陽明傳習錄講本**。上中下三卷，一册。昭和貳年（一九二七）東京二松學舍出版部刊行。採傳習錄約三分之二，略加簡單之註，爲課本用。

21. **倪錫恩，詳註王陽明全集**。民國十七年（一九二八）上海掃葉山房刊行。全書註解頗詳，但錯誤甚多。如解第四十八條「腔子」爲歌曲腔調，解第一六二條「惺惺」爲了悟，第一六七條誤以佛家故事爲出于左傳，第二〇一條以龍江（南京）爲廣東之龍江是也。

22. **許舜屏，評註傳習錄三册**。上册爲傳習錄上卷及中卷，下册爲下卷。此乃評註王陽明先生全集之一部。民國十八年（一九二九）徐紹楨吳衍慈王震陳樹人序。是年上海中原書局刊行。註甚詳備明澈。皆闡明陽明之旨與發揮其理。不採批評態度，亦不事學術史上之發明。此書爲東京二松學舍大學陽明學研究所與九州大學中哲研究所所藏。別處未見。承該兩處賜複印本，謹此致謝。

23. **安岡正篤**講鈔，**龜井一雄**譯，**傳習錄**。昭和六年（一九三一），聖賢遺書新釋叢刊，第一號。安崗選傳習錄約二十條，龜井譯爲日文。每節加三數註。爲學生用。

24.**杉原夷山**（杉原幸），**王陽明**。烈士雲井龍雄（明治三年，一八七〇，卒，年二十七）手鈔傳習錄九十六條爲二卷。昭和八年（一九三三）杉原氏略爲註釋字句。由大坂近代文藝社發行。

25.**山田準**，**鈴木直**，譯註，**傳習錄**。譯爲日文，並加號數。註頗詳備。昭和十一年（一九三六），東京岩波文庫刊行。

26.**但衡今**，**王陽明傳習錄札記**。民國四十六年（一九五七）手寫影印。約取傳習錄之半。台北商務印書館發行。評語集中陽明學術與每節意旨。或贊或難，惟妙惟肖。劉宗周而後，能深入陽明妙諦，而專从性理學評論者，只但氏一人。研究傳習錄者非畢讀此書不可。

27.**于清遠**，**王陽明傳習錄註釋**。四卷。民國四十七年（一九五八）。台灣鳳山黃埔出版社印行。註釋文言語體併用。所引四書五經之解釋多採朱子之註。然引句有多處未指出處。間下評語。卷四附錄大學問，朱子晚年書信三章，湛若水撰陽明先生墓誌銘。

28.**山本正**譯註，**傳習錄**。昭和四十一年（一九六六），東京法政大學出版局刊行。譯作日文，註釋甚略。

29.**近藤康信**釋，**傳習錄**。新釋漢文大系第十三卷。昭和三十六年（一九六一），東京明治書院發行。以王文成公全書爲底本而參考三輪執齋之標註傳習錄。亦參考佐藤一齋，東敬治，山田準等註。卷首解說有陽明略傳，學說，年譜，與門人表。下卷刪朱子晚年定論。附錄有大學問，示弟立志說。每條或段均有中文，日譯，通釋（大意），語釋（註），余說（申說）。集日本諸註之大成。然于引宋儒及佛典處，多未指明出處。

30. **中田勝**註釋，**柳町達也**補註。**王陽明(上)**。陽明學大系，第二卷。昭和四十七年(一九七二)，東京明德出版社刊行。以佐藤一齋之傳習錄欄外書爲本而參以三輪執齋之標注傳習錄。無漢文原文，皆日譯。每條有簡短申論。上卷爲中田勝述大意及採衆說。中下卷則中田勝自說。並用別家討論與評語。頭註甚詳。皆中田勝所備而由柳町達也選錄而加以修補者。總比東敬治與近藤康信爲較詳。卷末附三輪執齋之四言教講義與三重松庵(名貞亮。元祿壬午，一七〇二年卒)之王學名義。

31. **安岡正篤**，**中田勝**編，**傳習錄諸註集成**。陽明學大系，別卷。昭和四十七年(一九七二)，東京明德出版社發行。每條之下引三輪執齋，佐藤一齋，吉村秋陽，劉宗周，孫鏘(誤以爲施邦曜)，許舜屏六書之註與評語。而東正純與但衡今不與焉。卷首有此六書中田勝之解說及譯六書之序爲日文。所引評語均有注釋。卷末附佐藤一齋**欄外書**附錄三十條。

32. **安岡正篤**編註，**傳習錄**。昭和四十八年(一九七三)，東京明德出版社發行。每條中文原文後譯日文，並加簡單說明與註。專爲青年學生之用。

又田結莊增訂評註傳習錄三册。大阪府藏手寫本。未見。年月未考。

丁 引用書簡稱與版本 (他書版本均于文內指明)

1. **史記**。司馬遷(紀元前一四五—八六?)著。百衲本。

2. **二程全書**。程顥(字伯淳，稱明道先生，一〇三二—一〇八五)，程頤(字正叔，稱伊川先生，一〇三三—一一〇七）著。四部備要本。

3. **二程遺書**。程顥程頤語錄。收入二程全書。

4. **二程外書**。收入二程全書。

5. **明道文集**。程顥著。收入二程全書。

6. **伊川文集**。程頤著。收入二程全書。

7. **伊川易傳**。程頤著。收入二程全書。

8. **二程粹言**。收入二程全書。

9. **朱子文集**。朱熹（字仲晦，稱晦庵先生，一一三〇—一二〇〇）撰。四部備要本，名朱子大全。

10. **語類**。朱子語類。黎靖德編，咸淳庚午，一二七〇年，再序。台北正中書局，民國五十九年（一九七〇），影印咸淳六年（一二七〇）導江黎氏本。

11. **大學或問**。朱熹著。四庫全書珍本，六集，四書大全本。

12. **宋史**。托克托（一三二八年卒）編。百衲本。

13. **全書**。王文成公全書。謝廷傑編。見上，乙，傳習錄版本，8。

14. **傳習錄**。卽全書卷一至卷三。

15. **求是編**。馮柯著。見上，丙，傳習錄註評，1。

16. **遺編**。劉子全書遺編。劉宗周著。見上，丙，傳習錄註評，2。

17. **明儒學案**。黃宗羲著。見上，丙，傳習錄註評，5。

18. **宋元學案**。黃宗羲著。黃百家(壯年一六九五)續編,全祖望(號謝山,一七〇五—一七五五)修補,王梓材(一七九二—一八五一),馮雲濠(道光十四年,一八三四,舉人)增補。四部備要本。

19. **王文成傳本**。毛奇齡(一六二三—一七一六)著。西河合集本。

20. **陽明弟子傳纂**。附入陽明先生傳纂。余重耀著。上海中華書局,民國十二年(一九二三)刊。

傳習錄　卷上

（徐愛引言）

先生於大學格物①諸說，悉以舊本②爲正，蓋先儒③所謂誤本者也。愛④始聞而駭，既而疑，已而殫精竭思。參互錯綜，以質於先生，然後知先生之說，若水之寒，若火之熱，斷斷乎百世以俟聖人而不惑⑤者也。先生明睿天授，然和樂坦易，不事邊幅⑥。人見其少時豪邁不羈，又嘗泛濫於詞章，出入二氏⑦之學。驟聞是說，皆目以爲立異好奇，漫不省究。不知先生居夷三載⑧，處困養靜。精一⑨之功，固已超入聖域，粹然大中至正之歸矣。愛朝夕炙⑩門下，但見先生之道，卽之若易，而仰之愈高。見之若粗，而探之愈精。就之若近，而造之愈益無窮。十餘年來⑪，竟未能窺其藩籬。世之君子，或與先生僅交一面，或猶未聞其謦欬，或先懷忽易憤激之心，而遽欲於立談之間，傳聞之說，臆斷懸度。如之何其可得也？從遊之士，聞先生之教，往往得一而遺二。見其牝牡驪黃，而棄其所謂千里者⑫。故愛備錄平日之所聞，私以示夫同志，相與考正之。庶無負先生之教云。門人徐愛書。

①大學，爲禮記第四十二篇。經一章，傳十章。程頤（字正叔，世稱伊川先生，一〇三三—一一〇七）以爲「入德之門」（二程遺書，卷二二上，頁一上）。朱子以爲「修身治人的規模」（朱子語類，卷十

四，頁三九九）與「定世立教之大典」（朱子，大學或問，頁二七上）。紹熙元年（一一九〇）朱子以大學、論語、孟子、與中庸爲四書，爲以後儒學之基本典籍。朱子以爲是孔子之言而曾子（參看第一一一條，註二）述之。其傳十章，則曾子之意而門人記之（朱子，大學章句經文注）。亦有以爲子思（參看第四十二條，註一）所作者。朱子格物之說，見第六條，註一。陽明格物之說，見第七條。

②舊本，即十三經禮記之大學。程頤、程顥（字伯淳，世稱明道先生，一〇三二—一〇八五），與朱子，均改易章句。參看第一二九條，註三。

③先儒，指程朱。

④愛。　徐愛，字曰仁，號橫山（一四八八—一五一八）。餘杭之馬堰（浙江）人。任南京工部郎中。先生爲陽明妹婿。陽明出獄將赴謫貴州（一五〇七），先生即北面稱弟子。及門莫有先之者。正德七年（一五一二）與陽明同舟由南京歸越（今浙江紹興），論大學宗旨。陽明嘗曰，「曰仁，吾之顏淵也」。顏淵死年三十二，徐愛死年三十一。參看明儒學案，卷十一，頁一上至四下。顏淵，參看第七十七條，註一。

⑤俟聖人而不惑。中庸，第二十九章語。

⑥邊幅，修飾布帛之邊沿。

⑦二氏，指佛老。

⑧居夷三載。　正德元年（一五〇六）二月，太監劉瑾柄政。南京科道戴銑薄彥徽等以諫忤旨下獄。陽明上疏抗救。亦下詔獄。已而廷杖四十。謫貴州龍場驛驛丞。三年春至龍場。五年（一五一〇）陞江西廬陵縣知縣。前後在貴州三年。龍場在貴州西北萬山叢棘中。居民尚未開化。陽明始教之築土架木以居。故稱曰夷。

⑨精一，參看第二條，註四。

⑩炙，近也。親受教曰親炙。

⑪十餘年。由陽明赴龍場（一五〇六）至徐愛死（一五一八），前後十三年。

⑫驪黃千里。淮南子，四部備要本，卷十二道應訓，頁九上（又見列子，說符篇第八，頁四下至五上），秦穆王使伯樂求馬。使者報以牝而黃。使人取之，則牡而驪。穆公不悅。伯樂嘆謂人只見其外而不見其內，見其粗而不見其精。及馬至，果千里之馬。

以下門人徐愛錄

① 愛問，「『在親民』①，朱子謂當作新民②。後章③『作新民』之文似亦有據。先生以爲宜從舊本『作親民』④，亦有所據否」？先生曰，「『作新民』之『新』，是自新之民，與『在新民』之『新』不同。此豈足爲據？『作』字却與『親』字相對。然非『親』字義。下面治國平天下處，皆於『新』字無發明。如云『君子賢其賢而親其親。小人樂其樂而利其利』。『如保赤子』。『民之所好好之。民之所惡惡之。此之謂民之父母⑤之類』。皆是『親』字意。『親民』猶孟子『親親仁民』⑥之謂。親之卽仁之也。百姓不親，舜使契爲司徒，敬敷五教⑦，所以親之也。堯典『克明峻德』便是『明明德』。『以親九族』⑧，至『平章協和』⑨，便是『親民』，便是『明明德於天下』。又如孔子言『修己以安百姓』⑩。『修己』便是『明明德』。『安百姓』便是『親民』。說親民便是兼教養意。說新民便覺偏了」。

但衡今云：二說正可相資也。徒親民而昧于新民，此魯之所以寖衰。當時宋仁宗（一〇二三—一〇六三）之政近之。徒新民而昧于親民，此齊之所以多故。當時宋神宗（一〇六八—一〇八五）之政近之。

①大學經文。　古本作「在親民」，明道改正大學（程氏經說，卷五，頁一上至三上）不改「親民」。伊川改正大學（同上，頁三上至五下）則于「親」字下注「當作新」。

②新民。　朱子曰，「今親民云者，以文義推之則無理。新民云者，以傳文考之則有據，程子于此，其所以處之者亦已審矣。矧未嘗去其本文，而但曰某當作某。是乃漢儒釋經不得已之變例，而亦何害于傳疑耶」？（大學或問，頁十五下）。

③後章。　大學第二章。古本（十三經本）章句與朱子章句（四書及四書章句集注）不同。今從朱子。

④親民。　古本第五章，朱子章句第二章。

⑤賢賢至民之父母。　第三、九、十章。

⑥親親仁民。　孟子盡心篇第七上，第四十五章。

⑦五教。　書經，舜典，第四節，「帝（舜）曰，契（帝嚳之子，舜之賢臣），汝作司徒（掌禮教之官），敬（愼）敷（布施）五教」。孟子滕文公篇第三上，第四章，「使契爲司徒。父子有親，君臣有義，夫婦有別，長幼有序，朋友有信」。

⑧九族。　書經，堯典，第一節，「克（能）明俊（大）德，以親九族」。九族，詩經，王風，葛藟篇序毛氏傳云自高祖至玄孫。尙書歐陽（歐陽修，一〇〇七—一〇七二，毛詩本義）云父族四，母族三，妻族二。

⑨協和。　仝上。「九族既睦，平（辨）章（明）百姓。百姓（百官）昭明，協（合）和萬邦（諸侯之國）」。
⑩安百姓。　論語，憲問篇第十四，第四十五章。

② 愛問，「『知止而後有定』①，朱子以爲『事事物物皆有定理』②，似與先生之說相戾。」

先生曰，「於事事物物上求至善，却是義外也③。至善是心之本體。只是明明德到至精至一④處便是。然亦未嘗離却事物。本註所謂『盡夫天理之極，而無一毫人欲之私』⑤者，得之」。

劉宗周云：天理人欲四字，是朱王印合處，何必晚年定論？（遺編，卷十三，頁一上。何必晚年定論？又黃宗羲引，見明儒學案，卷十，姚江學案，頁十二下）。晚年定論附見傳習錄下卷之末。黃宗羲姚江學案所載語錄，採宗周之陽明傳信錄，并其評語。

孫奇逢云：不專在事物上，却亦不離却事物，便活。

施邦曜云：學問到精而一，萬事畢矣。夫子所謂一貫卽此。

①定。　大學經文。
②定理。　朱子，大學或問頁十五下云，「能知所止，則方寸之間，事事物物皆有定理」。大學章句注云，「止者所當止之地。即至善之所在也。知之，則志有定向」。朱子語類，卷十四，頁四四八，子升問曰，注與或問「語似不同。何也」？曰，「也只一般」。
③義外。　孟子，告子篇第六上，第四章，「仁，內也，非外也。義，外也，非內也」。

④精一。書經，大禹謨，第十五節，「人心惟危（易私故險），道心（依道之心）惟微（細微）。惟精（不雜形氣之私）惟一（專一依據義理），允執厥中」。

⑤人欲之私。朱子大學章句註此句云，「言明明德新民，皆當至于至善之地而不遷。蓋必其有以盡于天理之極，而無一毫人欲之私也」。語類卷十四討論此章甚多。

③ 愛問，「至善只求諸心。恐於天下事理，有不能盡」。先生曰，「心卽理也。天下又有心外之事，心外之理乎」？愛曰，「如事父之孝，事君之忠，交友之信，治民之仁，其間有許多理在。恐亦不可不察」。先生嘆曰，「此說之蔽久矣。豈一語所能悟？今姑就所問者言之。且如事父，不成去父上求箇孝的理。事君，不成去君上求箇忠的理。交友治民，不成去友上民上求箇信與仁的理。都只在此心。心卽理也。此心無私欲之蔽，卽是天理。不須外面添一分。以此純乎天理之心，發之事父便是孝。發之事君便是忠。發之交友治民便是信與仁。只在此心去人欲存天理上用功便是」。愛曰，「聞先生如此說，愛已覺有省悟處。但舊說纏於胸中，尙有未脫然者。如事父一事，其間溫凊定省①之類，有許多節目。不知亦須講求否」？先生曰，「如何不講求？只是有箇頭腦。只是就此心去人欲存天理上講求。就如講求冬溫，也只是要盡此心之孝，恐怕有一毫人欲間雜。講求夏凊，也只是要盡此心之孝，恐怕有一毫人欲間雜。只是講求得此心。此心若無人欲，純是天理，是箇誠於孝親的心，冬時自然思量父母的寒，便自要求箇溫的道理。夏時自然思量父母的熱，便自要求箇凊的道理。這都是那誠孝的心發出來的條件。却是須有這誠孝的心，然後有這條件發出來。譬之樹木，這誠孝的

心便是根。許多條件便是枝葉。須先有根，然後有枝葉。不是先尋了枝葉，然後去種根。禮記言『孝子之有深愛者，必有和氣。有和氣者，必有愉色。有愉色者，必有婉容』②。須是有箇深愛做根，便自然如此」。

劉宗周云：至善本在吾心，賴先生恢復。（遺編，卷十三，陽明傳信錄三，頁二上。又見明儒學案卷十，頁十三上）。

三輪執齋云：天下又有心外之事，心外之理乎？是等言皆陸象山語。

捷案：日本學者多沿三輪語。陸與李宰第二書（象山全集，四部備要本卷十一，頁六上）云，「人皆有是心，心皆具是理。心卽理也」。然心外之事云云，查不見象山全集。象山與曾宅之書云，「此心此理，實不容有二」（卷一，頁三上）。雜說云，「宇宙便是吾心，吾心卽是宇宙」。「宇宙內事，是己分內事。己分內事，是宇宙內事」。「人皆有是心，心皆有是理」。（均卷二十二，頁五上）。語錄云，「道外無事，事外無道」（卷三十四，頁一上）。「此心此理，萬世一揆」（卷三十四，頁八上）。下面第三十二條云，「心外無理，心外無事」。又陽明書諸陽卷（甲申，一五二四）云，「心之體，性也。性卽理也。天下寧有心外之性，寧有性外之理乎？寧有理外之心乎」？（全書，卷八，頁十一上）。

①定省。禮記，曲禮上，第十節，「凡爲人子之禮，冬溫而夏清（涼），昏定（安）而朝省（視）」。

②婉容。語出禮記，祭義篇，第十四節。

④ 鄭朝朔①問，「至善亦須有從事物上求者」。先生曰，「至善只是此心純乎天理之極便是。更於事物上怎生②求？且試說幾件看」。朝朔曰，「且如事親，如何而爲溫凊之節，如何而爲奉養之宜，須求箇是當③，方是至善。所以有學問思辨④之功」。先生曰，「若只是溫凊之節，奉養之宜，可一日二日講之而盡。用得甚⑤學問思辨？惟於溫凊時，也只要此心純乎天理之極。奉養時，也只要此心純乎天理之極。此則非有學問思辨之功，將不免於毫釐千里之繆⑥。所以雖在聖人，猶加精一之訓。若只是那些儀節求得是當，便謂至善，即如今扮戲子扮得許多溫凊奉養的儀節是當，亦可謂之至善矣」。愛於是日又有省。

吉村秋陽引劉宗周云：萬善在吾心，賴先生恢復。

①鄭朝朔，名一初。揭陽（廣東）人。弘治乙丑（一五〇五）進士。官至監察御史。陽明爲吏部（一五一二）時，朝朔爲御史，因陳世傑請受學。全書卷二十五，頁二十九上至三十上有正德九年甲戌（一五一四）祭鄭朝朔文。

②怎生。洛陽方言，即「如何」。

③求是當。朱子，大學或問，頁五十上下引程頤云，「程子曰：如欲爲孝，則當知所以爲孝之道，如何而爲奉養之宜，如何而爲溫凊之節。莫不窮究，然後能之。非獨守孝之一字而可得也」。（二程遺書，卷十八，頁十九上）。

④學問思辨。中庸，第二十章，「博學之，審問之，愼思之，明辨之，篤行之」。

⑤甚，即什麽。

⑥千里之繆。　易緯通卦驗（一九六三年，台北新興書局，四部集要，易緯八種本）卷上，頁五上，「差以毫釐，繆（同謬）以千里」。語又見禮記，哀公問篇，與史記，太史公自序。

⑤　愛因未會先生知行合一之訓，與宗賢①惟賢②往復辯論，未能決。以問於先生。先生曰，「試舉看」。愛曰，「如今人儘有知得父當孝，兄當弟者，却不能孝，不能弟。便是知與行分明是兩件」。先生曰，「此已被私欲隔斷，不是知行的本體了。未有知而不行者。知而不行，只是未知。聖賢敎人知行，正是要復那本體。不是着你只恁③的便罷。故大學指箇眞知行與人看，說『如好好色』，『如惡惡臭』④。見好色屬知，好好色屬行。只見那好色時，已自好了。不是見了後，又立箇心去好。聞惡臭屬知，惡惡臭屬行。只聞那惡臭時，已自惡了。不是聞了後，別立箇心去惡。如鼻塞人雖見惡臭在前，鼻中不曾聞得，便亦不甚惡。亦只是不曾知臭。就如稱某人知孝，某人知弟。必是其人已曾行孝行弟，方可稱他知孝知弟。不成只是曉得說些孝弟的話，便可稱爲知孝弟。又如知痛，必已自痛了，方知痛。知寒，必已自寒了。知饑，必已自饑了。知行如何分得開？此便是知行的本體，不曾有私意隔斷的。聖人敎人，必要是如此，方可謂之知。不然，只是不曾知。此却是何等緊切着實的工夫。如今苦苦定要說知行做兩箇，是甚麽意？某要說做一箇，是什麽意？若不知立言宗旨⑤。只管說一箇兩箇，亦有甚用」？愛曰，「古人說知行做兩箇，亦是要人見箇分曉。一行做知的功夫，一行做行的功夫，即⑥功夫始有下落」。先生曰，「此却失了古人宗旨也。某嘗說知是行的主意。行是知的功夫。知是行之始。行是知之成。若會得時，只說一箇知，已自有行在。只說一箇行，已自有知在。古人

所以既說一箇知，又說一箇行者，只爲世間有一種人，懵懵懂懂的任意去做，全不解思惟⑦省察。也只是箇冥行妄作。所以必說箇⑧知，方纔行得是。又有一種人，茫茫蕩蕩，懸空去思索。全不肯着實躬行。也只是箇揣摸影響。所以必說一箇行，方纔知得眞。此是古人不得已，補偏救弊的說話。若見得這箇意時，卽一言而足。今人却就將知行分作兩件去做。以爲必先知了，然後能行。我如今且去講習討論做知的工夫。待知得眞了，方去做行的工夫。故遂終身不行，亦遂終身不知。此不是小病痛，其來已非一日矣。某今說箇知行合一，正是對病的藥。又不是某鑿空杜撰。知行本體，原是如此。今若知得宗旨時，卽說兩箇亦不妨。亦只是一箇。若不會宗旨，便說一箇，亦濟得甚事？只是閒說話」⑨。

捷按：全書卷三十二，年譜，正德四年（一五〇九），先生三十八歲，云，「是年先生始論知行合一。始席元山書提督學政，問朱陸同異之辨。先生不語朱陸之學，而告之以其所悟。書懷疑而去。明日復來，……豁然大悟。遂與毛憲副修葺書院，身率貴陽諸生以所事師禮事之」。

劉宗周云：只見那好色時，已是好了。不是見了後又立個心去好。只聞那惡臭時，已是惡了。不是聞了後又立個心去惡。此是先生洞見心體處。既不是又立一個心去好惡，則決不是起個意去好惡可知。因知意不可以起滅言也。（遺編，卷十三，陽明傳信錄三，頁三下。又見明儒學案，卷十，頁十三下。或誤以為黃宗義語）。

唐九經（見王應昌）云：此喻又是行在知先了。故陳發交欲以知能一代知行一亦是。又云：有良知又有致良知，豈不是兩？故分別則知行不妨有二。合併則百行依然歸一。

東正純云：據此劉蕺山（宗周）之説誠意，亦何不與王子同其義哉？

捷案：宗周評二〇六條（遺編，卷十三，陽明傳信錄三，頁十八上。又見明儒學案，卷十，頁十八上）云，「先生每以念字與意字合説。恐念與意終有別」。是則宗周非全依陽明者也。

梁啓超云：後此天泉四句之爭辯，先生所謂是閒話也。

捷案：傳習錄三一五條四有四無兩訣，乃分別對上根下根之人而言。原是徹上徹下，二者相資為用。梁氏所謂爭辯，乃後世一偏之爭也。

①黃綰，字宗賢，又字叔賢，號久庵（一四七七—一五五一）。黃岩（浙江）人。禮部尚書。初師謝文肅。及官都事，聞陽明講學，請見。陽明歸越，先生過之，聞致良知之教，曰，「先生（陽明）眞吾師也，尙可自處于友乎」？乃稱門弟子。參看明史，卷一九七及明儒學案，卷十三，頁五下至六下。

②顧應祥，字惟賢，號箬溪（一四八三—一五六五）。長興（浙江）人。歷任按察使、兵部侍郎。少受業于陽明。陽明沒，作傳習錄疑。黃宗羲謂「其視知行終判兩樣，非師門之旨」。參看明儒學案，卷十四。

③恁，如此。

④惡惡臭。大學，第六章，「所謂誠其意者，毋自欺也。如惡惡臭，如好好色」。

⑤立言宗旨，又見二二六，三二一條。

⑥「即」，朱文啓校本作「則」。

⑦「惟」，通「維」。

⑧箇知。三輪執齋云，「『說箇知』，據上下文當作『一箇知』」。佐籐一齋云，「執齋謂『箇』上脫『一』字可從。然檢諸本，無異同」。捷案，「一」字可有可無，不必固執。

⑨此條載年譜正德四年（一五〇九）四月，詞句稍異，而意旨全同。但明謂「後」徐愛因未會知行合一之訓，請決于陽明。非謂此對語爲是年是月之事也。

⑥ 愛問，「昨聞先生止至善之教，已覺功夫有用力處。但與朱子格物之訓①思之終不能合」。先生曰，「格物是止至善之功。既知至善，卽知格物矣」。愛曰，「昨以先生之教，推之格物之說，似亦見得大略。但朱子之訓，其於書之『精一』②，論語之『博約』③，孟子之『盡心知性』④，皆有所證據。以是未能釋然」。先生曰，「子夏篤信聖人。曾子反求諸己⑤。篤信固亦是，然不如反求之切。今既不得於心，安可狃於舊聞，不求是當？就如朱子亦尊信程子。至其不得於心處，亦何嘗苟從⑥？精一博約盡心，本自與吾說脗合，但未之思耳。朱子格物之訓，未免牽合附會。非其本旨。精是一之功，博是約之功。曰仁⑦既明知行合一之說，此可一言而喩。盡心知性知天，是生知安行事。存心養性事天，是學知利行事。『夭壽不貳，修身以俟』，是困知勉行事⑧。朱子錯訓格物。只爲倒看了此意，以盡心知性爲物格知至，要初學便去做生知安行事。如何做得」？愛問，「盡心知性，何以爲生知安行」？先生曰，「性是心之體。天是性之原。盡心卽是盡性。『惟天下至誠爲能盡其性，知天地之化育』⑨，

存心者，心有未盡也。知天如知州知縣之知，是自己分上事。己與天爲一。事天如子之事父，臣之事君。須是恭敬奉承，然後能無失。尙與天爲二。此便是聖賢之別。至於夭壽不貳其心，乃是教學者一心爲善。不可以窮通夭壽之故，便把爲善的心變動了。只去修身以俟命，見得窮通壽夭，有箇命在。我亦不必以此動心。事天雖與天爲二，已自見得箇天在面前。俟命，便是未曾見面，在此等候相似。此便是初學立心之始，有箇困勉的意在。今却倒做了，所以使學者無下手處」。愛曰，「昨聞先生之教。亦影影見得功夫須是如此。今聞此說，益無可疑。愛昨曉思，格物的『物』字，即是『事』字。皆從心上說」。先生曰，「然。身之主宰便是心。心之所發便是意。意之本體便是知。意之所在便是物。如意在於事親，即事親便是一物。意在於事君，即事君便是一物。意在於仁民愛物，即仁民愛物便是一物。意在於視聽言動，卽視聽言動便是一物。所以某說無心外之理，無心外之物⑩。中庸言『不誠無物』⑪，大學『明明德』⑫之功，只是箇誠意。誠意之功，只是箇格物。

東正純云：以心之所發為意，意之所發在物，則格物誠意已在發用上。于未發裏面殆難著功也。殊不知意之所在為物。「所在」二字，既在未發上看來，未發已發畢竟一物矣。

施邦曜云：人看物字是死的。先生看物字是活的。

劉宗周云：以心之所發言意，意之所在言物，則心有未發之時。却如何格物耶？請以前好惡之說參之。（遺編，卷十三，陽明傳信錄三，頁二上下。又見明儒學案，卷十，頁十三下。吉村秋陽誤以為黃宗羲語。參看第八八條劉評語）。

唐九經（見王應昌）云：以事天為初學工夫，恐未然。竊謂天在人中，事天在事人中。但衡今云：傳習錄上卷，橫山（徐愛）所記。橫山卒年三十一。陽明先生時猶在贛（江西，一五一八）也。當非定稿。亦或後人為之蛇足。並及之以備治傳習錄者之一助云。捷按：是年已刻古本大學及朱子晚年定論，但尚未教致良知與知行合一。

①朱子格物。　朱子補註大學第五知本章云，「是以大學始教，必使學者即凡天下之物，莫不因其已知之理，而益窮之，以求至乎其極。至于用力之久，而一旦豁然貫通焉。則衆物之表裏精粗，無不到，而吾心之全體大用，無不明矣。此謂物格，此謂知之至也」。

②精一，見第二條，註四。

③博約。　論語，雍也篇第六，第二十五章，「君子博學于文，約之以禮」。

④盡心知性。　孟子，盡心篇第七上，第一章，「盡其心者，知其性也。知其性，則知天矣。存其心，養其性，所以事天也。殀壽不貳，修身以俟之，所以立命也」。

⑤反求諸己。　朱子，孟子集註註公孫丑篇第二上，第二章云，「子夏篤信聖人，曾子反求諸己」。論語子張篇第十九，第四至十二等章載子夏言論，如博學篤思，君子有三變，學而優則仕等，皆反映孔子思想。故謂篤信聖人。曾子云，「吾日三省吾身」（論語，學而篇第一，第四章）。子夏，見第一一〇條，註一。曾子見第一一一條，註二。

⑥荀从。　如語類，卷六十九，頁二七五八，「程子曰，『天專言之則道也。「天且弗違」（易經，乾卦）是也』。程子此語，某亦未敢以爲然。天且弗違，此只是上天」。程子語見伊川易傳，卷一，頁一上。

⑦日仁，徐愛之字。

⑧知行，參看上註四。又中庸第二十章，「或生而知之，或學而知之，或困而知之。及其知之，一也。或安而行之，或利而行之，或勉強而行之。及其成功，一也」。

⑨化育。語出中庸，第二十二章。

⑩無心外之理，見第三條。無心外之事，見第八十三條。

⑪不誠無物，語見中庸，第二十五章。

⑫明明德，大學，經文首句。

⑦ 先生又曰，「『格物』如孟子『大人格君心』之『格』①。是去其心之不正，以全其本體之正。但意念所在，卽要去其不正，以全其正。卽無時無處不是存天理。卽是窮理。天理卽是明德。窮理②卽是明明德③」。

王應昌云：格有兩義。元應並存。

三輪執齋云：格物字義，中卷答友人論學書詳言之。

捷案：此指答顧東橋書（第一三五，一三七，一四〇條），啓周道通書（第一四八條），答羅整庵少宰書（第一七四條）。

三輪又案云：近思錄劉安禮問御史。明道先生曰，「正己以格物」。是亦以為正物之義。

捷案：此出二程遺書，附錄，頁二上下。採入近思錄，卷十，第五十九條。劉安禮，名立之（壯年一〇八五）。少孤，養于程頤之家，旋為弟子。參看宋元學案，卷三十，頁二上下。

①格心，離婁篇第四上，第二十章，「惟大人惟能格君心之非。君仁，莫不仁。君義，莫不義。君正，莫不正。一正君，而國定矣」。參看第八五與第一三七條。

②窮理。孫鏘云：末句「窮理」二字，他本多脫。

③明明德，大學經文首句。

⑧又曰，「知是心之本體。心自然會知。見父自然知孝，見兄自然知弟，見孺子入井，自然知惻隱①。此便是良知②。不假外求。若良知之發，更無私意障礙。即所謂『充其惻隱之心。而仁不可勝用矣』③。然在常人不能無私意障礙。所以須用致知格物之功，勝私復理。即心之良知更無障礙，得以充塞流行。便是致其知。知致則意誠」。

劉宗周云：既云至善是心之本體，又云知是心之本體，益知只是知善知惡。知善知惡，正是心之至善處。又云：既謂之良知、決然私意障碍不得。常人與聖人同。（遺編，卷十三，陽明傳信錄三，頁三下。又見明儒學案，卷十，頁十四上）。

彭定求曰（佐藤一齋引）：程子曰，「知者吾之所固有。然不致則不能得之」。（二程遺書，卷二十五，頁一上）。先生致知之說本此。（南畇集，光緒七年，一八八一年本，密證錄，頁一上）。

捷案：彭定求，字勤止，號南畇（一六四五——一七一九）。長洲（今江蘇吳縣）人，參看清儒學案，卷四十二。

東正純云：會知之知卽真知，決然私意不障碍。最看（見）手勢。蓋王子致良知之說，始于正德辛巳（一五二一）。此錄屬壬申（一五一二）。已足以知宗旨焉，但未爲主張耳。

①入井。　孟子，公孫丑篇第二上，第六章，「今人乍見孺子將入于井，皆有怵惕惻隱之心」。

②良知。　孟子，盡心篇第七上，第十五章，「人之所不學而能者，其良能也。所不慮而知者，其良知也」。

③勝用。　同上第七下，第三十一章，「人能充無欲害人之心，而仁不可勝用也」。

⑨　愛問，「先生以博文爲約禮①功夫。深思之未能得略。請開示」。先生曰，「『禮』字卽是『理』字。理之發見可見者謂之文。文之隱微不可見者謂之理。只是一物。約禮只是要此心純是一箇天理。要此心純是天理，須就理之發見處用功。如發見於事親時，就在事親上學存此天理。發見於事君時，就在事君上學存此天理。發見於處富貴貧賤時，就在處富貴貧賤上學存此天理。發見於處患難夷狄時，就在處患難夷狄上②學存此天理。至於作止語默，無處不然。隨他發見處，卽就那上面學箇存天理。這便是博學之於文，便是約禮的功夫。博文卽是惟精。約禮卽是惟一③。

許舜屏云：以「精一」二字釋博約之道，是直隨時隨地無一而非，卽無一而非知之所存也」。

①博約，見第六條，註三。
②夷狄。中庸，第十四章，「素富貴，行乎富貴。素貧賤，行乎貧賤。素夷狄，行乎夷狄。素患難，行乎患難。君子無入而不自得也」。
③精一，見第二條，註四。

⑩愛問，「『道心常爲一身之主，而人心每聽命』①。以先生精一之訓推之，此語似有弊」。先生曰，「然。心一也。未雜於人謂之道心。雜以人僞謂之人心②。人心之得其正者卽道心。道心之失其正者卽人心。初非有二心也。程子謂人心卽人欲，道心卽天理③。語若分析，而意實得之。今曰『道心爲主，而人心聽命』，是二心也。天理人欲不並立。安有天理爲主，人欲又從而聽命者」？

馮柯云：人心之人，非雜以人僞而謂之人也。孟子所謂耳目口體之欲，小體也。道心之道，非以未雜于人而謂之道也。孟子所謂仁義禮智之心，大體也。「從其大體為大人，從其小體為小人」（告子篇第六下，第十五章）。道心為主，而人心聽命，從其大體者也。道心不能為主，而反見役于人心，從其小體者也。朱子之言，分明出于孟子，豈有弊哉？（求是編，卷一，頁十五上下）。

劉宗周云：先生說，人道只是一心，極是。然細看來依舊只是程朱之見。恐尚有剩義。孟子曰，「仁，人心也」（告子篇第六上，第十一章）。人心便只「人心也」之人心。道心卽是「仁」字。以此思之，是一是二。人心本只是人之心。如何說他是偽心欲心？敢以質之先生。（遺編，卷十三，陽明傳信錄三，頁四上）。

捷案：黃宗羲採用劉宗周陽明傳信錄之陽明語錄，全錄于明儒學案之姚江學案，並採用宗周評語。今于此條則不錄劉之評語。想宗羲不以其師宗周之語為然。

施邦曜云：此卽孔子「道二，仁與不仁」（孟子，離婁篇第四，第二章）之說。出此入彼。只有一個，更無兩個。可不愼哉？

三輪一齋云：朱子亦嘗以人心為人欲，然非本說。載朱書節要，而李退溪論之。

捷案：李氏名滉（號退溪，一五〇一——一五七〇），朝鮮數一數二之儒者。所著朱子書節要二十七卷。朱子疑人心私欲之說為過，見朱子文集卷三十二致張敬夫第三十七書。其說來自二程遺書，故「非本說」。李滉採此書入朱子書節要卷三，題下評語云，「人心私欲，與今中庸序說不同。所以收此，欲見先生入道本末」。

佐藤執齋云：文成本意，在不歧道人為二，非直認人為欲。雖在朱子，未嘗謂有二心。而其語過于分析，則遂啓錯認為二之弊。故茲引程子，明人心為人欲之原耳。「今曰」以下，故本程子辯之。

東正純云：程子人心卽人欲之說，殆似不可解者。豈以氣稟之欲為人欲歟？要之此條似泥乎辭矣。刪之可也。

但衡今云：陽明頗从程說，是以一心而具理欲的兩面。朱子之一實一虛，程子之一理一欲。理欲未必盡是，虛實未必盡非也。蓋以心之本體，虛實理欲為一也。

①聽命。　語見朱子，中庸章句序。

②道心人心，見第二條，註四。

③人心道心。　伊川云，「人心，私欲也。道心，正心也」（二程遺書，卷十九，頁七上）。倪錫恩誤以為程明道語。

⑪　愛問文中子①韓退之②。先生曰，「退之文人之雄耳。文中子賢儒也。後人徒以文詞之故，推尊退之。其實退之去文中子遠甚」。愛問何以有擬經③之失。先生曰，「擬經恐未可盡非。且說後世儒者著述之意與擬經如何」？愛曰，「世儒著述，近名④之意不無。然期以明道。擬經純若為名」。先生曰，「著述以明道，亦何所効法」？曰，「孔子刪述六經⑤，以明道也」。先生曰，「然則擬經獨非效法孔子乎」？愛曰，「著述即於道有所發明。擬經似徒擬其迹。恐於道無補」。先生曰，「子以明道者使其反樸還淳，而見諸行事之實乎？抑將美其言辭，而徒以譊譊於世也？天下之大亂，由虛文勝而實行衰也。使道明於天下，則六經不必述。刪述六經，孔子不得已也。自伏羲畫卦，至於文王周公⑥。其間言易，如連山歸藏⑦之屬。紛紛籍籍，不知其幾。易道大亂。孔子以天下好文之風日盛，知其說之將無紀極，於是取文王周公之說而贊之⑧。以為惟此為得其宗。於是紛紛之說盡廢。而天下之言易者始

一。書詩禮樂春秋皆然。書自典謨⑨以後，詩自二南⑩以降，如九丘八索⑪，一切淫哇逸蕩之詞，蓋不知其幾千百篇。禮樂之名物度數，至是亦不可勝窮。孔子皆刪削而述正之⑫，然後其說始廢。如書詩禮樂中，孔子何嘗加一語？今之禮記諸說，皆後儒附會而成。已非孔子之舊。至於春秋，雖稱孔子作之⑬，其實皆魯史舊文。所謂筆者，筆其舊。所謂削者，削其繁⑭。是有減無增。孔子述六經，懼繁文之亂天下。惟簡之⑮而不得。使天下務去其文，以求其實。非以文教之也。春秋以後，繁文益盛，天下益亂。始皇焚書⑯得罪，是出於私意。又不合焚六經。若當時志在明道，其諸反經⑰叛理之說，悉取而焚之，亦正暗合刪述之意。自秦漢以降，文又日盛。若欲盡去之，斷不能去。只宜取法孔子。錄其近是者而表章之。則其諸恠⑱悖之說，亦宜漸漸自廢。不知文中子當時擬經之意如何。某切深有取於其事。以爲聖人復起，不能易也。天下所以不治，只因文盛實衰。人出己見。新奇相高，以眩俗取譽。徒以亂天下之聰明，塗天下之耳目。使天下靡然爭務修飾文詞，以求知於世。而不復知有敦本尚實，反樸還淳之行。是皆著述者有以啓之」。愛曰，「著述亦有不可缺者。如春秋一經，若無左傳⑲，恐亦難曉」。先生曰，「春秋必待傳而後明，是歇後謎語⑳矣。聖人何苦爲此艱深隱晦之詞？左傳多是魯史舊文。若春秋須此而後明，孔子何必削之」？愛曰，「伊川亦云，『傳是案，經是斷』㉑。如書弒某君，伐某國。若不明其事，恐亦難斷」。先生曰，「伊川此言，恐亦是相沿世儒之說。未得聖人作經之意。如書弒君，卽弒君便是罪。何必更問其弒君之詳。征伐當自天子出㉒。書伐國，卽伐國便是罪。何必更問其伐國之詳？聖人述六經，只是要正人心。只是要存天理，去人欲。於存天理去人欲之事，則嘗言之。或因人請問，各隨分量而說。亦不肯多道。恐人專求之言語。故曰『予欲無言』㉓。若是一切縱人欲滅天理的事，又安肯詳以示人？是長亂導奸也。故孟子云，『仲尼之門，無道桓文之事者。是以後世無傳焉』㉔。此便是孔門家法。世儒只講得一箇伯者的學問。所以要知得許多陰謀詭計。純是一片功利的心。與聖人作經的意思正相反。如何思量得通」？因嘆曰，「此非達天德㉕者未易與言此也」。又曰，「孔子云，『吾猶及史之闕文也』㉖。孟子云，『盡信書，不如無書。吾於武成㉗取二三策而已』㉘。孔子刪書，於唐虞夏四五百年間，不過數篇。豈更無一事，而所述止此？聖人之意可知矣。聖人只是要刪去繁文，後儒卻只要添上」。愛曰，「聖人作經，只是要去人欲，存天理。如五伯㉙以下事，聖人不欲詳以示人。則誠然矣。至如堯舜以前事，如何略不少見」？先生曰，「羲黃㉚之世，其事濶疎㉛，傳之者鮮矣。此亦可以想見。其時全是淳龐樸素，略無文采的氣象。此便是太古之治。非後世可及」。愛曰，「如三墳㉜之類，亦有傳者。孔子何以刪之」？先生曰，「縱有傳者，亦於世變漸非所宜。風氣益開，文采日勝。至於周末，雖欲變以夏商之俗，已不可挽。況唐虞乎？又況羲黃之世乎？然其治不同，其道則一。孔子於堯舜，則祖述之。於文武，則憲章㉝之。文武之法，卽是堯舜之道。但因時致治。其設施政令，已自不同。卽夏商事業，施之於周，已有不合。故周公思兼三王㉞。其有不合，仰而思之，夜以繼日。況太古之治，豈復能行？斯固聖人之所可略也」。又曰，「專事無爲，不能如三王之因時致治，而必欲行以太古之俗，卽是佛老的學術。因時致治，不能如三王之一本於道，而以功利之心行之，卽是伯者以下事業。後世儒者許多講來講去，只是講得箇伯術」。

佐藤一齋云：夫子雖崇詩書禮樂，而務在躬行，不屢憑誦讀而已也，則吾竊疑其所謂刪述，亦或無是事也。至于文中子，其事出于子弟門人之手，真僞固難定。古人亦嘗言之。文成今不過姑用沿襲之說以論之。而至于此學不求繁文之意，則真能同見千古聖賢心事。要取其意而略其語可也。

施邦曜云：此是先生感慨文勝之意。學者不得因是便謂讀書不必究其詳。

①王通，字仲淹（五八四—六一七）。隋，龍門（今山西河津）人。遊長安。奏太平十二策。知謀不用，退居教學。受業者千數。後屢徵不出。卒後門人諡曰文中子。參看陳書，卷十七。並參看第五十五條。

②韓愈，字退之（七六八—八二四）。唐，鄧州南陽（河南）人。由進士累官吏部侍郎。卒諡文，故稱文公。因其先居昌黎（今河北易縣），追封爲昌黎伯。故稱韓昌黎。精通六經百家，文章尤著名。排斥佛老。儒者以爲道統之傳，至孟子而經韓子下至宋儒。參看唐書，卷一六〇。新唐書，卷一七六。

③擬經，仿效春秋作元經，又爲中說以擬論語。朱彝尊（一六二九—一七〇九）經義考引司馬光（一〇一九—一〇八六）補傳曰，「禮論二十二篇，樂論二十篇，續書百有五十篇，續詩三百六十篇，元經五十篇，讚易七十篇。謂之王氏六經」。今皆佚。中說尙存，可略見其規模。論者多譏其好名自大。朱子文集卷六十七，頁二十一下至二十三下，有王氏續經說云，「不勝其好名欲速之心。依仿六經」（頁二十二下）。

④近名，求名也。

⑤刪述六經。史記，卷四十七孔子世家，頁二十三上至二十四下，云，魯終不能用孔子。孔子亦不求仕。

乃敍書、傳禮、刪詩、正樂、序易象繫辭說卦文言。頁二十六下至二十七下，又云十四年庚申，魯西狩獲麟，孔子作春秋。樂經亡于秦，只存五經。

⑥伏羲，文王，周公。傳說伏羲畫八卦。文王疊八卦而成六十四卦，又繫象辭。周公繫爻辭。

⑦連山歸藏。周禮，春官宗伯第三云，「太卜掌三易之法，一曰連山，二曰歸藏，三曰周易。其經卦皆八，其別皆六十有四」。鄭玄（一二七－二〇〇）易注云，連山夏易。始于艮。象山之出雲，連連不絕。歸藏殷易。先坤後乾。萬物莫不歸藏于其中。周易始乾。文王衍易于羑里。題周以別商也」。周易即易經。連山歸藏，即有其書，亦已佚矣。

⑧贊易。贊，明也。傳說孔子作象傳上下，象傳上下，繫辭傳上下，文言傳，說卦傳，序卦傳，雜卦傳。共稱十翼。

⑨典謨，書經之堯典，舜典，大禹謨，皐陶謨。或加益稷篇，作二典三謨。

⑩二南，即周南（南方之國，周公封邑）與召南（召公封邑）。

⑪九丘八索。孔安國（壯年紀元前一三〇年）古文尚書序曰，「八卦之說，謂之八索。求其義也。九州之志，謂之九丘。丘，聚也。言九州所有，土地所生，風氣所宜，皆聚此書也」。

⑫孔子刪述。仝上序云，「先君孔子生于周末。覩史籍之煩文，懼覽者之不一。遂乃定禮樂，明舊章。刪詩爲三百篇。約史記而修春秋。讚易道以黜八索，述職方以除九丘」。參看上註五。

⑬作春秋。孟子，滕文公第三篇下，第九章云，「世衰道微。邪說暴行有作。臣弑其君者有之，子弑其父者有之。孔子懼，作春秋。春秋，天子之事也」。

⑭筆削。史記，卷四十七孔子世家，頁二十八上，云，「筆則筆，削則削。子夏之徒不能贊（助）一辭」。

⑮惟簡之。　佐藤一齋云，「執齋（三輪希賢）訓『惟』爲『思』，非是。不得字，宜連下文」。捷案，一齋上說是也。下說欠解。

⑯焚書。　史記，卷六始皇本紀，三十四年，「史宮非秦紀皆燒之…。詩書百家語者悉…燒之。…所不去者，醫藥卜筮種樹之書」。

⑰反經，反背經常之道。

⑱恠，怪也。

⑲左傳。　傳春秋者有公羊、穀梁、左氏三家。所傳事實，有所不同。左傳相傳爲孔子同時人魯國史官左丘明所作。述事甚詳，故說春秋必以之爲根據。

⑳歇後謎語，即刪去最後之字句，如孝弟忠信禮義廉恥。如云「孝弟忠信禮義廉」，即無恥之謂。

㉑經傳。　語出二程遺書，卷十五，頁十六上。採入近思錄，卷三，第六十五條。

㉒自天子出。　論語，季氏篇第十六，第二章，「孔子曰：天下有道，則禮樂征伐，自天子出」。

㉓無言。　語見論語，陽貨篇第十七，第十九章。

㉔無傳。　孟子，梁惠王篇第一上，第七章。原文「門」作「徒」。桓，齊桓公（前六八五至前六四三年）。文，晉文公（前六三六至前六二八年）。

㉕天德。　中庸，第三十二章，「唯天下至誠，爲能經綸天下之大經。…苟不固聰明聖知，達天德者，其孰能知之」？

㉖闕文。　論語，衛靈公篇第十五，第二十五章。

㉗武成，書經周書篇名。武王伐紂歸，議其政事。

㉘二三策。孟子，盡心篇第七下，第三章。

㉙五伯，即五霸。齊桓公，晉文公，秦穆公（前六五九至前六一九年），楚莊王（前六一三至五八九年），宋襄公（前六五〇至六三五年）是也。

㉚羲黃。伏羲與黃帝。

㉛淵疎，宋本作「疎淵」。

㉜三墳。孔安國古文尚書序曰，「伏羲、神農、黃帝之書，謂之三墳。墳，言大道也」。

㉝憲章。中庸，第三十章，「仲尼祖述堯舜，憲章文武」。朱子，中庸章句，注云，「祖述者，遠宗其道。憲章者，近守其法」。

㉞思三王。孟子，離婁篇第四下，第二十章，「周公思兼三王，以施四事。其有不合者，仰而思之，夜以繼日。幸而得之，坐以待且」。三王，禹、湯、文武。

⑫又曰，「唐虞以上之治，後世不可復也。略之可也。三代①以下之治，後世不可法也。削之可也。惟三代之治可行。然而世之論三代者，不明其本，而徒事其末。則亦不可復矣」。

三輪執齋云：案伊川先生春秋傳序云，「後王知春秋之義，則雖德非禹湯，尚可以法三代之治」。是不明其本而徒事其末者，以開後世霸功之心。如孔孟無此議論。伊川蓋憂世之切，而不覺其抑揚之過甚耳。

捷案：旣法三王，何以又開覇功之心？殊不可解。且三輪以陽明暗評伊川。陽明直言，無暗射之理。恐三輪不以君子待陽明也。伊川語見伊川經說，卷四，頁三下。

佐藤一齋云：明經親民是本，制度器數是末。

捷案：陽明，泛言之爾。本末豈只此一端而已耶？

許舜屛云：三代以下之治亦有可法者，如漢文帝唐太宗時之治，亦何可厚非耶？

①三代，夏，商，周。

⑬愛曰，「先儒論六經，以春秋爲史。史專記事。恐與五經①事體終或稍異」。先生曰，「以事言謂之史。以道言謂之經。事卽道。道卽事。春秋亦經。五經亦史。易是包犧②氏之史。書是堯舜以下史。禮樂是三代史。其事同。其道同。安有所謂異」？

施邦曜云：先生此論甚快。然二十一史記事與春秋無異，何以不並稱經？蓋春秋之稱經者，非因記事也。因經聖人之筆削也。否則仍與諸史無異。孔子曰，「其義則丘竊取之」（孟子，離婁篇第四下第二十一章）。大義通而道存乎其間。如止以事言，則五經皆史矣。

王應昌云：以易為庖犧之史。史以記事。吾未見一畫之涉何事也。

許舜屛云：以事言之謂之史，以道言之謂之經，是明明分而為兩。下文言事卽道，道卽事，似乎自相矛盾。不若言事之中亦有道，道之中亦有事，較為含混。

佐藤一齋云：陳幾亭（名龍正，字惕龍，一五八五生，浙江嘉善人）謂易不涉一事，未可稱史。愚則謂道外無事，事外無道。聖人之心，天地同體。其動靜語默，與二氣而消息。其理一。發之于易。則易何曾無事？雖曰庖犧氏起居注可也。幾亭之言，泥矣云云。東正純從之，並云，凡紀事，紀言，皆可謂之史也。

東敬治云：朱子文語纂編致知篇論春秋曰，「孔子取而筆削之，而其義大明。孔子亦何嘗有意說明某字使人知勸，用某字使知懼？不過如今之史書，直書其事。善者惡者了然在目」云云。則所謂先儒必指朱子。

捷案：日本學者註傳習錄，如小柳司氣太，安井小太郎，多如此說。惟近藤康信則謂先儒不知指誰。近藤是也。朱子語類，卷八三，頁三四〇四，問春秋當如何看，曰，「只如看史樣看」。然此非謂春秋只為記事之書。朱子所謂未嘗以某字使人知勸知懼，乃朱子反對一字褒貶等所謂凡例。朱子云，「聖人據魯史以書其事，使人自觀之以為鑒戒」（同卷，頁三三九九）。所謂如看史者，蓋謂看春秋看史，皆觀其得失。經史同理。東敬治等只見「直書其事」，而忽略「善者惡者了然在目」。不識朱子，亦不識陽明也。語類卷八十三論春秋甚明，可參看。

①五經，詩，書，易，禮，春秋。六經原包樂經。樂經早佚。宋儒以周禮代之，以足六經。

②庖犧即伏羲。據神話，彼教民佃漁畜牧，養犧牲以足庖廚。故又有是稱。

⑭又曰，「五經亦只是史。史以明善惡，示訓戒。善可爲訓者，時存其迹，以示法。惡可爲戒者，存其戒而削其事，以杜奸」。愛曰，「存其迹以示法，亦是存天理之本然。削其事以杜奸，亦是遏人欲於將萌否」？先生曰，「聖人作經，固無非是此意。然又不必泥着文句」。愛又問，「惡可爲戒者，存其戒而削其事，以杜奸。何獨於詩而不刪鄭衛①？先儒謂『惡者可以懲創人之逸志』②。然否」？先生曰，「詩非孔門之舊本矣。孔子云，『放鄭聲，鄭聲淫』③。又曰，『惡鄭聲之亂雅樂也』④。『鄭衛之音，亡國之音也』⑤。此是孔門家法。孔子所定三百篇，皆所謂雅樂。皆可奏之郊廟，奏之鄉黨。皆所以資暢和平，涵泳德性。移風易俗，安得有此？是長淫導奸矣。此必秦火⑥之後，世儒附會，以足三百篇之數。蓋淫泆之詞，世俗多所喜傳。如今閭巷皆然。惡者可以懲創人之逸志。是求其說而不得，從而爲之辭⑦」。

施邦曜云：此說雖無考據。以理揆之，應如是。愚以為心存天理，即淫佚之詞，足為烱戒。以私欲之心讀之，適為長淫導奸之藉。懲創之說，與先生之旨並存可也。

東正純曰：以鄭衛之詩為淫辭，似為集傳所誤。以古序論之，不必以為淫辭。王子之說，雖于義正，未悉其實也。

①鄭衛，詩經鄭風與衛風。

②逸志。朱子語，見論語集注，爲政篇第二，第二章註。

③鄭聲。　論語，衛靈公篇第十五，第十章。

④雅樂。　論語，陽貨篇第十七，第十八章。雅，正也。

⑤亡國之音。　語出禮記，樂記篇，第六節，「鄭衛之音，亂世之音也。比于慢矣。桑間濮上之音，亡國之音也」。

⑥秦火，參看第十一條，註十六。

⑦爲之辭。　孟子，公孫丑篇第二下，第二章，「今之君子，豈徒順之？又從爲之辭」。

〔徐愛跋〕

愛因舊說汩沒①，始聞先生之教，實是駭愕不定，無入頭處。其後聞之既久，漸知反身實踐。然後始信先生之學，爲孔門嫡傳。舍是皆傍蹊小徑，斷港絕河矣。如說格物是誠意的工夫。明善是誠身的工夫。窮理是盡性的工夫。道問學是尊德性的工夫。博文是約禮的工夫。惟精是惟一的工夫。諸如此類②，始皆落落難合。其後思之既久，不覺手舞足蹈③。

劉宗周云：曰仁（徐愛）爲先生入室首座。所記先生語錄，其言去人欲存天理者不一而足。又曰至善是心之本體，然未嘗離事物。又曰卽盡乎天理之極處。則先生心宗教法，居然只是守儒衣缽。但先生提得頭腦清楚耳（遺編，卷十三，頁五下。又見明儒學案，卷十，頁十四下。（吉村秋陽誤作黃宗羲語）

三輪執齋云：此一段本與上文列書。今案，徐氏所編傳習錄者至此止焉。是其跋文耳。故據例低書之。

捷案：傳習錄皆載陽明言論。此段只徐愛複述，非陽明自言，亦無新義。乃徐愛之感。年譜正德八年（一五一三）錄此段稱為徐愛自序。明儒學案卷十引此亦低一格。故此處不另作一條。亦不加號數。

①舊說汩沒，沉沒于舊說。有謂指程朱之學。

②博約精一。　此等語見下第二五條。

③此自序載年譜正德七年十二月。南本此序後有跋云，「曰仁所記，凡三卷。侃近得此數條，並兩小序。其餘俟求其家附錄之。正德戊寅（一五一八）春，薛侃識」。黃宗羲曰，「陽明自居夷以後，其教再變。南中之時（一五〇五—一五一七），大率以收斂為主。發散是不得已。故以默坐澄心為學的。江右以後（一五一七以後），則專提致良知三字（捷案，據年譜，正德十六年，一五二一，始揭致良知之教）。先生（徐愛）記傳習初卷，皆是南中所聞。其于致良知之說，固未之知也。然錄中有云，『知是心之本體。心自然會知。見父自然知孝。見兄自然知弟。見孺子入井自然知惻隱。此便是致良知，使此心之良知充塞流行，便是致其知』（第八節）。則三字之提，不始于江右明矣。但江右以後，以此為宗旨耳。是故，陽明之學，先生為得其眞」。

以下門人陸澄錄

⑮ 陸澄①問，「主一之功，如讀書，則一心在讀書上。接客，則一心在接客上。可以爲主一乎」？先生曰，「好色則一心在好色上。好貨②則一心在好貨上。可以爲主一乎？是所謂逐物。非主一也。主一是專主一箇天理」③。

劉宗周云：又抬出天理（遺編，卷十三，陽明傳信錄三，頁五上。明儒學案，卷十，頁十四下，刪此評語）。

三輪執齋云：所謂逐物，陸象山集多言之。程朱亦嘗有此言。

東正純云：伊川語錄曰，「心無出入矣。逐物是欲」（二程遺書，卷二十二上，頁十四下）。逐物之語始見于此。

但衡今云：好色好貨，未可與讀書接事並提。一心在好色好貨上，此好之不得其正，而非主一之過也。陽明所云，蓋用以破陸澄意在逐外之惑。語有偏全者是也。學者幸勿以辭害意。

捷案：主一，程朱之說。伊川云，「主一之謂敬，無適之謂一」（二程遺書，卷十五，頁二十上）。陽明主一之說本此。

①陸澄，字原靜，又作元靜。字清伯。湖之歸安（今浙江吳興）人。正德九年（一五一四）就學陽明。十二年（一五一七）進士。授刑部主事。議大禮不合，罷歸。後悔前議之非，上言。上惡其反覆，不用。黃宗羲曰，傳習錄自曰仁（徐愛）發端，其次即爲先生所記。朋友見之，因此多有省悟。蓋數條皆切問。非先生莫肯如此吐露。就吐露亦不能如此曲折詳盡也。故陽明謂『曰仁後吾道益孤。致望原靜者不淺』（全書，卷四，頁三十三上，與陸元靜書）。宗羲又云，「先生初錮于世論。已而理明障落，知非改過，使人皆仰」（明儒學案，卷十四，頁三上下）。參看明史卷一九七。

②好色好貨，出孟子，梁惠王篇第一下，第五章。

③據佐藤一齋指出，此條之前南本，施本，尚有一條云，「先生曰，『持志如心痛。一心在痛上。豈有功夫說閒話，管閒事』」？朱本，陳本載在「問上達」條，即第二十四條之後。　捷案，此語重見上卷第九十五「侃問」條。又第一一七條較詳，可參看。

⑯問立志。先生曰，「只念念要存天理，即是立志。能不忘乎此，久則自然心中凝聚。猶道家所謂結聖胎①也。此天理之念常存。馴至於美大聖神②，亦只從此一念存養擴充去耳」。

但衡今云：陽明此意，猶是主一之義也。凝聚二字，則是工夫。與宗門之一心參話頭疑情，淨土門之一心念佛，道家之一心注守丹田，一也。但釋道兩家，俱有所指實。故天理二字，在此當作人心看。仁者人也，人之心也。否則不免落于虛空。質之陽明先生，然與否與？

捷案：天理之念，卽此心常念天理耳。無虛空也。

①結聖胎，猶言精神凝聚處，如胎中下聖種。查鐸（字子警，號毅齋，嘉靖乙丑，一五六五，進士）曰，「仙家所謂結胎，豈眞有形？亦只精神凝聚，即謂之聖胎」（明儒學案，卷二十五，頁十四上）。金丹四百字，張紫陽自序云，「聖胎結成」。參看大西晴隆，傳習錄への若干補註（中村英一博士頌壽紀念事業會編，中西哲學の展望，東京，創文社，一九七六），頁七二九。

②美大聖神。　孟子，盡心篇第七下，第二十五章，「可欲之謂善。有諸己之謂信。充實之謂美。充實而有光輝之謂大。大而化之之謂聖。聖而不可知之之謂神」。

⑰

日間工夫①覺紛擾，則靜坐。覺懶看書，則且看書。是亦因病而藥。

①佐藤一齋云，「日間工夫，句絕。已下就工夫舉兩事」。　捷案：恐不然。工夫紛擾爲一事也。否則何自紛擾？

⑱

處朋友，務相下，則得益。相上則損。

捷案：孔子云，「益者三友，損者三友。友直，友諒，友多聞，益矣。友便辟，友善柔，友便佞，損矣」（論語，季氏篇第十六，第四章）。

⑲

孟源①有自是好名之病。先生屢責之。一日，警責方已。一友自陳日來工夫請正。源從傍曰，「此方是尋着源舊時家當」②。先生曰，「爾病又發」。源色變。議擬欲有所辨。先生曰，「爾病又發」。因喻之曰，「此是汝一生大病根。譬如方丈地內，種此一大樹。雨露之滋，土脈之力，只滋養得這箇大根。四傍縱要種些嘉穀，上面被此樹葉遮覆，下面被此樹根盤結，如何生長得成？須用伐去此樹，纖根勿留，方可種植嘉種。不然，任汝耕耘培壅，只是滋養得此根」③。

①孟源，字伯生，滁州（今安徽滁縣）人。餘不詳。明儒學案無傳。此條爲陸澄所記。普通應用字。今用名，或是孟源爲後輩也。

②家當，財產，器具也。

③佐藤一齋云，此條施本，南本，宋本在第一二九條之後。

⑳問，「後世①著述之多，恐亦有亂正學」。先生曰，「人心天理渾然。聖賢筆之書，如寫眞傳神。不過示人以形狀大略，使之因此而討求其眞耳。其精神意氣，言笑動止，固有所不能傳也。後世著述，是又將聖人所畫，摹倣謄寫，而妄自分析加增，以逞其技。其失眞愈遠矣」。

①後世，孔孟以後之世。

㉑問，「聖人應變不窮，莫亦是預先講求否」？先生曰，「如何講求得許多？聖人之心如明鏡。

只是一箇明，則隨感而應，無物不照。未有已往之形尚在，未照之形先具者。若後世所講①，却是如此。是以與聖人之學大背。周公制禮作樂②，以文天下。皆聖人所能爲。堯舜何不盡爲之，而待於周公？孔子刪述六經③，以詔萬世，亦聖人所能爲。周公何不先爲之，而有待於孔子？是知聖人遇此時，方有此事。只怕鏡不明。不怕物來不能照。講求事變，亦是照時事。然學者却須先有箇明的工夫。學者惟患此心之未能明，不患事變之不能盡」。曰，「然則所謂『冲漠無朕，而萬象森然已具』④者，其言何如」？曰，「是說本自好。只不善看，亦便有病痛」⑤。

佐藤一齋引陳龍正云，「無朕中須有箇明的工夫，便無病。只守冲漠，便是養成騃漢（無知之人）」。

吉村秋陽云：此問答俱以中和為前後二時，猶是舊說。

陶潯霍云：王學大旨。

但衡今云：故曰，「自誠明，謂之性。自明誠，謂之敎」（中庸，第二一章）。誠者內聖事。明者外王事。有一不足，皆非聖人之道也。陽明本節，只提出一明字。似嫌不足。

①後世。　近藤康信以爲是指朱子之學。

②周公制禮作樂。　禮記，明堂位篇，「周公踐天子之位，以治天下。六年，朝諸侯于明堂，制禮作樂」。

③孔子刪述六經，參看第十一條，注十二。

④沖漠無朕，萬象森然已具。　程伊川語（二程遺書，卷十五，頁八上。採入近思錄，卷一，第三二條）。太田錦城（一七六五—一八二五），疑問錄，天保二年（一八三一）本上，頁二十下，列擧老子「沖」「泊」「未兆」等字，與莊子「淡」「漠」，「沖」，「無朕」，「恬淡」，「寂漠」等句，及永嘉（七一二年卒）證道歌「萬象森羅」之語（景德傳燈錄，四部叢刊本，卷三十，頁十一上），以爲伊川之語出自佛典。查「萬象森羅」亦見壇經，第二十節。然山崎闇齋（一六一八—一六八二）嘗羅列宋明學者引用此語（續山崎闇齋全集，東京，昭和二年，一九三六，日本古典學會，下，頁七十八至八十六），並未言其出自佛典。宋儒每用禪家字句。然語則伊川之語也。

⑤參看第八十二條。

㉒「義理無定在，無窮盡。吾與子言，不可以少有所得，而遂謂止此也。再言之十年，二十年，五十年，未有止也」。他日又曰，「聖如堯舜。然堯舜之上，善無盡。惡如桀紂。然桀紂之下，惡無盡。使桀紂未死，惡寧止此乎？使善有盡時，文王何以望道而未之見」①？

佐藤一齋云：前一段，言善無窮。後一段，言善惡兩無窮。畢竟見物理與天地同一無窮之意。

①望道。　孟子，離婁篇第四下，第二十章，「文王視民如傷。望道而未之見」。朱子，孟子集註云，「『而』，讀爲『如』。古字通用」。

㉓問，「靜時亦覺意思好。才遇事，便不同。如何」？先生曰，「是徒知養靜，而不用克己工夫也。如此臨事便要傾倒。人須在事上磨，方立得住，方能靜亦定，動亦定」①。

劉宗周云：先生又說個克己，卽存理去欲之別名（遺編，卷十三，陽明傳信錄三，頁五下。又見明儒學案，卷十，頁十四下。）

王應昌云：須在事上磨，似與答徐之說相反。此正是應病與藥，如顏之勿，曾之唯（論語顏淵篇第十二，第一章，顏淵問仁。子曰，「非禮勿視……」。里仁篇第四，第十五章，子曰，「吾道一以貫之」。曾子曰，「唯」。）

三輪執齋云：原靜工夫每好靜，故先生敎以事上磨。第二卷答原靜書（第一五一條至一六七條）可以見。而事上磨，固先生之家法。

捷案：事上磨鍊，又見第一四七，二〇四，二六二條。

①亦定。　明道文集，卷三，頁一下，答橫渠先生定性書曰，「所謂定者，動亦定，靜亦定。無將迎，無內外」。又見近思錄，卷二，第四條。

㉔問上達工夫。先生曰，「後儒敎人，纔涉精微，便謂上達，未當學，且說下學。是分下學上達爲二也。夫目可得見，耳可得聞，口可得言，心可得思者，皆下學也。目不可得見，耳不可得聞，口不可得言，心不可得思者，上達也。如木之栽培灌溉，是下學也。至於日夜之所息①，條達暢茂，乃是上達。人安能預其力哉？故凡可用功，可告語者，皆下學。上達只

在下學裏。凡聖人所說，雖極精微，俱是下學。學者只從下學裏用功，自然上達去。不必別尋箇上達的工夫」②。

王應昌云：有氣力可用便是助手。如何喚得是達？達者自此而通彼，不用氣力而氣力自到。所謂卽此用離此用者。請以質諸先生。

佐藤一齋云：此條之後，南本，施本，俞本，並有一條，全書諸本皆脫，今錄于左。(今移載于附錄為拾遺第一條)。

但衡今云：本節原文「便謂上達未當學，且說下學」，與下文意旨相同，而與上文「纔涉精微」句相左。若謂無誤，正與陽明之見合。予意上句「上達」二字，係「下學」二字之誤。下句「下學」二字，係『上達』二字之誤。相易，應為便。謂下學未當學，且說上達，方與全文辭旨相符。

捷案：原文無誤。蓋程朱之敎，重下學也。此與陽明之旨相同。陽明並非評其先上達而後下學。陽明誤以其分下學上達為二而評之耳。

于清遠云：論語憲問（第十四，第三七章），子曰，「下學而上達」。朱註(論語集註)，「但知下學，而自然上達。此但自言其反己自修，循序漸進耳。無以甚異于人而致其知也」。（又引）程子曰，「學者須守下學上達之語，乃學之要。蓋凡下學人事，便是上達天理。然而習而不察，則亦不能上達矣」（二程遺書，外書，卷二，頁一上)。陽明以能見聞言思為下學，不能見聞言思為上達。與程朱所說不同。

①日夜之所息，語出孟子，告子篇第六上，第八章。

②此條之後南本，施本，俞本，均增一條。今移載于附錄爲拾遺第一條。

持志如心痛，一心在痛上，豈有工夫說閒話，管閒事①？

①此條全文見第九十五條，顯是衍文。

㉕問，「惟精惟一①，是如何用功」？先生曰，「惟一是惟精主意，惟精是惟一功夫。非惟精之外復有惟一也。『精』字從『米』。姑以米譬之。要得此米純然潔白，便是惟一意。然非加舂簸篩揀惟精之工，則不能純然潔白也。舂簸篩揀，是惟精之功。然亦不過要此米到純然潔白而已。博學，審問，愼思，明辨，篤行者②，皆所以爲惟精而求惟一也。他如博文者卽約禮③之功。格物致知者卽誠意④之功。道問學卽尊德性⑤之功。明善卽誠身⑥之功，無二說也」。

唐九經（見王應昌）云：至論也。晦庵象山兩人同首肯矣。

但衡今云：考亭（朱子）之博文，何嘗不求約禮？道問學，何嘗不尊德性？格物明善，何嘗非誠意誠身之功？由此可知程朱之治學法，實卽陽明學術入德之門也。

①精一，參看第二條，註四。
②博學，參看第四條，註四。
③博約，參看第六條，註三。
④格致誠，見大學經文。
⑤道問學。中庸，第二十七章，「故君子尊德性而道問學，致廣大而盡精微」。
⑥明善誠身。中庸，第二十章，「誠身有道。不明乎善，不誠乎身矣」。

㉖知者行之始。行者知之成。聖學只一箇功夫。知行不可分作兩事。

佐藤一齋云：「始」字，「成」字，詮出于徐錄。

捷案：此指第五條徐愛所錄也。該處較詳。此處並錄陸澄所說，不避重複，蓋以示王門宗旨也。

㉗漆雕開①曰，「吾斯之未能信」②。夫子說之。子路③使子羔④爲費宰⑤。子曰，「賊夫人之子」⑥。曾點⑦言志，夫子許之⑧。聖人之意可見矣。

①漆雕開，據閻若璩（一六三六—一七〇四）四書釋地，三續（皇清經解，卷二十三），漆雕開條（頁三十六下），漢人避景帝諱改「啓」爲「開」。字子開，又作子若。蔡人。孔子弟子。

②未能信。論語，衛靈公篇第十五，第五章。

③子路，姓仲，名由，一字季路。又稱季子（約前五四二—前四八〇）。魯之卞邑（弁邑）人。孔子弟子。孔子爲魯國司寇時，任季康子宰。定公十二年（前四九八）助孔子墮三都。後任蒲邑宰三年。

④子羔，姓高，名柴（約前五二一生）。註家以爲齊人。或云衛人。孔子弟子。住魯國。孔子曰，「柴也愚」（論語，先進篇第十一，第十七章）。

⑤費，魯之邑名，在山東沂州府（今山東臨沂縣）。

⑥人之子。論語，先進篇第十一，第二十四章。

⑦曾點，即曾蒧。字晳，或作子晳。魯國武城人。孔子弟子。曾參之父。

⑧許之。論語，先進篇第十一，第二十五章：子路，曾晳，冉有，公西華侍坐。…子路率爾而對曰，「千乘之國，…比及三年，可使有勇，且知方也」。夫子哂之。…求（冉有）對曰，「比及三年，可使足民」，…赤（公西華）對曰，…「宗廟之事，…願爲小相焉」。…點（曾晳）對曰，「莫（暮）春者，春服既成。冠者五六人，童子六七人。浴乎沂（山東河名），風乎舞雩（求雨之祭壇），詠而歸。夫子喟然歎曰，「吾與點也」。孔門言志，又見第二十九與二五七條。

㉘問，「寧靜存心時，可爲未發之中否」①？先生曰，「今人存心，只定得氣。當其寧靜時，亦只是氣寧靜。不可以爲未發之中」。曰，「未便是中。莫亦是求中功夫」？曰，「只要去人欲，存天理，方是功夫。靜時念念去人欲，存天理。動時念念去人欲，存天理。不管寧靜不寧靜。若靠那寧靜，不惟漸有喜靜厭動之弊。中間許多病痛，只是潛伏在。終不能絕去，

遇事依舊滋長。以循理爲主，何嘗不寧靜？以寧靜爲主，未必能循理」。

劉宗周云：此所謂念，是無念之念。莫錯會。不然，纔起一念已是欲也。故曰，「凡有所向，便是欲」。然先生之教，自是真切（遺編，卷十三，陽明傳信錄三，頁六下，黃宗羲採用陽明傳信錄，明儒學案，卷十，頁十五上，此處又刪宗周評語）。

但衡今云：必心得寧靜，始得謂為未發之中。陽明未著此一語者，用以破陸澄徒知寧靜之失。故教以循天理去人欲，則寧靜工夫，方有著落，有發用。非以寧靜為病也。本節所云，語有偏全。學者待到工夫熟處，豁然貫通時，則必恍然而悟。是者是，非者亦是。

①未發之中。　中庸首章云，「喜怒哀樂之未發，謂之中。發而皆中節，謂之和」。

㉙ 問，「孔門言志，由求任政事。公西赤任禮樂。多少實用？及曾晳說來，却似①要的事②。聖人却許他，是意何如」？曰，「三子是有意必。有意必③，便偏着一邊。能此未必能彼。曾點這意思却無意必。便是『素其位而行，不願乎其外。素夷狄，行乎夷狄。素患難，行乎患難。無入而不自得矣』④。三子所謂『汝器也』⑤。曾點便有不器⑥意。然三子之才，各卓然成章。非若世之空言無實者。故夫子亦皆許之」。

①「似」，宋本作「是」。

②孔門言志，見第二十七條，註八。耍，戲也。

③意必。論語，子罕篇第九，第四章，「子絕四，毋意，毋必，毋固，毋我」。

④素其位，中庸語。參看第九條，註二。

⑤器。論語，公治長篇第五，第三章。

⑥不器。論語，爲政篇第二，第十二章，「君子不器」。

㉚ 問，「知識不長進如何」？先生曰，「爲學須有本原。須從本原上用力。漸漸盈科而進①。仙家說嬰兒②亦善。譬嬰兒在母腹時，只是純氣。有何知識？出胎後，方始能啼。既而後能笑。又既而後能認識其父母兄弟。又既而後能立，能行，能持，能負。卒乃天下之事，無不可能。皆是精氣日足，則筋力日强，聰明日開。不是出胎日便講求推尋得來。故須有箇本原。聖人到位天地，育萬物③，也只從喜怒哀樂未發之中④上養來。後儒不明格物之說。見聖人無不知，無不能。便欲於初下手時講求得盡。豈有此理」？又曰，「立志用功，如種樹然。方其根芽，猶未有幹。及其有幹，尚未有枝。枝而後葉。葉而後花實。初種根時，只管栽培灌溉。勿作枝想。勿作葉想。勿作花想。勿作實想。懸想何益？但不忘栽培之功，怕⑤沒有枝葉花實」？

王應昌云：此篇學問全从養氣上。看來是良知的發展。後面幾個勿作，想俱是必有事而勿正。

唐九經云：能擬先生學問之變化處。

①盈科。　孟子，離婁篇第四下，第十八章，「原泉混混，不舍晝夜。盈科而後進，放乎四海」。朱子，孟子集註云，「盈，滿也。科，坎也。言其進以漸也」。

②嬰兒，即第十六條結聖胎。源出老子，第十章，「專氣致柔，能嬰兒乎」？

③位育。　中庸，第一章，「致中和，天地位焉，萬物育焉」。

④未發之中。　仝上，「喜怒哀樂之未發，謂之中」。

⑤吉村秋陽云，「怕」做反語看。

㉛問，「看書不能明如何」？先生曰，「此只是在文義上穿求，故不明。如此，又不如爲舊時學問。他到①看得多，解得去。只是他爲學雖極解得明曉，亦終身無得。須於心體②上用功。凡③明不得，行不去，須④反在自心上體當⑤。卽可通。蓋四書五經⑥，不過說這心體。這心體卽所謂道心。體明卽是道明。更無二。此是爲學頭腦處」。

①「到」，南本，陳本，施本，宋本，兪本，均作「倒」。

②心體，心之本體。

③「凡」，陳本作「有」。

④「須」，南本，施本，宋本，兪本，皆作「便須」。

⑤體當，本體省察承當。

⑥四書，大學，中庸，論語，孟子。五經，詩，書，易，禮，春秋。

㉜

「虛靈不昧，衆理具而萬事出」①。心外無理。心外無事②。

佐藤一齋云：心外無理，故衆理具。心外無事，故萬事出。晦庵（朱子）舊語，點鐵成金。

①虛靈不昧。朱子，大學章句，註「明明德」曰，「明德者，人之所得乎天，而虛靈不昧，以具衆理而應萬事者也」。太田錦城（疑問錄，天保二年，一八三一，本，上，頁十五上）謂「虛靈不昧」之語出大智度論。日本註傳習錄者多從之，然未舉卷數。查此語又見澄觀（約七六〇－八三八）答皇太子問心要（景德傳灯錄，四部叢刊本，卷三十，頁八下）。「靈知」「不昧」兩辭，又見宗密（七八〇－八四一）禪源諸詮集都序（大正大藏經，卷四八，頁四〇四至四〇五）。朱子不滿禪語，故加「具衆理而萬事出」。朱子語類，卷十四，頁四二四云，「明德者，人之所得乎天，而虛靈不昧，以具衆理而應萬事者也。禪家則但以虛靈不昧者爲性，而無以具衆理以下之事」。

②心外無理無事，已見上第三條。參看該條評語。

㉝ 或問，「晦庵①先生曰，『人之所以爲學者，心與理而已』②。此語如何」？曰，「心卽性，性卽理。下一『與』字，恐未免爲二。此在學者善觀之」。

馮柯云：蓋以人而言，則心卽性，性卽理。若下「與」字，是二之也。以人對事物而言，則在人為心，在物為理。不下「與」字，又無別也。朱子此言為格致而發。致知者，致吾心之知也。格物者，格事物之理也。不無內外精麤之別。故下一「與」字。非專指人心而言也。⋯⋯況朱子此言之下，明繼之曰，「心雖主乎一身，而其體之虛靈，足以管乎天下之理。理雖散在萬事，而其用之微妙，實不外乎一人之心。初不可以內外精麤論也」。則是晦庵于心物理，且知其不可以內外精麤論。況心中所具之理，而反不知其不可以二之乎？然則是言也，信非朱子下字之誤，乃陽明看書之誤爾（求是編，卷二，頁七上至九下）。

王應昌云：下一「與」字，心理為二。如先生下一「性」字，將如何？莫不成三段去否？也須善觀始得。

佐藤一齋引彭定求曰：心卽性，性卽理。與程子性者心之理之說無異也。（南畇集，光緒七年，一八八一，本，姚江釋毀錄，頁七上）

捷案：程伊川云，「性卽理也」（二程遺書，卷二十二上，頁十一上。採入近思錄，卷一，第三八條。又見朱子，孟子集註，註滕文公篇第三上，第一章）。彭定求見第八條，佐藤評語下。

①晦庵，朱子之號。

②心與理。　語見朱子，大學或問，頁六十上下，論第五格物章。

㉞或曰，「人皆有是心。心卽理。何以有爲善有爲不善」？先生曰，「惡人之心失其本體」。

東敬治云：此卽孟子「乃若其情，卽可以為善，乃所謂善也」之意（孟子語見告子篇第六上，第六章）。

許舜屏云：孟子之性善，卽是此義。

㉟問，「『析之有以極其精而不亂，然後合之有以盡其大而無餘』①。此言如何」？先生曰，「恐亦未盡。此理豈容分析？又何須湊合得？聖人說精一②，自是盡」。

①析之合之。　朱子，大學或問，頁二十四下，論八目。

②精一，參看第二條，註四。

㊱省察是有事時存養，存養是無事時省察。

但衡今云：有事時省察不得力，多由無事時失于存養。故有事時省察，卽存養。無事時存養不得力，多由有事時，罔知省察。故無事時存養，卽省察。

于清遠云：省察存養，念念在去欲存理而不間斷。

㊲ 澄嘗問象山①在人情事變上做工夫之說②。先生曰，「除了人情事變，則無事矣。喜怒哀樂非人情乎？自視聽言動以至富貴貧賤患難死生，皆事變也。事變亦只在人情裏。其要只在致中和③。致中和只在謹獨」④。

劉宗周云：千聖相傳，只慎獨二字為要訣。先生言致良知，正指此。但此「獨」字換「良」字，覺于學者好易下手耳（遺編，卷十三，陽明傳信錄三，頁六下）。

施邦曜云：君子非除了人情事變，又有謹獨工夫也。沈沈默默之中，所戒慎恐懼者，惟此人情事變之理。卽紛應雜投之時，而沈默之地，主張自在。此動靜合一之學。

王應昌云：謹獨只在明善。愚欲于此再加一語。

佐藤一齋引彭定求云：大學于誠意，旣兩言慎獨。中庸于「戒慎不睹，恐懼不聞」之下，亦言慎獨。明乎曾子子思授受心傳，在慎獨也。鄒東廓（名守益，字謙之，江西安福人）問于陽明先生曰，「子思受學曾子者，大學先格致，中庸首揭慎獨。何也」？陽明先生曰，「獨卽所謂良知也。慎獨者，所以致其良知也。戒慎恐懼，所以慎其獨也。大學中庸之旨一也」。于是言下了然（南畇集，光緒七年，一八八一，本，附密證錄，頁二上）。一齋附語云，「所引鄒東廓問答，出處未考」。

①象山。　陸九淵，字子靜，世稱象山先生（一一三九—一一九三），金谿（江西）人。參看宋元學案，卷五十八；宋史，卷四三四。

②人情事變。　象山全集，四部備要本，卷三十四，頁五下，「復齋兄（名九齡，字子壽）一日見問云，『吾弟今在何處做工夫』？某答云，『在人情事勢物理上做些工夫』。復齋應而已。若知物價之低昻，與夫辨物之眞惡眞僞，則吾不可不謂之能。然吾之所謂做工夫，非此之謂也』」。

③致中和　中庸，第一章，「致中和，天地位焉，萬物育焉」。

④謹獨。　中庸，第一章，「是故君子戒愼乎其所不睹，恐懼乎其所不聞。莫見乎隱。莫顯乎微。故君子愼其獨也」。大學，第五章，「所謂誠其意者，毋自欺也。如惡惡臭，如好好色。此之謂自謙。故君子必愼其獨也」。

㊳ 澄問，「仁義禮智之名，因已發而有」。曰，「然」。他日澄曰，「惻隱羞惡辭讓是非①，是性之表德邪」？曰，「仁義禮智也是表德。性一而已。自其形體也，謂之天。主宰也，謂之帝。流行也，謂之命。賦於人也，謂之性。主於身也，謂之心。心之發也，遇父便謂之孝，遇君便謂之忠。自此以往，名至於無窮，只一性而已。猶人一而已。對父謂之子，對子謂之父。自此以往，至於無窮，只一人而已。人只要在性上用功。看得一性字分明，卽萬理燦然」。

孫奇逢云：一性字分明，萬理燦然。

佐藤一齋云：以仁義禮智為表德，前人所未發。此意最宜體察而自得之。蓋知此則知未發之中矣。

東正純云：以仁義禮智為表德，前儒所未有。可謂千古卓見矣。程朱以仁義禮智為性，塊然乎未發中。于是性分本然氣質，心分道心人心。云理云氣，支離紛淆，至不可收拾。蓋其病坐不知仁義禮智為表德也。雖然，表德亦可謂之性。故先下「亦是」字而決之。「性一而已」一句，辭義完全無遺憾矣。

①惻隱。孟子，公孫丑篇第二上，第六章，「惻隱之心，仁之端也。羞惡之心，義之端也。辭讓之心，禮之端也。是非之心，智之端也」。

㊴一日論爲學工夫。先生曰，「敎人爲學不可執一偏。初學時心猿意馬①，拴縛不定。其所思慮多是人欲一邊。故且敎之靜坐息思慮。久之，俟其心意稍定。只懸空靜守，如槁木死灰②，亦無用。須敎他省察克治。省察克治之功，則無時而可間。如去盜賊，須有箇掃除廓清之意。無事時，將好色好貨好名等私，逐一追究搜尋出來。定要拔去病根，永不復起，方始爲快。常如貓之捕鼠。一眼看着，一耳聽着③。纔有一念萌動，卽與克去。斬釘截鐵④，不可姑容與⑤他方便。不可窩藏。不可放他出路。方是眞實用功。方能掃除廓清。到得無私可克，自有端拱⑥時在。雖曰『何思何慮』⑦，非⑧初學時事。初學必須思⑨省察克治。卽是

思誠。只思一箇天理。到得天理純全，便是何思何慮矣」⑩。

佐藤一齋云：到得天理純全，是所謂「不勉而中，不思而得，从容中道」（中庸，第二十章）者。故曰，「何思何慮」。

三輪執齋云：今案以何思何慮為自然的地頭，故曰「非初學時事」。是蓋先生前說乎？答周道通書曰，「繫言『何思何慮』，是言所思所慮，只是一箇天理，更無別思別慮耳」（第一四五節）云云。可交考。

東正純云：何思何慮，王子亦初年以效驗說之。

但衡今云：不云無思無慮，所思所慮，而云何思何慮者，蓋以無思無慮，則墮斷滅。所思所慮，則淪執著。陽明只思一個天理，猶嫌沾滯。

①心猿意馬，佛語。

②槁木死灰。　出莊子，齊物論第二，卷一，頁十八下，「形固可使如槁木，而心固可使如死灰乎」？

③貓捕鼠。　朱子文集，卷七十一，頁六下，偶讀漫記云，「釋氏有清草堂者（宋之善清禪師），有名叢林間。其始學時，若無所入。有（黃龍禪師）告之曰，『子不見貓之捕鼠乎？四足據地，首尾一直，目睛不瞬，心無它念。唯其不動，動則鼠無逃矣』。清用其言，乃有所入」。此係黃龍祖心禪師答寶峯善清禪師語。見五灯會元，卷十七，黃龍祖心禪師法嗣章（續藏經，一輯，貳編乙，十一套，頁三三五），又聯灯會要，卷十五，寶峯善清禪師章（續藏經，一輯，貳編乙，九套，頁三三九）。黃龍祖心（黃龍山

麓南禪，一〇〇二—一〇六九，之弟子）語其弟子善清云，「子見貓兒捕鼠乎？目睛不瞬，四足踞地，諸根順向，首尾一直。擬無不中。子能如是，心無異緣。六根自根，默然而究。萬無一失也」。

④景德傳燈錄，卷十七，頁四下，雲居道膺禪師（八三五？—九〇二）謂衆云，「學佛法底人，如斬釘截鐵始得」。

⑤「姑容與」。張本「姑容」斷句。「與」作「爲」。

⑥端拱，端坐拱手。

⑦何思何慮。易經，繫辭下傳，第五章，「天下何思何慮！天下同歸而殊塗，一致而百慮。天下何思何慮」！

⑧「非」。陳本「非」上有「要」字。

⑨「必須思」。陳本「必須思」絕句。

⑩何思何慮，參看第一四五條。

㊵澄問，「有人夜怕鬼者奈何」？先生曰，「只是平日不能集義①而心有所慊，故怕。若素行合於神明，何怕之有」？子莘②曰，「正直之鬼不須怕。恐邪鬼不管人善惡，故未免怕」。先生曰，「豈有邪鬼能迷正人乎？只此一怕卽是心邪。故有迷之者。非鬼迷也，心自迷耳。如人好色，卽是色鬼迷。好貨，卽是貨鬼迷。怒所不當怒，是怒鬼迷。懼所不當懼，是懼鬼迷也」。

①集義，見孟子，公孫丑篇第二上，第二章。朱子，孟子集註云，「集義，猶言積善。蓋欲事事皆合于義也」。

②子莘，馬明衡之字。莆田（福建）人。官御史。嘉靖三年（一五二四）以上諫得罪下獄削籍歸。閩中有王氏學，自明衡始。參看明儒學案，卷三十，頁一下，粵閩王門學案序，及明史，卷二〇七。

㊶

定者心之本體。天理也。動靜所遇之時也。

佐藤一齋云：此條詮定性書之旨。時有動靜，理無動靜。故睹聞思為，常一于理。則所遇動靜，亦常定也。

捷案：程明道答橫渠先生定性書（明道文集，卷三，頁一上下）云，「所謂定者，動亦定，靜亦定。無將迎，無內外。……夫天地之常，以其心普萬物而無心。聖人之常，以其性順萬事而無情。故君子之學，廓然而大公，物來而順應」。陽明之旨，與明道同。明道發明其用，如普物順應。陽明則特重其體，如本體天理。然非謂明道較陽明為顯，或陽明較明道為正。實則兩人均體用一源，動靜無間也。然則王氏此說，本諸明道。宋明理學之分，未有如若干學者所謂水火不容也。

㊷

澄問學庸同異。先生曰，「子思①括大學②一書之義爲中庸③首章」。

于清遠云：大學所謂明德，親民，至善，卽中庸的天命，率性，修道。大學所謂誠意，正心，修身，卽中庸的不睹不聞，慎獨。大學所謂齊家，治國，平天下，卽中庸致中和，天地位，萬物育。是大學全書之義，中庸的首章，都概括了」。　捷案，如大學修身不比中庸不睹不聞而以中庸致中和比大學誠正，則更善。

捷案：从字面上看，陽明似信子思先著大學，然後括其全書之義為中庸首章。然陽明只論思想，與著者著書之先後無關也。其謂中庸首章包括大學全書思想，則為創見。論者多謂學庸思想相同。如朱子謂「蓋中庸之所謂明善，即（大學）格物致知之功。其曰誠身，即誠意立心修身之效也」（大學或問，頁九下）。此可謂括中庸一書之義為大學首章，正與陽明相反也。

①子思，名伋（約前四九二—前四三一），伯魚之子，孔子之孫。

②大學，乃禮記四十九篇之第四十二篇。朱子以爲孔子之言而曾子述之（大學章句經文注）。宋儒王柏（一一九七—一二七四）與清儒胡渭（一六三三—一七一四）以爲子思所作。參看拙文初期儒家（中央研究院歷史語言研究所集刊，第四十七本，第四分，一九七六年），頁三十至三十一。

③中庸，禮記第三十一篇。相傳爲子思所作。史記，卷五十七，孔子世家，謂「子思年六十二。嘗困于宋。子思作中庸」。宋儒歐陽修（一〇〇七—一〇七二）疑之。葉酉（一七九九進士）斷爲漢人所作。多數學者仍以是子思傳述孔子之意。參看拙著（同上），頁三十九至四十。

㊸問，「孔子正名①。先儒說上告天子，下告方伯。廢輒立郢②。此意如何」？先生曰，「恐難如此。豈有一人致敬盡禮，待我而爲政，我就先去廢他，豈人情天理？孔子既肯與輒

爲政，必已是他能傾心委國而聽。聖人盛德至誠，必已感化衞輒。使知無父之不可以爲人。必將痛哭奔走，往迎其父。父子之愛本於天性。輒能悔痛眞切如此，蒯聵豈不感動底豫③？蒯聵既還，輒乃致國請戮。聵已見化於子，又有夫子至誠調和其間，當亦決不肯受。仍以命輒。群臣百姓又必欲得輒爲君。輒乃自暴其罪惡。請於天子，告於方伯④諸侯。而必欲致國於父。聵與群臣百姓，亦皆表輒悔悟仁孝之美，請於天子，告於方伯諸侯。必欲得輒而爲之君。於是集命⑤於輒。使之復君衞國。輒不得已，乃如後世上皇⑥故事。率群臣百姓尊聵爲太公。備物致養。而始退復其位焉。則君君臣臣父父子子⑦，名正言順。一舉而可爲政於天下矣。孔子正名或是如此」。

佐藤一齋云：正名之說，與蘇子由古史所論更類，而此為理更精矣。又引蘇氏（蘇轍，字子由，號潁濱遺老，一〇三九——一一一二。四川眉山人）之古史論曰，「靈公黜其子而子其孫。出公不父其父而稱其祖。人道極矣。孔子于是焉而正之，何為而可？靈公之死也，衞人立公子郢。郢不可，則衞人立輒。使輒而知禮，必辭。辭而不獲，必逃。輒逃而郢立，則名正矣。雖以拒蒯聵可也。雖然，孔子為政，豈將廢輒而立郢耶？其亦將教輒避位而納蒯聵耳。蒯聵得罪于父。生不養，死不喪。然于其人也，春秋書曰，『晉趙鞅帥納衞世子』。蒯聵千戚。非世子而以世子名之，以其子得立于衞，成其為世子也。若輒避位而納其父，是世子為君也，而名有不正乎！名正而衞定矣」。

①正名。論語，子路篇第十三，第三章，「子路曰，『衞君待子而爲政，子將奚先』？子曰，『必也正名乎。…名不正，則言不順。言不順，則事不成』」。

②先儒，指胡氏與朱子。朱子，論語集註註上章引胡氏云，「衞世子蒯聵，恥其母南子之淫亂，欲殺之不果而出奔。靈公欲立公子郢。郢辭。公卒，夫人立之。又辭。乃立蒯聵之子輒，以拒蒯聵。夫蒯聵欲殺母，得罪于父。而輒據國以拒父。皆無父之人也。其不可有國也明矣。夫子爲政，而以正名爲先。必將具其事之本末，告諸天王，請于方伯。命公子郢而立之。則人倫正，天理得。名正言順而事成矣」。此事載左傳，定公十四年經傳，哀公二年與十六年傳。胡氏，木槻信良朱子四書集註典據考（台北學生書局，一九七六），頁二〇四，以爲胡安國（字康侯，學者稱武夷先生，謚文定，一〇七四—一一三八。福建崇安人）。東敬治與中田勝以爲胡寅（字明仲，安國兄子，學者稱致堂先生，一〇九八—一一五六）。誤以其號爲五峯。安井小太郎與近藤康信以爲胡宏（字仁仲，安國次子，學者稱五峯先生，一一〇五—一一五五）。葉紹鈞以爲胡瑗（字翼之，稱安定先生，九九三—一〇五九），必誤。諸註家並不指語出自何書，無从對檢。查朱子語類，卷四十三，頁一七五三，謂「胡文定說輒事極看得好」。接着即「問胡氏之說，只是論孔子爲政正名，事理合如此」。似胡氏即指胡安國。然安國之春秋胡氏傳哀公二年論輒事，不論孔子爲政。所言輒事約二百字與此處所引不同。語類，卷十九，頁七〇五云，「問語解胡氏爲誰？曰，『胡明仲也』」。則此處胡氏指胡寅可知。惟查其讀史管見，不見論輒事。五峯集（四庫全書珍本），卷五，頁四十四上下論語指南，評子路篇第十三，第三章必也正名云，「蒯聵無父出奔，失世子者，罪其輕。佻謀非常，至于出奔。失世子之道也。趙鞅納之而稱世子者，罪大。臣輔輒而拒父也。蒯聵無父，輒亦無父。天下豈有無父之人尚可以事宗廟社稷，爲人上者哉？故孔子爲政于衞，則必

具靈公父子祖孫本末。上告于天王，下告于方伯。乞立公子郢。然後人倫明，天理順。無父之人不得之。名正而國家矣」。此段下截與朱子所引大致相同。豈朱子述其意耶？然朱子云，論解爲胡寅。朱彝尊經義考謂胡寅有論語解說，但不見。想已佚矣。豈所引果出于胡寅之論語解說耶？待考。

③底豫。　底，至也。豫，悅樂也。

④方伯。　天子千里之外，設方伯，爲一方之主，得掌征伐。如文王西伯是也。

⑤集命。　集中命令。

⑥上皇。　前漢書，卷一，高祖六年（西元前二〇一年）尊太公爲太上皇。

⑦君君。　論語，顏淵篇第十二，第十一章，「齊景公問政于孔子。孔子對曰，『君君，臣臣，父父，子子』」。即君臣父子各得其所以爲君臣父子之道。

㊹　澄在鴻臚寺①倉居②。忽家信至，言兒病危。澄心甚憂悶不能堪。先生曰，「此時正宜用功。若此時放過，閒時講學何用？人正要在此時磨鍊。父之愛子，自是至情。然天理亦自有箇中和處。過卽是私意。人於此處多認做天理當憂③，則一向憂苦，不知已，是『有所憂患，不得其正』④。大抵七情⑤所感，多只是過，少不及者。才過便非心之本體。必須調停適中始得。就如父母之喪。人子豈不欲一哭便死，方快於心？然却曰『毀不滅性』⑥。非聖人强制之也。天理本體，自有分限。不可過也。人但要識得心體，自然增減分毫不得」。

①寺。　寺爲七寺之一。掌賓客凶儀之事。陽明正德九年（一五一四）四月陞南京鴻臚寺卿。

②倉居，暫時所居。一云倚舍。
③「憂」，三輪執齋本作「愛」。
④其正。語出大學，第七章。
⑤七情。禮記，禮運篇，第二十三節，「何謂人情？喜怒哀懼愛惡欲，七者弗學而能」。普通以「樂」代「懼」。
⑥滅性。語見孝經，末章。又禮記，喪服四制篇，第五節。

㊺不可謂未發之中①常人俱有。蓋體用一源②。有是體，即有是用。有未發之中，即有發而皆中節之和。今人未能有發而皆中節之和。須知是他未發之中亦未能全得。

施邦曜云：此是就後來養成工夫論。若論天命賦予，常人都是有的。

三輪執齋云：此條及下文四十九版（即第七十六條）瘧疾之喻，求是編譏之（參看第七十六條）。然朱子亦嘗有此論及此譬。何其無稽之甚？

但衡今云：本節與澄問操存舍亡章（第四十八條）云云，不似陽明所以為學，與其教人之旨。其為門弟子之言，可斷言也。體用一源是也。但體用不可以有無論。謂未發之中有未全猶可。謂非常人俱有則不可。斯言也，足以絕天下後世之心。常人非不具也，有所蔽也。非不全也，有所偏也。

①未發之中。　中庸，第一章，「喜怒哀樂之未發，謂之中。發而皆中節，謂之和」。

②體用一源。　語出伊川易傳序。參看第一五六條，註五。

㊻ 易之辭是「初九潛龍勿用」①六字。易之象是初畫。易之變是值其畫。易之占是用其辭②。

東正純云：辭變象占，說歸一處。从來說易，無是直徑。以此推六十四卦，觸處豁然。應無全牛。

捷案：「全牛」語出莊子，四部叢刊本，名南華真經，養生主篇第三（卷二，頁二上）。庖丁為文惠君解牛。初見無非牛者。三年之後，未嘗見全牛。卽但見其理也。

①勿用。　易經，乾卦，初九爻辭之語。氣从下生，故卦畫从下始。初有生意。九爲陽之極數。龍性屬陽。今居下，故曰潛龍。龍潛于淵，待時而用可也。

②用其辭。　易經，繫辭上傳，第十章，「易有聖人之道四焉。以言者尚其辭。以動者尚其變。以制器尚其象。以卜筮尚其占」。茲只舉乾卦一爻辭爲例。其象爲初畫，即初九之陽爻。爻畫遇動則變，變爲陰爻。故曰値其畫。占用其辭。今占未應動，故用其「勿用」之辭。

㊼ 夜氣①是就常人說。學者能用功，則日間有事無事，皆是此氣翕聚發生處。聖人則不消說夜氣②。

吉村秋陽引劉宗周云：皆先生之論。

①夜氣。 孟子，告子篇第六上，第八章，「牛山之木嘗美矣。…且且而伐之，可以爲善乎？…有梏亡之矣。梏之反覆，則其夜氣不足以存。夜氣不足以存，則其違禽獸不遠矣」。夜氣以存，乃得平旦時清明之氣。

②說夜氣。 聖人不自伐。其氣時時清明。

㊽澄問操存舍亡章。曰，「『出入無時，莫知其鄉』①。此雖就常人心說。學者亦須是知得心之本體，亦元是如此。則操存功夫，始沒病痛。不可便謂出爲亡入爲存。若論本體，元是無出無入的。若論出入，則其思慮運用是出。然主宰常昭昭在此，何出之有？既無所出，何入之有？程子所謂腔子②，亦只是天理而已。雖終日應酬，而不出天理，卽是在腔子裏。若出天理，斯謂之放，斯謂之亡」。又曰，「出入亦只是動靜。動靜無端③。豈有鄉邪」？

三輪執齋云：「腔子卽是天理」。今案，腔子謂軀殼。是語活說耳。亦只是三字可見。然人是天地之心。則實以天為軀殼者，豈虛語乎？

東正純引高忠憲（高攀龍，字存之，號景逸，一五六二——一六二六，江蘇無錫人）云：心要在腔子裏是在中之義。不放外于外，便是在中，非有所著也。 又曰：天地之心充塞于人身者，為惻隱之心。人心充塞天地者，卽天地之心。人身一小腔子。天地卽大腔子也（高子遺書，光緒二年，一八七六，本，卷一，頁八上下）。但衡今云：心之本體，不可直言無出入也。「出入無時，莫知其鄕」，言其心之亂也，非言其心之體。心出入形容存亡，非以出入言操存也。程子所謂腔子，是以肉團心，形容非肉團心。亦卽存之之意。存則何思何慮，亦思亦慮。此儒家惟一心法。舍此別無入手之方。吾不知本節所云不出天理，與孟子之言操存，究何所異也。

捷案：朱子，孟子集註註此章曰，「孔子言心，操之則在此，舍之則失去。其出入無定時，亦無定處如此。孟子引之，以明心之神明不測，得失之易，而保守之難」。與但氏言心亂之說異。朱子又引程子曰，「心豈有出入？亦以操捨而言也」。亦與但說異。程伊川語見二程遺書，卷十八，頁二十上。

①操存。　孟子，告子篇第六上，第八章，「孔子曰，『操則存，舍則亡。出入無時，莫知其鄕。惟心之謂與』」。鄕，即向。

②腔子。　二程遺書，卷七，頁一上，「心要在腔子裏」。不指明爲明道語抑伊川語。採入近思錄，卷四，第三十四條，作伊川語。

③無端。　伊川經說，卷一，頁二上，「動靜無端，陰陽無始」。又見近思餘，卷一，第十六條。

㊾王嘉秀①問，「佛以出離生死誘人入道。仙以長生久視②誘人入道。其心亦不是要人做不好。究其極至，亦是見得聖人上一截③。然非入道正路。如今仕者，有由科，有由貢，有

由傳奉④。一般做到大官。畢竟非入仕正路，君子不由也。仙佛到極處，與儒者略同。但有了上一截，遺了下一截。終不似聖人之全。然其上一截同者，不可誣也。後世儒者又只得聖人下一截。分裂失眞。流而爲記誦，詞章，功利，訓詁。亦卒不免爲異端。是四家者，終身勞苦於身心。無分毫益。視彼仙佛之徒，淸心寡慾，超然於世累之外者，反若有所不及矣。今學者不必先排仙佛。且當篤志爲聖人之學。聖人之學明，則仙佛自泯。不然，則此之所學，恐彼或有不屑。而反欲其俯就，不亦難乎？鄙見如此。先生以爲何如」？先生曰，「所論大略亦是。但謂上一截，下一截，亦是人見偏了如此。若論聖人大中至正之道，徹上徹下。只是一貫。更有甚上一截，下一截？『一陰一陽之謂道。但仁者見之便謂之仁。知者見之便謂之智。百姓又日用而不知。故君子之道鮮矣』⑤。仁智豈可不謂之道？但見得偏了，便有弊病」。

施邦曜云：儒與佛俱向心上問消息。但佛只說個明心，不知窮理，便歸空寂。儒者只是能窮理。不越一心，而萬物皆備。參贊事業，俱本于一心。大易云，『窮理盡性以至于命』（說卦傳，第一章）。學者舍窮理亦何哉？

孫鏘云：施公此條評語，緣其所選刻集要三種本于「與儒者略同」句下，誤接答梁日孚問窮理盡性一條（第一一七條）之半（「若只知主一」下，至條末三百二十餘字），不知校正。而評話亦遂含混而不可曉矣。

①王嘉秀，字實夫，里籍不詳。陽明由貴州龍場歸後（一五一〇）受業。好談仙佛。

②長生久視。見老子，第五十九章。「視」有云當作「立」字解。久立即長生之意。

③上截指上達，下截指下學。論語，憲問篇第十四，第三十七章，「下學而上達」，謂由切近而至高遠也。

④科，由分科考試以入官。貢，由鄉黨推薦。傳奉，由內官之安排入官。

⑤道鮮。語見易經，繫辭上傳，第五章。鮮，盡也。

50

著固是易。龜①亦是易。

馮柯云：蓍出于羲，龜出于禹。蓍數用偶，龜數用奇。蓍所以筮，龜所以卜。蓍繇以易，龜繇以疇。較然不同審矣。陽明何所見而謂龜亦是易哉？（求是編，卷二，頁十六上）。

三輪執齋云：求是編譏之。然是不知「固」「亦」二字之意者。先生豈言蓍龜無別乎？是言決嫌疑，定猶豫，則為龜易無異耳。蓋為固滯蓍龜之殊者破之也。

佐藤一齋云：朱子啓蒙（易學啓蒙，台北藝文印書館映印呂氏寶誥堂朱子遺書本，卷一，頁四上）曰，「以卜筮者尚其占，莫大于蓍龜。易之書豈有龜與卜之法乎？言其理無二而已」。則朱子之意既與此條同，馮柯求是編駁之。何邪？

①著龜。蓍筮以五十蓍竹而計其數，以數爲本。龜卜則燒龜殼而觀其象，以象爲基。

51

問，「孔子謂武王未盡善①，恐亦有不滿意」。先生曰，「在武王自合如此」。曰，「使文王未沒，畢竟如何」？曰，「文王在時，天下三分已有其二②。若到武王伐商之時，文王若在，或者不致興兵。必然這一分亦來歸了文王。只善處紂，使不得縱惡而已」。

①盡善。　論語，八佾篇第三，第二十五章，「子謂韶，盡美矣，又盡善也。謂武，盡美矣，未盡善也」。韶，帝舜之樂。武，武王之樂。

②有其二。　見論語，泰伯篇第八，第二十章。

52 問①「孟子言『執中無權猶執一』」②。先生曰，「中只有天理，只是易。隨時變易，如何執得？須是因時制宜。難預先定一箇規矩在。如後世儒者要將道理一一說得無罅漏。立定箇格式。此正是執一」。

①問。　施本與兪本作惟乾問。惟乾即冀元亨。參看第一一八條。

②執一。　孟子，盡心篇第七上，第二十六章。

53 唐詡①問，「立志是常存箇善念要爲善去惡否」？曰，「善念存時，即是天理。此念卽善，更思何善？此念非惡，更去何惡？此念如樹之根芽。立志者長立此善念而已。『從心所欲。不踰矩』②，只是志到熟處」。

劉宗周云：又擧天理。又曰：念本無念，故是天理。有念可存，卽非天理（遺編，卷十三，陽明傳信錄三，頁七上。明儒學案，卷十，頁十五上，删此評語）。

①唐詡，新淦（江西）人。據王文成傳本，卷二，頁十六下用翊。號里不詳。

②不踰矩。論語，爲政篇第二，第四章。孔子自云。

㊹精神，道德，言動，大率收斂爲主。發散是不得已。天地人物皆然。

捷案：明道云，「乾陽也。不動則不剛。其靜也專。其動也直。不專一則不能直遂。坤陰也。不靜則不柔。其靜也翕。其動也闢。不翕聚則不能發散」（二程遺書，卷十一，頁九上）。陽明所得于程子多矣（參看附錄從朱子晚年定論看陽明之于朱子文內討論此點，附註一四八至一六一）。然程子內外一致。陽明則似傾于內。

㊺問，「文中子①是如何人」？先生曰，「文中子庶幾『具體而微』②。惜其蚤死」③。問，「如何却有續經之非」？曰，「續經亦未可盡非」。請問。良久，曰，「更覺『良工心獨苦』④」。

①文中子擬經，詳第十一條。

②具體。語出孟子，公孫丑篇第二上，第二章。言有聖人之全體，但欠廣大。

③蚤死。 文中子三十四歲死。

④良工。 杜甫（七一二—七七〇）詩句（杜工部詩集，卷四，題李尊師松樹障子歌）。意謂其苦自知，難為他人言。

⑯ 許魯齋 謂儒者以治生爲先之說亦誤人。

佐藤一齋云：魯齋本意在治家，不在貨殖。然謂以治生為先，則語有弊，不免誤人。于清遠云：治生，即營生計。陽明以其不主力學，故罪之。

捷案：許文正公遺書（乾隆五十五年，一七九〇本）卷末，頁五上下云，「為學者治生最為先務。苟生理不足，則于為學之道有所妨。彼旁求妄進，及作官嗜利者，殆亦窘于生理所致也。士子多以務農為生。高賈雖為逐末，亦有可為者。果處之不義理，或以姑濟一時，亦無不可」。是魯齋未嘗忘為學之道與義理。陽明斷章取義，未可謂平。許衡家業農，又因元初經濟環境所需要，故重實在。讀其語錄（卷一，二），固知其謹守程朱之教，在在不忘道義也。

①許衡，字仲平，號魯齋（一二〇九—一二八一）。懷州河內（今河南沁陽）人。爲元國子祭酒。力倡程朱之學。爲一代大儒。死謚文正。參看宋元學案，卷九十，頁一上至六下。

57 問仙家元氣，元神，元精①。先生曰，「只是一件。流行爲氣。凝聚爲精。妙用爲神」。

捷案：陽明此處所言，乃良知也。參看第一五四條可見。

①氣精神。　道家錬丹工夫以人未有此身，先有三元。一氣之妙用爲元神。一氣之流行爲元氣。一氣之凝聚爲元精。所謂氣，非呼吸之氣。精，非交感之精。神，非思慮之神。而乃元始要素，謂之三元，亦稱三華。**連**元性元情，謂之五元。

58 喜怒哀樂，本體自是中和的①。纔自家着些意思，便過不及，便是私。

①中和。　中庸，第一章，「喜怒哀樂之未發，謂之中。發而皆中節，謂之和」。

59 問，「哭則不歌」①。先生曰，「聖人心體自然如此」。

①不歌。　論語，述而篇第七，第九章，「子是日哭，則不歌」。

60 克己須要掃除廓淸，一毫不存方是。有一毫在，則衆惡相引而來。

施邦曜云：著一毫意思，便不是率性。

捷案：中庸，第一章，「率性之謂道」。

61 問律呂①新書②，先生曰，「學者當務爲急。算得此數熟，亦恐未有用。必須心中先具禮樂之本方可。且如其書說，多用管以候氣③。然至冬至那一刻時，管灰之飛，或有先後須臾之間。焉知那管正値冬至之刻？須自心中先曉得冬至之刻始得。此便有不通處。學者須先從禮樂本原上用功」。

陶潯霍云：盡守此說，或恐廢學之病。然照新書用心，真是逐物，可以耽誤一生。如天文曆法皆然。

許舜屏云：此說似乎不確，蓋心中如能先曉得冬至之刻，何必再用管以候氣？正惟其不曉得，故須用管來試驗耳。殆亦徒成為上藝成而下。不欲以術數之學誤其學問耶？

捷案：我國科學足以其他文化比美者千數百年。然明後落後。論者歸咎理學。理學重格物，正合科學精神。今以律呂新書為逐物，則誠科學落後之一因也。

①律呂。 律有十二。陽六爲律，陰六爲呂。

②律呂新書，二卷，蔡元定作。蔡字季通，號西山（一一三五—一一九八）。建陽（福建）人。朱子視爲老友。四庫全書總目提要，卷三十八，經部，樂類，民國二十二年（一九三三）本，頁七九二〇，校本書

序文語氣，疑師友相與共成之。

③候氣。法以葭莩之灰，置于律管。至冬至子時，一陽復生。與律中黃鐘之宮相應，黃鐘管之灰自然飛動。

62 曰仁①云，「心猶鏡也。聖人心如明鏡。常人心如昏鏡。近世格物之說②，如以鏡照物，照上用功。不知鏡尚昏在，何能照？先生之格物，如磨鏡而使之明。磨上用功。明了後亦未嘗廢照」。

佐藤一齋引兩浙名賢集曰：徐愛性警敏，聞言卽悟。時四方同志雲集，文成公至不能答。每令愛分接之。咸得所欲而去。此條恐曰仁接時語也。

捷案：傳習錄只此一條為門人之言。然其暢述陽明思想，無可疑問。陽明以聖人之心比明鏡，已見第二十一條。徐愛以明鏡與格物相連，似是新義。然謂照物不在照上用功而在磨鏡上用功，卽陽明格物之不在格外物而在格心（第一三七，一七四，三一九條）之意耳。黃宗羲曰，「陽明之學，先生為得其真」（明儒學案，卷十一，頁三下）。誠非虛語。

①曰仁，徐愛之字。參看本卷，徐愛序，註四。

②格物之說。指程朱學派之格物說。

63 問道之精粗。先生曰，「道無精粗。人之所見有精粗。如這一間房。人初進來，只見一箇大規模如此。處久便柱壁之類，一一看得明白。再久，如柱上有些文藻，細細都看出來。然只是一間房」。

東正純云：學術之分，概坐所是之精粗。不獨儒家，雖禪佛老伯，皆非無所是。比之聖人，不免為粗耳。

捷案：陽明嘗以象山（陸九淵）之學為粗（第二〇五條）。但總未明言。其或以象山見道尚淺歟？參看下面附錄從朱子晚年定論看陽明之于朱子，文內討論此點，附註八〇。

64 先生曰，「諸公近見時，少疑問。何也？人不用功，莫不自以爲已知。爲學只循而行之是矣。殊不知私欲日生。如地上塵。一日不掃，便又有一層。着實用功，便見道無終窮。愈探愈深。必使精白①無一毫不徹②方可」。

①精白，如米之磨至最純潔處。

②徹，通也，明白也。

65 問，「知至然後可以言誠意①。今天理人欲知之未盡，如何用得克己工夫」？先生曰，「人若眞實切己用功不已，則於此心天理之精微，日見一日。私欲之細微，亦日見一日。若不用克己工夫，終日只是說話而已。天理終不自見，私欲亦終不自見。如人走路一般。走得一段，方認得一段。走到歧路處，有疑便問。問了又走。方漸能到得欲到之處。今人於已知之天理不肯存。已知之人欲不肯去。且只管愁不能盡知。只管閒講。何益之有？且待克得自己無私可克，方愁不能盡知，亦未遲在」②。

梁啓超云：此正是發揮知行合一。語語直抉學病言。

陶潯霍云：知行合一之妙。　又云：此條是王學宗旨。

①誠意。大學，經文，「知至而后意誠」。

②「在」，俗語。助辭，有指定之意。施本俞本均改「耳」，固所不必，亦屬未當。

⑥⑥ 問，「道一而已①。古人論道往往不同。求之亦有要乎」？先生曰，「道無方體②。不可執著。却拘滯於文義上求道遠矣。如今人只說天。其實何嘗見天？謂日月風雷卽天，不可。謂人物草木不是天，亦不可。道卽是天。若識得時，何莫③而非道？人但各以其一隅之見，認定以爲道止如此，所以不同。若解向裏尋求，見得自己心體，卽無時無處不是此道。亘古亘今。無終無始。更有甚同異？心卽道。道卽天。知心則知道知天」。又曰，「諸君要實見此道，須從自己心上體認，不假外求始得」。

王應昌云：直告以求道于心，豈不捷？便類象山之尊德性。偏告以風雲草木上求，甚實際。又類晦庵之耑道問學。故惟致吾良知于物，而天下之物，無一不與我良知相符。纔是先生囊括朱陸之平。

①道一。　孟子，滕文公篇第三上，第一章，「夫道，一而已矣」。

②方體。　易經，繫辭上傳，第四章，「故神無方而易無體」。無方向，無形體。即無時空之限制。

③「莫」，三輪執齋本與佐藤一齋本均作「適」。意同。

67 問，「名物度數①。亦須先講求否」？先生曰，「人只要成就自家心體，則用在其中。如養得心體果有未發之中，自然有發而中節之和②。自然無施不可。苟無是心，雖預先講得世上許多名物度數，與己原不相干。只是裝綴臨時，自行不去。亦不是將名物度數全然不理。只要『知所先後，則近道』③」。又曰，「人要隨才成就，才是其所能爲。如夔之樂，稷之種④。是他資性合下⑤便如此。成就之者，亦只是要他心體純乎天理。其運用處，皆從天理上發來，然後謂之才。到得純乎天理處，亦能不器⑥。使夔稷易藝而爲，當亦能之」。又曰，「如『素富貴，行乎富貴。素患難，行乎患難』⑦，皆是不器。此惟養得心體正者能之」。

東正純云：不器之說，但純天理。富貴患難，養得心體盡之。夔稷易藝，不必說之。却將啓學人紛紜之議焉。删之可也。

但衡今云：陽明學術，主心外無物，心外無理。心外無事，何有乎名物度數？而名物度數在其中。何容乎預先講求？而預先講求在其中。在學理上有其獨特之見，亦自有其勝義。若必以即物窮理為支離，則心與凡物，了不相涉。安能免于物自為物，我自為我之失？若謂一了百了，佛氏有此說法。不知猶有不了者在。此之謂「執中無權，猶執一也」（孟子，盡心篇第七上，第二十六章）。

①名物度數。　鳥獸草木之物皆有名。禮樂刑政之度皆有數。

②中和。　中庸，第一章，「喜怒哀樂之未發，謂之中。發而皆中節，謂之和」。

③近道。　大學，經文。

④夔稷。　書經，舜典，第十八節：「帝曰，「汝后稷，播時百穀」。第二十四節：「夔，命汝典樂，教冑子（長子）」。

⑤合下，現在之意。

⑥器。　器具可適用，但不相通。不器，不偏也。

⑦富貴患難。　中庸，第十四章語。

68「與其爲數頃無源之塘水，不若爲數尺有源之井水，生意不窮」。時先生在塘邊坐。傍有井，故以之喻學云。

三輪執齋引孟子，離婁篇第四下，第十八章曰，「原源混混，不舍晝夜，盈科（坎）而後進。放乎四海。有本者如是」。

許舜屏云：此所謂隨地皆學問也。

于清遠引朱子詩云，「問渠那得清如許？惟有源頭活水來」，謂此為朱子見道之詩。又引論語，子罕篇第九，第十六章，子在川上曰，「逝者如斯夫！不舍晝夜」。又引朱子註（論語集註）曰，「天地之化，往者過，來者續。無一息之停。乃道體之本然也，然其可指而易見者，莫如川流。故于此發以示人，欲學者時時省察，而無毫髮之間斷也」。

捷案：朱詩名觀書有感。載朱子文集，卷二，頁十下。前二句云，「半畝方塘一鑑開，天光雲影共徘徊」。意謂人心如鏡，而天理人欲交戰。為有源頭活水，乃得全清。孟子之本，朱子之活水，陽明之生意，其實一也。觀書是學，卽時時省察。陽明以之喻學，亦卽此意。許氏所謂學問，切勿以狹義言之。

⑲ 問，「世道日降。太古①時氣象，如何復見得」？先生曰，「一日便是一元②。人平旦③時起坐，未與物接。此心清明景象，便如在伏羲④時遊一般」。

①太古，指神話伏羲以前時代。

②一元，一十二萬九千六百年。據邵雍（字堯夫，稱康節先生，一〇一一—一〇七七），一世三十年，一運十二世，一會三十運，一元十二會（皇極經世書，四部備要本，卷六，頁十四下）。

③平旦，天平明之時。語出孟子，告子篇第六上，第八章。

④伏羲，神話三皇之一。畫八卦，教人畜牧。

70 問，「心要逐物。如何則可」？先生曰，「人君端拱①清穆，六卿②分職，天下乃治。心統五官③，亦要如此。今眼要視時，心便逐在色上。耳要聽時，心便逐在聲上。如人君要選官時，便自去坐在吏部。要調軍時，便自去坐在兵部。如此，豈惟失却君體？六卿亦皆不得其職」。

①端拱，端坐拱手。

②六卿。明時六部爲吏部，戶部，禮部，兵部，刑部，工部。部設尙書。

③五官，耳、目、鼻、口、心。另有二說。一爲兩手及口耳目。一爲視、聽、嗅、味、觸之五官器。

71 善念發而知之，而充之①。惡念發而知之，而遏之。知與充與遏者，志也。天聰明也②。聖人只有此。學者當存此。

三輪執齋云：天聰明，卽良知也。聖人自然，故曰有。學者用功，故曰存。

①充，擴充也。或解作充實。

②聰明，三輪執齋又釋作自然。

⑫ 澄曰，「好色，好利，好名等心，固是私欲。如閒思雜慮，如何亦謂之私欲」？先生曰，「畢竟從好色，好利，好名等根上起。自尋其根便見。如汝心中決知是無有做劫盜的思慮。何也？以汝元無是心也。汝若於貨①色名利等心，一切皆如不做劫盜之心一般，都消滅了。光光只是心之本體。看②有甚閒思慮？此便是『寂然不動』。便是『未發之中』。便是『廓然大公』。自然『感而遂通』③。自然『發而中節』④。自然『物來順應』⑤」。

①「貨」，施本，兪本作「好」。

②「看」，佐籐一齋本作「著」。

③感通。易經，繫辭上傳，第十章，「寂然不動，感而遂通天下之故」。

④中節。中庸，第一章，「喜怒哀樂之未發，謂之中。發而皆中節，謂之和」。

⑤順應。明道答橫渠先生定性書（明道文集，卷三，頁一上），「君子之學，莫若廓然而大公，物來而順應」。

⑬ 問志至氣次①。先生曰，「『志之所至，氣亦至焉』之謂。非『極至次貳』②之謂。『持其志』，則養氣在其中。『無暴其氣』，則亦持其志矣。孟子救告子③之偏，故如此夾持④說」。

①志至氣次。參看第八十一條，註二。

②極至次貳。　志至，非至于極之謂。氣次，非氣居第貳位之謂。反對朱子之說。

③告子，名不害，孟子時人。主性無善惡，生之謂性。又主仁內義外。孟子痛辯之（告子篇第六，第一至第六章）。

④夾持，左右扶持，使其不偏。

㊆④ 問，「先儒曰，『聖人之道，必降而自卑。賢人之言，則引而自高』①。如何」？先生曰，「不然。如此却乃②僞也。聖人如天。無往而非天。三光③之上，天也。九地④之下，亦天也。天何嘗有降而自卑？此所謂大而化之⑤也。賢人如山嶽。守其高而已。然百仞者不能引而爲千仞。千仞者不能引而爲萬仞。是賢人未嘗引而自高也。引而自高，則僞矣」。

①自高。　程頤，二程外書，卷三，頁二下，「聖人之教人，俯就之若此。猶恐衆人以爲高遠而不親也。聖人之言，必降而自卑。不如此則人不親。賢人之言，必引而自高。不如此則道不尊」。朱子（論語集註）注子罕篇第九，第七章引之。

②「乃」，三輪執齋本作「是」。

③三光，日月星。

④九地。　九乃數之終。九地，地之終極，即地底也。

⑤大而化。　孟子，盡心篇第七下，第二十五章，「充實而有光輝之謂大。大而化之之謂聖」。

⑺75 問，伊川謂『不當於喜怒哀樂未發之前求中』①。延平②却教學者看未發之前氣象③。何如」？先生曰，「皆是也。伊川恐人於未發前討箇中，把中做一物看。如吾向所謂認氣定時做中④。故令只於涵養省察上用功。延平恐人未便有下手處，故令人時時刻刻求未發前氣象。使人⑤正目而視惟此，傾耳而聽惟此。卽是『戒愼不覩。恐懼不聞』⑥的工夫。皆古人不得已誘人之言也」。

劉宗周云：只為本無前後際故也。先生頗主程子說（遺編，卷十三，陽明傳信錄三頁八上。又黃宗羲引見明儒學案，卷十，頁十五上）。

孫奇逢云：古人不得已誘人之心，原各有是處。執之又成聚訟矣。

許舜屏云：人謂先生與朱子恒相抵觸。觀此段評論，于朱子之學初無貶辭。然則先生固非與朱子有所不慊也。延平卽朱子。

①求中，見二程遺書，卷十八，頁十四下。

②延平。李侗，字愿中，世稱延平先生（一〇八八—一一五八）。南劍（福建）人。二程之學，經楊時（字中立，稱龜山先生，一〇五三—一一三五），羅从彥（字仲素，稱豫章先生，一〇七二—一一三五），李侗而傳之朱子。參看宋元學案，卷三十九；宋史，卷四二八。參看第九十四條。

③氣象。延平答問（台北藝文印書館映印呂氏寶誥堂朱子遺書本），上，頁十七下至十八上。

④向所謂，見第二十八條。

⑤「人」，三輪執齋本與佐籐一齋本均作「之」。
⑥不覩不聞。　中庸，第一章。

⑺澄問「喜怒哀樂之中和①。其全體常人固不能有。如一件小事當喜怒者，平時無有喜怒之心。至其臨時，亦能中節。亦可謂之中和乎」？先生曰，「在一時之事，固亦可謂之中和。然未可謂之大本達道。人性皆善。中和是人人原有的。豈可謂無？但常人之心既有所昏蔽，則其本體雖亦時時發見，終是暫明暫滅，非其全體大用②矣。無所不中，然後謂之大本③。無所不和，然後謂之達道。惟天下之至誠，然後能立天下之大本」。曰，「澄於中字之義尚未明」。曰，「此須自心體認出來。非言語所能喩。中只是天理」。曰，「何者爲天理」？曰，「去得人欲，便識天理」。曰，「天理何以謂之中」？曰，「無所偏倚」。曰，無所偏倚，是何等氣象」？曰，「如明鏡然。全體瑩徹④，略無纖塵染着」。曰，「偏倚是有所染着。如着在好色好利好名等項上，方見得偏倚。若未發時，美色名利皆未相着⑤。何以便知其有所偏倚」？曰，「雖未相着，然平日好色好利好名之心，原未嘗無。既未嘗無，即謂之有。既謂之有，則亦不可謂無偏倚。譬之病瘧之人，雖有時不發，而病根原不曾除，則亦不得謂之無病之人矣。須是平日好色好利好名等項一應⑥私心，掃除蕩滌，無復纖毫留滯。而此心全體廓然，純是天理。方可謂之喜怒哀樂未發之中。方是天下之大本」。

劉宗周云：此卽朱子至靜之中，無少偏倚之說。先生則直以良知二字貫之。終不著靜時一項工夫。平日二字，亦約略言之耳（遺編，卷十三，陽明傳信錄三，頁八下。黃宗義引見明儒學案，卷十，頁十五下採劉此語，但不採此評）。

馮柯云：今乃以不發之癥，況未發之中。是未發之中，特其好色好利好名之心未形見者耳。何以為天下之大本耶？何其與明鏡之言自相戾耶？（求是編，卷二，頁二十六上）。

吉村秋陽云：此問答，俱以中和為前後二時。猶是舊說。嘗謂，蓋自性言之，卽中卽和，固一時事。下條萬象森然是也。自心言之，則中主無事，和主有事。分屬為二，亦無不可。古語往往有如此者。然卽中而和在，卽和而中存。畢竟非二時。在善體會之。

①中和。中庸，第一章，「喜怒哀樂之未發，謂之中。發而皆中節，謂之和」。

②全體大用。詞出大學，第五章，朱子補傳。

③大本。中庸，第一章，「中也者，天下之大本也。和也者，天下之達道也」。

④「瑩徹」，三輪執齋本與佐籐一齋本均作「大用」。

⑤「相着」，施本，兪本，作「嘗着」。下「相着」亦然。

⑥一應，一切也。

⑺問，「『顏子①沒而聖學亡』②。此語不能無疑」。先生曰，「見聖道之全者惟顏子。觀喟然一嘆可見。其謂『夫子循循然善誘人。博我以文，約我以禮』③。是見破後如此說。

博文約禮，如何是善誘人。學者須思之。道之全體，聖人亦難以語人。須是學者自修自悟。顏子『雖欲從之，末由也已』。卽文王望道未見意④。望道未見，乃是眞見。顏子沒，而聖學之正派，遂不盡傳矣」。

①顏子，姓顏，名回，字子淵，亦稱顏淵，魯人。少孔子四十歲（或云三十八歲）。弟子中之最賢者。不幸三十二歲短命死矣。

②聖學亡。全書，卷七，頁七上，送甘泉序，「顏子沒而聖人之學亡」。

③博約。論語，子罕篇第九，第十章，顏淵喟然嘆曰，「夫子循循然善誘人。博我以文，約我以禮。欲罷不能。旣竭吾才，如有所立卓爾。雖欲从之，末由也已」。

④望道，參看第二十二條，註一。

78 問，「身之主爲心。心之靈明是知。知之發動是意。意之所着爲物。是如此否」？先生曰，「亦是」。

陶潯霍云：「『亦是』云者，蓋先生之意，謂心之發為意，意之本體為知，意之所著為物也，方與大學之序合。

79 只存得此心常見在①，便是學。過去未來事，思之何益？徒放心耳。

施邦曜云：心之官為思。存得此心，只是思一箇理也。常見在，謂動靜一貫也。過去未來事，思之何益？蓋就原靜受病處之。

東正純云：過去亦此心之過去，未來亦此心之未來。一齊貫串了。此意在言外。學者須體會之。

①見在，即現在。

⑧⓪ 言語無序①，亦足以見心之不存。

①無序，胡言亂語。

⑧① 尚謙①問，「孟子之不動心②與告子③異」。先生曰，「告子是硬把捉着此心，要他不動。孟子却是集義④到自然不動」。又曰，「心之本體原自不動。心之本體卽是性。性卽是理。性元不動。理元不動。集義是復其心之本體」。

①尚謙。　薛侃，字尚謙，號中離（一五四五卒）。揭揚（廣東）人。正德九年（一五一四）从學陽明于贛（江西）。四年而後歸。正德十二年（一五一七）進士。上疏得罪于上，因以下獄。後歸田。从遊者百餘人。爲陽明之教，辯護甚力。第九五至一二九條，是其所錄。參看明儒學案，卷三十，頁一上至八

下，及明史，卷二〇七。

②不動心。　孟子，告子篇第二上，第二章，「敢問夫子（孟子）之不動心，與告子之不動心，可得聞歟」？「告子曰，『不得于言，勿求于心。不得于心，勿求于氣』。不得于心，勿求于氣，可。不得于言，勿求于心，不可。夫志，氣之帥也。氣，體之充也。夫志至焉，氣次焉。故曰，持其志，無暴（害）其氣。…我知言。我善養吾浩然之氣」。朱子，孟子集註註曰，「告子謂于言有所不達，則當舍置其言，而不必反求其理于心。于心有所不安，則當力制其　，而不必更求其助于氣。此所以固守其心而不動之速也。孟子既論其言而斷之曰：彼謂不得于心而勿求諸氣者，急于本而緩其末，猶之可也。謂不得于言而不求諸心，則既失其外，而遂遺其內，其不可也必矣。然凡可者，亦僅可而有所未盡之辭耳。若論其極，則志固心之所之，而爲氣之將帥。然氣亦人之所以充滿于身而爲志之卒徒者也。故志固爲至極，而氣即次之。人固當敬守其志，然亦不可不致養其氣。蓋其內外本末，交相培養。此則孟子之心所以未嘗必其不動，而自然不動之大略也」。

③告子，參看第七十三條，註三。

④集義，見第四十條，註一。

(82) 萬象森然時亦冲漠無朕①。冲漠無朕，卽萬象森然。冲漠無朕者一之父。萬象森然者精之母。一中有精②，精中有一。

佐藤一齋云：心之本體，寂然不動，卽冲漠無朕也。心之大用，感而遂通，卽萬物森然也。一中有精，本體（之）工夫也。精中有一，工夫（之）本體也。

吉村秋陽云：「道亦器，器亦道」。正如體用合一之本意。

捷案：「道亦器，器亦道」，語出二程遺書，卷一，頁三上。採入近思錄，卷一，第十九條，以為程明道語。

東正純云：萬象森然，卽冲漠無朕。下「時亦」二字似不瑩。豈在合心境，而與下句不同邪？一中有精，精卽一。精中有一，一卽精。于是本體功夫合焉。

于清遠云：是說萬事萬物之象，森然呈現于外，其中必有自然之理。故亦為冲漠無朕。無聲無跡之體，已具萬事萬物自然之理。故亦若萬象森然。因有這事，則有這理。有這理，則有這事。感寂合一。感中有寂，寂中有感也。由無極而太極，則無極可謂太極之父母。（陽稱父，陰稱母）是太極中之陽，（卽一卽理）乃秉無極中之陽根（冲漠無朕）而生。故曰冲漠無朕之父。太極中之陰，（卽精卽事）乃秉無極中之陰根（萬象森然）而生。故曰萬象森然精之母。冲漠無朕時，仍萬象森然。卽理中有事。故曰一中有精。萬象森然時，仍冲漠無朕。卽事中有理。故曰精中有一。

①冲漠，見第二十一條，註四。

②精一，見第二條，註四。

㉝

⑧③

心外無物①。如吾心發一念孝親，卽孝親便是物。

①無心外之物，見第六條。

84 先生曰，「今爲吾所謂格物之學者，尙多流於口耳。況爲口耳之學者，能反於此乎？天理人欲，其精微必時時用力省察克治，方日漸有見。如今一說話之間，雖只①講天理。不知心中倏忽之間，已有多少私欲。蓋有竊發而不知者。雖用力察之，尙不易見。況徒口講而可得盡知乎？今只管講天理來頓放着不循，講人欲來頓放着不去，豈格物致知之學？後世之學，其極至，只做得箇義襲而取②的工夫」。

①「只」，三輪執齋本，佐籐一佐本均作「口」。

②義襲而取。出孟子，公孫丑篇第二上，第二章。朱子，孟子集註云，「由只行一事偶合于義，便可掩襲于外而得之」。

85 問，「知止者，知至善只在吾心，元不在外也，而后志定」①。曰，「然」。

①志定。大學，經文，「知止而后有定」。

86 問格物。先生曰，「格者，正也。正其不正，以歸於正也」①。

①格正，又見第七與一三七條。

⑧⑦ 問，「格物於動處用功否」？先生曰，「格物無間①動靜。靜亦物也。孟子謂『必有事焉』②。是動靜皆有事」。

劉宗周與但衡今評語，均見下條。

佐藤一齋云：靜時格物，戒愼愼獨卽此。

①無間，無間格，無間隔，卽不分之意。

②必有事。孟子，公孫丑篇第二上，第二章，「必有事焉而勿正（預期）。心勿忘。勿助長也」。助長見第九十七條，註五。

⑧⑧ 工夫難處，全在格物致知上。此卽誠意之事。意旣誠，大段心亦自正，身亦自修。但正心修身工夫，亦各有用力處。修身是已發邊。正心是未發邊。心正則中。身修則和。

劉宗周云：此是先生定論。先生他日每言意在于事親，卽事親爲一物等云云。（如第六條）。予竊轉一語曰，意不在事親時，是恁物？千載而下，每欲起先生于九原質之而無從也。先生又曰，「工夫難處，全在格物致知上。此卽誠意之事。意旣誠，大段心自正，身亦自修。但正心修身工夫，亦各有用力處。修身是已發邊。正心是未發邊。心正則中，身正則和」（第八十八條）云云。先生既以良知二字冒天下之道。安得又另有正修功夫？止因將意字看作已發了，故工夫不盡，又要正心，又要修身。意是已發，心是未發，身又是已發。先生每譏宋學支離而躬自蹈之。千載而下，每欲起先生于九原質之而無从也。噫（遺編，卷十三，陽明傳信錄三，頁十上下。又黃宗羲引見明儒學案，卷十，頁十六上。註家或誤以為黃宗羲語）。

但衡今云，「陽明學術主一。訓格為正。故格物無間動靜。正其不正，以歸于正。一心之外，動靜皆物也。靜猶等物。故已發皆物，未發無物也。未發著重誠正。已發著重修省。誠正猶修省也。陽明治學之嚴，約理之精，于此可見」。又云，「陽明此節分身心為二，且各有用力處。似有自語相違之嫌。治王學者，當作次第看。莫作分別解」。

89 自格物致知至平天下，只是一個明明德。雖親民亦明德事也①。明德是此心之德，即是仁。「仁者以天地萬物爲一體」②。使有一物失所，便是吾仁有未盡處。

①明德。　大學，經文，明明德，親民，止于至善，爲三綱領。格物，致知，誠意，正心，修身，齊家，治國，平天下，爲八條目。

②一體。　程明道語，見二程遺書，卷二上，頁二上。採入近思錄，卷一，第二十條。

⑨⓪ 只說明明德而不說親民，便似老佛。

三輪執齋云：朱子大學或問既有此說。然與先生所說，意自別。

捷案：大學或問無相似之語。然朱子此種意見，可于朱子語類關于大學明明德與新民之問答見之。據東敬治解釋，朱子以明德新民，無分輕重。二者不可一廢。陽明則以親民為明德之實效。明德之外，無新民可言。其重點在明德。

⑨① 至善者性也。性元無一毫之惡，故曰至善①。止之，是復其本然而已。

許舜屏云，「本然者良知也」。

①止于至善，參看第八十九條，註一。

⑨② 問，「知至善卽吾性。吾性具吾心。吾心乃至善所止之地。則不爲向時之紛然外求，而志定矣。定則不擾，不擾而靜。靜而不妄動則安。安則一心一意只在此處。千思萬想，務求必得此至善。是能慮而得矣①。如此說是否」？先生曰，「大略亦是」。

①能慮。大學經文云，「知止，而后有定。定，而后能靜。靜，而后能安。安，而后能慮。慮，而后能

得」。

93 問，「程子云，『仁者以天地萬物爲一體』①。何墨氏兼愛②，反不得謂之仁」？先生曰，「此亦甚難言。須是諸君自體認出來始得。仁是造化生生不息之理。雖瀰漫周遍，無處不是。然其流行發生，亦只有箇漸。所以生生不息。如冬至一陽生。必自一陽生，而後漸漸至於六陽③，若無一陽之生，豈有六陽？陰亦然。惟有漸，所以便有箇發端處。惟其有箇發端處，所以生。惟其生，所以不息。譬之木。其始抽芽，便是木之生意發端處。抽芽然後發幹。發幹然後生枝生葉。然後是生生不息。若無芽，何以有幹有枝葉？能抽芽，必是下面有箇根在。有根方生。無根便死。無根何從抽芽？父子兄弟之愛，便是人心生意發端處。如木之抽芽。自此而仁民，而愛物。便是發幹生枝生葉。墨氏兼愛無差等④。將自家父子兄弟與途人一般看。便自沒了發端處。不抽芽，便知得他無根。便不是生生不息。安得謂之仁？孝弟爲仁之本⑤。却是仁理從裏面發生出來」。

①天地萬物一體，參看第八十九條，註二。

②兼愛。兼愛說見墨子，第十四至十六章。

③六陽。五月夏至一陰初生。漸長而于六月之間爲六陰。十一月冬至。陽漸長。亦于六個月期間至于六陽。

④差等。孟子，滕文公篇第三下，第九章，「楊氏（楊朱，約前四四〇—前三六〇）爲我，是無君也。

墨氏（墨翟，約前四六八—前三七六）兼愛，是無父也。無父無君，是禽獸也」。孟子又攻擊墨者夷之「愛無差等，施由親始」之說爲二本（同篇上，第五章）。

⑤論語，學而篇第一，第二章語。

94 問，「延平①云，『當理而無私心』②。當理與無私心，如何分別」？先生曰，「心卽理也。無私心，卽是當理。未當理，便是私心。若析心與理言之，恐亦未善」。又問，「釋氏於世間一切情欲之私，都不染着。似無私心。但外棄人倫。却是③未當理」。曰，「亦只是一統事。都只是成就他一箇私己的心」。

馮柯云：當理以事言。無私心以心言。此當理與無私心之別也（求是編，卷二，頁三十下）。

①延平，李侗。見第七十五條，註二。

②無私心。 語見延平答問，頁二十上。

③是，三輪執齋本作「似」。

以下門人薛侃錄

95 侃①問，「持志如心痛。一心在痛上。安有工夫說閑語，管閑事」②？先生曰，「初學工夫如此用亦好。但要使知『出入無時，莫知其鄉』③。心之神明，原是如此。工夫方有着落。若只死死守着，恐於工夫上又發病」④。

佐藤一齋云：錢亭（陳龍正）謂心痛時豈但閒事？卽要緊事亦管不來。持志若果如之，豈不是死工夫？安得物來順應？所以先生亦自救其說。愚案，先生誨人，隨人不同。如持志條（第二十四條之後），其語原靜（陸澄）者如是。蓋亦對症藥方爾。在尚謙（薛侃）則工夫又不可如此用。故有此言。恐非自救之謂也。

①薛侃，見第八十一條，註一。

②閑事。以上又見第八十一，八十二兩條之間。

③知其鄉，參看第四十八條，註一。

④南本、宋本，並無此條。佐籐一齋疑爲錢緒山所補。

96 侃問，「專涵養而不務講求，將認欲作理。則如之何」？先生曰，「人須是知學講求，亦只是涵養。不講求，只是涵養之志不切」。曰，「何謂知學」？曰，「且道爲何而學？學箇甚」？曰，「嘗聞先生敎。學是學存天理。心之本體，卽是天理。體認天理，只要自心地無私意」。曰，「如此則只須克去私意便是。又愁甚理欲不明」？曰，「正恐這些私意認不眞」？曰，「總是志未切。志切，目視耳聽皆在此。安有認不眞的道理？是非之心，人皆有之①。不假外求。講求亦只是體當②自心所見。不成去心外別有箇見」。

馮柯云：使果以講求為只是涵養，則朱子卽物窮理，正講求之事也。何獨不以為涵養，而謂之玩物喪志哉？吾聞佛氏善遁。……陽明學于佛氏，故得其邪遁之法，以為遇遮之說（求是編，卷三，頁二上）。

捷案：馮柯護朱為正理。譏王則是意氣。

佐藤一齋云：涵養講求一也。體認天理，克去私意，求之于身心，卽是講求，卽是涵養。至于詢諸父兄，質諸師友，稽諸古聖賢遺訓，亦涵養之志。切至處自能如是，則不可謂之心外事。就如今日侃問而先生答，便是多少講求，多少涵養。並不出于心外。此等處學者亦須要認得不悞。

①人皆有之。語出孟子，公孫丑篇第二上，第六章。

②體當，體認承當。

97 先生問在坐之友，比來工夫何似？一友舉虛明意思。先生曰，「此是說光景」①。一友敍今昔異同。先生曰，「此是說效驗」。二友惘然。請是②。先生曰，「吾輩今日用功，只是要爲善之心眞切③。此心眞切，見善卽遷，有過卽改④，方是眞切工夫。如此則人欲日消，天理日明。若只管求光景，說效驗，却是助長⑤外馳病痛，不是工夫」。

劉宗周云：依舊只是去人欲，存天理（遺編卷十三，陽明傳信錄三，頁十下）。

①光景，情狀，氣象。
②是，施本，宋本，兪本，作「問」。
③眞切，王本作「切實」。
④即改。易經，益卦，大象，「君子以見善則遷，過則改」。
⑤助長。孟子，公孫丑篇第二上，第二章，「宋人有閔其苗之不長，而揠（拔）之者。芒芒（無知）然歸。謂其人（家人）曰，『今日病（倦）矣。予助苗長矣』。其子趨而往視之，苗則槁矣」。

⑱ 朋友觀書，多有摘議晦庵者①。先生曰，「是有心求異，即不是。吾說與晦庵時有不同者，爲入門下手處有毫釐千里②之分。不得不辯。然吾之心與晦庵之心，未嘗異也。若其餘文義解得明當處，如何動得一字」？

許舜屏云：後人動卽謂先生毀謗晦庵。殆未見集中此等語也。

但衡今云：陽明所云入門處，于周程之主敬存誠近，與宗門之修禪定同。晦庵則以格物窮理為入門，道問學而尊德性。毫釐千里者以此。

①晦庵，朱子之號。

②毫釐千里，參看第四條，註六。

99 希淵①問，「聖人可學而至。然伯夷②伊尹③於孔子，才力終不同。其同謂之聖者④安在」？先生曰，「聖人之所以爲聖，只是其心純乎天理，而無人欲之雜。猶精金之所以爲精，但以其成色足而無銅鉛之雜也。人到純乎天理方是聖。金到足色方是精。然聖人之才力，亦有大小不同。猶金之分兩有輕重。堯舜猶萬鎰⑤。文王孔子猶九千鎰。禹湯武王猶七八千鎰。伯夷伊尹猶四五千鎰。才力不同，而純乎天理則同。皆可謂之聖人。猶分兩雖不同，而足色則同。皆可謂之精金。以五千鎰者而入於萬鎰之中，其足色同也。以夷尹而厠⑤之堯孔之間。其純乎天理同也。蓋所以爲精金者，在足色，而不在分兩。所以爲聖者，在純乎天理，而不在才力也。故雖凡人。而肯爲學，使此心純乎天理，則亦可爲聖人。猶一兩之金，比之萬鎰。分兩雖懸絕，而其到足色處，可以無愧。故曰『人皆可以爲堯舜』⑦者以此。學者學聖人，不過是去人欲而存天理耳。猶鍊金而求其足色。金之成色，所爭不多，則煅鍊之工省，而功易成。成色愈下，則煅鍊愈難。人之氣質，清濁粹駁。有中人以上，中人以下。其於道，有生知安行，學知利行⑧，其下者，必須人一己百，人十己千。及其成功則一⑨。後世不知作聖之本是純乎天理。却專去知識才能上求聖人。以爲聖人無所不知，無所不能。我須是將聖人許多知識才能，逐一理會始得。故不務去天理上着工夫。徒弊精竭力。從册子上鑽研，名物上考索，形迹上比擬。知識愈廣而人欲愈滋。才力愈多而天理愈蔽。正如見人有萬鎰精金，不務煅鍊成色，求無愧於彼之精純。而乃妄希分兩，務同彼之萬鎰。錫鉛銅鐵，雜然而投。分兩愈增，而成色愈下。既其梢末，無復有金矣」。時曰仁⑩在傍曰，「先生此喻，足以破世儒支離之惑。大有功於後學」。先生又曰，「吾輩用功，只求日減，不求日增。減得一分人欲，便是復得一分天理。何等輕快脫灑？何等簡易」⑪？

劉宗周云：又只舉天理比勘。真是曠古眼孔（遺編，卷十三，陽明傳信錄三，頁十一下）。

施邦曜云：才力限于氣稟，必求才力之間，便見聖人非人所能為。只求乎天理而不論才力。所以人皆可以為堯舜」。東正純曰，「此卽王子之本旨矣」。

王應昌云：論工夫故曰日益。論本體故曰日損。此為學為道之別。須根上章看來。

佐藤一齋云：精金分量之喻，卷內德章條（第一〇七條）可參。朱得之（朱本思，參看第二七四條）之稽山家語亦有一條，尤為詳盡。錄于左。（今移載于附錄為拾遺第三十七條）。

①希淵。　蔡宗兗，字希淵，號我齋。山陰（今浙江紹興之白洋）人。徐愛爲陽明弟子之首，而先生次之。正德七年（一五一二）受業。以教授奉母。孤介不爲當局所喜。後任四川督學。參看明儒學案，卷十一，頁五上。

②伯夷叔齊，孤竹君之二子。傳說商滅，恥食周粟。餓死于首陽山。

③伊尹，名摯。商之賢相。助湯伐桀，遂王天下。湯之孫太甲（前一七三八至前一七二七在位）無道，伊尹放之。參看孟子，萬章篇第五上，第六章。

④聖者。孟子，同篇下，第一章，「伯夷，聖之清者也。伊尹，聖之任者也。孔子，聖之時者也」。

⑤一鎰，二十兩。或云四十兩。

⑥厠，排列。

⑦爲堯舜。語見孟子，告子篇第六下，第二章。

⑧知行，參看第六條，註八。

⑨百千。孟子同章續云，「人一能之，己百之。人十能之，己千之」。

⑩日仁，徐愛之字。參看徐愛序，註四。

⑪諸聖相比，參看第一〇七條與二八六條。此條佐藤一齋得諸朱得之（參看第二七四條，註一）之稽山家語，錄作本條之註。今載卷下之末附錄爲拾遺第三十七條。

⑩⓪士德①問曰，「格物之說，如先生所敎，明白簡易，人人見得。文公②聰明絕世，於此反有未審。何也」？先生曰，「文公精神氣魄大。是他早年合下③便要繼往開來④。故一向只就考索著述上用功。若先切己自修，自然不暇及此。到得德盛後，果憂道之不明，如孔子退修六籍⑤，删繁就簡，開示來學，亦大段⑥不費甚考索。文公早歲便著許多書。晚年方悔是倒做了」⑦。士德曰，「晚年之悔，如謂『向來定本之悟』⑧。又謂『雖讀得書，何益於吾事』⑨？又謂『此與守書籍，泥言語，全無交涉』⑩，是他到此方悔從前用功之錯，方去切己自修矣」。曰，「然。此是文公不可及處。他力量大。一悔便轉。可惜不久卽去世。平日許多錯處皆不及改正」。

馮柯云：孔子贊易，韋編三絕（參看拾遺，第三十七條，註七）。謂其不費考索，誣矣（求是編，卷三，頁四下）。

捷案：朱子答黃直卿書在朱子文集，正集，卷四十六，頁三十下。為「此是向來差誤」。此書又見朱子文集，續集，卷一，頁三下，改為「此是向來定本之誤」。陳建（一四九七—一五六七）謂陽明不採正集而採續集為「乖」（學蔀通辯，卷二，頁五下）。陽明又改「定」字為「舊」字。羅欽順（一四六五—一五四七）謂為「欠當」（困知記，卷五，頁六上）。朱子云「聖人教人有定本。…教人須先立定本」（朱子文集，卷三四，答呂伯恭第九十三書，頁三四上）。則定本乃確定本旨之意。與版本無關也。

①士德。楊驥，字士德。初从湛若水（一四六六—一五六〇）遊。卒業于陽明，爲粵中王學之優秀者。參看明儒學案，卷三十序。

②文公。朱子，謚曰文。

③合下，直也。

④繼往開來。 朱子，中庸章句序，「繼往聖，開來學」。

⑤修六經。參看第十一條，註五。

⑥大段，大略也。

⑦晚年方悔。 傳習錄卷下附錄朱子晚年定論（今在卷下後拾遺之下），全是朱子晚年方悔之意。陽明因此大受明清儒之攻擊。

⑧定本。　朱子晚年定論採錄第一書答黃直卿，「爲學直是先要立本。文義却可，且與說出正意。令其寬心玩味。未可便令考校同異，研究纖密。恐其意思促迫，難得長進。……此是向來定本之誤」。

⑨何益。　語見同上採錄第六書，與呂子約書。

⑩交涉。　同上採錄第三書，答何叔京之語。

101　侃去花間草。因曰，「天地間何善難培，惡難去」？先生曰，「未培未去耳」。少間曰，「此等看善惡，皆從軀殼①起念。便會錯」。侃未達。曰，「天地生意，花草一般。何曾有善惡之分？子欲觀花，則以花爲善，以草爲惡。如欲用草時，復以草爲善矣。此等善惡，皆由汝心好惡所生。故知是錯」。曰「然則無善無惡乎」？曰，「無善無惡者理之靜。有善有惡者氣之動。不動於氣，卽無善無惡。是謂至善」。曰，「佛氏亦無善無惡②。何以異」？曰，「佛氏着在無善無惡上，便一切都不管。不可以治天下。聖人無善無惡。只是無有作好，無有作惡。不動於氣。然遵王之道，會其有極③。便自一循天理。便有箇裁成輔相」④。曰，「草既非惡，卽草不宜去矣」？曰，「如此却是佛老⑤意見。草若是礙，何妨汝去」？曰，「如此又是作好作惡」。曰，「不作好惡，非是全無好惡。却是無知覺的人。謂之不作者，只是好惡一循於理。不去，又着一分意思。如此卽是不曾好惡一般」。曰，去草如何是一循於理，不着意思」？曰，「草有妨礙，理亦宜去。去之而已。偶未卽去，亦不累心。若着了一分意思，卽心體便有貽累，便有許多動氣處」。曰，「然則善惡全不在物」。曰，「只在汝心。循理便是善。動氣便是惡」。曰，「畢竟物無善惡」。曰，「在心如此。在物亦然⑥，世儒惟不知此，舍心逐物。將格物之學錯看了。終日馳求於外，只做得箇義襲⑦而取。終身行不著，習不察」⑧。曰，「如好好色，如惡惡臭⑨，則如何」？曰，「此正是一循於理。是天理合如此。本無私意作好作惡」。曰，「如好好色，如惡惡臭。安得非意」？曰，「却是誠意。不是私意。誠意只是循天理。雖是循天理，亦着不得一分意。故有所忿懥好樂，則不得其正⑩。須是廓然大公⑪，方是心之本體。知此卽知未發之中」⑫，伯生⑬曰，「先生云，『草有妨礙，理亦宜去』。緣何又是軀殼起念」？曰，「此須汝心自體當。汝要去草，是甚麼心？周茂叔⑭窻前草不除⑮，是甚麼心」？

劉宗周云：先生之言，自是端的。與天泉證道之說迥異。（遺編，卷十三，陽明傳信錄三，頁十三上）。

捷案：吉村秋陽謂理靜卽心體，氣動卽意動。不知何以與天泉證道之說迥異。是則不識陽明，亦不識宗周者也。天泉證道記（第三一五條）之四言敎云，「無善無惡心之體。有善有惡意之動。知善知惡是良知。為善去惡是格物」。宗周評之曰，「先生每言至善是心之本體。有時說無善無惡理之靜。亦未曾徑說無善無惡是心體。若心體果是無善無惡，則有善有惡之意又从何處來」？（遺編，卷十三，陽明傳信錄三，頁三十四上下）。此條謂善惡生于氣。如好惡得其正，卽是心之本體。是本體至善，非無善無惡也。宗周以此條與證道記之不同在此。

施邦曜云：好惡一動于氣便是惡。真發先儒所未發。

但衡今云：花草一般生意，此正天地之心。陽明學術，心外無物者，淵源在此。又曰：

好惡生于善惡？抑善惡生于好惡，而好惡有以左右之？非善惡之為病，而實好惡之為病也。故曰，「心有所好惡，則不得其正」矣。儒家雖不明言善惡無自性，其見解亦與佛氏同。又曰：本節云云，辭不達意。當為門下記言之失。無善無惡（本註：善惡不生于心），是謂至善。又當為陽明作一轉語，有善有惡（本註：好惡不生于心），是謂至善。與天泉證道合矣。

①軀殼，身體。即私心之意。

②不思善，不思惡，參看第一六二條，註一。

③會其有極。書經，洪範，「無有作好，遵王之道。無有作惡，遵王之路。無偏無黨，王道蕩蕩。無黨無偏，王道平平。無反無側，王道正直。會其有極。歸其有極」。

④輔相。易經，泰卦，象辭傳，「后以裁成（成就）天地之道，輔相（扶助）天地之宜」。

⑤老，王本作『氏』。

⑥亦然，此下王本有「本無內外。本無彼此」八字。

⑦義襲，見第八十四條，註二。

⑧習不察。孟子，盡心篇第七上，第五章，孟子曰，「行之而不著焉，習矣而不察焉，終身由之而不知其道者，衆矣」。

⑨惡惡臭。大學，第六章之語。

⑩不得其正。大學，第七章，「身有所忿懥，則不得其正。有所恐懼，則不得其正。有所好樂，則不得

其正。有所憂患，則不得其正」。

⑪大公。參看第七十二條，註五。

⑫未發之中，見中庸，第一章。

⑬伯生，姓孟，名源。據毛奇齡（一六二三—一七一六），王文成傳本，卷二，頁十七下，孟源爲助教。餘不詳。

⑭周茂叔。周敦頤，字茂叔。稱濂溪先生（一〇一七—一〇七三）。道州營道（河南）人。著太極圖說。朱子以爲理學之基礎。參看宋元學案，卷十一，與宋史，卷四二七。

⑮草不除。二程遺書，卷三，頁二上，「周茂叔窗前草不除。問之。云，『與自家意思一般』」。即好生之意，與天地生意如一。

102 先生謂學者曰，「爲學須得箇頭腦工夫，方有着落。縱未能無間，如舟之有舵，一提便醒。不然，雖從事於學，只做箇義襲①而取。只是行不著，習不察②，非大本達道③也」。又曰，「見得時，橫說竪說皆是。若於此處通，彼處不通，只是未見得」。

①義襲，見第八十四條，註二。

②習不察。參看上條，註八。

③大本達道。語出中庸，第一章。

103 或問，「爲學以親故，不免業擧之累」。先生曰，「以親之故而業擧爲累於學，則治田以養其親者亦有累於學乎？先正云，『惟患奪志』①。但恐爲學之志不眞切耳」。

①奪志。二程外書，卷十一，頁五上，「故科擧之事，不患妨功，惟患奪志」。採入近思錄，卷七，第三十五條。朱子以爲程伊川語。

104 崇一①問，「尋常意思多忙。有事固忙，無事亦忙。何也」？先生曰，「天地氣機，元無一息之停。然有箇主宰。故不先不後，不急不緩。雖千變萬化，而主宰常定。人得此而生。若主宰定時，與天運一般不息。雖酬酢萬變，常是從容自在。所謂『天君②泰然，百體從令』③。若無主宰，便只是這氣奔放。如何不忙」？

①崇一。歐陽德，字崇一，號南野（一四九五－一五五四）。江西泰和人。禮部尙書。謚文莊。陽明高弟。稱南野門人者半天下。癸丑甲寅間（一五四三－一五四四）京師靈濟宮之會，先生爲主盟之一。學徒雲集者五千人，其盛爲數百年所未有。參看明儒學案，卷十七，頁一上至八下，與明史，卷二八三。

②天君，心也。

③从命。 朱子，孟子集註，告子篇第六上，第十五章註引范浚（字茂明，號香溪，壯年一一四六）心箴之語。

105 先生曰，「爲學大病在好名」。侃曰，「從前歲，自謂此病已輕。比來精察，乃知全未。

豈必務外爲人？只聞譽而喜，聞毀而悶，即是此病發來」。曰，「最是。名與實對。務實之心重一分，則務名之心輕一分。全是務實之心，即全無務名之心。若務實之心，如饑之求食，渴之求飲，安得更有工夫好名」？又曰①，「『疾沒世而名不稱』②。稱字去聲讀。亦『聲聞過情，君子恥之』③之意。實不稱名，生猶可補。沒則無及矣。『四十五十而無聞』④，是不聞道，非無聲聞也。孔子云，『是聞也，非達也』⑤。安肯以此望人」？

①又曰，施本，兪本，作「君子」。
②名不稱。 論語，衛靈公篇第十五，第十九章。
③恥之。 孟子，滕文公篇第四下，第十八章。
④無聞。 論語，子罕篇第九，第二十二章。
⑤非達。 論語，顏淵篇第十二，第二十章。

⑩⑥ 侃多悔。先生曰，「悔悟是去病之藥。以改之爲貴①。若留滯於中，則又因藥發病」。

①改之。 論語，子罕篇第九，第二十三章語。

⑩⑦ 德章①曰，「聞先生以精金喻聖，以分兩喻聖人之分量，以煆鍊喻學者之工夫②。最爲深切。惟謂堯舜爲萬鎰，孔子爲九千鎰。疑未安」。先生曰，「此又是軀殼③上起念，故替

聖人爭分兩。若不從軀殼上起念，卽堯舜萬鎰不爲多，孔子九千鎰不爲少。堯舜萬鎰，只是孔子的。孔子九千鎰，只是堯舜的。原無彼我。所以謂之聖。只論精一④，不論多寡。只要此心純乎天理處同。便同謂之聖。若是力量氣魄，如何盡同得？後儒只在分兩上較量，所以流入功利。若除去了比較分兩的心，各人儘着自己力量精神，只在此心純天理上用功，卽人人自有，箇箇圓成⑤，便能大以成大，小以成小。不假外慕，無不具足。此便是實實落落，明善誠身⑥的事。後儒不明聖學。不知就自己心地良知良能上體認擴充。却去求知其所不知，求能其所不能。一味只是希高慕大。不知自己是桀紂心地。動輒要做堯舜事業。如何做得？終年碌碌，至於老死。竟不知成就了箇甚麽。可哀也已」。

①德章，姓劉。餘不詳。其名不見王文成傳本，王文成公全書之年譜與書札，及儒林宗派。

②以金喻聖，見第九十九條。

③軀殼，即身體。私心之意。

④精一，參看第二條，註四。

⑤圓成。　三輪執齋謂語出菩提達磨（四六〇—五三四？）之六門集。日本註家从之。六門集著者爲誰，尙是懸案。大正新修大藏經第四十八冊，頁三六七至三七六，六門集全文無此語。續藏經第一輯，乙部，第八函，第五冊之節本六門集亦無此語。東敬治謂六明集載達磨之語曰，「人人具是，箇箇圓成」爲此語之所本。六明恐爲六門之誤，蓋無六明集之書也。「人人具是，箇箇圓成」，據柳田聖山教授所示，乃出于楚石梵琦禪師語錄，卷七（續藏經，第一輯，乙部，第二十九函，冊一，頁六六下）。梵琦禪師

一二九〇年生，一三七〇年卒。鈴木大拙先生來函疑六門集非達磨所作。語亦不限于禪宗。然彼不憶首次用此語者爲誰。碧巖錄第六十二則圜悟克勤禪師（一〇六三—一一三五）評唱云，「乾坤之內，宇宙之間，中有一寶秘在。形山大意明。人人具足，箇箇圓成」。「人人具足，箇箇圓成」之語，又見圓悟語錄，卷十一。圓悟語錄，卷十三，圓悟心要，卷下，亦云，「人人具足，各各圓成」。

⑥明善誠身，見第二十五條，註六。

馮柯云：使果以替聖人爭分兩為軀殼起念，則陽明前日以分量喻聖人分量者，獨非軀殼起念乎？使前日之喻非軀殼起念，何獨以今日之疑為軀殼起念乎？旣自以為不从軀殼起念，不替聖人爭分兩，何不以孔子為萬鎰，堯舜為九千鎰乎？（求是編，卷三，頁九上）。

⑩⑧侃問，「先儒以心之靜爲體，心之動爲用①。如何」？先生曰，「心不可以動靜爲體用。動靜時也。卽體而言用在體。卽用而言體在用。是謂『體用一源』②。若說靜可以見其體，動可以見其用，却不妨」。

劉宗周云：心並無動靜可言。必不得已，可說動可以見體，靜可以見用（遺編，卷十三，陽明傳信錄三，頁十三上。又見明儒學案，卷十，頁十七上。吉村秋陽，東正純，東敬治，與中田勝均誤以為黃宗羲語）。

三輪執齋云：先儒謂程朱，共有此說。然文錄第四（全書，卷五，頁六上）答倫彥式書曰，「心無動靜者也。其靜也者，以言其體也。其動也者，以言其用也」。又曰，「心一而已。靜，其體也。動，其用也」。是似與此條相反。然不泥言語而善觀其意者，就全文求其義于自己心上，則實見其不相反。

東正純云：「黃黎洲（實是劉宗周。黎為梨之誤）曰云云。按王子答彥式書，以存主流行言。今則就動靜之時言。各有所當。要黎洲之言，可以發王子之意矣。

①體用。　伊川文集，卷五，頁十二上，與呂大臨論中書，「心一也。有指體而言者（本註，寂然不動是也）。有指用而言者（本註，感而遂通天下之故是也）」。

②一源。　語出伊川易傳序。參看第一五六條，註五。

⑽⑼

問，「上智下愚，如何不可移」①，先生曰，「不是不可移。只是不肯移」。

捷案：程子伊川曰，「然亦有可移之理。惟自暴自棄者，則不移也。不肯去學，故移不得」（二程遺書，卷十八，頁十七下）。又曰，「惟上智與下愚不移，非謂不可移也。而有不移之理。所以不移者，只有兩般。為自暴自棄，不肯學也。使其肯學，不自暴自棄，安不可移哉」（同上，卷十九，頁四下）？是陽明本伊川之說。所異者程子重學，陽明重志。

①不移。　論語，陽貨篇第十七，第三章，「子曰，上智與下愚不移」。

⑾ 問「子夏①門人問交」章②。先生曰，「子夏是言小子之交。子張③是言成人之交。若善用之，亦俱是」。

于清遠云：陽明所謂小子之交，成人之交，未經前人道過。

①子夏，姓卜，名商（約前五〇七—前四二〇）。衞人。孔子弟子。約少孔子四十四歲。孔子卒後，子夏居西河（今山西河津縣）教授，爲魏文侯師。學徒甚衆。

②問交。論語，子張篇第十九，第三章，「子夏之門人問交于子張。子張曰，『子夏云何』？對曰，『子夏曰，「可者與之。其不可者拒之」』。子張曰，『異乎吾所聞。君子尊賢而容衆，嘉善而矜不能』」。

③子張，姓顓孫，名師（約前五〇三—前四五〇）。魯人。先世从陳奔魯。孔子弟子。約少孔子四十八歲。

⑾ 子仁①問，「『學而時習之，不亦說乎』②？先儒以學爲效先覺之所爲③。如何」？先生曰，「『學是學去人欲，存天理。從事於去人欲存天理，則自正諸先覺，考諸古訓。自下許多問辨思索存省克治工夫。然不過欲去此心之人欲，存吾心之天理耳。若曰效先覺之所爲，則只說得學中一件事。事亦似專求諸外了。『時習』者，『坐如尸』④，非專習坐也。坐時習此心也。『立如齋』，非專習立也。立時習此心也。『說』是『理義之說我心』⑤之『說』。人心本自說理義。如目本說色，耳本說聲。惟爲人欲所蔽所累，始有不說。今人欲日去，則理義日洽浹。安得不說」？

但衡今云：考亭（朱子）集註，「學之為言效也」云云，與陽明云學去人欲，存天理，並無二致。陽明乃揭其「所為」二字，只說得學中一事。且專事諸求，而置其人性本善，明善復初而不論。迹近周納。當為門下作意為之。未可盡信也。

①子仁。　佐藤一齋謂子仁，欒氏，名惠。浙江人。孫鏘則謂子仁，姓馮，名恩，號尚江。華亭人。見儒林宗派。並謂不知一齋何據。按欒惠姓名見于陽明年譜正德九年（一五一四）五月。陽明至南京。欒惠陸澄等二十餘人同聚師門。但未言欒惠之字爲子仁。明儒學案字子仁者又有林春，東城泰州（江西）人（學案三二）。師陽明弟子王心齋（王艮，一四八三—一五四〇），非事陽明。東敬治謂不知此子仁指欒惠抑指林春。葉鈞謂子仁，欒惠字。浙江西安人。郡守請往施行鄉約。四方學者雲集。不知葉氏何所本。學案無欒惠傳。余重耀陽明弟子傳纂目錄頁十八有欒惠。謂見于陽明年譜。無字里。傳纂亦無傳。綜上所論，則孫鏘是也。明儒學案卷二十五南中王門學案序云，「馮恩，字子仁，號南江（孫作尚江蓋印誤）。華亭（今江蘇松江）人。嘉靖丙辰（一五五六）進士。陽明征思田（一五二七至一五二八），南江以行人使其軍。因束修爲弟子」。

②學而。　語出論語，學而篇第一，第一章。

③效先覺。朱子，論語集注，註上章云，「學之爲言效也。人性皆善，而覺有先後。後覺者，必效先覺之所爲，乃可以明善而復其初也」。

④坐如尸。　謝良佐（一〇五〇—約一一二〇）論此章而引禮記，曲禮，「坐如尸」，「立如齋」之言。朱子引謝氏以申其說。

⑤義理。　孟子，告子篇第六上，第七章。說，即悅。

112 國英①問，「曾子②三省③雖切。恐是未聞一貫④時工夫」。先生曰，「一貫是夫子見曾子未得用功之要，故告之。學者果能忠恕上用功，豈不是一貫？一如樹之根本，貫如樹之枝葉。未種根，何枝葉之可得？體用一源⑤，體未立，用安從生！謂『曾子於其用處蓋已隨事精察而力行之。但未知其體之一』⑥。此恐未盡」。

①國英，姓陳，名傑。莆田（福建）人。此據萬斯同，儒林宗派，卷十五，頁十下。明儒學案與毛奇齡，王文成傳本，均無陳傑或國英。余重耀，陽明弟子傳纂，目錄，葉十八，謂陳傑之名見于年譜，但不言其字爲國英。查年譜正德九年（一五一四）陳傑與陸澄等二十餘人受業。亦不提國英。

②曾子，姓曾，名參，字子輿（約前五〇五－四三六）。魯人。約少孔子四十六歲。論語，先進篇第十一，第十七章，孔子曰，「參也魯」。傳說曾參至孝。

③三省。　論語，學而篇第一，第四章，曾子曰，「吾日三省吾身。爲人謀，而不忠乎？與朋友交，而不信乎？傳，不習乎」？

④一貫。　論語，里仁篇第四，第十五章，「子曰，『參乎！吾道一以貫之』。曾子曰，『唯』。子出。門人問曰，『何謂也』？曾子曰，『夫子之道，忠恕而已矣』」。

⑤體用一源。　伊川易傳序語。參看第一五六條，註五。

⑥曾子。　朱子，論語集註，里仁篇第四，第十五章註。

(113) 黃誠甫①問「汝與回②也孰愈」③章。先生曰，「子貢④多學而識，在聞見上用功。顏子在心地上用功。故聖人問以啓之。而子貢所對，又只在知見上。故聖人嘆惜之。非許之也」。

①黃誠甫，名宗賢，號致齋（一五三六卒）。寧波鄞縣（浙江）人。佐藤一齋謂紹興人，誤。正德甲戌（一五一四）進士。以南京兵部員外郎諫上南巡，免職告歸。壬辰（一五三二）任兵部右侍郎。又以爭名臣無罪，忤上，出爲福建參政。陽明于誠甫深致厚望。參看明儒學案，卷十四，頁四上至五下，及明史，卷一九七。

②回，即顏子。參看第七十七條，註一。

③孰愈。論語，公冶長篇第五，第八章，「子謂子貢曰，『女與回也，孰愈』？對曰，『賜也，何敢望回？回也，聞一以知十。賜也，聞一以知二』。子曰，『弗如也。吾與女弗如也』」。

④子貢，姓端木，名賜（約前五二〇—前四五〇）。衞人。約少孔子三十一歲。貯貨致富，家累千金。嘗相魯衞。孔子死，廬墓六年。

(114) 顏子①不遷怒，不貳過②，亦是有未發之中③始能。

①顏子，參看第七十七條，註一。

②不貳過。論語，雍也篇第六，第二章，孔子曰，「有顏回者好學。不遷怒，不貳過。不幸短命死矣」。朱子，論語集註，釋之云，「遷，移也。貳，復也。怒于甲者，不移于乙。過於前者，不復于後」。

③未發之中。　中庸，第一章，「喜怒哀樂之未發，謂之中」。

⑪⑤ 種樹者必培其根。種德者必養其心。欲樹之長，必於始生時刪其繁枝。欲德之盛，必於始學時去夫外好。如外好詩文，則精神日漸漏泄在詩文上去。凡百外好皆然。又曰，「我此論學，是無中生有的工夫。諸公須要信得及。只是立志。學者一念爲善之志，如樹之種①，但勿助勿忘②，只管培植將去。自然日夜滋長。生氣日完③，枝葉日茂。樹初生時，便抽繁枝。亦須刊落。然後根幹④能大。初學時亦然。故立志貴專一」。

①種，王本作「根」。

②助忘。　孟子，公孫丑篇第二，第二章，「必有事焉。而勿正（預期）。心勿忘。勿助長也」。助長，見第九十七條，註五。

③完，王本作「充」。

④幹，日本各本作「榦」。二字通用。

⑪⑥ 因論①先生之門。某人在涵養上用功，某人在識見上用功。先生曰，「專涵養者，日見其不足。專識見者，日見其有餘。日不足者，日有餘矣。日有餘者，日不足矣」。

三輪執齋云：是條卷內上文希淵問條（第九十九條）求日減，不求日增之意。

于清遠云：專涵養而覺日不足者，德行日有餘矣。專識見而覺日有餘者，德行日不足矣。

①因論，適因論及他事而順便討論。

⑪⑦ 梁日孚①問，「居敬窮理是兩事。先生以爲一事。何如」？先生曰，「天地間只有此一事。安有兩事？若論萬殊，禮儀三百，威儀三千②，又何止兩？公且道居敬是如何？窮理是如何」？曰，「居敬是存養工夫。窮理是窮事物之理」。曰，「存養箇甚」？曰，「是存養此心之天理」。曰，「如此亦只是窮理矣」。曰，「且道如何窮事物之理」？曰，「如事親，便要窮孝之理。事君，便要窮忠之理」。曰，「忠與孝之理，在君親身上？在自己心上？若在自己心上，亦只是窮此心之理矣。且道如何是敬」？曰，「只是主一」③。「如何是主一」？曰，「如讀書，便一心在讀書上。接事，便一心在接事上」。曰，「如此則飲酒便一心在飲酒上，好色便一心在好色上④。却是逐物⑤。成甚居敬功夫」？日孚請問。曰，「一者，天理。主一是一心在天理上。若只知主一⑥，不知一卽是理，有事時便是逐物，無事時便是着空。惟其有事無事，一心皆在天理上用功。所以居敬亦卽是窮理。就窮理專一處說，便謂之居敬。就居敬精密處說，便謂之窮理。却不是居敬了，別有箇心窮理。窮理時，別有箇心居敬。名雖不同。功夫只是一事。就如易言『敬以直內，義以方外』⑦。敬卽是無事時義，義卽是有事時敬。兩句合說一件。如孔子言『修己以敬』⑧，卽不須言義。孟子言集義⑨，卽不須言敬。會得時，橫說豎說，工夫總是一般。若泥文逐句，不識本領，卽支離決裂。工夫

都無下落」。問，「窮理何以卽是盡性」⑩？曰，「心之體，性也。性卽理也。窮仁之理，眞⑪要仁極仁。窮義之理，眞要義極義。仁義只是吾性。故窮理卽是盡性。如孟子說『充其惻隱之心，至⑫仁不可勝用』⑬。這便是窮理工夫」。日孚曰，「先儒謂『一草一木亦皆有理。不可不察』⑭。如何」？先生曰，「夫我則不暇⑮。公且先去理會自己性情。須能盡人之性，然後能盡物之性」⑯。日孚悚然有悟。

但衡今云：本節在傳習問答中，最為親切。字字精審，句句圓融。于王學心外無物，心外無理，心外無事，可以得到分曉。治王學者，取大學問編互相印攝，則胸次豁達，物我無間矣。又云：事理物三者，分殊無極，而以居敬窮理合于一。自是王學第一勝義。

捷案：窮理居敬是兩事，是指程朱之說。程伊川謂「涵養須用敬。進學則在致知」（二程遺書，卷十八，頁五下）。朱子因之，云，「學者工夫，唯有居敬窮理」（朱子語類，卷九，頁二三八）。似是兩事。然朱子繼之曰，「此二事互相發。能窮理則居敬工夫日益進。能居敬則窮理工夫日益密。譬如人之兩足。左足行則右足止。左足行則左足止。又如一物懸空中。右抑則左昂，左抑則右昂。其實只是一事」。又曰，「主敬窮理雖二端，其實一本」（同上，頁二三九）。敬以直內，義以方外，二程子所嘗言。陽明與程朱，並無大別。

①梁日孚，名焯，南海（廣東）人。正德九年（一五一四）進士。官至職方主事。以諫南巡被杖。王學之傳播于粵，以日孚之功爲大。參看明儒學案，卷三十序。但衡今云，舊本刋日孚。今流行本刋日孚。或爲之取「巳日乃孚」（易經，革卦辭）之義。

②三千。中庸，第二十七章之語。

③主一。專心于一事，不適他事。

④好色。參看第十五條。

⑤逐物，同上。

⑥孫鏘案，「此句下三百二十餘字，集要本（施本）誤移前王嘉秀問仙佛條（第四十九條）下。各本亦相沿致誤」。

⑦方外。語出易經。坤卦，文言。

⑧修己。論語，憲問篇第十四，第四十五章。

⑨集義，參看第四十條，註一。

⑩窮理盡性。易經，說卦傳，第一章，「窮理盡性以至于命」。

⑪眞，南本，宋本，作「直」。

⑫至，張本作「而」。

⑬勝用。孟子，盡心篇第七下，第三十章，「人能充無欲害人之心，而仁不可勝用也」。

⑭草木有理。程頤云，「然一草一木皆有理。須是察」（二程遺書，卷十八，頁九上）。

⑮不暇。論語，憲問篇第十四，第三十一章，孔子之語。

⑯盡性。 中庸，第二十章，「能盡人之性，則能盡物之性」。

118 惟乾①問，「知如何是心之本體」？先生曰？「知是理之靈處。就其主宰處說便謂之心。就其稟賦處說便謂之性。孩提之童，無不知愛其親，無不知敬其兄②。只是這個靈能不爲私欲遮隔，充拓得盡，便完完是他本體。便與天地合德③。自聖人以下，不能無蔽。故須格物以致其知」④。

①惟乾。 冀元亨，字惟乾，號闇齋。楚之武陵（今湖南常德）人。陽明謫龍場（一五〇八）途中，先生師焉。隨事陽明于廬陵（一五一〇），踰年而歸。宸濠致書問學陽明。陽明使先生往答之。宸濠反。朝廷疑先生助宸作反，逮之入獄。正德十六年（一五二一）出獄後五日卒。參看明儒學案，卷二十八，頁六下至七上，與明史，卷一九五。

②敬兄。 孟子，盡心篇第七上，第十五章語。

③合德。 易經，乾卦，文言，「聖人與天地合其德」。

④孫鏘案，此條首五十五字，集要本（施本）誤脫，並誤字連上文。

119 守衡①問，「大學工夫只是誠意。誠意工夫只是格物修齊治平②。只誠意盡矣。又有正心之功。有所忿懥好樂，則不得其正③。何也」？先生曰，「此要自思得之。知此則知未發之中矣」④。守衡再三請。曰，「爲學工夫有淺深。初時若不着實用意去好善惡惡，如何能爲善去惡？這着實用意，便是誠意。然不知心之本體原無一物，一向着意去好善惡惡，便又多了這分意思，便不是廓然大公⑤。書所謂『無有作好作惡』⑥，方是本體。所以說有所忿懥好樂，則不得其正。正心只是誠意工夫裏面。體當⑦自家心體⑧，常要鑑空衡平⑨，這便是未發之中」。

東正純云：按大學之要，唯是誠意。誠意外無別功。故正心之傳，僅舉心所以不得正，而不及正之之功。故謂誠意工夫卽正心工夫。未有有表而無裡，有裡而無表者。蓋以正心誠意，一渾說來。是王子之本意也。後儒往往以顛倒本末駁之。概坐不善觀者。

①守衡。諸註家均謂守衡未詳。明儒學案，儒林學派，陽明弟子傳纂，均無守衡。惟查年譜有門人朱衡。嘉靖十一年（一五三二），陽明沒後三年，門人四十餘人，合同志會于官師。朱衡與焉。守衡恐是朱衡之誤。

②治平，參看第八十九條，註一。

③其正。語出大學，第七章。

④未發。中庸，第一章，「喜怒哀樂之未發，謂之中」。

⑤大公，參看第七十二條，註五。

⑥作惡，參看第一〇一條，註三。

⑦體當，體認承當。

⑧佐藤一齋謂自「正心只是」至「心體」應爲一句。

⑨衡平。語出朱子，大學或問，論第七章，頁七六下，「人之一心。湛然虛明。如鑑之空，如衡之平，以爲一身之主者，固其眞體之本然」。

120 正之①問，「戒懼是己所不知時工夫。愼獨是己所獨知時工夫②。此說如何」？先生曰，「只是一箇工夫。無事時固是獨知。有事時亦是獨知。人若不知於此獨知之地用力，只在人所共知處用功，便是作僞，便是『見君子而後厭然』③。此獨知處便是誠的萌芽。此處不論善念惡念，更無虛假。一是百是，一錯百錯。正是王霸義利誠僞善惡界頭。於此一立立定，便是端本澄源，便是立誠④。古人許多誠身的工夫。精神命脈，全體只在此處。眞是莫見莫顯，無時無處，無終無始。只是此箇工夫。今若又分戒懼爲己所不知。卽工夫便支離，亦有間斷。既戒懼，卽是知。己若不知，是誰戒懼？如此見解，便要流入斷滅禪定」。曰，「不論善念惡念，更無虛假。則獨知之地，更無無念時邪」？曰，「戒懼亦是念。戒懼之念，無時可息。若戒懼之心稍有不存，不是昏聵，便已流入惡念。自朝至暮，自少至老，若要無念，卽是己不知。此除⑤是昏睡，除是槁木死灰」⑥。

劉宗周云：無虛假便是誠，便是善。更何惡念？又云：戒惧不是念。可言是思。思只是思誠。思是心之本官。思而動于欲為念。故念當除而思不可除。後人專喜言無思。至于念，則以為是心之妙用，不可除。是倒說了。他只要除理障耳（遺編，卷十三，陽明傳信錄三，頁十四下。又黃宗羲引見明儒學案，卷十，頁十七下）。

施邦曜云：獨知本是合動靜而為言。如人日用云為，衆所共見。就中一念微隱，惟己獨知。即昏夜熟睡，魂交成夢，亦是知之不滅處。是即先生良知之說。故欲慊此獨知。不是冥心靜坐，便盡獨知工夫。必靜時體認天理，一念不走錯。亦必日用所行，事事盡合天理。方能不愧此獨知。故孟子曰，『行有不慊于心，則餒矣』（公孫丑篇第二，第二章）。君子之學，所以動靜皆有事。究之只成個內省不疚。

三輪執齋云：正之之問，則朱子章句之意也。而雖朱說，亦非如是斷然偏着。中和集說所載，可以見之。然到剖判精之處，則有亦不免支離間斷之病者。不可不察（朱子中和新說，見朱子文集，卷六十四，與湖南諸公論中和第一書）。

彭定求密證錄云：劉念台（宗周）既以致良知為宗，而又揭獨慎二字為致良知實義。所以救夫襲良知之說者，淪于恍惚茫蕩，以禪入儒之弊。衛道之功不淺矣。愚案文成于慎獨，三致意如此。不必待念台也。（南昀集，光緒七年，一八八一，本，密證錄，頁二上）。

但衡今云：本節教言，為陽明學正眼法藏。收歛則無餘蘊。推致可無窮盡。修齊治平，節目事耳。

①正之。黃宏綱，字正之，號洛村（一四九二—一五六一）。江西雩縣人。从陽明于虔台（江西贛州，一五一七）。列于陽明高第。陽明歸越（浙江，一五二一），先生不離者四五年。陽明沒後始出仕。官

至刑部主事。參看明儒學案，卷十九，頁十一上至十三上。

②戒愼。中庸，第一章，「是故君子戒愼乎其所不睹，恐懼乎其所不聞。莫見（現）乎隱，莫顯乎微。故君子愼其獨也」。朱子，中庸章句，註曰，「獨者，人所不知而己所獨知之地也。言幽暗之中，細微之事，跡雖未形而幾已動。人雖不知而己獨知之。則是天下之事無有著見明顯而過于此者。是以君子旣常戒懼，而于此尤加謹焉」。

③厭然。大學，第六章。

④立誠。易經，乾卦，九三爻辭，「君子進德修業。忠信，所以進德也。修辭立其誠，所以居業也」。

⑤除，唯也。

⑥槁木死灰，參看第三十九條，註二。

㉑ 志道①問，「荀子云，『養心莫善於誠』②。先儒非之③，何也」？先生曰，「此亦未可便以爲非。『誠』字有以工夫說者。誠是心之本體。求復其本體，便是思誠的工夫。明道說『以誠敬存之』④，亦是此意。大學『欲正其心，先誠其意』⑤。荀子之言固多病，然不可一例吹毛求疵。大凡看人言語，若先有箇意見，便有過當處。『爲富不仁』⑥之言，孟子有取於陽虎⑦。此便見聖賢大公之心」。

王應昌云：究竟寡欲離不了誠。先生為荀子明道說合，亦是自家要與紫陽（朱子）息爭。

①志道，姓字鄉貫不詳。明儒學案卷三十二序有管志道，字登之，號東溟，江蘇之太倉人。受業于陽明門人耿定向（嘉靖丙辰，一五五六，進士）。東溟著書數十萬言，大抵鳩合儒釋。又好談鬼神。與此志道言誠不類。當另一人。儒林宗派，毛奇齡王文成傳本，余重耀陽明弟子傳纂均無此志道。不解何故。

②養心。荀子，不苟篇第三。

③先儒。程子，二程遺書，卷二上，頁四上，「孟子言『養心莫善于寡欲』（盡心篇第七下，第三十五章）。寡欲則心自誠。荀子言『養心莫善于誠』。旣誠矣，又何養？此已不識誠。又不知所以養」。此語不知是程頤語抑程顥語。

④明道。程顥識仁篇，二程遺書，卷二上，頁三上下，「學者須先識仁。仁者渾然與物同體。義禮知信，皆仁也。識得此理，以誠敬存之而已。不須防檢，不須窮索」。

⑤誠意。大學，經文。

⑥不仁。孟子，滕文公篇第三上，第三章，「陽虎曰，『爲富，不仁矣。爲仁，不富矣』」。

⑦陽虎，姓陽，名虎（壯年前五〇五），春秋時魯人。爲季氏家臣。專政。後叛魯。

(122) 蕭惠①問，「己私難克。奈何」？先生曰，「將汝己私來替汝克」②。又③曰，「人須有爲己之心，方能克己。能克己，方能成己」。蕭惠曰，「惠亦頗有爲己之心。不知緣何不能克己」？先生曰，「且說汝有爲己之心是如何」。惠良久曰，「惠亦一心要做好人。便自謂頗有爲己之心。今思之，看來亦只是爲得箇軀殼的己。不曾爲箇眞己」。先生曰，「眞己何曾離着軀殼？恐汝連那軀殼的己也不曾爲。且道汝所謂軀殼的己，豈不是耳目口鼻四肢」？

惠曰，「正是爲此，目便要色，耳便要聲，口便要味，四肢便要逸樂，所以不能克」。先生曰，「美色令人目盲。美聲令人耳聾。美味令人口爽。馳騁田獵令人發狂④，這都是害汝耳目口鼻四肢的。豈得是爲汝耳目口鼻四肢？若爲着耳目口鼻四肢時，便須思量耳如何聽，目如何視，口如何言，四肢如何動。必須非禮勿視聽言動⑤，方才成得箇耳目口鼻四肢。這箇才是爲着耳目口鼻四肢。汝今終日向外馳求，爲名爲利。這都是爲着軀殼外面的物事。汝若爲着耳目口鼻四肢，要非禮勿視聽言動時，豈是汝之耳目口鼻四肢自能勿視聽言動？須由汝心。這視聽言動，皆是汝心。汝心之視發竅於目。汝心之聽發竅於耳。汝心之言發竅於口。汝心之動發竅於四肢。若無汝心，便無耳目口鼻。所謂汝心，亦不專是那一團血肉。若是那一團血肉，如今已死的人，那一團血肉還在。緣何不能視聽言動？所謂汝心，却是那能視聽言動的。這箇便是性，便是天理。有這箇性，才能生這性之生理。便謂之仁。這性之生理，發在目便會視。發在耳便會聽。發在口便會言。發在四肢便會動。都只是那天理發生。以其主宰一身，故謂之心。這心之本體，原只是箇天理。原無非禮。這箇便是汝之眞己。這箇眞己，是軀殼的主宰。若無眞己，便無軀殼。眞是有之卽生，無之卽死。汝若眞爲那箇軀殼的己，必須用着這箇眞己。便須常常保守着這箇眞己的本體。戒愼不覩，恐懼不聞⑥。惟恐虧損了他一些。才有一毫非禮萌動，便如刀割，如針刺。忍耐不過。必須去了刀，拔了針。這才是有爲己之心，方能克己。汝今正是認賊作子⑦。緣何却說有爲己之心，不能克己」？

劉宗周云：天理二字，是家儅。先生又每每說克己二字。正求所以保任此家儅耳。（遺編，卷十三，陽明傳信錄三，頁十五下）。

①蕭惠，毛奇齡，王文成傳本，卷二，頁十七上，作蕙。佐藤一齋謂據王文成傳本，雩都人。新釋漢文大系傳習錄與傳習錄諸註集成沿之。一齋誤矣。傳本云，「曰蕭惠，曰何拙先（註）雩都」。則雩都指何拙先而非指蕭惠也。下文「曰歐陽巽之」，亦不提其里貫，不曰里貫不詳也。余重耀，陽明弟子傳纂，目錄，頁十七，有蕭惠。註云，「毛傳本作蕙」，而不言其里貫。同頁門人諸人，幾皆有里籍。明儒學案與陽明弟子傳纂均無傳。故字號事跡亦不詳。薛侃所錄，只此條用名。或以惠年輕也。

②替汝克。景德傳燈錄，四部叢刊本，卷三，頁七上，載一僧來參初祖達磨云，「我心未安，請師安心」。師曰，「將心來，與汝安」。陽明每用禪語故事，此其一也。湘本「汝克」下空四字。

③又，日本諸本無此字。

④美色。老子，第十二章有類似此語。

⑤非禮。論語，顏淵篇第十二，第一章，「子曰，『非禮勿視，非禮勿聽，非禮勿言，非禮勿動』」。

⑥戒愼。中庸，第一章，「是故君子戒愼乎其所不睹，恐懼乎其所不聞」。

⑦認賊作子。此譬出楞嚴經，卷一（大正新修大藏經，第十九冊，頁一〇八）。意謂以好美色等爲眞心之好，等于以賊爲子。

⑫③ 有一學者病目。戚戚甚憂。先生曰，「爾乃貴目賤心」。

于清遠云：陽明貴目賤心之論，與孟子「指不若人，則知惡之。心不若人，則不知惡」之說相同（孟子語見告子篇第六上，第十二章）。

⑫④ 蕭惠好仙釋。先生警之曰，「吾亦自幼篤志二氏。自謂既有所得，謂儒者爲不足學。其後居夷三載①，見得聖人之學若是其簡易廣大。始自嘆悔錯用了三十年②氣力。大抵二氏之學，其妙與聖人只有毫釐之間。汝今所學，乃其土苴。輒自信自好若此。眞鴟鴞竊腐鼠③耳」。惠請問二氏之妙。先生曰，「向汝說聖人之學簡易廣大。汝却不問我悟的。只問我悔的」。惠慚謝。請問聖人之學。先生曰，「汝今只是了人事問。待汝辨箇眞要求爲聖人的心來與汝說」。惠再三請。先生曰，「已與汝一句道盡。汝尚自不會」④。

①居夷。事詳年譜正德三，四，五年（一五〇八——一五一〇）。參看徐愛序，註八。

②錯用三十年。弘治元年（一四八八）十七歲始與道士論養生，至十五年（一五〇二）三十一歲漸悟仙釋二氏之非，前後十五年。及至居夷，則近三十年。年譜謂二十年。參看註四。

③竊鼠。莊子，秋水篇，第十七，卷六，頁二十八上「夫鵷鶵（鸞鳳之屬）發于南海而飛于北海。非梧桐不止。非練實（竹實）不食。非醴泉不飲。于是鴟（貓頭鷹）得腐鼠。鵷鶵過之。（鴟）仰而視之，曰，『嚇』」。嚇乃忿怒之聲。鴟以賤物爲寶，恐鵷鶵奪之也。

④此條略載年譜正德八年（一五一三）五月。警王嘉秀（參看第四十九條，註一）與蕭惠，並謂悔錯用工二十年。

⑫⑤ 劉觀時①問，「未發之中②是如何」？先生曰，「汝但戒愼不覩，恐懼不聞③，養得此心純是天理，便自然見」。觀時請略示氣象。先生曰，「啞子喫苦瓜④，與你說不得。你要

知此苦，還須你自喫」。時曰仁⑤在傍曰，「如此才是眞知卽是行矣」。一時在座諸友皆有省。

劉宗周云：又舉天理二字（遺編，卷十三，陽明傳信錄三，頁十六下）。

①劉觀時，武陵（今湖南常德）人。餘不詳。佐藤一齋謂鄉貫未考。葉鈞以爲辰陽人。東敬治以爲陽明同鄉餘姚人而近藤信康沿之。皆誤。孫鏘以爲武陵人是也。此見萬斯同（一六三八—一七〇三），儒林宗派，四明叢書，第三集本，卷十五，頁八下。

②未發之中。中庸，第一章，「喜怒哀樂之未發，謂之中」。

③戒懼，參看第三十七條，註四。

④啞子。此譬喻出自禪宗之碧巖錄，第三則。

⑤曰仁，徐愛之字。徐愛詳徐愛序，註四。

126 蕭惠問死生之道。先生曰，「知晝夜，卽知死生」，問晝夜之道。曰，「知晝則知夜」。曰，「晝亦有所不知乎」？先生曰，「汝能知晝，懵懵而興，蠢蠢而食。行不著，習不察①。終日昏昏，只是夢晝。惟「息有養，瞬有存」②。此心惺惺明明，天理無一息間斷，才是能知晝。這便是天德③。便是通乎晝夜之道而知④。更有甚麼死生」？

劉宗周云：卽夫子答子路意。先生言死生之道，只是如此。何曾及父母未生前及死時帶得去的消息來？又曰：又擧天理二字（遺編，卷十三，陽明傳信錄三，頁十六下）。

三輪執齋云：論語，先進篇（第十一章），季路（子路）問死。子曰，「未知生，焉知死」？先生答蕭惠亦是此意。而如此，知豈不與行合一乎？與彼窮格事物之理者，其味自別。眞是聖門正統學問。

東正純云：朱子註易云，「晝夜卽出明死生鬼神之謂。如此然後可見至神之妙，無有方所」云云（周易本義，註繫辭上傳，第四章）。蓋似為以幽死鬼對明生神各盡神妙之理者。王子則一齊說之。所以直透也。東正純又引陳幾亭（龍正）云：無生死，與朱子所見頗異。

捷案：東正純與陳龍正均誤。朱子以幽明，死生，鬼神，均是陰陽之消長。亦一齊說之，與王無異。非以死生相對也。陽明並未謂無生死。只謂未知生，焉知死耳。

于清遠云：程子曰，「晝夜者，生死之道也。知生之道，則知死之道」。古之聖賢所論，大抵相同（程子指伊川。語見二程遺書，卷二十五，頁四下）。

①習不察。　語出孟子，盡心篇第七上，第五章。

②有存。　張載（稱橫渠先生，一〇二〇—一〇七七），正蒙，有德篇第十二（張子全書，卷三，頁九上）之語。

③天德，參看第十一條，註二十五。

④晝夜之道。　語見易經，繫辭上傳，第四章。

(127) 馬子莘①問，「修道之教②，舊說謂聖人品節吾性之固有，以爲法於天下，若禮樂刑政之屬③。此意如何」？先生曰，「道卽性卽命。本是完完全全，增減不得，不假修飾的。何須要聖人品節？却是不完全的物件。禮樂刑政是治天下之法，固亦可謂之教。但不是子思④本旨。若如先儒之說，下面由教入道的，緣何舍了聖人禮樂刑政之教，別說出一段戒愼恐懼工夫？却是聖人之教爲虛設矣」。子莘請問。先生曰，「子思性道教，皆從本原上說。天命於人，則命便謂之性。率性而行，則性便謂之道。修道而學，則道便謂之教。率性是誠者事。所謂『自誠明，謂之性』也。修道是誠之者事。所謂『自明誠，謂之教』⑤也。聖人率性而行，卽是道。聖人以下，未能率性於道。未免有過不及。故須修道。修道則賢知者不得而過，愚不肖者不得而不及。都要循着這箇道，則道便是箇教。此『教』字與『天道至教。風雨霜露，無非教也』⑥之『教』同。『修道』字與『修道以仁』⑦同。人能修道，然後能不違於道，以復其性之本體。則亦是聖人率性之道矣。下面戒愼恐懼便是修道的工夫。中和便是復其性之本體。如易所謂『窮理盡性，以至於命』⑧。中和位育，便是盡性至命」。

①馬子莘，參看第四十條，註二。

②修道。中庸，第一章，「天命之謂性。率性之謂道。修道之謂教。……是故君子戒愼乎其所不睹，恐懼乎其所不聞。……喜怒哀樂之未發，謂之中。發而皆中節，謂之和。……致中和，天地位焉，萬物育焉」。

③節性。朱子，中庸章句，註云，「修，品節之（爲之等次，爲之限制）也。性道雖同，而氣稟或異，故不能無過不及之差。聖人因人物之所當行而品節之，以爲法于天下，則謂之教。若禮樂刑政之屬是

也」。

④子思，參看第四十二條，註一。

⑤明誠。　中庸，第二十一章。

⑥無非教也。　禮記，孔子閒居篇，第五節，「天有四時，春夏秋冬。風雨霜露，無非教也」。

⑦以仁。　語見中庸，第二十章。

⑧至命。　易經，說卦傳，第一章語。

⑫⑧黃誠甫①問，「先儒以孔子告顏淵②爲邦之問③，是立萬世常行之道④。如何」？先生曰，「顏子具體⑤聖人。其於爲邦的大本大原，都已完備。夫子平日知之已深。到此都不必言。只就制度文爲上說。此等處亦不可忽略。須要是如此方盡善。又不可因自己本領是當了，便於防範上疏濶。須是要『放鄭聲，遠佞人』。蓋顏子是箇克己向裏德上用心的人。孔子恐其外面末節，或有疏略，故就他不足處幫補說。若在他人，須告以爲政在人，取人以身，修身以道，修道以仁，達道九經，及誠身許多工夫⑥，方始做得這箇，方是萬世常行之道。不然，只去行了夏時，乘了殷輅，服了周冕，作了韶舞，天下便治得。後人但見顏子是孔門第一人，又問箇爲邦，便把做天大事看了」。

佐藤一齋云：孔子于顏子，却就制度文為防範上說。與大學平天下絜矩（第十章）已下，只說用人理財，都在外面末節上一般。

東正純云：孔子于顏淵問仁（論語，顏淵篇第十二，第一章），克己復禮，从本源上說之。至其為邦之問，則本源己徹。故舉制度防範文為節目之事告之。此是正說。若夫事事物盡其理，則達道九經與仁義道德，初無二致。此是推說。後人往往倒看。恐不免義襲之累也（義襲，見第八十四條，註二）。

但衡今云：陽明不把此等事物當天大事看。故視宸濠之堅甲利兵為蔽朽，而一戰成禽。此其學術精到處。讀此可以開拓心胸。漢學宋學，優劣可知矣。但形器之拔，亦未可忽也。

捷案：宸濠作反。陽明起兵討之。不旬日而擒濠。事詳年譜正德十四年（一五一九）。漢學重文字形器。宋儒重心性。各有長短。

①黃誠甫，參看第一一三條，註一。

②顏淵，參看第七十七條，註一。

③為邦。　論語，衛靈公篇第十五，第十章，顏淵問為邦。子曰，「行夏之時，乘殷之輅，服周之冕。樂則韶（帝舜之樂）舞。放鄭聲，遠佞人。鄭聲淫，佞人殆（危險）」。

④常行之道。　朱子，論語集註，註此章引程子曰，「蓋三代之制，皆因時損益。及其久也，不能無弊。周衰，聖人不作。故孔子斟酌先王之禮，立萬世常行之道，發此以為之兆爾」。程子當指伊川。其語查不見二程遺書，外書，粹言。伊川經說說論語至子罕篇第九止。然伊川云，「故三代損益文質，隨時之宜。若孔子所立之法，乃通萬世不易之法。孔子于他處亦不見說。獨答顏回云云行夏之時。……此是于四代中

學一箇法式。其詳細雖不可見。而孔子但示其大法，使後人就上修之」（二程遺書，卷十七，頁一上）。又云，「或文或質，因襲損益。其變旣極，其法旣詳。于是孔子參酌其宜，以爲爲百王法度之中。但顏淵問爲邦，聖人對之以行夏之時。…則是大抵聖人以道不得用，故考古驗今。參取百王之中，制斷之以義也」（卷十八，頁四十七上下）。意皆同。豈朱子述其意耶？

⑤具體。孟子，公孫丑第二篇上，第二章，「顏淵，則具體而微」。言有聖人之全體，但未廣大。

⑥九經。中庸，第二十章，「故爲政在人，取人以身，修身以道，修道以仁。…天下之達道五，所以行之者三。曰君臣也，父子也，夫婦也，昆弟也，朋友之交也。五者，天下之達道也。知，仁，勇，三者，天下之達德也。所以行之者一也。…凡爲天下國家有九經。曰，修身也，尊賢也，親親也，敬大臣也，體群臣也，子庶民也，來百工也，柔遠人也，懷諸侯也。…誠身有道。不明乎善，不誠乎身矣」。

(129) 蔡希淵①，問「文公②大學新本，先格致而後誠意工夫③。似與首章次第相合。若如先生從舊本④之說，卽誠意反在格致之前。於此尚未釋然」。先生曰，「大學工夫卽是明明德。明明德只是箇誠意。誠意的工夫只是格物致知。若以誠意爲主，去用格物致知的工夫，卽工夫始有下落。卽爲善去惡，無非是誠意的事。如新本先去窮格事物之理。卽茫茫蕩蕩，都無着落處。須用添箇敬字，方才牽扯得向身心上來。然終是沒根源。若須用添箇敬字，緣何孔門倒將一箇最緊要的字落了，直待千餘年後要人來補出？正謂以誠意爲主，卽不須添敬字。所以舉出箇誠意來說。正是學問的大頭腦處。於此不察，眞⑤所謂毫釐之差，千里之繆⑥。大抵中庸工夫只是誠身。誠身之極便是至誠。大學工夫只是誠意。誠意之極便是至善。工夫總是一般。今說這裏補箇敬字，那裏補箇誠字，未免畫蛇添足」⑦。

馮柯云：程朱所以添箇敬字者，非謂孔門落此一字不言而補之也。詳味或問之旨，亦謂年之已長而未曾从事小學者，則其工夫之次第條目，自當以敬字代小學之工夫爾。陽明不悟格致之前，已有此小學一段工夫，而疑其沒根源。不悟程朱之說為未曾从事小學者而設，而識其牽扯。遂據古本之誤，以誠意代敬字（求是編，卷三，頁二十五上下）。

捷案：大學或問明以敬為為小學者之涵養本源。馮柯誤矣。程朱誠敬並言。敬為誠之工夫。敬則虛靜而無間斷。陽明以為添字，固是強說。馮柯以為代小學之工夫，亦強辯耳。

劉宗周云：先生疏大學惟此段最端的無病。明明德只是個誠意。若意字看得分曉，委的不必說正心更有工夫了（遺編，卷十三，陽明傳信錄三，頁十七下。又見明儒學案，卷十，頁十七下。吉村秋陽與中田勝誤以為黃宗羲語）。

三輪一齋云：添箇「敬」字，朱子大學或問所說是此意。

捷案：朱子大學或問曰：蓋吾聞之。敬之一字，聖學之所以成始成終者也。為小學者，不由乎此，固無以涵養本源，而謹乎灑掃應對進退之節，與夫六藝之教。為大學者，不由乎此，亦無以開發聰明，進德修業，而致乎明德新民之功也（頁三上）。又曰：由是齊家治國以及平天下，皆是未始一日而離乎敬也。然則敬之一字，豈非聖學始終之要也哉？（頁六下）。

佐藤一齋云：補箇敬字，晦庵（朱子）未有此說。今因其論敬字不可補，故設這裏那裏，以形言之耳。

捷案：一齋以狹義言之，是也。朱子大學章句註明明德及誠意，均無敬字。然大學或問明以敬為明德新民之功。蓋以廣義言之也。

但衡今云：中庸主腦是誠身，至極便是至誠。大學主腦是誠意，至極便是至善。然則至誠至善，誠身誠意，何以別之？陽明一語道破。工夫總是一般，誠而已矣。非實地了了者，安能道出此意？

①蔡希淵，參看第九十九條，註一。

②文公，朱子謚文。

③誠意。朱子之大學章句，不特沿伊川改「親民」爲「新民」，並補知本知至章之傳，而且移易原本章句。如禮記第四十二篇大學之第二，三章（知本，誠意），朱子大學章句改爲第五，六章是也。

④舊本，即十三經禮記之大學。

⑤眞，新釋漢文大系本傳習錄與傳習錄諸註集成均作「直」。

⑥毫釐千里，見第四條，註六。

⑦畫蛇添足。史記，卷四十，楚世家，頁二十四下至二十五上，「楚有祠者，賜舍人巵酒。相謂曰，『請畫地爲蛇。先成者飮』。一人蛇先成，引酒，且言吾且爲之足。一人蛇成，奪其巵，曰，『蛇固無足。

子安能爲之足』？遂飲其酒」。故事又見戰國策，四部備要本，卷九，齊第二，頁二下至三上。

傳習錄 卷中（續刻傳習錄）

（錢德洪序）

德洪①曰：昔南元善②刻傳習錄③於越④凡二冊。下冊摘錄先師手書，凡八篇⑤。其答徐成之二書⑥，吾師自謂天下「是朱非陸⑦，論定既久，一旦反之爲難」⑧。二書姑爲調停兩可之說。使人自思得之。故元善錄爲下冊之首者，意亦以是歟。今朱陸之辨明於天下久矣。洪刻先師文錄⑨，置二書於外集者，示未全也。故今不復錄。其餘指知行之本體，莫詳於答人論學⑩、與答周道通⑪、陸清伯⑫、歐陽崇一⑬四書⑭。而謂格物爲學者用力日可見之地，莫詳於答羅整庵一書⑮。平生冒天下之非詆推陷，萬死一生，遑遑然不忘講學。惟恐吾人不聞斯道，流於功利機智，以日墮於夷狄禽獸而不覺。其一體同物之心，譊譊終身，至於斃而後已。此孔孟已來聖賢苦心。雖門人子弟，未足以慰其情也。是情也，莫詳於答聶文蔚之第一書⑯。此皆仍元善所錄之舊。而揭必有事焉，卽致良知功夫，明白簡切，使人言下卽得入手，此又莫詳於答文蔚之第二書⑰。故增錄之。元善當時洶洶。乃能以身明斯道。卒至遭奸被斥⑱。油油然惟以此生得聞斯學爲慶，而絕無有纖芥憤鬱不平之氣。斯錄之刻，人見其有功於同志甚大，而不知其處時之甚艱也。今所去取，裁之時義⑲則然。非忍有所加損於其間也。

佐藤一齋云：「南本下册，書凡十篇。並上册所載書四篇，共十四篇。又就此文數之為九篇。其曰八篇，誤也。緒山去答徐成之書，而敍其所以去。又去答儲柴墟書，答何子元書，則不敍其所以去。何耶？又謂增錄答聶文蔚第二書。而南本既收在上册，則不可謂之增錄。此序畢竟欠詳備。又云：文成答徐成之第二書曰，「早來承教，乃謂僕漫為含胡兩解之說，而細繹辭旨。若有以陰助輿菴而為之地者。讀之不覺失笑」（全書，卷二十一，頁十二上）。又曰，「安有所謂含胡兩解，而陰示輿庵之地哉」？（同上）。據此，似非調停兩可之說。然南本載有南逢吉小跋曰，逢吉嘗以此書請問。先生曰，「此書于格致誠正，及尊德性而道問學處，說得尚支離。蓋當時亦就二君所見者，將就調停說過。細詳文義，蓋猶未免分為兩項事也。觀者宜知之」。緒山謂此書為調停兩可之說，豈有取于南逢吉此言歟」？

捷案：輿菴不知為誰。年譜正德六年（一五一一）正月作王輿庵。惟遍查明儒學案等書皆無王輿庵其人。全書卷三十一，頁三十六上，有答王疊庵中丞書，謝其遣使來問，並對「小書二册」（續刻傳習錄）求正。疊庵並非知交，決非陽明可為陰助之人。予疑年譜誤以疊庵為輿庵，而斷為姓王耳。明儒學案卷十，頁五上，有王文轅，字司輿，號黃轝子。學案云：嘗曰，「朱子經說多不得經意」。聞者怪之。惟陽明與之友莫逆也。…其後先生沒，陽明方講良知之學，時多訕之者。嘆曰，「安得起王司輿于九泉乎」？陽明學大系卷三，王陽明下，頁二六三，註答徐成之書謂輿庵即王文轅，字子輿，號輿庵。未知何據。年譜正德十一年十月記陽明之嘆王司輿用「思輿」。年譜與陽明均不用「輿庵」。恐日本註家以年譜謂輿庵姓王，又見學案有王文轅，字司輿，遂以輿庵為王文轅，而誤司輿為子輿，誤黃舉子為輿庵耳。王司輿常多病。習靜隱居，非與徐成之爭論朱陸是非之流也。

東正純云：此卷（中卷）南元善（大吉）兄弟所增入，即傳習後錄是也。上卷文成初年之見居多，而下卷則歿後錢緒山（德洪）之徒撰（錄）之。惟此卷晚年親筆，純粹無可疑者。又云：大吉建首善書院，刻傳習錄。大徇同志。文成之學盛于天下，大吉之功居多矣。

①德洪，姓錢。本名寬。避先世諱，以字行，改字洪甫，號緒山（一四九六—一五七四）。浙之餘姚人。初讀傳習錄（今之上卷），心頗懷疑。陽明平濠歸越（一五二一），先生與同邑數十人請學焉。四方之士來學于越者甚衆。先生與王畿（見第二五七條，註一）疏通其大旨，然後卒業于陽明。一時稱爲教授師。陽明征思田（廣西，一五二七—一五二八），先生與王畿居守越中書院。嘉靖八年（一五二九）與王畿入京殿試。途中聞陽明卒，不試歸而奔喪。三年後（一五三二）乃赴廷試，得進士。累官刑部郎中。坐論寵臣郭勛死罪，因以下獄。勛死，始得出獄。在野三十年，無日不講學。江浙楚廣皆有講舍。黃宗羲曰，「先生與龍溪（王畿）親炙陽明最久。習聞其過重之言。龍溪謂寂者心之本體。寂以照爲用。守其空知而遺照，是乖其用也。先生謂未發竟從何處覓？離已發而求未發，必不可得。是兩先生之良知俱以見在知覺而言。于聖賢凝聚處，盡與掃除。在師門之旨，不能無毫釐之差。龍溪從見在悟其變動不居之體。先生只于事物上實心磨鍊。故先生之徹悟不如龍溪。龍溪之修持不如先生。乃龍溪竟入于禪。

先生則不失儒者之矩矱。何也？龍溪懸崖撒手。非師門宗旨所可繫縛。先生則把纜放船。雖無大得，亦無大失耳」（明儒學案，卷十一，頁六上）。參看明史，卷二八三。

②元善。　南大吉，字元善，號瑞泉（一四八七—一五四一）。陝之渭南人。正德辛未（一五一一）進士。嘉靖三年（一五二四）以郡守稱門生。官歷郎中知府。入覲以考察罷官，蓋執政者方惡陽明之學也，家歸講學。重致知愼獨。王學之傳播于陝，其功爲多。參看明儒學案，卷二十九，頁十一上下，與明史，卷二六四。

③傳習錄，薛侃首刻于虔爲三卷，即今之傳習錄卷上。據年譜，嘉靖三年（一五二四）十月，南大吉刻傳習錄，又名續刻傳習錄，凡二册。上册即虔刻三卷，下册錄陽明八書。然年譜繫答顧東橋書于嘉靖四年（一五二五），繫答歐陽崇一書與答聶文蔚書于五年（一五二六）。則南大吉之刻，或在嘉靖三年之後。參看第一九四條後「右南大吉錄」，註二。

④越，今浙江紹興縣。

⑤八書，即答徐成之二書，答人論學一書，答周道通一書，答陸原靜書，答歐陽崇一一書，答羅整庵一書，與答聶文蔚之第一書也。日本註家謂應作九書。蓋答陸原靜實有兩書也。

⑥徐成之二書，載全書，外集，卷二十一，頁九下至十七下。

⑦朱陸是非。　淳熙二年（一一七五）朱子與陸象山（名九淵）初會于江西信州之鵝湖寺。話不投機。象山譏朱子爲支離。別後朱子以象山爲過于自信，且空渺近禪。象山亦以朱子迷情傳註。學者以朱子偏于道問學而象山偏于尊德性。此雖言之過甚。然朱子之以性爲理與象山之以心爲理，相背而馳。所謂朱子理學與象山心學門戶之爭，歷數百年之久。

⑧全書，卷二十一，頁十上。

⑨文錄，即全書第四卷至第二十五卷。

⑩答人論學書即答顧東橋書，第一三〇至一四三條。

⑪答周道通書即第一四四至一五〇條。

⑫答陸原靜（清伯）二書即第一五一至一六七條。

⑬答歐陽崇一書即第一六八至一七一條。

⑭四書，指答周，陸，歐陽之四書。連答人論學書共五書。

⑮答羅整庵書即第一七二至一七七條。

⑯答聶文蔚第一書即第一七八至一八四條。

⑰第二書即第一八五至一九四條。

⑱遭奸被斥，即上註二亦云入覲罷官。

⑲時義，指答徐成之書中朱陸問題已過，而答聶文蔚第二書之致良知與必有事焉等說，乃王學之新進展，爲上卷所未及也。

答顧東橋書①

130 來書云：近時學者，務外遺內，博而寡要。故先生特倡誠意一義，針砭膏肓。誠大惠也。

吾子洞見時弊如此矣。亦將何以救之乎？然則鄙人之心，吾子固已一句道盡。復何言哉？復何言哉？若誠意②之說，自是聖門教人用功第一義。但近世學者，乃作第二義看。故稍與提掇緊要出來，非鄙人所能特倡也。

①錢德洪序作答人論學書。日本版本多从之。全書等本則用答顧東橋書。佐藤一齋謂「此書拔本塞源，辯論痛快。使人慚伏無辭也。此書傳播，恐或辱東橋。故爲匿其姓號耳。刻此錄時，東橋尚健在」云。顧東橋，名璘，字華玉，號東橋（一四七六—一五四五）。上元（今江蘇江寧）人。弘治九年（一四九六）進士。曾與太監忤，下獄。後累官至南京刑部尚書。少負才名，工詩。時與客豪飲伎樂。或云，顧爲陽明少嗜好詞章時之好友。參看明史，卷二八六。年譜繫此書于嘉靖四年（一五二五）九月。是年陽明在越。九月歸餘姚省墓。年譜繫南大吉續刻傳習錄于嘉靖三年（一五二四）。尚在此書之前一年。何以能採錄此書？故兩者必有一誤。

②誠意之說，見大學經文與第六章。

131 來書云：但恐立說太高，用功太捷。後生師傳，影響謬誤。未免墜於佛氏明心見性定慧頓悟①之機。無怪聞者見疑。

區區格致誠正②之說，是就學者本心日用事爲間，體究踐履，實地用功。是多少次第？多少積累在？正與空虛頓悟之說相反。聞者本無求爲聖人之志，又未嘗講究其詳，遂以見疑。亦無足怪。若吾子之高明，自當一語之下便瞭然矣。乃亦謂立說太高，用功太捷。何邪？

東正純云：陳白沙（名獻章，一四二八—一五〇〇）曰，「學有由積累而至者。有不由積累而至者」。（白沙子全集，乾隆三十六年，一七七一，本，卷三，復張東白內翰，頁十一上）。據此，則空虛頓悟，亦非禪也。今「體究實踐，多少次第，多少積累」云云。

蓋急釋說高功捷之疑。未遑及蘊奧歟？

①明心見性，定慧頓悟，見六祖壇經，第八，十三，三十，三十五，三十六等節。

②格物，致知，誠意，正心，見大學經文及第五，第六等章。

132 來書云：所喻知行並進，不宜分別前後。卽中庸尊德性而道問學①之功，交養互發，內外本末，一以貫之之道。然工夫次第，不能無先後之差。如知食乃食，知湯乃飲，知衣乃服，知路乃行。未有不見是物，先有是事。此亦毫釐倏忽之間。非謂②有等今日知之，而明日乃行也。

既云交養互發，內外本末，一以貫之，則知行並進之說，無復可疑矣。又云工夫次第，不能不③無先後之差。無乃自相矛盾已乎？知食乃食等說，此尤明白易見。但吾子爲近聞④障蔽，不自察耳。夫人必有欲食之心，然後知食。欲食之心卽是意，卽是行之始矣。食味之美惡，必待入口而後知。豈有不待入口，而已先知食味之美惡者邪？必有欲行之心，然後知路。欲行之心卽是意，卽是行之始矣。路岐之險夷，必待身親履歷而後知。豈有不待身親履歷而已先知路岐之險夷者邪？知湯乃飲，知衣乃服。以此例之，皆無可疑。若如吾子之喻，是乃所謂不見是物，而先有是事者矣。吾子又謂此亦毫釐倏忽之間，非謂截然有等今日知之，而明日乃行也。是亦察之尚有未精。然就如吾子之說，則知行之爲合一並進，亦自斷無可疑矣。

施邦曜云：先生知行合一之說，大意只是要人躬行。人若不去躬行，卽講究得道理十分明白，終是饒口空嘵，望程遙度（遙望標準）。學者辨之。

①道問學。中庸，第二十七章，「故君子尊德性而道問學，致廣大而盡精微」。

②「謂」字下據陽明覆書有「截然」二字。

③「不」字衍。

④近聞，指朱子知先行後之說。

133 來書云：眞知卽所以爲行，不行不足謂之知。此爲學者喫緊立教，俾①務躬行則可。若眞謂行卽是知，恐其專求本心，遂遺物理。必有闇而不達之處。抑豈聖門知行並進之成法哉？知之眞切篤實處，卽是行，行之明覺精察處，卽是知。知行工夫，本不可離。只爲後世學者分作兩截用功，失却知行本體，故有合一並進之說。眞知卽所以爲行。不行不足謂之知。卽如來書所云，知食乃食等說可見。前已略言之矣。此雖喫緊救弊而發。然知行之體，本來如是。非以己意抑揚其間，姑爲是說，以苟一時之效者也。專求本心，遂遺物理。此蓋失其本心者也。夫物理不外於吾心。外吾心而求物理，無物理矣。遺物理而求吾心，吾心又何物邪？心之體，性也。性卽理也。故有孝親之心，卽有孝之理。無孝親之心，卽無孝之理矣。

有忠君之心，卽有忠之理。無忠君之心，卽無忠之理矣。理豈外於吾心邪？晦菴②謂「人之所以爲學者。心與理而已。心雖主乎一身，而實管乎天下之理。理雖散在萬事，而實不外乎一人之心」③，是其一分一合之間，而未免已啓學者心理爲二之弊。此後世所以有專求本心，遂遺物理之患。正由不知心卽理耳。夫外心以求物理，是以有闇而不達之處。此告子義外④之說，孟子所以謂之不知義⑤也。心一而已。以其全體惻怛而言，謂之仁。以其得宜而言，謂之義。以其條理而言，謂之理。不可外心以求仁。不可外心以求義。獨可外心以求理乎？外心以求理，此知行之所以二也。求理於吾心，此聖門知行合一之教。吾子又何疑乎？

劉宗周云：吾心之良知，卽所謂天理也（遺編，卷十一，陽明傳信錄一，頁十一下）。

施邦曜云：人若真真了得知行合一之說，卽如晦翁（朱子）說亦不妨。先生是合而言之，以證本體。晦翁是分而言之，以曉後學。言殊而理則一。在人善看耳。

三輪執齋云：朱子亦言具衆理而應萬事（大學章句，註經文明明德），本心之外，豈亦有物理乎？

東正純云：「知之真切篤實處卽是行。行之明覺精察處卽是知」。此是文成說知行之定本。比之知（是）行之初，行（是）知之成（見第五條）等之言，更親切透徹。

但衡今云：考亭（朱子）于知行重行。陽明于知行重知。重知為偏于行者言。重行為偏于知者言。其所以為教一也。重知不必一。重行未必二。相益則兩是，相損則兩非。

考亭謂「心雖主于一身，而實發乎天下之理。理雖散在萬事，而實不外乎一人之心」

。何嘗不是一致而百慮，百慮而一致（易經，繫辭下傳，第五章）也？必欲分作兩扇門看，則陽明之言行合一，已有二在。特未之深思耳。

①「俾」，日本諸本誤作「稗」。佐藤一齋，三輪執齋本正之。
②晦庵，朱子之號。
③心與理。語見朱子，大學或問，頁六十上，第五知本知至章。
④義外。孟子，告子篇第六上，第四章，告子曰：「仁，內也，非外也。義，外也，非內也」。
⑤不知義。孟子，公孫丑篇第二，第二章，「告子未嘗知義，以其外之也」。

134 來書云：所釋大學古本①謂「致其本體之知」②。此固孟子盡心③之旨。朱子亦以虛靈知覺④爲此心之量⑤。然盡心由於知性⑥。致知在於格物⑦。

「盡心由於知性。致知在於格物」。此語然矣。然而推本吾子之意，則其所以爲是語者，尙有未明也。朱子以盡心知性知天爲物格知致⑧。以存心養性事天爲誠意正心脩身⑨。以殀壽⑩不貳脩身以俟爲知至仁盡。聖人之事⑪。若鄙人之見，則與朱子正相反矣。夫盡心知性知天者，生知安行，聖人之事也。存心養性事天者，學知利行，賢人之事也。殀壽不貳，脩身以俟者，困知勉行⑫，學者之事也。豈可專以盡心知性爲知，存心養性爲行乎？吾子驟聞此言，必又以爲大駭矣。然其間實無可疑者。一爲吾子言之。夫心之體，性也。性之原，天也。能盡其心，是能盡其性矣。中庸云，「惟天下至誠。爲能盡其性」⑬。又云，「知天地之化育」⑭。「質諸鬼神而無疑，知天也」⑮。此惟聖人而後能然。故曰，此生知安行，聖人之事也。存其心者，未能盡其心者也。故須加存之之功。必存之既久，不待於存，而自無不存，然後可以進而言盡。蓋知天之知，如知州知縣之知。知州，則一州之事皆己事也。知縣，則一縣之事皆己事也。是與天爲一者也。事天則如子之事父，臣之事君。猶與天爲二也。天之所以命於我者，心也，性也。吾但存之而不敢失，養之而不敢害，如「父母全而生之，子全而歸之」⑯者也。故曰，此學知利行，賢人之事也。至於殀壽不貳，則與存其心者又有間矣。存其心者，雖未能盡其心，固已一心於爲善。時有不存，則存之而已。今使之殀壽不貳，是猶以殀壽貳其心者也。猶以殀壽貳其心，是其爲善之心猶未能一也。存之尚有所未可，而何盡之可云乎？今且使之不以殀壽貳其爲善之心。若曰死生殀壽，皆有定命，吾但一心於爲善，修吾之身，以俟天命而已。是其平日尚未知有天命也。事天雖與天爲二，然已眞知天命之所在。但惟恭敬奉承之而已耳。若俟之云者，則尚未能眞知天命之所在，猶有所俟者也。故曰，所以立命。立者，創立之立。如立德，立言，立功⑰，立名之類。凡言立者，皆是昔未嘗有，而今始建立之謂。孔子所謂「不知命，無以爲君子」⑱者也。故曰，此困知勉行，學者之事也。今以盡心知性知天爲格物致知，使初學之士，尚未能不貳其心者。而遽責之以聖人生知安行之事。如捕風捉影，茫然莫知所措。其心幾何而不至於「率天下而路」⑲也？今世致知格物之弊，亦居然可見矣。吾子所謂務外遺內，博而寡要者，無乃亦是過歟？此學問最緊要處。於此而差，將無往而不差矣。此鄙人之所以冒天下之非笑，忘其身之陷於罪戮，呶呶其言，其不容已者也。

東正純云：語錄別有一條云（見下卷第二七八條）。與此亦少不同。正所以橫豎無所不可也。

①大學古本，參看上卷徐愛序，註二。

②致知。語見陽明之大學古本序（全書，卷七，頁二十五下）。

③盡心。孟子，盡心篇第七上，第一章，「盡其心者，知其性也」。

④知覺。朱子，中庸章句序，「心之虛靈知覺，一而已」（朱子文集，卷七十六，頁二十一下）。

⑤心之量。朱子，孟子集註，註孟子，盡心篇第七，第一章云，「心者，心之神明。人有是心，莫非全體。然不窮理，則有所蔽而無以盡乎此心之量」。

⑥知性，參看註三。

⑦格物。大學經文，「致知在格物」。

⑧「致」，王本作「至」。

⑨「修身」，王本無此二字。

⑩「殀壽」。王本此下有「末節」二字。

⑪聖人之事。孟子，盡心篇第七，第一章，「盡其心者，知其性也。知其性，則知天矣。存其心，養其性，所以事天也。殀壽不貳，修身以俟之，所以立命也」。朱子，孟子集註，釋之曰，「以大學之序言之，知性則物格之謂。盡心則知至之謂也。……存，謂操而不舍。養，謂順而不害。事，則奉承而不違也。……盡心知性而知天，所以造其理也。存心養性以事天，所以履其事也。……知天而不以殀壽貳其

心，智之盡也。事天而能修身以俟死，仁之至也」。

⑫生知安行，參看第六條，註八。

⑬盡性。語見中庸，第二十二章。

⑭化育。仝上。

⑮知天。中庸，第二十九章。

⑯全歸。禮記，祭義篇語。

⑰立德。左傳，襄公二十四年，「太上有立德，其次有立功，其次有立言」。

⑱知命。論語，堯曰篇第二十，第三章語。

⑲率天下。語見孟子，滕文公篇第三上，第四章。

⑬⑤來書云：聞語學者，乃謂卽物窮理①之說，亦是玩物喪志②。又取其厭繁就約③，涵養本原④數說，標示學者。指爲晚年定論⑤。此亦恐非。

朱子所謂格物云者，在「卽物而窮其理」也。卽物窮理，是就事事物物上求其所謂定理者也。是以吾心而求理於事事物物之中，析心與理而爲二矣。夫求理於事事物物者，如求孝之理於其親之謂也。求孝之理於其親，則孝之理其果在於吾之心邪？抑果在於親之身邪？假而果在於親之身，則親沒之後，吾心遂無孝之理歟？見孺子之入井。必有惻隱之理⑥。是惻隱之理，果在於孺子之身歟？抑在於吾心之良知歟？其或不可以從之於井⑦歟？其或可以手而援之⑧歟？是皆所謂理也。是果在於孺子之身歟？抑果出於吾心之良知歟？以是例之，萬事萬物之理，莫不皆然。是可以知析心與理爲二之非矣。夫析心與理而爲二，此告子義外⑨之說，孟子之所深闢⑩也。務外遺內，博而寡要⑪，吾子旣已知之矣。是果何謂而然哉？謂之玩物喪志，尙猶以爲不可歟？若鄙人所謂致知格物者，致吾心之良知於事事物物也。吾心之良知，卽所謂天理也。致吾心良知之天理於事事物物，則事事物物皆得其理矣。致吾心之良知者，致知也。事事物物皆得其理者，格物也。是合心與理而爲一者也。合心與理而爲一，則凡區區前之所云，與朱子晚年之論，皆可以不言而喻矣。

孫奇逢云：顧端文公（顧憲成，字涇陽，一五五〇——一六一二）云，「陽明之所謂知，卽朱子之所謂物。朱子之所以格物者，卽陽明之所以致知者也」（光緒丁丑，一八七七年，顧端文公遺書本，小心齋劄記，卷七，頁十二下至十三上）。可以忘同異之辯。

①卽物窮理。朱子，大學章句，第五章補傳，「卽物而窮其理」。

②玩物喪志。語出書經，旅獒篇，第六節。

③厭繁就約。朱子文集，卷三十五，頁二十六下，朱子與劉子澄書之意。

④涵養本源。語見朱子文集，卷四十七，頁三十一上，朱子答呂子約書。

⑤定論。陽明之朱子晚年定論，附于傳習錄卷下。今附于卷下後面拾遺之下。

⑥惻隱。孟子，公孫丑篇第二上，第六章，「今人乍見孺子將入于井，皆有怵惕惻隱之心」。

⑦从之入井。　論語，雍也篇第六，第二十四章，「井有仁焉，其从之也」。

⑧手援。　孟子，離婁篇第四上，第十七章，「嫂溺不援，是豺狼也。男女授受不親，禮也。嫂溺援之以手者，權也」。

⑨義外，參看第一三三條，註四。

⑩深闢，參看同上，註五。

⑪寡要。　語見第一三〇條。

⑬⑥ 來書云：人之心體，本無不明。而氣拘物蔽，鮮有不昏。非學問思辨①，以明天下之理，則善惡之機，眞妄之辨，不能自覺，任情恣意。其害有不可勝言者矣。

此段大略，似是而非。蓋承沿舊說②之弊。不可以不辨也。夫學③問思辨行，皆所以爲學。未有學而不行者也。如言學孝，則必服勞奉養，躬行孝道，然後謂之學。豈徒懸空口耳講說，而遂可以謂之學孝乎？學射，則必張弓挾矢，引滿中的。學書，則必伸紙執筆，操觚④染翰⑤。盡天下之學，無有不行而可以言學者。則學之始，固已卽是行矣。篤者，敦實篤厚之意。已行矣。而敦篤其行，不息其功之謂爾。蓋學之不能以無疑，則有問。問卽學也，卽行也。又不能無疑，則有思。思卽學也，卽行也。又不能無疑，則有辨。辨卽學也，卽行也。辨旣明矣，思旣愼矣，問卽審矣，學旣能矣，又從而不息其功焉，斯之謂篤行。非謂學問思辨之後而始措之於行也。是故以求能其事而言，謂之學。以求解其惑而言，謂之問。以求通其說⑥而言，謂之思。以求精其察而言，謂之辨。以求履其實而言，謂之行。蓋析其功而言，則有五。合其事而言，則一而已。此區區心理合一之體，知行並進之功，所以異於後世之說者，正在於是。今吾子特舉學問思辨以窮天下之理，而不及篤行。是專以學問思辨爲知，而謂窮理爲無行也已。天下豈有不行而學者邪？豈有不行而遂可謂之窮理者邪？明道云，「只窮理便盡性至命」⑦。故必仁極仁，而後謂之能窮仁之理。義極義，而後謂之能窮義之理。仁極仁，則盡仁之性矣。義極義，則盡義之性矣。學至於窮理至矣，而尚未措之於行。天下寧有是邪？是故知不行之不可以爲學，則知不行之不可以爲窮理矣。知不行之不可以爲窮理，則知知行之合一並進，而不可以分爲兩節事矣。夫萬事萬物之理，不外於吾心。而必曰窮天下之理。是殆以吾心之良知爲未足，而必外求於天下之廣，以裨補增益之。是猶析心與理而爲二也。夫學問思辨篤行之功，雖其困勉至於人一己百⑧，而擴充之極，至於盡性知天，亦不過致吾心之良知而已。良知之外，豈復有加於毫末乎？今必曰窮天下之理，而不知反求諸其心，則凡所謂善惡之機，眞妄之辨者，舍吾心之良知，亦將何所致其體察乎？吾子所謂氣拘物蔽者，拘此⑨蔽此而已。今欲去此之蔽，不知致力於此，而欲以外求。是猶目之不明者，不務服藥調理以治其目，而徒倀倀然求明於其外。明豈可以自外而得哉？任情恣意之害，亦以不能精察天理於此心之良知而已。此誠毫釐千里⑩之謬者，不容於不辨。吾子毋謂其論之太刻也。

施邦曜云：無有不行而可以言學。此是先生立教之本。今得此意，先生千言萬語，只在此一句中矣。又曰：朱子曰，「我非知外而不知內。已早言之」。學者唯會二先生立言之意，其道自一。

三輪執齋云：「窮理」字本出易說卦（第一章）。明道以「只」「便」二字結說之。王先生所說窮理，則以心說之。故知行貫在其中。蓋亦明道之意。朱文公所說，特以知識一邊。故不貫行。在乎不貫行之知，豈能盡性以至命哉？明道「只」「便」二字是紗解而易意。與朱說異，亦可見也。

東正純云：窮理字本出易說卦。先以道德，後以性命。而窮理與理義配對。其所主在明人心，非泛然窮至物理之末，亦彰彰矣。然則明道所謂，只窮理便盡性，簡易直截，原無可疑。而朱子却議之者，屬其創說，始（且）非易旨也。文成據明道之說。更發揮其知行合一之說。可謂後無餘蘊矣。誰謂好與先儒牴牾？

但衡今云：本節言知行合一並進，較言合一者，辭旨暢達。文亦生動可喜。謂「盡天下之學，無有不行而可以言學者」，是直以行為知矣。其說亦極精到。謂「殆以吾心之良知為不足，而必求于天下之廣，以裨補增益」，則失于隘矣。甘泉（湛若水，一四六六——一五六〇）謂陽明自小其心以此。物無窮，而人之生也有涯。又安得不求裨益以致其知哉？且所謂致知者，與吾心為終始，亦卽與物為終始，與理為終始，而後始得以盡其用。予固不以主一主二而為是非也。

①學問思辨，參看第四條，註四。
②舊說，指朱子學說。
③「學」。南本，施本，俞本，張本，均無「學」字。

④觚，竹簡也。
⑤翰，筆也。
⑥「理」，諸本作「說」。
⑦至命。　程顥語出二程遺書，卷二上，頁二下。
⑧人一己百，參看第九十九條，註八。
⑨此。　此四「此」字指良知。
⑩毫釐千里，參看第四條，註六。

137 來書云：教人以致知明德，而戒其卽物窮理①。誠使昏闇之士，深居端坐，不聞教告，遂能至於知致而德明乎？縱令靜而有覺，稍悟本性。則亦定慧無用之見。果能知古今，達事變，而致用於天下國家之實否乎？其曰「知者意之體。物者意之用」②，格物如格君心之非③之格，語雖超悟，獨得不踵陳見。抑恐於道未相脗合。

區區論致知格物，正所以窮理。未嘗戒人窮理使之深居端坐，而一無所事也。若謂卽物窮理，如前所云務外而遺內者，則有所不可耳。昏闇之士，果能隨事隨物精察此心之天理，以致其本然之良知，則「雖愚必明，雖柔必強」④。大本立而達道行⑤九經⑥之屬，可一以貫之而無遺矣。尚何患其無致用之實乎？彼頑空虛靜之徒，正惟不能隨事隨物精察此心之天理，以致其本然之良知。而遺棄倫理，寂滅虛無⑦以爲常。是以要之不可以治家國天下。孰謂聖人窮理盡性之學而亦有是弊哉？心者身之主也。而心之虛靈明覺，卽所謂本然之良知也。

其虛靈明覺之良知應感而動者謂之意。有知而後有意。無知則無意矣。知非意之體乎？意之所用，必有其物。物卽事也。如意用於事親，卽事親爲一物。意用於治民，卽治民爲一物。意用於讀書，卽讀書爲一物。意用於聽訟，卽聽訟爲一物。凡意之所用，無有無物者。有是意，卽有是物。無是意，卽無是物矣。物非意之用乎？「格」字之義，有以「至」字訓者。如「格于文祖」⑧，「有苗來格」⑨，是以至訓者也。然格于文祖，必純孝誠敬，幽明之間，無一不得其理，而後謂之格。有苗之頑，實以文德誕敷而後格。則亦兼有「正」字之義在其間。未可專以「至」字盡之也。如「格其非心」⑩，「大臣⑪格君心之非」之類，是則一皆正其不正以歸於正之義。而不可以「至」字爲訓矣。且大學格物⑫之訓，又安知其不以「正」字爲訓，而必以「至」字爲義乎？如以「至」字爲義者，必曰「窮至事物之理」⑬，而後其說始通。是其用功之要，全在一「窮」字。用力之地，全在一「理」字也。若上去一「窮」字⑭，下去一「理」字，而直曰致知在至物。其可通乎？夫窮理盡性，聖人之成訓見於繫辭⑮者也。苟格物之說而果卽窮理之義，則聖人何不直曰致知在窮理，而必爲此轉折不完之語，以啓後世之弊邪？蓋大學格物之說，自與繫辭窮理大旨雖同而微有分辨。窮理者，兼格致誠正而爲功也。故言窮理，則格致誠正之功，皆在其中。言格物，則必兼擧致知誠意正心⑯而後其功始備而密。今偏擧格物，而遂謂之窮理。此所以專以窮理屬知。而謂格物未嘗有行。非惟不得格物之旨，並窮理之義而失之矣。此後世之學所以析知行爲先後兩截。日以支離決裂，而聖學益以殘晦者，其端實始於此。吾子蓋亦未免承沿積習。則見以爲於道未相脗合。不爲過矣。

馮柯云：且一「格」之為字，既有「至」與「正」二義，則不必各執其是以相非也。為陽明者，乃曰「安知大學之『格』，不以『正』字為訓，而必以『至』字為義也」？則為程朱者，獨不可曰，「安知其不以『至』字為訓，而必以『正』字為義乎」？以「至」字為義者，必曰窮至事物之理而後其說始通，則夫以「正」字為義者，亦必曰格正其意所用之意而後其說始通也。窮至事物之理者，既上去一「窮」字，下去一「理」，而直曰致知在至之不可通，則夫格正其意所用之物者，上亦去一「格」字，下亦去一「物」字，而直曰致知在正意，其獨可通乎」？（求是編，卷四，頁十六上下）。

三輪執齋云：正所以窮理云云。但非朱子所謂窮理耳。

施邦曜云：格物者，原合修身正心誠意致知而言者也。究此身心意知所歷之物，原非舍天下國家而別自為物者也。是格物也者，誠成己成物，內聖外王之工夫。弟其用力，自有頭腦，不在耳目見聞上求。是則先生致良知之說也。

但衡今云：陽明本節徵引章句訓詁之學，不足扞報顧某定慧無用之見。至若「知為意之體」（上條）。「有知而後有意」（本條）。則是心意之間，猶有所謂知者在也。以知代心意立言可。別有知之一識則未當。上卷陽明謂應物起念，是謂之意（如第七十七條）。知是知與非，是謂良知（如第八條）。分知意為二。本節謂知為意之體，有知而後有意。合知意為一。頗有自語相違之嫌。證以天泉證道（第三一五條），「有善有惡意之動，知善知惡是良知」。顯然知非意之體也。若云有知而后有意，知能識別善惡，而意乃或善或惡也。陽明之意，當不如是。又云：度陽明之意，本節云心之虛靈明覺，卽所謂本然之良知。是直以知蘊于心，亦卽心之虛明之妙用也。非如蕺山（劉宗周）所云知，藏于意之知。蕺山所云知藏于意之知，實卽陽明所云知為意之體之知。意卽釋家所云第六意識之意。學者于此，當作情識之知看，不可作良知之知看。　又云：考亭（朱子）釋格為至，而以格物屬知。陽明釋格為正，而以格物屬行。正可相取，無庸相病。

吉村秋陽云：字句間微有未瑩者而大意固好。

①即物窮理。　朱子，大學章句，第五章補傳，「言欲致吾之知，在即物而窮其理也」。

②意之用。　佐籐一齋謂此二語出陽明之大學旁釋。近藤康信沿之。然大學旁釋早佚。函海所載大學旁釋爲僞作。王文成公全書不載。兩語來自大學旁釋原本，亦屬可能。第七十八，一七四，與二〇一條有相同思想。

③格心，參看第七條，註一。

④必強。　語出中庸，第二十章。

⑤大本達道，見中庸，第一章。

⑥九經，參看第一二八條，註六。

⑦寂滅指佛家，虛無指道家。

⑧格。　書經，舜典，第十四節之語。

⑨來格。 語見書經，大禹謨末節。
⑩格心。 書經，冏命篇，第三節之語。
⑪大臣，孟子原文作「大人」。
⑫格物。 大學，經文，「致知在格物」。
⑬窮理。 朱子，大學章句，註經文「格物」之語。
⑭「窮」。 日本諸本無此字。
⑮繫辭。 實出易經，說卦傳，第一章，「窮理盡性以至于命」。
⑯大學經文。

138 來書云：謂致知之功，將如何爲溫凊①，如何爲奉養，卽是誠意。非別有所謂格物。此亦恐非。

此乃吾子自以己意揣度鄙見，而爲是說。非鄙人之所以告吾子者矣。若果如吾子之言，寧復有可通乎？蓋鄙人之見，則謂意欲溫凊，意欲奉養者，所謂意也。而未可謂之誠意。必實行其②溫凊奉養之意，務求自慊，而無自欺。然後謂之誠意。知如何而爲溫凊之節，知如何而爲奉養之宜者，所謂知也。而未可謂之致知。必致其知如何爲溫凊之節者之知，而實以之溫凊。致其知如何爲奉養之宜者之知，而實以之奉養，然後謂之致知。溫凊之事，奉養之事，所謂物也。而未可謂之格物。必其於溫凊之事也，一如其良知之所知當如何爲溫凊之節者而爲之，無一毫之不盡。於奉養之事也，一如其良知之所知當如何爲奉養之宜者而爲之，無一毫之不盡，然後謂之格物。溫凊之物格，然後知溫凊之良知始致。奉養之物格，然後知奉養之良知始致。故曰，「物格而後知至」③。致其知溫凊之良知，而後溫凊之意始誠。致其知奉養之良知，而後奉養之意始誠。故曰，「知至而後意誠」④。此區區誠意致知格物之說蓋如此。吾子更熟思之，將亦無可疑者矣。

①溫凊，參看第三條，註一。
②「其」，施本，兪本，作「欲」。
③物格。大學，經文。
④意誠。同上。

139 來書云：道之大端，易於明白。所謂良知良能，愚夫愚婦可與及①者。至於節目時變之詳，毫釐千里②之謬，必待學而後知。今語孝於溫凊定省③，孰不知之？至於舜之不告而娶④，武之不葬而興師⑤，養志養口⑥，小杖大杖⑦，割股⑧，廬墓⑨等事，處常處變，過與不及之間，必須討論是非，以爲制事之本。然後心體無蔽，臨事無失。

道之大端，易於明白。此語誠然。顧後之學者忽其易於明白者而弗由，而求其難於明白者以爲學。此其所以「道在邇而求諸遠，事在易而求諸難」⑩也。孟子云：「夫道若大路然。豈難知哉？人病不由耳」⑪。良知良能，愚夫愚婦與聖人同。但惟聖人能致其良知，而愚夫愚婦不能致。此聖愚之所由分也。節目時變，聖人夫豈不知？但不專以此爲學。而其所謂學者，正惟致其良知，以精察此心之天理，而與後世之學不同耳。吾子未暇良知之致，而汲汲焉顧是之憂。此正求其難於明白者以爲學之弊也。夫良知之於節目時變，猶規矩尺度之於方圓長短也。節目時變之不可預定，猶方圓長短之不可勝窮也。故規矩誠立，則不可欺以方圓。而天下之方圓不可勝用矣。尺度誠陳，則不可欺以長短。而天下之長短不可勝用矣。良知誠致，則不可欺以節目時變。而天下之節目時變不可勝應矣。毫釐千里之謬，不於吾心良知一念之微而察之，亦將何所用其學乎？是不以規矩而欲定天下之方圓，不以尺度而欲盡天下之長短。吾見其乖張謬戾，日勞而無成也已。吾子謂語孝於溫凊定省，孰不知之？然而能致其知者鮮矣。若謂粗知溫凊定省之儀節，而遂謂之能致其知。則凡知君之當仁者，皆可謂之能致其仁之知。知臣之當忠者，皆可謂之能致其忠之知。則天下孰非致知者邪？以是而言，可以知致知之必在於行，而不行之不可以爲致知也明矣。知行合一之體，不益較然矣乎？夫舜之不告而娶，豈舜之前已有不告而娶者爲之準則，故舜得以考之何典，問諸何人，而爲此邪？抑亦求諸其心一念之良知，權輕重之宜，不得已而爲此邪？武之不葬而興師，豈武之前已有不葬而興師者爲之準則，故武得以考之何典，問諸何人，而爲此邪？抑亦求諸其心一念之良知，權輕重之宜，不得已而爲此邪？使舜之心而非誠於爲無後⑫，武之心而非誠於爲救民，則其不告而娶，與不葬而興師，乃不孝不忠之大者。而後之人不務致其良知，以精察義理於此心感應酬酢之間。顧欲懸空討論此等變常之事，執之以爲制事之本，以求臨事之無失。其亦遠矣。其餘數端，皆可類推。則古人致知之學，從可知矣。

劉宗周云：良知之説，只説得箇卽心卽理，卽知卽行。更無別法（遺編，卷十一，陽明傳信錄一，頁十三下）。

梁啓超云：此與朱子卽物窮理之説相較，眞令人有絜領振裘之樂。

①愚夫。　中庸，第十二章，「君子之道，費（用之大）而隱（體之微）。夫婦之愚，可以與知焉」。

②毫釐千里。參看第四條，註六。

③溫凊定省，參看第三條，註一。

④不告而娶。　孟子，萬章篇第五上，第二章：舜之不告而娶，何也？孟子曰：「告則不得娶（因父母頑嚚）。男女居室，人之大倫也。如告，則廢人之大倫，以懟（讎怨）父母。是以不告也」。

⑤不葬。　據史記，卷六十一，頁七下，伯夷列傳，武王伐紂，尚未葬文王。載文王木主以行。

⑥養志養口。　孟子，離婁篇第四上，第十九章：曾子養曾晳（曾點，曾子父），必有酒肉。將徹（撤去），必請所與（請問與誰）。問有餘，必曰，「有」（料親意更欲與人）。曾晳死，曾元（曾子之子）養曾子。必有酒肉。將徹，不請所與。問有餘，曰，「亡矣」。將以復進（不欲與人）也。此所謂養口體者也。若曾子，則可謂養志（順其志，以肉與人）也。事親若曾子者可也。

⑦大杖小杖。　孔子家語，六本篇第十五（卷四，頁五上至六上），「曾子耘瓜，誤斬其根。曾晳怒。建大杖以擊其背。曾子仆地。久之，退而就房援琴而歌。欲令曾晳而聞之知其體康也。孔子聞之而怒，曰舜之事瞽叟，小杖則待過（受之以息其怒），大杖則逃走（身體受之父母，不可毀傷）。故瞽叟不犯不父之罪，而舜不失烝烝（興盛）之孝。今參（曾子）事父委身以待暴怒。殪而不避，既身死而陷父于不

義，不孝孰大焉」？

⑧割股。　李紱（字穆堂，一六七三——一七五〇）之割股考（李穆堂詩文全集，穆堂別藁，道光辛卯，一八三一年本，卷九，頁九下）云，「魏書，孝子傳，稱張密至孝。爲御史時，母疾。乃齋戒刲股肉，和藥進之。遂愈。……又王友貞傳，母病。醫言得人肉啖良已。友貞刲股以進。母病愈。詔旌其門。韓昌黎集鄠人對云，『鄠（陝西）有人刲股肉奉母，疾愈』。宋史選擧志引蘇軾（一〇三六——一一〇一）之言謂，『上以孝取人，則勇者割股』。蓋自周末至唐宋，並稱股。而割肱之說，从未之聞。豈古人所刲皆股肉。今人疑其不敬，始移于肱耶」？　捷案：諸註皆引宋史蘇軾語，然不指明蘇語出自蘇氏何處。查李氏所引王友貞傳數語，見新唐書，卷一九六。舊唐書，卷一九二，王友貞傳，亦載其事。鄠人對載韓昌黎全集（四部備要本），外集，卷四，頁三一上。原文云，「彼自刲股以奉母。疾瘳。……上俾聚士以旌其門。使勿輸賦，以爲後勸」。蘇軾語見宋史（百衲本），卷一五五，頁十五上。惟張密事必有誤印。魏書魏志均無孝子傳或張密傳。晉書卷八十八，列傳五十八，孝友，李密傳有廬墓事，無割股事。列傳五十八，孝友無張密之名。魏書，卷八十六孝感列傳亦不及張密。莊子盜跖篇介子推割股以食文公。此言忠，非言孝。東敬治引魏書張密事，一字不改。蓋未考也。東敬治又引綱鑑易知錄云，「青州日照民江伯兒以母病，割股肉食之。不愈，禱于岱岳。相誓云，『母病愈則殺子以祀』。既而母病愈，竟殺其三歲子祭之。有司以聞。上怒曰，『父子天倫至重。今賊殺其子，絕滅倫理。丞捕治之，勿使傷壞風化』。遂逮伯兒，杖一百，謫戍南海」。三輪執齋云，「朱子考異之昌黎外集，黃氏日抄，事文類聚外集，五月五日下，瑯琊代醉二十卷等論之。李退溪自省錄亦論之」。　捷又案：朱子大學或問頁二十六下，經文「治國平天下」項下提割股，然未擧史實。查古今圖書集成理學篇學行典卷一七九至一八九孝

弟部名賢列傳記割股事甚多。最早者爲後漢安吉州志載許頤封股爲羹，即瘥父惡疾。刺史奏旌其門。晉岳州府志載杜世壽母劉氏病篤，封股煮粥以進，遂愈。詔旌其門曰純孝。唐書卷一九五載孝友何澄粹剔股肉進，親疾爲瘳。當時號青陽孝子。同卷章全啓母病，全啓封股膳母而愈。湖州府志載許頤父患惡疾。頤割股爲羹以進。父病果差。刺史奏旌其門。臨穎縣志載朱悖嘗割股奉母。母疾遂愈。詔旌其門。懷慶府志載劉士約割股事親。朝廷給帛旌之。河內縣志載王友貞剔股進母。母疾尋愈。詔旌其門。陝西通志載趙言母病，割股肉烹進。遂愈。勅賜物五十段，以旌孝行。唐書卷一九五孝友傳云，「唐時陳藏器著本草拾遺，謂人肉治羸疾。自是民間以父母疾，多封股肉而進」。此風至宋而益盛。宋史卷四五六孝義傳所載有劉孝忠（開寶二年太祖召見），成象（淳化中），龐天祐（大中祥符詔旌），周善敏（大中祥符九年詔旌），常晏（開寶間），楊慶（紹興十二年詔表其門），與陳宗。又載各府縣志所記封股孝行甚多。有王景（淳化盛平中。鄭縣志），艾君瑜（寶元間。永豐縣志），裘仲容（慶曆中。紹興府志），嚴常孟（元祐三年。如皐縣志），孫逵（崇寧間郡守爲請旌表。武進縣志），陳克己之女與婦（紹興中。休寧縣志），楊文修（朱子造廬與談。紹興府志），吳沆（淳熙縣令立純孝坊以旌之。僊居縣志），張道眞（淳熙中郡守上其事詔旌之。廣東通志），王康臣（慶元二年郡守奉旨立旌孝坊。廣東通志），王弟兒，丘念一，王德先，何陽四（皆慶元嘉定之間。縣官皆給米絹旌賜四人。漂陽縣志），劉興祖（嘉定間旌表。溧水縣志），吳璿與兩子安禮安時（嘉定三年建坊旌之。寧波府志），龍海孫（嘉定十年。後縣名其里爲淳孝里。資縣志），陳氏三子（失名。景定中知縣立坊表之。嚴州府志），馮驥（景定間。富陽縣志），謝千九（溧水縣志），陳某（溧水縣志），周伸（咸淳間受旌。鎮江府志）。朱應孫（咸淳丙寅旌表。杭州府志），張季和（咸淳間郡守作詩美之。南安府志），蔣定德（咸淳六年。嚴州府志），阮輿子（德祐丙子經略使賚以二帛，號所居爲孝行坊。廣東通志），竇寶（見旌。丹徒縣志），陳茂祖（杭州府志），梅來克（杭州府志），龔婆兒（杭州府志），愈大成，子廷用，孫亞佛三世刲股（杭州府志），何氏子（杭州府志），盛定旺次子（縣令作詩揭其門。杭州府志），方昌（移後旨爲之立祠。寧波府志），伊導（溫州府志），陳宗（郡守表曰陳孝子墓。溫州府志），黃達（崇寧中表旌。寶慶府志），甯从龍（授徵仕郎以旌其孝。饒州府志），鄭時懋（饒州府志），羅伯壽（表其所居之坊曰旌孝。後趙孟頫贈以詩。吉安府志），趙孟玖（有司表其門曰篤孝。臨江府志），江文卿（端平間邑令以聞表其門。新安縣志），謝宗信（永寧縣志），馮辰郎（新淦縣志），黎士雲（新喻縣志），王相（夔州府志），陳揞（順慶府志），耿聯甲（順慶府志），馮瑛（順慶府志），馮伯瑜（知縣築台旌之。潼州州志）。此外刺血，剜目，剔臂，剖腹，割心，刳肺，採肝，鑿胸取髓，亦時有之。

⑨廬墓。　孟子，滕文公篇第三上，第二章，載君薨，世子五月居廬。又第四章，「孔子後。三年之外，門人治任將歸，入揖于子貢。相嚮而哭，皆失聲，然後歸。子貢反，築室于場，獨居三年，然後歸」。蓋以孝事孔子也。

⑩道邇。　語見孟子，離婁篇第四，第十二章。

⑪不由。　語見孟子，告子篇第六下，第二章。孟子原文「由」作「求」。

⑫無後。　孟子，離婁篇第四上，第二十六章，「不孝有三，無後爲大。舜不告而娶，爲無後也」。

⑭⓪ 來書云：謂大學格物①之說，專求本心，猶可牽合。至於六經四書②所載多聞多見③，前言往行④，好古敏求⑤，博學審問⑥，溫故知新⑦，博學詳說⑧，好問好察⑨，是皆明白求

於事爲之際，資於論說之間者。用功節目，固不容紊矣。

格物之義，前已詳悉。牽合之疑，想已不俟復解矣。至於多聞多見，乃孔子因子張⑩之務外好高，徒欲以多聞多見爲學，而不能求諸其心以闕疑殆。此其言行所以不免於尤悔。而所謂見聞者適以資其務外好高而已。蓋所以救子張多聞多見之病，而非以是教之爲學也。夫子嘗曰，「蓋有不知而作之者，我無是也」⑪。是猶孟子「是非之心。人皆有之」⑫之義也。此言正所以明德性之良知非由於聞見耳。若曰「多聞擇其善者而從之，多見而識之」，則是專求諸見聞之末而已。落在第二義矣。故曰，「知之次也」。夫以見聞之知爲次，則所謂知之上者果安所指乎？是可以窺聖門致知用力之地矣。夫子謂子貢⑬曰，「賜也，汝以予爲多學而識之者歟？非也。予一以貫之」⑭。使誠在於多學而識，則夫子胡乃謬爲是說以欺子貢者邪？一以貫之，非致其良知而何？易曰，「君子多識前言往行，以畜其德」⑮。夫以畜其德爲心，則凡多識前言往行者，孰非畜德之事？此正知行合一之功矣。好古敏求者，好古人之學而敏求此心之理耳。心卽理也。學者，學此心也。求者，求此心也。孟子云，「學問之道無他。求其放心而已矣」⑯。非若後世廣記博誦古人之言詞以爲好古，而汲汲然惟以求功名利達之具於其外者也。博學審問，前言已盡。溫故知新，朱子亦以溫故屬之尊德性矣⑰。德性豈可以外求哉？惟夫知新必由於溫故，而溫故乃所以知新，則亦可以驗知行之非兩節矣。博學而詳說之者，將可以反說約也⑱。若無反約之云，則博學詳說者果何事邪？舜之好問好察，惟以用中而致其精一於道心⑲耳。道心者，良知之謂也。君子之學，何嘗離去事爲而廢論說？但其從事於事爲論說者要皆知行合一之功。正所以致其本心之良知，而非若世之徒事口耳談說，以爲知者，分知行爲兩事，而果有節目先後之可言也。

施邦曜云：見聞豈可廢得？只是不可逐于聞見。先生此言，亦為逐外忘內者發。學者毋以辭害意。

但衡今云：本節云云，頗有重禪輕教意。治王學者，設無陽明平日之積累，則當从收拾人世渣滓做起。慎勿空言上達。

①格物。　大學，經文及第五章。

②六經，詩，書，易，禮，春秋，樂。樂經漢前已佚。四書，大學，中庸，論語，孟子。

③多見多聞。　論語，爲政篇第二，第十八章，「多聞闕疑。多見闕殆（不安）」。

④前言往行。　易經，大畜卦辭，「君子多識前行，以畜其德」。

⑤好古。　論語，述而篇第七，第十九章，「好古以求之者也」。

⑥博學。　參看第四條，註四。

⑦溫故。　論語，爲政篇第二，第十一章，「溫故而知新，可以爲師矣」。

⑧博學。　孟子，離婁篇第四下，第十五章，「博學而詳說之，將以反說約（反而說到至約之地）也」。

⑨好問。　中庸，第六章，「舜好問，而好察邇（淺近）言」。

⑩子張，　姓顓孫，名師，字子張。魯人，先世从陳奔魯。孔子弟子，少孔子四十八歲。

⑪無是。　論語，述而篇第七，第二十七章，「蓋有不知而作之者，我無是也。多聞，擇其善者而从之，

多見而識之，知之次也」。

⑫皆有。 語出孟子，告子篇第六上，第六章。

⑬子貢，參看第一一三條，註四。

⑭一貫。 論語，衛靈公篇第十五，第二章。

⑮畜德。 見上註四。

⑯放心。 孟子，告子篇第六上，第十一章。

⑰尊德性。 朱子語類，卷六十四，頁二五二〇，「溫故只是存得這道理在。便是尊德性」。

⑱反說約，見上註八。

⑲精一道心，參看第二條，註四。

⑭1 來書云：楊墨之爲仁義①，鄉愿之亂忠信②，堯舜子之之禪讓③，湯武楚項之放伐④，周公莽操之攝輔⑤，謾無印正，又焉適從？且於古今事變，禮樂名物，未嘗考識。使國家欲興明堂⑥，建辟雍⑦，制曆律⑧，草封禪⑨，又將何所致其用乎？故論語曰，「生而知之者，義理耳。若夫禮樂名物，古今事變，亦必待學，而後有以驗其行事之實」⑩。此則可謂定論矣。

所喻楊墨，鄉愿，堯舜，子之，湯武，楚項，周公，莽操之辨，與前舜武之論，大略可以類推。古今事變之疑，前於良知之說，已有規矩尺度之喩。當亦無俟多贅矣。至於明堂辟雍諸事，似尚未容於無言者。然其說甚長，姑就吾子之言而取正焉。則吾子之惑，將亦可以少釋矣。夫明堂辟雍之制，始見於呂氏之月令⑪，漢儒之訓疏⑫。六經四書⑬之中，未嘗詳及也。豈呂氏漢儒之知乃賢於三代之賢聖乎？齊宣⑭之時，明堂尚有未毀。則幽厲⑮之世，周之明堂，皆無恙也。堯舜茅茨土階⑯，明堂之制未必備，而不害其爲治。幽厲之明堂，固猶文武成康⑰之舊，而無救於其亂，何邪？豈非⑱以不忍人之心，而行不忍人之政⑲，則雖茅茨土階，固亦明堂也。以幽厲之心，而行幽厲之政，則雖明堂，亦暴政所自出之地邪？武帝⑳肇講於漢，而武后㉑盛作於唐。其治亂何如邪？天子之學曰辟雍，諸侯之學曰泮宮㉒，皆象地形㉓而爲之名耳。然三代之學㉔，其要皆所以明人倫。非以辟不辟，泮不泮爲重輕也。孔子云，「人而不仁，如禮何？人而不仁，如樂何」㉕？制禮作樂，必具中和之德，聲爲律而身爲度㉖者，然後可以語此。若夫器數之末，樂工之事，祝史之守㉗。故曾子曰，「君子所貴乎道者三。籩豆㉘之事，則有司存也」㉙。堯命羲和，欽若昊天，曆象日月星辰㉚，其重在於敬授人時也。舜在璿璣玉衡㉛，其重在於以齊七政㉜也。是皆汲汲然以仁民之心而行其養民之政。治曆明時之本，固在於此也。羲和曆數之學，皐契㉝未必能之也。禹稷㉞未必能之也。堯舜之知，而不偏物㉟。雖堯舜亦未必能之也。然至於今循羲和之法而世修之。雖曲知㊱小慧之人，星術淺陋之士，亦能推步占候，而無所忒。則是後世曲知小慧之人反賢於禹稷堯舜者邪？封禪之說，尤爲不經。是乃後世佞人諛士所以求媚於其上，倡爲誇侈，以蕩君心，而靡國費。蓋欺天罔人，無恥之大者。君子之所不道。司馬相如之所以見譏於天下後世㊲也。吾子乃以是爲儒者所宜學。殆亦未之思邪？夫聖人之所以爲聖者，以其生而知之也。而釋論語者曰，「生而知之者，義理耳。若夫禮樂名物，古今事變，亦必待學而後有以驗其行事之實」。夫禮樂名物之類，果有關於作聖之功也，而聖人亦必待學而後能知焉，則是聖人亦不可以謂之生知矣。謂聖人爲生知者，專指義理而言，而不以禮樂名物之類，則是禮樂名物之類，無關於作聖之功矣。聖人之所以謂之生知者，專指義理，而不以禮樂名物之類，則是學而知之者，亦惟當學知此義理而已。困而知之者，亦惟當困知此義理而已。今學者之學聖人，於聖人之所能知者，未能學而知之，而顧汲汲焉求知聖人之所不能知者以爲學。無乃失其所以希聖之方歟？凡此皆就吾子之所惑者而稍爲之分釋。未及乎拔本塞源㊳之論也。

①楊墨，參看第九十三條，註四。孟子，滕文公篇第四，第九章，「楊墨之道不息，孔子之道不著，是邪說誣（欺）民，充塞仁義也」。程明道言二氏之害曰，「楊氏爲我疑（似）于義，墨氏兼愛疑（似）于仁」（二程遺書，卷十三，頁一上。原文仁義二字互換，于理不通。近思錄，卷十三，第一條載之，則改正之）。

②鄉愿。論語，陽貨篇第十七，第十三章，「鄉原，德之賊也」。孟子，盡心篇第七下，第三十七章，「同乎流俗，合乎汚世。居之似忠信，行之似廉潔。故曰德之賊也」。

③禪讓。堯子丹朱不肖。堯讓帝位于賢臣舜。舜子商均不肖。舜讓位于禹（參看孟子，萬章篇第五，第四，五，六章）。子之乃戰國燕王噲之相。噲愚暗，屬國于子之。子之南面行王事。噲不聽政，反爲臣。國事皆決于子之。三年而燕國大亂（史記，卷三十四，頁六上，燕召公世家）。

④放伐。夏桀無道，湯放之于南巢。商紂無道，武王克之于牧野（參看孟子，梁惠王篇第一下，第八章）。楚項羽（前二〇二卒）擊殺義帝。自稱西楚霸王。居心簒奪。卒至自刎（參看史記，卷七，項羽本紀）。

⑤周公。 周成王（前一一〇四—前一〇六八）年幼嗣位。周公攝政。納賢制禮，而國大治（參看史記，卷四，周本紀，卷三十三，魯周公世家，頁三上）。 王莽（前四五—紀元二三）在西漢平帝朝爲大司馬。擅權。旣而弑平帝。立孺子嬰，自攝其政。旋篡位。國號新（參看前漢書，卷九十九下，王莽傳）。曹操（一五五—二二〇）起兵討董卓，擊黃巾。迎立漢獻帝。任丞相，封魏王。其子丕篡漢，國號魏（參看魏志，卷一，武帝操）。

⑥明堂。 周天子于各地設明政教之堂。禮上帝，祭祖先，朝諸侯等大典均于此處行之。參看禮記，明堂位篇，與大戴禮記，明堂篇。

⑦辟雍，見下註二十二。

⑧曆律，曆法律呂。

⑨封禪。 築土爲壇曰封。古者封大山而祭天。除地曰禪。禪小山而祭山川。

⑩禮樂名物。 朱子，論語集註，註述而篇第七，第十九章引尹焞（一〇六一—一一三二）之語。尹論出自論語解或論語說。均已不存。

⑪月令。 呂不韋（前二三五年卒）集諸儒之說著十二月紀，名呂氏春秋。篇首皆有月令，即是月之政令。如仲夏之月，天子居明堂太庿。此十二月令合爲禮記之月令篇。

⑫訓疏，指鄭玄（一二七—二〇〇）等之訓釋。

⑬六經四書，見上條，註二。

⑭齊宣。 孟子，梁惠王篇第一下，第五章：齊宣王（前三四二—前三二四）問曰，「人皆謂我毁明堂，毁諸已乎」？孟子對曰，「夫明堂者，王者之堂也。王欲行王政，則勿毁之矣」。

⑮幽厲。　幽王（前七八一—前七七一），厲王（前八七八—前八四二），皆周之暴君。

⑯茅茨土階　堯舜之時以茅茨蓋屋，築土爲階。

⑰成康。　成王，康王，周之第三，第四王，皆賢君。

⑱「豈非」。　全書諸本作「豈能」。今依孫鏘从施本改正。

⑲不忍。　語見孟子，公孫丑篇第二上，第六章。

⑳武帝。　據朱子，通鑑綱目，嘉慶甲子（一八〇四）年本，卷四，頁四十九上下，漢武帝（前一四〇—前八七）建元元年（前一四〇）趙綰請立明堂，薦其師申公。帝使使者迎之，始議（肇講）改曆服色等事。

㉑武后。　同上，卷四十一，頁九十四上，武則天皇后（六八四—七〇五）嗣聖五年（六八八）毀乾元殿作明堂。

㉒泮宮。　禮記，王制篇，第二十五節曰，「大學在郊。天子曰辟（璧）雍（水），諸侯曰泮宮」。

㉓辟雍，亦作「廱」，像雍水環繞如璧。泮宮，亦作「頖」，謂學宮臨泮池之旁。「泮」即「半」。泮宮東西門以南通水，北無水也。

㉔三代之學。　孟子，滕文公篇第三上，第三章，「設爲庠，序，學，校以敎之。庠者養也，校者敎也，序者射也。夏曰校，殷曰序，周曰庠。學則三代共之」。

㉕不仁。　論語，八佾篇第三，第三章。

㉖律度。　史記，卷二，夏本紀，頁二上，稱頌大禹之辭。

㉗器數，禮樂器物。祝，掌祭祀。　史，主文書。

㉘籩豆，祭祀之禮器。

㉙籩豆。語出論語，泰伯篇第八，第四章。

㉚星辰。書經，堯典，第三節，「乃命羲（氏）和（氏），欽（敬）若（順）昊（廣大）天，曆象（考察）日月星辰，敬授人時」。

㉛玉衡。書經，舜典，第五節「在（考察）璿璣玉衡（玉製可以旋轉窺測日月星辰之機），以齊七政」。

㉜七政，日月與木水火土五星之運行如國家之行政。

㉝皋契。皋陶，又作咎繇。舜之臣，爲士師，即執法之官。契亦舜臣，爲司徒，掌教育。

㉞禹稷。禹，舜臣，平水土。稷，舜臣，司農業。皆詳書經，舜典，第十七至二十節。

㉟徧物。孟子，盡心篇第七上，第四十六章，「堯舜之知而不徧物（事事要做），急先務也」。

㊱曲知，一隅之知。

㊲司馬相如（前一七九—前一一七），有文章大才。受知于漢武帝。元鼎六年（前一一一年），撰封禪文，迎合武帝好大喜功之意，爲後世所不取。參看通鑑綱目，嘉慶甲子（一八〇四）年本，卷四，頁一七三下。

㊳拔本塞源，拔去木之本，充塞水之源。語出左傳，昭公九年。

142 夫拔本塞源之論，不明於天下，則天下之學聖人者，將日繁日難。斯人淪於禽獸夷狄，而猶自以爲聖人之學。吾之說雖或暫①明於一時，終將凍解於西，而冰堅於東。霧釋於前，而雲滃②於後。呶呶焉危困以死。而卒無救於天下之分毫也已。夫聖人之心，以天地萬物爲一體③。其視天下之人，無外內遠近。凡有血氣，皆其昆弟赤子之親④。莫不欲安全而教養之，以遂其萬物一體之念。天下之人心，其始亦非有異於聖人也。特其間於有我之私，隔於物欲之蔽。大者以小，通者以塞。人各有心。至有視其父子兄弟如仇讎者。聖人有憂之。是以推其天地萬物一體之仁以教天下。使之皆有以克其私，去其蔽，以復其心體之同然⑤。其教之大端，則堯舜禹之相授受。所謂道心惟微，惟精惟一，允執厥中⑥。而其節目，則舜之命契。所謂父子有親，君臣有義，夫婦有別，長幼有序，朋友有信⑦五者而已。唐虞三代之世，教者惟以此爲教，而學者惟以此爲學。當是之時，人無異見，家無異習。安此者謂之聖。勉此者謂之賢。而背此者，雖其啓明如朱，亦謂之不肖⑧。下至閭井田野，農工商賈之賤，莫不皆有是學。而惟以成其德行爲務。何者？無有聞見之雜，記誦之煩，辭章之靡濫，功利之馳逐。而但使之孝其親，弟其長，信其朋友，以復其心體之同然。是蓋性分之所固有，而非有假於外者。則人亦孰不能之乎？學校之中，惟以成德爲事。而才能之異，或有長於禮樂，長於政教，長於水土播植者，則就其成德，而因使益精其能於學校之中。迨夫舉德而任，則使之終身居其職而不易。用之者惟知同心一德，以共安天下之民。視才之稱否，而不以崇卑爲輕重，勞逸爲美惡。效用者，亦惟知同心一德，以共安天下之民。苟當其能，則終身處於煩劇，而不以爲勞。安於卑瑣，而不以爲賤。當是之時，天下之人，熙熙皞皞⑨，皆相視如一家之親。其才質之下者，則安其農工商賈之分。各勤其業，以相生相養。而無有乎希高慕外之心。其才能之異，若皋夔稷契⑩者，則出而各效其能。若一家之務，或營其衣食，或通其有無，或備其器用。集謀并力，以求遂其仰事俯育之願。惟恐當其事者之或怠，而重己之累也。故稷勤其稼，而不恥其不知教。視契之善教，卽己之善教也。夔司其樂，而不恥於不明禮。視夷之通禮⑪卽己之通禮也。蓋其心學純明，而有以全其萬物一體之仁。故其精神流貫，志氣通達，而無有乎人己之分，物我之間。譬之一人之身，目視耳聽，手持足行，以濟一身之用。目不恥其無聰，而耳之所涉，目必營焉。足不恥其無執，而手之所探，足必前焉。蓋其元氣充周，血脈條暢。是以痒痾⑫呼吸，感觸神應，有不言而喻之妙。此聖人之學所以至易至簡，易知易從⑬，學易能而才易成者，正以大端惟在復心體之同然，而知識技能，非所與論也。

①蹔，暫也。

②滃，雲氣起也。

③一體。程明道云，「仁者以天地萬物爲一體」（二程遺書，卷二上，頁二上）。

④張載，西銘，「乾稱父，坤稱母。吾民同胞。物吾與也」（張子全書，四部備要本，卷一，頁一上至三下）。

⑤同然。孟子，告子篇第六上，第七章，「心之所同然者，何也？謂理也，義也。聖人先得我心之所同然耳」。

⑥精一，參看第二條，註四。

⑦有信。語見孟子，滕文公篇第三上，第四章。

⑧不肖。書經，堯典，第五節，「放齊（帝堯之臣）曰，『胤（嗣）子朱（堯之子丹朱）啓明（開通）』。帝曰，『吁（嘆辭）！嚚（不忠實）訟（爭辯）可乎？』」是以孟子曰，「丹朱之不肖」。又曰，「若堯崩之後，（天下）不从堯之子而从舜也」（萬章篇第五上，第六章）。

⑨熙熙，和樂貌，皡皡，廣大貌。

⑩皋夔稷契，參看上條，註三十三與三十四。夔。參看第六十條，註四。

⑪夷之通禮。書經，舜典，第二十三節，「帝曰，『咨（呼聲）！四岳（問于四方）。有能典（掌）朕三禮（祀天神，享人鬼，祭地祇之禮）』。僉曰伯夷」。

⑫痒疴。痒、瘡也。疴、病也。

⑬易簡。易經，繫辭上傳，第一章，「乾以易知。坤以簡能。易則易知。簡則易从」。

143 三代之衰，王道熄而霸術焻①。孔子既沒，聖學晦而邪說橫。教者不復以此爲教，而學者不復以此爲學。霸者之徒，竊取先王之近似者，假之於外。以內濟其私己之欲。天下靡然而宗之。聖人之道，遂以蕪塞相倣相效，日求所以富強之說，傾詐之謀，攻伐之計，一切欺天罔人，苟一時之得，以獵取聲利之術。若管商蘇張②之屬者，至不可名數。既其久也，鬬爭刼奪，不勝其禍。斯人淪於禽獸夷狄，而霸術亦有所不能行矣。世之儒者，慨然悲傷。蒐獵先聖王之典章法制，而掇拾修補於煨燼③之餘。蓋其爲心，良亦欲以挽回先王之道。聖學既遠，霸術之傳，積漬已深。雖在賢知，皆不免於習染。其所以講明修飾，以求宣暢光復於世者，僅足以增霸者之藩籬。而聖學之門墻，遂不復可覩。於是乎有訓詁之學，而傳之以爲名。有記誦之學，而言之而爲博。有詞章之學，而侈之以爲麗。若是者紛紛籍籍，群起角立於天下。又不知其幾家。萬徑千蹊，莫知所適。世之學者，如入百戲之場，讙謔跳踉，騁奇鬬巧。獻笑爭妍者，四面而競出，前瞻後盼，應接不遑。而耳目眩瞀，精神恍惑。日夜遨遊淹息其間。如病狂喪心之人，莫自知其家業之所歸。時君世主，亦皆昏迷顚倒於其說，而終身從事於無用之虛文，莫自知其所謂。間有覺其空疏謬妄，支離牽滯，而卓然自奮，欲以見諸行事之實者。極其所抵，亦不過爲富強功利五霸④之事業而止。聖人之學日遠日晦。而功利之習愈趨愈下。其間雖嘗瞽惑於佛老。而佛老之說，卒亦未能有以勝其功利之心。雖又嘗折衷於群儒，而群儒之論，終亦未能有以破其功利之見。蓋至於今，功利之毒，淪浹於人之心髓，而習以成性也，幾千年矣。相矜以知，相軋以勢，相爭以利，相高以技能，相取以聲譽。其出而仕也，理錢穀者則欲兼夫兵刑。典禮樂者又欲與於銓軸⑤。處郡縣則思藩臬⑥之高。居臺諫⑦則望宰執⑧之要。故不能其事，則不得以兼其官。不通其說，則不可以要其譽。記誦之廣，適以長其敖也。知識之多，適以行其惡也。聞見之博，適以肆其辯也。辭章之富，適以飾其僞也。是以皐夔稷契⑨所不能兼之事，而今之初學小生，皆欲通其說，究其術。其稱名借號，未嘗不曰吾欲以共成天下之務。而其誠心實意之所在，以爲不如是，則無以濟其私而滿其欲也。嗚呼！以若是之積染，以若是之心志，而又講之以若是之學術，宜其聞吾聖人之教，而視之以爲贅疣枘鑿。則其以良知爲未足，而謂聖人之學爲無所用，亦其勢有所必至矣。嗚呼！士生斯世，而尚何以求聖人之學乎？尚何以論聖人之學乎？士生斯世，而欲以爲學者，不亦勞苦而繁難乎？不亦拘滯而險艱乎？嗚呼！可悲也已！所幸天理之在人心，終有所不可泯。而良知之明，萬古一日。則其聞吾拔本塞源之論，必有惻然而悲，戚然而痛，憤然而起，沛然若決江河，而有所不可禦者矣。非夫豪傑之士無所待而興起者，吾誰與望乎？

劉宗周云：快讀一過，迫見先生一腔真血脈，洞徹萬古。蒙（愚）嘗謂孟子好辯而後，僅見此篇（遺編，卷十二，陽明傳信錄二，頁二十四上）。

捷案：孟子，滕文公篇第三下，第九章，孟子曰，「予豈好辯哉？予不得已也。楊朱墨翟之言盈天下。無父無君，是禽獸也。吾為此懼。距楊墨，放淫辭」。

施邦曜云：此書前悉知行合一之論，廣譬博說，旁引曲喻。不啻開雲見日。後拔本塞源之論，闡明古今學術升降之因。真是从五藏八寶，悉傾以示人。讀之即昏愚亦恍然有覺。此是先生萬物一體之心，不憚詳言以啓後學也。當詳玩毋忽。

孫奇逢云：拔本塞源之論，以宇宙為一家，天地為一身。真令人惻然悲，戚然痛，憤然起。是集中一篇大文字，亦是世間一篇有數文字。

王應昌云：先生此篇文字，明白痛快，能入人心髓。至于切中時弊，在賈長沙之上。

唐九經云：長沙過秦，在秦亡後、先生過明，在明方盛。此所以入神。（參看賈誼—紀元前二〇〇—一六八—過秦論）。

三輪執齋云：是至論中之至論，明文中之明文。自秦漢以來數千歲之間，惟有此一文而已。

佐藤一齋引陳龍正曰：拔本塞源論，乃先生直接道統處。智略技能，至先生極矣。然一毫不恃，盡擘破之，而唯求復心體之為貴。解悟靈通，至先生極矣。然一毫不恃，盡擘破之，而唯師行五倫之為貴。其心則唯欲安天下之民，惟共成天下之治。道學一點真血脈，先生得之。恐後世以頓悟而疑其為儒之禪，以事功而疑其為儒之雜，不可不辨也。先生固云，「趨向同而論學或異，不害其為同」。若自道云。又曰：耿定向（一五二四——一五九六）請從祀疏有曰，「所著拔本塞源論，指示人心，最為明切。使中外臣工，實是體究。則所以翼太平之治實多，而守仁之志已得。彼唯欲朝廷協一德之交。而不樂有倡道之名也」。（耿天台先生全書，民國十四（一九二五）年，武昌館印本，卷九，頁二十三下）。可謂深見先生之志矣。

①「焻」。字典無此字。蓋「昌」之誤。施本作「昌」，是也。

②管商蘇張。管仲（前六四五卒）。名夷吾。春秋時人。相齊桓公成霸業。稱仲父。孔子曰，「微管仲，吾其披髮左衽矣」（論語，憲問篇第十四，第十六章）。參看史記，卷六十二，管晏列傳。商鞅（前三三八卒）。戰國衛人。相秦孝公。變法令。號商君。參看史記，卷六十八，商君列傳。蘇秦（前三一七卒），戰國時之縱橫家。合六國拒秦。參看史記，卷六十九，蘇秦列傳。張儀（前三〇九卒），戰國時魏人。相秦惠王。以連橫之策說六國，使背合从之約而事秦。惠王卒，六國復合从。儀出相魏。參看史記，卷七十，張儀列傳。

③煨燼，指秦始皇三十四年（前二一三）焚書。

④五霸，參看第十一條，註二十九。

⑤銓軸，選官（銓）之要位（軸）。

⑥藩臬，藩司，行政之官。臬司，懲治官吏。

⑦臺諫，御史台與諫議大夫。

⑧宰執，宰相執一國之政柄。
⑨皐，夔稷契，見上條，註十。

啓周道通①書②

⑭吳曾③兩生至，備道道通懇切爲道之意，殊慰相④念。若道通，眞可謂篤信好學者矣。憂病⑤中會⑥不能與兩生細論。然兩生亦自有志向肯用功者。每見輒覺有進。在區區誠不能無負於兩生之遠來。在兩生則亦庶幾無負其遠來之意矣。臨別以此册致道通意，請書數語。荒憒無可言者。輒以道通來書中所問數節，略下轉語。奉酬草草，殊不詳細。兩生當亦自能口悉也。

來書云：日用工夫只是立志。近來於先生誨言，時時體驗，愈益明白。然於朋友不能一時相離。若得朋友講習，則此志纔精健濶大，纔有生意。若三五日不得朋友相講，便覺微弱。遇事便會困，亦時會忘。乃今無朋友相講之日，還只靜坐，或看書，或游衍⑦經行。凡寓目措身，悉取以培養此志，頗覺意思和適。然終不如朋友講聚，精神流動，生意更多也。離群索居⑧之人，當更有何法以處之？

此段足驗道通日用工夫所得。工夫大略亦只是如此用。只要無間斷。到得純熟後，意思又自不同矣。大抵吾人爲學緊要大頭腦只是立志。所謂困忘之病，亦只是志欠眞切。今好色之人，未嘗病於困忘。只是一眞切耳。自家痛痒，自家須會知得。自家須會搔摩得。旣自知得痛痒，自家須不能不搔摩得。佛家謂之方便法門。非是自家調停斟酌。他人總難與力。亦更無別法可設也。

①周道通，名衡，號靜庵。常州之宜興（江蘇）人。正德庚午（一五一〇）舉人。累任知縣而卒，年四十七。陽明講學于越（一五二四）。正月先生往受業焉（見年譜）。繼又从于湛甘泉（參看二〇一條）。當時王湛二家門人互相長短。先生獨疏通其旨。事蹟見明儒學案，卷二十五，頁四下。「周」，諸本作「問」，誤。

②異本全書題下有「甲申」二字，即嘉靖三年（一五二四）。是年先生五十三歲，在越。然是年正月道通方受業。書中有云春間再承教益。可知此書必在甲申以後。

③吳曾，不詳。

④「相」，南本，施本，兪本，均作「想」。

⑤憂病。　嘉靖元年二月陽明之父龍山公卒。故嘉靖三年尚在守三年之喪之中。

⑥「會」，應作「曾」。

⑦游衍經行，逍遙散步之意。

⑧離羣索居。　語出禮記，檀弓上，第三十五節。

145 來書云：上蔡①嘗問天下何思何慮②。伊川云，「有此理。只是發得太早」③。在學者工夫，固是必有事焉而勿忘④。然亦須識得何思何慮底氣象，一併看爲是。若不識得這氣象。便有正與助長⑤之病。若認得何思何慮，而忘必有事焉工夫，恐又墮於無也。須是不滯於有，不墮於無。然乎否也？

所論亦相去不遠矣。只是契悟未盡。上蔡之問，與伊川之答，亦只是上蔡伊川之意。與孔子繫辭原旨，稍有不同。繫⑥言何思何慮，是言所思所慮只是一箇天理，更無別思別慮耳。非謂無思無慮也。故曰，「同歸而殊途，一致而百慮。天下何思何慮」⑦。云殊途，云百慮，則豈謂無思無慮邪？心之本體卽是天理。天理只是一箇。更有何可思慮得？天理原自寂然不動，原自感而遂通⑧。學者用功，雖千思萬慮，只是要復他本來體用而已。不是以私意去安排思索出來。故明道云，「君子之學，莫若廓然而大公，物來而順應」⑨。若以私意去安排思索，便是用智自私⑩矣。何思何慮，正是工夫在聖人分上，便是自然的。在學者分上，便是勉然的。伊川却是把作效驗看了。所以有發得太早之說。既而云「却⑪好用功」⑫，則已自覺其前言之有未盡矣。濂溪主靜⑬之論亦是此意。今道通之言，雖已不爲無見，然亦未免尙有兩事也。

劉宗周云：如此方與不思善惡之說迥異（遺編，卷一，陽明傳信錄一，頁九下。又見明儒學案，卷十，頁八下）。

三輪執齋云：無思無爲，是說本體。何思何慮，是說工夫。然工夫卽本體，本體卽工夫。更無二致也。又云：上卷（第三十九條）雖曰「何思何慮非初學時事。初學必須思省察克治」，說與此少異也。蓋前說也。

佐藤一齋云：何思何慮，與陸澄錄（第三十九條）稍異。澄錄猶用伊川舊解。

但衡今云：孔子云何思何慮。不云所思所慮，無思無慮者，正如伊川所云，所思慮則滯于有，無思慮則墮于無。深得孔子立言之旨。亦佛氏所謂立一切法，亦不立一切法。伊川又云，「只是發得太早」。似是接引謝上蔡語。此意亦惟上蔡伊川知之。非為天下後世學者立言也。未可強作解人。又云：陽明謂「繫言何思何慮，是言所思所慮」，不免落到有的邊。又謂「更無別思別慮」，則又落到無的邊。殊嫌沾滯。非孔子意也。不落于有，不墮于無，方足盡誠一之用。

①上蔡。　謝良佐，字顯道（一〇五〇—約一一二〇）。上蔡（河南）人。稱上蔡先生。程氏兄弟門人。召對忤旨。任監場又坐口語繫獄，廢爲民。參看宋史，卷四二八，頁一下至二上。

②何思何慮，見第三十九條，註六。

③發得太早。　二程外書，卷十二，頁五下載上蔡語錄云：「二十年往見伊川。伊川曰，「近日事如何」？某對曰，「天下何思何慮」？伊川曰，「是則是有此理。賢（你）却發得太早」。在伊川直是會鍛鍊得人。說了，又道「恰好著工夫也」。

④勿忘，見第八十七條，註二。

⑤助長，參看第九十七條，註五。

⑥「繫」。　朱本「繫」下有「辭」字。

⑦何思何慮。　同上註二。

⑧感通，參看第七十二條，註三。

⑨順應。　語見第七十二條，註五。

⑩用智。明道荅橫渠先生定性書，「大率患在于自私而用智。自私則不能以有爲爲應迹。用智則不能以明覺爲自然」（明道文集，卷三，頁一上）。

⑪「却」，原文用「恰」。見上註三。

⑫用功。同上註。

⑬濂溪，參看第一〇一條，註十四。周子著太極圖說（載周子全書，卷一）云，「五性感動而善惡分，萬事出矣。聖人定之以中正仁義而主靜。註，無欲故靜」。

146 來書云：凡學者纔曉得做工夫，便要識認得聖人氣象①。蓋認得聖人氣象把做準的，乃就實地做工夫去，纔不會差，纔是作聖工夫。未知是否。

先認聖人氣象，昔人嘗有是言②矣。然亦欠有頭腦。聖人氣象自是聖人的。我從何處識認？若不就自己良知上眞切體認，如以無星之稱而權輕重，未開之鏡而照姸媸。眞所謂以小人之腹而度君子之心③矣。聖人氣象，何由認得？自己良知，原與聖人一般。若體認得自己良知明白，卽聖人氣象不在聖人，而在我矣。程子嘗云，「覰著堯。學他行事。無他許多聰明睿智④，安能如彼之動容周旋中禮」⑤？又云，「心通於道，然後能辨是非」⑥。今且說通於道在何處？聰明睿智從何處出來？

佐藤一齋云：認得聖人氣象，以此為致良知工夫，則或可矣。若徒認以為準的，或不免效顰學步。故曰，「欠有頭腦」。

①氣象。　二程遺書，卷二十二上，頁五下，伊川云，「凡看文字，非只是要理會語言。要識聖賢氣象」。

②認氣象。　同上註。同書卷十五，頁十二上，伊川又有同樣語。

③君子之心。　世說新語，雅量第六，庾子嵩語。

④聰明睿智，見中庸，第三十一章。

⑤中禮。　伊川語。見二程遺書，卷十八，頁五上。動容周旋中禮，語出孟子，盡心篇第七下，第三十三章。

⑥通道。　伊川文集，卷五，頁七上。

(147)　來書云：事上磨煉①，一日之內，不管有事無事，只一意培養本原。若遇事來感，或自己有感，心上既有覺，安可謂無事？但因事凝心一會，大段覺得事理當如此。只如②無事處之，盡吾心而已。然乃有處得善與未善，何也？又或事來得多，須要次第與處。每因才力不足，輒爲所困。雖極力扶起，而精神已覺衰弱。遇此未免要十分退省。寧不了事。不可不加培養。如何？

所說工夫，就道通分上，也只是如此用。然未免有出入。在凡人爲學，終身只爲這一事。自少至老，自朝至暮，不論有事無事，只是做得這一件所謂「必有事焉」③者也。若說寧不了事，不可不加培養，却是尙爲兩事也。「必有事焉而勿忘勿助」④。事物之來，但盡吾心之良知以應之。所謂「忠恕違道不遠」⑤矣。凡處得有善有未善，及有困頓失次之患者，皆是牽於毀譽得喪，不能實致其良知耳。若能實致其良知，然後見得平日所謂善者，未必是善。所謂未善者，却恐正是牽於毀譽得喪，自賊其良知者也。

①事上磨鍊，陽明屢屢言之。參看第二十三，四十四，二〇四，二六二條。
②「如」，張本作「以」。
③必有事焉，見第八十七條，註二。
④勿忘勿助。同上。
⑤忠恕。語見中庸，第十三章。

⑱來書云：致知之說，春間再承誨益，已頗知用力。覺得比舊尤爲簡易。但鄙心則謂與初學言之，還須帶格物意思，使之知下手處。本來致知格物一併下。但在初學未知下手用功，還說與格物。方曉得致知云云。
格物是致知工夫。知得致知，便已知得格物。若是未知格物，則是致知工夫亦未嘗知也。近有一書與友人，論此頗悉。今往一通細觀之，當自見矣。

佐藤一齋云：文成論格致書，檢全書不止十數。本文一書。今未審明指何書。俟考。
東正純云：致我心之良知于事事物物。事事物物得我心之良知而得其正。文成一生所說。千語萬語，不出此數句。可謂格致之真詮也。與友人一書，世以為不審為何人。而今據此，則為答羅整菴（第一七二至一七七條）無疑也。其子東敬治云：予無从決定其果荅羅。然大旨蓋不遠矣。
捷案：陽明言及格致之書，雖有多通，然詳盡而堪作替代荅道通者，厥為荅顧東橋書

（第一三〇至一四三條）與答羅整庵書。尤其是答顧書之第一三四條與答羅書之第一七三與一七四條。然據年譜嘉靖三年（一五二四）正月道通方受業。道通書云「春間再承教益」，則必非指初受業之年而指以後一年或數年也。此書云近有一書與友人。答羅整庵在正德十五年（一五二〇）。至少在四年以前。似不能言近。異本全書題下之甲申（一五二四），必不可靠。諸本不採，非無故也。答顧東橋書收入續刻傳習錄。年譜繫此錄于嘉靖三年。但年譜又繫答顧東橋書于嘉靖四年（一五二五），是在刻續錄之後。年譜自相矛盾。三年四年，二者必有一誤。如答顧東橋書，果為嘉靖四年之春或夏，則答周道通在是年春夏以後，附答顧書，可云近也。道通三年正月受業。若四年春間再承教益，夏間來書，陽明守喪之中草草作復，順往答顧之書，亦至自然。然答顧書不提守喪。或在嘉靖五年陽明守足三年之喪以後耳。

149 來書云：今之爲朱陸之辨①者尚未已。每對朋友言，正學不明已久，且不須枉費心力爲朱陸爭是非。只依先生立志二字點化人。若其人果能辨得此志，來決意要知此學，已是大段明白了。朱陸雖不辨，彼自能覺得。又嘗見朋友中見有人議先生之言者，輒爲動氣。昔在朱陸二先生所以遺後世紛紛之議者，亦見二先生工夫有未純熟分明，亦有動氣之病。若明道，則無此矣。觀其與吳涉禮②論介甫③之學云，「爲我盡達諸介甫。不有益於他，必有益於我也」④。氣象何等從容，嘗見先生與人書⑤中亦引此言。願⑥朋友皆如此。如何？

此節議論得極是極是。願道通遍以告於同志。各自且論自己是非，莫論朱陸是非也。以言語謗人，其謗淺。若自己不能身體實踐，而徒入耳出口，呶呶度日，是以身謗也。其謗深矣。凡今天下之論議我者，苟能取以爲善，皆是砥礪切磋我也。則在我無非警惕修省進德之地矣。昔人謂「攻吾之短者是吾師」⑦。師又可惡乎？

①朱陸之辨，參看本卷卷首錢德洪序，註七。

②吳涉禮。「涉」爲「師」之誤。吳師禮，字安仲，杭州人。工翰墨。歷官員外郎知州。參看宋史卷三四七，頁四下至五下，與宋元學案，卷六，頁七上。

③介甫。王安石，字介甫，號半山（一〇二一—一〇八六）。臨川（江西）人。蚤有盛名。官至爲相。勵行農田、水利、青苗、均輸、保民、免役、市易、保馬、方田等新法。司馬光程頤等反對均被斥。五年後天下久旱，飢民流離。乃罷爲知府。明年復拜相。亦罷。封舒國公。後改荆國公。卒謚文。嘗釋詩、書、周禮，稱新義。參看宋史，卷三二七，與宋元學案，卷九十八。

④益于我。語見二程遺書，卷一，頁六下。

⑤與人書。荅汪石潭內翰書，載全書，卷四，頁六上。

⑥「願」，日本諸本作「顧」。

⑦吾師。荀子，修身篇第二，卷一，頁十六上下。

150 來書云：「有引程子『人生而靜①以上不容說。才說性，便已不是性』②。何故不容說？何故不是性？晦庵答云，『不容說者，未有性之可言。不是性者，已不能無氣質之雜矣』③。

二先生之言皆未能曉。每看書至此，輒爲一惑。請問？

「生之謂性」④。「生」卽是「氣」字。猶言氣卽是性也。氣卽是性。人生而靜以上不容說。才說氣，卽是性。卽已落在一邊。不是性之本原矣。孟子性善，是從本原上說。然性善之端，須在氣上始見得。若無氣，亦無可見矣。惻隱，羞惡，辭讓，是非，卽是氣。程子謂「論性不論氣不備。論氣不論性不明」⑤。亦是爲學者各認一邊，只得如此說。若見得自性明白時，氣卽是性，性卽是氣，原無性氣之可分也。

馮柯云：陽明之學，本甚疏漏。至于此條所謂「氣卽是性」，……若為有見之言。然又謂「才說氣，卽是性，卽已落在一邊，不是性之本原」。則所謂性之本原者，果何物乎。……又謂「性善之端，須在氣上始見得。若無氣亦無可見」。是以性為不可見，氣為可見，而性與氣為二也。何以謂「原無性氣之分」乎？（求是編，卷四，頁三十三上下）。

劉宗周云：先生之見，已到八九分。但云性卽是氣，氣卽是性，則合更有商量在（遺編，卷十一，陽明傳信錄一，頁十上）。又見明儒學案，卷十，頁九上。東正純誤以為黃宗羲語）。

東正純云：黃氏（實是劉宗周）似頗未滿于文成之言。蓋察其意，以氣之靜為性，以性之動為氣。雖未初不一，而又不可輒下「卽」字。商量恐不出于此。然文成之學，以覺悟為則。此等亦只會得活潑潑，不會得弄精魂。功夫切要，一在見自性三字。語勢所趨，非「卽」字殆失倒斷直截之機。黃氏雖無所見，亦未免滯在于言辭上也。

但衡今云：二先生之言，皆未能曉。三先生之言，又何嘗能曉？此事誠不易分曉。故見性者不言性，但須求得箇近似。　又云：程子云，「人生而靜以上不容說」，與佛家所云，妙高頂上，不許商量，同一見解。才說性便已不是性。此其所以不可說故。此公似已見到分曉。晦庵謂「未有性之可言」，與「不能無氣質之雜」，則是未得近似，而強為之詞。至所云「不是性者」，是直以氣為性矣。與陽明之說同。陽明謂「生之為性。『生』字卽『氣』字。猶言氣卽是性也」。生卽是氣是矣。氣卽是性，陽明此意，失之於泥矣。

①人生而靜，禮記，樂記，第十一節之語。

②不是性。　程子語見二程遺書，卷一，頁七下。又載近思錄，卷一，道體篇，第二十一條。遺書不指明爲明道語抑爲伊川語。近思錄則以爲明道語。

③氣質。　朱子文集，卷六十一，答嚴時亨，頁二十二下。此處述朱子之意。

④生之謂性。　孟子，告子篇第六上，第三章，告子語。

⑤論性。　二程遺書，卷六，頁二下。又見近思錄，卷二，爲學篇，第三十條。卷二爲二先生語。朱子于第二十八條下注云，「以上並明道語」，而于第四十三條乃云「明道先生曰」，則由第二十九條至第四十二條應爲伊川語。故決可謂朱子以此條（第三十條）爲伊川語。朱子語類，卷四，頁一〇八，與卷五十九，頁二一九五均以爲伊川語。又孟子集註，註告子篇第六上，第六章兩引此條與二程遺書卷十八一條，同爲程子語。卷十八皆伊川之語，則此條亦必爲伊川語。然朱子語類，卷四，頁一一三，與卷六十二，

頁二三七〇，則引爲明道語。其于朱子語類，卷四，頁一一二五，卷五十九，頁二二〇二與二二〇五，與朱子文集，卷三十九，頁二十四下，則只云程子，未明言爲誰。明儒學案，卷十五，頁十五上，引之以爲伊川語。兄弟二人此點意見相同，吾人固不必執泥也。

答陸原靜①書

151 來書云：下手工夫，覺此心無時寧靜。妄心固動也，照心亦動也。心旣恆動，則無刻暫停也。

是有意於求寧靜。是以愈不寧靜耳。夫妄心則動也，照心非動也。恆照則恆動恆靜。天地之所以恆久而不已也。照心固照也，妄心亦照也。「其爲物不貳，則其生物不息」②。有刻暫停，則息矣。非「至誠無息」③之學矣。

馮柯云：「妄心則動也，照心非動也」，是也。「照心固照也，妄心亦照也」，則非也。蓋照心者，謂心之虛明，自然照物。如鑑之空，而物之妍媸不能遁也。若是妄心，猶反鑑而索照矣。有是理乎？是故，照心固照者，誠精而明也。妄心亦照者，以逆億為明也。且以照心妄心為為物不貳，以固照亦照為生物不息。不貳者，至誠也。至誠者，無妄也。以妄心為不貳。然則至誠亦有妄乎？妄亦可以言誠乎？而天地聖人之心，皆可以言妄矣。蓋陽明醉心佛氏，而佛氏以天地為幻妄。則其以妄心為不貳，亦何怪哉？（求是編，卷四，頁三十四上下）。

劉宗周評語見第一六〇條。

施邦曜云：心原無妄。有妄便覺。覺則非妄矣。

佐藤一齋云：妄是妄動。照是明覺。心一也。照心一昏，即便妄心。然其本體之明未嘗息。故曰，妄心亦照也。中庸「生物不測」。此改為「不息」。取大意。不泥成語。

三輪執齋云：原靜嘗淫仙釋，又好寧靜。故所問多其病。上卷原靜所錄（第十五至第九十四條），可以見之。

東正純引李穆堂（李紱）曰：照心妄心，本陸原靜問語。陽明先生如其辭以答之耳。照心二字未必有所出。想原靜因程子答橫渠（定性）書有「非明睿所照」之語（明道文集，卷三，頁一下）。原文云，「今以惡外物之心而求照無物之地」），而遂以照為心之用，若曰能照之心云爾。朱子釋「聞一知十」，亦曰「明睿所照」（論語集註，註公冶長篇第五，第八章）。橫渠（張載）又有照納之說。「照」字亦無碍。（李穆堂詩文全集，穆堂初藁，道光十一年，一八三一，本，答雷庶常閱傳習錄問目，卷四十三，頁十七下）。

捷案：伊川云，「只是心靜。靜而後能照」（二程遺書，卷十八，頁十上）。是程子以照為心之用也。東正純本人云，「妄心則動。照心則不動。照心理之靜。妄心氣之動。然照心之不動，非不動。恒動恒靜。其體恒定耳。以本體之明言，則照心固無所不照。雖妄心亦未嘗不照也。知照外非別有妄，則無照無妄，不貳不見之體，至此殆無餘蘊。

大都與程子定性書之旨相發焉」。

但衡今云：讀此則陽明門下，亦以禪定為下手工夫。乃不欲落人窠臼，遂使儒家操存之說，陷于支離，而兩無是處。又曰：不二不息，為至誠言，非為妄心照心言。妄心固二，照心亦二。安得謂為不二，不見？此意未可為訓。當為記錄所誤。又云：本節謂生物不息。照心固照，妄心亦照，是矣（本註云，予固謂照亦二，二則動矣）。謂妄心動，照心非動，則有語病。何以故？以妄心對照心言，則照心為真心矣。真心不可以動靜言。何以故？妄滅真亦不生。動靜亦然。儒家不言動而言不息，不言真而言无妄（本註，周易）。辭旨微妙，匪意所思。孰謂儒家尚隔頂上一層耶？

捷又案：元道士李道純中和集有照妄圖。參看大西晴隆著（詳第十六條，註一），頁七三〇。

①陸原靜，詳第十五條，註一。此書在嘉靖三年（一五二四）。陽明五十三歲，在越。

②不息。中庸，第二十六章。

③無息。同上。

152 來書云：良知亦有起處云云①。

此或聽之未審。良知者心之本體。卽前所謂恆照者也。心之本體無起無不起。雖妄念之發，而良知未嘗不在。但人不知存，則有時而或放耳。雖昏塞之極，而良知未嘗不明。但人不知察，則有時而或蔽耳。雖有時而或放，其體實未嘗不在也。存之而已耳。雖有時而或蔽，其體實未嘗不明也。察之而已耳。若謂良知亦有起處，則是有時而不在也，非其本體之謂耳。

①「云云」，王本作「否」。捷案，「云云」二字，即來書原文尚有多字。陽明復書省之而已。此爲用「云云」之通習。王貽樂固不必替以「否」字也。

(153) 來書問：前日精一之論，卽作聖之功否①？精一②之精以理言。精神之精以氣言。理者氣之條理。氣者理之運用。無條理，則不能運用。無運用，則亦無以見其所謂條理者矣。精則精，精則明，精則一③，精則神，精則誠。一則精，一則明，一則神，一則誠。原非有二事也。但後世儒者之說，與養生之說，各滯於一偏。是以不相爲用。前日精一之論④，雖爲原靜愛養精神而發。然而作聖之功，實亦不外是矣。

東正純云：精則精。上「精」指儒家精一之精。下「精」指道家精氣之精。精則明卽良知，是一節也。自精言之，一神明皆精。自一言之，精、神、誠皆一。就精一二字，再反覆明之。

捷案：若下「精」指道家之精，則下「誠」亦指道家之誠耶？陽明明謂儒道各偏一邊。決不以儒道對擧也。

①諸本無此十五字，惟王本有。捷疑此題爲王貽樂據復書最後數語而加。原靜來書，每條議論頗長，尤以第二書爲甚。故第一五二與一五四條陽明復書以「云云」刪之。來書每條均有主張。今依貽樂所補，則只一問。恐非來書之舊。至本來面目如何，則已不可考。全書與諸本寧缺毋誤耳。

②精一，參看第二條，註四。

③精則一。　佐藤一齋謂此三字衍。不然，則「一則明」下應有「一則一」。東正純謂「一則誠」下加「明則精」，「明則一」，「明則神」，「明則誠」數句，則辭義益備。捷案，一齋所加，則「精」字五句，「一」字亦五句，頗有道理。東正純「精」之數句與「一」字數句下加「明」之數句。然則又何不增「神」字數句與「誠」字數句耶？可謂畫蛇添足。

④前日精一之論，三輪執齋以爲是指文錄第二荅陸原靜第一書，即全書卷五，頁十二下至十四下，與陸元靜。中田勝與柳町達也从之。書有云，「聞以多病之故，將从事于養生。大抵養德養身，只是一事。元靜所云眞我者，果能戒謹不睹，恐懼不聞（中庸，第一章），而專志于是，則神住氣住精住，而仙家所謂長生久視之說（老子，第五十九章），亦在其中矣」。　捷案：與元靜書專論長生。勸其勿信異道。全函不提精一。不如參考第二十七條元靜問精一之爲愈也。

154 來書云：元神、元氣、元精①，必各有寄藏發生之處。又有眞陰之精，眞陽之氣云云。夫良知一也。以其妙用而言謂之神。以其流行而言謂之氣。以其凝聚而言謂之精。安可以形象方所求哉？眞陰之精，即眞陽之氣之母。眞陽之氣，即眞陰之精之父。陰根陽，陽根陰②。亦非有二也。苟吾良知之說明，則凡若此類，皆可以不言而喻。不然，則如來書所云三關③、七返、九還④之屬，尚有無窮可疑者也。

①元神、元氣、元精，參看第五十七條，註一。

②陽根陰。周敦頤，太極圖說（周子全書，卷一），「無極而太極。太極動而生陽，動極而靜。靜而生陰，靜極復動。一動一靜，互爲其根」。

③三關。據黃庭經，口爲天關，手爲人關，足爲地關。淮南子，四部備要本，主術訓，卷九，頁一下，以耳目口爲三關。又道家以頭爲天關，足爲地關，手爲人關。是謂中三關。此外又有前三關與後三關。

④七返九還。七乃火之成數。心屬火。降心火于田下，養得腎中眞炁，復返于心田，即爲七返之功。九爲金之成數。情屬金。攝情歸性。養得性光圓明，以還先天眞性，即爲九還之功。九還又稱九轉還丹，返還精氣神于先天之境之義。一轉爲小還丹。即氣液循環以成下丹。二轉爲陰陽環丹，即以陰丹還陽丹，陽丹還陰丹。三轉爲三元還丹，即煉精、氣、神之三元使往復返還。四轉爲玉液還丹，即使腎液隨元氣周而復始。五轉爲金液還丹，即使肺液周而復始。六轉爲大還丹，即使生眞氣于靈根以成中丹。七轉爲七返還丹。八轉爲上中下還丹，即以下丹還上丹（集靈爲神，合神入道），以上丹還中丹，以中丹還下丹，後還上丹。九轉爲九返還丹，即以肺之陽，本自心生，轉而復還于心。有如七返以心之陽，復還于心也。

又①

(155) 來書云。良知心之本體，卽所謂性善也。未發之中②也，寂然不動③之體也，廓然大公④也。何常人皆不能，而不待於學邪？中也，寂也，公也，旣以屬心之體，則良知是矣。今驗之於心，知無不良。而中寂大公，實未有也。豈良知復超然於體用之外乎？

性無不善，故知無不良。良知卽是未發之中，卽是廓然大公，寂然不動之本體。人人之所同具者也。但不能不昏蔽於物欲。故須學以去其昏蔽。然於良知之本體，初不能有加損於毫末也。知無不良，而中寂大公未能全者，是昏蔽之未盡去，而存之未純耳。體卽良知之體，用卽良知之用。寧復有超然於體用之外者乎？

但衡今云：陽明之學以去其昏蔽，與考亭（朱子）之道學問而尊德性，何嘗不是同一路數？予故曰，程朱陸王，正可相取，不可相病也。

①「又」。 通常「又」指另一書，故諸本以此爲第二書。劉宗周陽明傳信錄摘錄，如摘一書，則云「荅某某」。今于摘錄陸原靜來書諸條之末則曰「以上皆荅陸元靜」。顯然不止一書。中卷錢德洪序亦計荅陸二書（見註五與十三）。第一六〇條原靜引第一五一條「照心非動」，「妄心亦照」。當是後書引前書。王本併第一五一至一六七爲一書蓋誤。

②未發之中，參看第二十八條，註一。

③寂然不動，參看第七十二條，註三。

④廓然大公，參看同上條，註五。

156 來書云：周子曰，「主靜」①。程子曰，「動亦定，靜亦定」②。先生曰，「定者心之本體」③。是靜，定也。決非不覩不聞，無思無爲之謂。必常知，常存，常主於理之謂也。夫常知，常存，常主於理，明是動也，已發也。何以謂之靜？何以謂之本體？豈是靜，定也，又有以貫乎心之動靜者邪？

理無動者也。常知，常存，常主於理，即不覩不聞，無思無爲之謂也。不覩不聞，無思無爲，非槁木死灰④之謂也。覩聞思爲一於理，而未嘗有所覩聞思爲。即是動而未嘗動也。所謂動亦定，靜亦定，體用一原⑤者也。

①主靜，參看第一四五條，註十三。

②動亦定，參看第二十三條，註一。

③心之本體，見第四十一條。

④槁木死灰，參看第三十九條，註二。

⑤體用一原。　體用一源，顯微無間，此爲伊川易傳序之語。貝原益軒（一六三〇—一七一四）在其大疑錄下，明和四年（一七六七）本，頁四下，謂語出清涼大師澄觀（約七六〇—八三八）華嚴經註，但未詳出處。日本近思錄註家與大漢和辭典均从之。註家謂「體用一原」決爲澄觀語。然據太田錦城（一七六五—一八二五）疑問錄上，天保二年（一八三一）本，頁六，謂澄觀清涼大疏百卷，清涼錄五卷，清涼玄義二十卷，皆無此語。查華嚴經註原有一百二十卷。今卷二十一至七十，卷九十一至一百，卷一一一與一一二均佚。其餘載續藏經第一輯第八十八套。豈語本在佚文耶？澄觀註言體用顯微者多（尤其是卷三，頁三十五上下）。且尚直引編歸元直指引此語爲清淳（澄觀）語（同上，第一輯，第二編，第十三套）。太田謂「顯微無間」爲賢首大師法藏（六四三—七一二）之語，然不言出處。十一世紀以後，儒者佛者均常用之。唐順之（荆川，一五〇七—一五六〇）中庸輯略序云，「儒者曰體用一原，佛者曰體用一原。儒者曰顯微無間，佛者曰顯微無間。孰从而辨之」？

⑮⑦ 來書云：此心未發之體，其在已發之前乎？其在已發①之中而爲之主乎？其無前後內外而渾然一體者乎？今謂心之動靜者，其主有事無事而言乎？其主寂然感通②而言乎？其主循理從欲而言乎？若以循理爲靜，從欲爲動，則於所謂「動中有靜，靜中有動」③，「動極而靜，靜極而動」④者不可通矣。若以有事而感通爲動，無事而寂然爲靜，則於所謂「動而無動，靜而無靜」⑤者，不可通矣。若謂未發在已發之先，靜而生動。是至誠有息⑥也，聖人有復⑦也。又不可矣。若謂未發在已發之中，則不知未發已發，俱當主靜乎？抑未發爲靜，而已發爲動乎？抑未發已發俱無動無靜乎？俱有動有靜乎？幸教。

未發之中，卽良知也。無前後內外，而渾然一體者也。有事無事，可以言動靜。而良知無分於有事無事也。寂然感通，可以言動靜。而良知無分於寂然感通也。動靜者所遇之時。心之本體，固無分於動靜也。理無動者也，動卽爲欲。循理則雖酬酢萬變，而未嘗動也。從欲則雖槁心一念，而未嘗靜也。動中有靜，靜中有動，又何疑乎？有事而感通，固可以言動。然而寂然者未嘗有增也。無事而寂然，固可以言靜。然而感通者未嘗有減也。動而無動，靜而無靜，又何疑乎？無前後內外，而渾然一體，則至誠有息之疑，不待解矣。未發在已發之中。而已發之中，未嘗別有未發者在。已發在未發之中。而未發之中，未嘗別有已發者存。是未嘗無動靜。而不可以動靜分者也。凡觀古人言語，在以意逆志而得其大旨。若必拘滯於文義，則「靡有孑遺」⑧者，是周果無遺民⑨也。周子「靜極而動」之說，苟不善觀，亦未免有病。蓋其意從太極「動而生陽，靜而生陰」⑩說來。太極生生之理，妙用無息。而常體不易。太極之生生，卽陰陽之生生。就其生生之中，指其妙用無息者而謂之動。謂之陽之生。

非謂動而後生陽也。就其生生之中，指其常體不易者而謂之靜。謂之陰之生。非謂靜而後生陰也。若果靜而後生陰，動而後生陽，則是陰陽動靜，截然各自爲一物矣。陰陽一氣也。一氣屈伸而爲陰陽。動靜一理也。一理隱顯而爲動靜。春夏可以爲陽爲動，而未嘗無陰與靜也。秋冬可以爲陰爲靜，而未嘗無陽與動也。春夏此不息。秋冬此不息。皆可謂之陽，謂之動也。春夏此常體。秋冬此常體。皆可謂之陰，謂之靜也。自元、會、運、世⑪、歲、月、日、時以至刻、杪、忽、微，莫不皆然。所謂「動靜無端，陰陽無始」⑫，在知道者默而識之。非可以言語窮也。若只牽文泥句，比擬倣像，則所謂心從法華轉，非是轉法華⑬矣。

但衡今云：陽明本節論心體內外動靜，未發已發，實从般若經蛻化而生。故其辭意至精。至所謂「酬酢萬變，未嘗動也，槁心一念，未嘗靜也」，未免沾滯，強人以理欲為動靜。要知从欲，動也。循理，亦動也。又云，「動中有靜，靜中有動」。然則理中有欲，欲中有理矣。不抑自語相違者乎？故動靜不可並理欲而言。治王學者，不可以不辨。若云理未嘗不靜，欲未嘗不動，猶可。此之謂「心意逆志」者也。

馮柯云：夫欲生于動者也。非動卽為欲也。使動卽為欲，則太極之動而生陽，亦卽為欲乎？故動非欲也。動之流則欲也（求是編，卷四，頁三十六下）。

捷案：馮柯此處斷章取義。陽明明謂循理則未嘗動。其所謂動，非太極動而生陽之動，而乃背理之動也。

①已發，參看第二十八條，註一。

②感通，參看第七十二條，註三。

③動中有靜，靜中有動，爲朱子註周子通書，動靜第十六章之語。二程遺書，第七卷，頁二下，「靜中便有動，動中自有靜」。不指明爲伊川語抑明道語。

④動靜。周敦頤，太極圖說（周子全書，卷一）語。

⑤無動靜。周子通書，第十六章，「動而無靜，靜而無動，物也。動而無動，靜而無靜，神也。動而無動，靜而無靜，非不動不靜也」。

⑥有息。中庸，第二十六章，「故至誠無息。不息則久」。

⑦有復。周子通書，第三章，「性焉安焉之謂聖。復焉執焉之謂賢」。

⑧孑遺。詩經，大雅，雲漢第二五八篇，「周餘黎民，靡有孑遺」。

⑨遺民。孟子，萬章篇第五上，第四章，「故說詩者，不以文害辭，不以辭害志。以意逆（迎）志，是爲得之。如以辭而已矣，雲漢之詩曰，『周餘黎民，靡有孑遺』。信斯言也，是周無遺民也」。

⑩動而生陽，參看第一五四條，註二。

⑪元會運世，參看第六十九條，註二。

⑫無始。語出伊川經說，卷一，頁二上。

⑬法華。六祖法寶壇經，機緣品第七之偈云，「心迷法華轉。心悟轉法華（指法華經之文句）」（大正新脩大藏經，第四十六冊，頁一二五五）。

158 來書云：嘗試於心，喜怒憂懼之感發也，雖動氣之極，而吾心良知一覺，卽罔然消阻。或遏於初，或制於中，或悔於後。然則良知常若居優閒無事之地而爲之主，於喜怒憂懼若不與焉者，何歟？

知此則知未發之中①，寂然不動②之體，而有發而中節之和，感而遂通之妙矣。然謂良知常若居於優閒無事之地，語尚有病。蓋良知雖不滯於喜怒憂懼，而喜怒憂懼亦不外於良知也。

東正純云：程朱論未發已發，以心言之。文成則直以性視之。其說亦並通。然中庸，性書也。文成之說，事得其宗矣乎！

但衡今云：陸書此次所問「主」與「不與」，辭旨深切。似已透過一層。傳習錄中，殊少見也。而陽明所云，不滯于喜怒憂懼，不外于喜怒憂懼。語意含渾。「不滯」，無異外之也。「不外」，何異滯之也？將不若「主」與「不與」之顯明親切。若謂不與，則發而中節者誰主之？若謂主之，則發而不中節者誰與之？此心學之所以難言也。學者果能遏之于前，制之于中，悔之于後，實較不滯於外，主與不與，為尤踏實。

①未發之中，參看第二十八條，註一。
②寂然不動，參看第七十二條，註三。

159 來書云：夫子昨以良知爲照心①。竊謂良知，心之本體也。照心，人所用②功，乃戒愼恐懼③之心也。猶思也。而遂以戒愼恐懼爲良知，何歟？

能戒愼恐懼者是良知也。

佐藤一齋云：加一「能」字，便見工夫本體合一。

東正純云：別有一條云，「不睹不聞是功夫，戒慎恐懼是本體」。與此相發。 捷案，第二六六條陽明謂本體原是不睹不聞，亦是戒慎恐懼。見得真時分說功夫本體亦得。

倪錫恩云：謂我戒慎恐懼之心，起于莫之致而致，不期然而然。是卽所謂「不慮而知」之良知也（孟子盡心篇第七上，第十五章），「人之所不學而能者，其良能也。所不慮而知者，其良知也」。

但衡今云：「能」字是見道語。許舜屏云：注重在一「能」字。

①照心，指第一五一，一五二兩條。

②「用」。 此字之下施本，兪本，有「之」字。

③戒愼恐懼，參看第三十七條，註四。

160 來書云：先生又曰，「照心非動也」。豈以其循理而謂之靜歟？「妄心亦照也」①。豈以其良知未嘗不在於其中，未嘗不明於其中，而視聽言動之不過則者皆天理歟？且既曰妄心，則在妄心可謂之照，而在照心則謂之妄矣。妄與息何異？今假妄之照以續至誠之無息，竊所未明。幸再啓蒙。

照心非動者，以其發於本體明覺之自然，而未嘗有所動也。有所動，卽妄矣。妄心亦照者，以其本體明覺之自然者，未嘗不在於其中，但有所動耳。無所動，卽照矣。無妄無照，非以妄爲照，以照爲妄也。照心爲照，妄心爲妄，是猶有妄有照也。有妄有照，則猶貳也。貳則息②矣。無妄無照，則不貳。不貳則不息矣。

劉宗周云：「照心固照，妄心亦照」二語，先生自為註疏已明。讀者幸無作玄會。未病服藥之說，大是可思。（遺編，卷十一，陽明傳信錄一，頁八下至九上）。

東正純云：（黃白安）愧謝軒講義云，「陽明先生答陸元靜無妄無照之論，蓋本之佛書。佛書言，『妄心卽真心影像。妄本無妄，心有感故。感亦無感，以能照故』。若是則照妄之心，卽是無妄之心。云何復得有妄心？心本無妄。以無照故謂之妄。今指為真心之影像，畢竟影是形生，像隨鏡見。推不得是鏡外事。今却妄而完真，安得逃影而滅像乎」？（明儒學案，卷六十一，頁三上下）（黃氏又云），「釋氏言宗心，言妄心，謂常住不動之真心為宗。像者為妄。其實常住不動者，空而已。緣起而流行者，天地萬物皆野馬（澤中游氣如奔馬）塵埃也。但不足以碍空體。截然不相粘合。吾儒則就此野馬塵埃之中，流行而不失其則者。乃是常住不動之真心。故名同而所指實異也」（仝上，頁三下至四上）。（東正純自云）：照心者，明覺心也。妄心者，妄想心也。明覺之所照，雖妄想心亦照。妄想心所生，雖明覺心亦妄。無照而不妄，無妄而不照。照亦照，妄亦妄。卽照卽妄，卽妄卽照。神會玄同，無復別旨矣。但吾儒與禪家所說，有毫釐之差。不可不知之也。黃尊素（白安）之說，不為無見。猶止七八分耳。

但衡今云：陽明謂「非以妄為照，以照為妄也」。又謂「照心非動者」，「有所動，卽妄矣」。自語相違，無有是處。故照心之名不可立。姑取以對妄心而言，猶可也。復謂「有妄有照，則猶貳也」。更令人無所从矣。陽明門下，猶不免于文字上求知解。而身心之學，不在是也。故孔氏以誠為絕待。以誠存心則心正。以誠修身則身修。自誠以下，皆相待立言。語有偏全者此也。惟誠則不貳。不二則不息。妄固貳，照亦貳也。周易「无妄之德，何之矣？天命不佑」（易經，无妄卦，彖辭）。无妄猶不可更求无妄。故誠一而已。又云：陽明知从欲，動也。而不知循理，亦動也。知妄心為妄。而不知照心猶妄也。知有妄有照，猶二也。而不知無妄無照，則又墮于無矣。

①亦照，見第一五一條。
②貳息。參看第一五一條，註二，及佐藤一齋評語。

161 來書云：養生①以淸心寡欲爲要。夫淸心寡欲，作聖之功畢矣。然欲寡則心自淸，淸心非舍棄人事而獨居求靜之謂也。蓋欲使此心純乎天理，而無一毫人欲之私耳。今欲爲此之功，而隨人欲生而克之，則病根常在。未免滅於東而生於西。若欲刋剶洗蕩於衆欲未萌之先，則又無所用其力。徒使此心之不淸。且欲未萌而搜剔以求去之。是猶引犬上堂而逐之②也。愈不可矣。

必欲此心純乎天理，而無一毫人欲之私。此作聖之功也。必欲此心純乎天理，而無一毫人欲之私。非防於未萌之先，而克於方萌之際不能也。防於未萌之先，而克於方萌之際。此正中庸戒愼恐懼③，大學致知格物④之功。舍此之外，無別功矣。夫謂滅於東而生於西，引犬上堂而逐之者，是自私自利將迎⑤意必⑥之爲累，而非克治洗蕩之爲患也。今曰養生以淸心寡欲爲要，只養生二字，便是自私自利，將迎意必之根。有此病根潛伏於中，宜其有滅於東而生於西，引犬上堂而逐之之患也。

①養生，通常指道家修養。

②引犬。二程遺書，卷二下，頁六下。不知是程明道語抑程伊川語。

③戒愼恐懼，參看第三十七條，註四。

④格物。大學經文。

⑤將迎。莊子，四部叢刋本，名南華眞經，知北游第二十二，卷七，頁五十五下，「無有所將（送），無有所迎」。

⑥意必，參看第二十九條，註三。

⑯來書云：佛氏於「不思善不思惡時，認本來面目」①，於吾儒隨物而格之功不同。吾若於不思善不思惡時用致知之功，則已涉於思善矣。欲善惡不思，而心之良知清靜自在，惟有寐而②方醒之時耳。斯正孟子夜氣之說③。但於斯光景不能久。倏忽之際，思慮已生。不知用功久者，其常寐初醒而思未起之時否乎？今澄④欲求寧靜，愈不寧靜。欲念無生，則念愈生。如之何而能使此心前念易滅，後念不生，良知獨顯，而與造物者遊⑤乎？

不思善不思惡時認本來面目，此佛氏爲未識本來面目者設此方便。本來面目，卽吾聖門所謂良知。今既認得良知明白，卽已不消如此說矣。隨物而格，是致知之功。卽佛氏之「常惺」⑥。亦是常存他本來面目耳。體段工夫，大略相似。但佛氏有箇自私自利之心。所以便有不同耳。今欲善惡不思，而心之良知清靜自在。此便有自私自利，將迎意必⑦之心。所以有不思善不思惡時用致知之功，則已涉於思善之患。孟子說夜氣，亦只是爲失其良心之人指出箇良心萌動處，使他從此培養將去。今已知得良知明白，常用致知之功，卽已不消說夜氣。却是得兎後不知守兎而仍去守株⑧，兎將復失之矣。欲求寧靜欲念無生，此正是自私自利，將迎意必之病。是以念愈生而愈不寧靜。良知只是一箇。良知而善惡自辨。更有何善何惡可思？良知之體本自寧靜，今却又添一箇求寧靜。本自生生，今却又添一箇欲無生。非獨聖門致知之功不如此。雖佛氏之學，亦未如此將迎意必也。只是一念良知徹頭徹尾，無始無終，卽是前念不滅，後念不生。今却欲前念易滅而後念不生，是佛氏所謂「斷滅種性」⑨，入於槁木死灰⑩之謂矣。

但衡今云：陽明謂「認本來面目，此佛氏為未識本來面目者設此方便」。隨機指點，何等警策！蓋以不思善不思惡時，亦即孔子所謂何思何慮（第三十九條，註六）也。誠能何思何慮，則本心自見。非瑩徹儒釋兩家之說者，無此妙語。學者不可輕心錯過。復以佛氏本來面目，釋儒家所謂良知。以佛氏常惺惺之意（本註：惺，靜中不昧也。惺惺，了慧之義），明其格物致知之功。破陸某（元靜）欲速助長，將迎意必之病。辭意明白曉暢，了無餘義。不只有益于儒學，實亦有裨于佛學。乃直指佛氏有箇自私自利之心。猶存門戶之見，以為異同也。　又云：陽明謂「今欲善惡不思，而心之良知清靜自在。此便是自私自利」。　又謂「良知只是一箇。良知而善惡自辨。更有何善何惡可思」？前者以清靜自在為自私。此釋家小乘法。陽明以大乘攝小。用以破陸某務求寧靜之非。非了義也。後者只是善惡自辨，心不踰矩。而不是無善無惡可思。歸到儒家本分，圓融之極。　又云：至于徹頭徹尾，無始無終。前念不滅，後念不生。此神會（六七〇—七六二）所謂佛性，惠能（六三八—七一三）所謂把茅蓋頭。猶是知解宗師門面語。　又云：姚江（陽明）學術，亦儒（本註：德）亦佛（本註：智），正可依仁立德，轉識成智，自立門戶。乃用佛闢佛，藉與程朱門下爭短長。未免胸中猶有渣滓在。而非儒非佛，與人口實。後世又未能平心論之。遂使其學術不明。甚有談虎而為之色變者。要知陽明之謦欬，不同凡響。其用佛入儒，用儒入佛處，自是唐宋以來第一人。而虞廷心教（第二條，註四，虞舜授禹之教），亦得賴以不墜也。

捷案：六祖法寶壇經，頓漸品第八云：師（六祖慧能）告衆曰，「吾有一物，無頭無尾，無名無字，無背無面。諸人還識否」。神會出，曰，「是諸佛之本源，神會之佛性」。師曰，「向汝道無名無字，汝便喚作本源佛性。汝回去有把茆蓋頭，也只成個知解宗德」。　把茅蓋頭，以蔽風雨，卽云猶蔽于知解之下也。此段話又見景德傳灯錄，四部叢刊本，卷五，頁二十四上。惟「本源佛性」下，無「汝向」以下十六字，而有「師（禪師神會）禮拜而退」。

①本來面目。　六祖法寶壇經，行由品第一（大正新修大藏經，第四十八冊，頁三四九，「惠能云：不思善，不思惡。正與應時。那個是明上座本來面目」。

②「而」。　南本，施本，均無此字。

③夜氣，參看第四十七條，註一。

④澄，陸元靜之名。

⑤與造物遊。　莊子，四部叢刊本，名南華眞經，天下篇第三十三，卷十，頁三十七下，「上與造物者遊，而下與外死生無始終者爲友」。

⑥常惺惺，瑞巖禪師（約八五〇—約九一〇）之語，見于五燈會元，第七章（續藏經，第一輯，第二編下，第十一函，頁一二〇下）。明覺禪師語錄，卷三，引之（大正新修大藏經，第四十七冊，頁六九〇）。惟不見景德傳灯錄，四部叢刊本，卷十七，頁十七下至十八上，瑞巖禪師言行錄。

⑦將迎意必，見第二十九條，註三，與第一六一條，註五。

⑧守株。　韓非子，四部叢刊本，五蠹篇第四十九，卷十九，頁一上，「宋人有耕田者，田中有株。兎走觸株折頸而死。因釋其耒而守株，冀復得兎。兎不可復，而身爲宋國笑」。

⑨斷滅種性。　語出玄奘（五九六—六六四），成唯識論，卷五（大正新修大藏經，第三十冊，頁四十八）。

⑩槁木死灰，參看第三十九條，註二。

163 來書云：佛氏又有常提念頭①之說。其猶孟子所謂「必有事」②，夫子所謂致良知之說乎？其卽常惺惺③，常記得，常知得，常存得者乎？於此念頭提在之時，而事至物來，應之必有其道。但恐此念頭提起時少，放下時多，則工夫間斷耳。且念頭放失，多因私欲客氣之動而始。忽然驚醒而後提。其放而未提之間，心之昏雜，多不自覺。今欲日精日明，常提不放。以何道乎？只此常提不放，卽全功乎？抑於常提不放之中，更宜加省克之功乎？雖曰常提不放，而不加戒懼克治之功，恐私欲不去。若加戒懼克治之功焉，又爲思善之事，而於本來面目④又未達一間也。如之何則可？

　戒懼克治，卽是常提不放之功，卽是必有事焉。豈有兩事邪？此節所問，前一段已自說得分曉。末後却是自生迷惑，說得支離⑤及有本來面目未達一間之疑。都是自私自利將迎意必⑥之爲病。去此病自無此疑矣。

王應昌云：原靜以戒懼與本來面目隔一層。曾聞先生戒懼卽本體之訓否？

①提念頭。　禪語，出處未考。

②必有事焉，參看第八十七條，註二。

③常惺惺，見上條，註六。

④本來面目，見上條，註一。

⑤支離。　佐藤一齋謂此指來書「抑于常提不放之中」以下。

⑥將迎意必，參看第二十九條，註三，與第一六一條，註五。

(164) 來書云：「質美者明得盡。查滓便渾化」①。如何謂②明得盡？如何而能便渾化？良知本來自明。氣質不美者查滓多，障蔽厚，不易開明。質美者查滓原少，無多障蔽。略加致知之功，此良知便自瑩徹。些少查滓，如湯中浮雪，如何能作障蔽？此本不甚難曉。原靜所以致疑於此，想是因一「明」字不③明白。亦是稍有欲速之心。向曾面論明善之義。「明則誠」④矣。非若後儒⑤所謂明善之淺也。

①渾化。　語見二程遺書，卷十一，頁十一下。明道語。原文「查」作「渣」。近思錄，卷二，爲學篇，第四十三條錄此語用「查」。「查滓」「渣滓」通用。

②「謂」，施本，俞本，均作「謂之」。

③「不」，施本，俞本，作「欠」。

④明則誠。　中庸，第二十一章，「自誠明，謂之性。自明誠，謂之教。誠則明矣，明則誠矣」。

⑤後儒，指朱子等。

165 來書云：聰明睿知①，果質②乎？仁義禮智③，果性乎？喜怒哀樂④，果情乎？私欲客氣，果一物乎？二物乎？古之英才若子房⑤，仲舒⑥，叔度⑦，孔明⑧，文中⑨，韓⑩，范⑪諸公，德業表著，皆良知中所發也。而不得謂之聞道者，果何在乎？苟曰此特生質之美耳，則生知安行⑫者不愈於學知困勉者乎？愚意竊云，謂諸公見道偏則可。謂全無聞，則恐後儒崇尚記誦訓詁之過也。然乎否乎？

性一而已。仁義禮知，性之性⑬也。聰明睿知，性之質也。喜怒哀樂，性之情也。私欲客氣，性之蔽也。質有清濁，故情有過不及，而蔽有淺深也。私欲客氣，一病兩痛，非二物也。張黃諸葛及韓范諸公，皆天質之美。自多暗合道妙。雖未可盡謂之知學，盡謂之聞道，然亦自有其學違道不遠⑭者也。使其聞學知道，卽伊⑮，傅⑯，周⑰，召⑱矣。若文中子則又不可謂之不知學者。其書雖多出於其徒，亦多有未是處。然其大略，則亦居然可見。但今相去遼遠，無有的然憑證。不可懸斷其所至矣。夫良知卽是道。良知之在人心，不但聖賢，雖常人亦無不如此。若無有物欲牽蔽，但循着良知發用流行將去，卽無不是道。但在常人多爲物欲牽蔽，不能循得良知。如數公者，天質既自清明，自少物欲爲之牽蔽。則其良知之發用流行處，自然是多，自然違道不遠。學者學循此良知而已。謂之知學，只是知得專在學循良知。數公雖未知專在良知上用功，而或泛濫於多歧，疑迷於影響。是以或離或合而未純。若知得時，便是聖人矣。後儒嘗以數子者尚皆是氣質用事。未免於行不著，習不察⑲。此亦未爲過論。但後儒之所謂著察者，亦是狃於聞見之狹，蔽於沿習之非。而依擬倣象於影響形迹之間。尚非聖門之所謂著察者也。則亦安得以己之昏昏，而求人之昭昭⑳也乎？所謂生知安行，「知行」二字，亦是就用功上說。若是知行本體，卽是良知良能。雖在困勉之人，亦皆可謂之生知安行矣。「知行」二字，更宜精察。

①睿知。　中庸，第三十章，「惟天下至聖，爲能聰明睿知」。

②質。　朱子，中庸章句，註上章云，「聰明睿知，生知之質」。

③仁義禮智，參看第三十八條，註一。

④喜怒哀樂，參看第二十八條，註一。

⑤子房。　張良，字子房（前一八九卒）。家五世相韓。秦滅韓。良謀報仇，狙擊秦始皇。高祖起兵，良常爲畫策，佐高祖定天下。封留侯。晚好黃老，以功名終。事蹟詳史記，卷五十五；漢書，卷四十。

⑥仲舒。　董仲舒（約前一七六—約前一〇四），少治春秋。漢景帝時（前一五六—前一四一）時爲博士。下帷講授，三年不窺園。武帝時（前一四〇—前八七）以賢良對策，爲江都相。尊孔重經，儒家一尊，大有力焉。著春秋繁露，倡天人感應之說。參看漢書，卷五十六。

⑦叔度。　黃憲，字叔度（壯年一二〇）。東漢名士。言論無存。荀淑與語，移日不能去。郭林宗謂叔度汪汪，若千頃波。

⑧孔明。　諸葛亮，字孔明（一八一—二三四）。劉備三顧其草廬，乃出佐劉備取荆州（湖北），與益州（成都）。備爲蜀漢昭烈帝，與魏吳三國鼎立。備沒，封武鄕侯。六次北伐欲復中原。未成而卒。參看蜀

志，卷五。

⑨文中。參看第十一條，註一。

⑩韓。韓琦，字稚圭（一〇〇八—一〇七五）。宋之名臣。官至司徒兼侍中。封魏國公。卒謚忠獻。參看宋史，卷三一二。

⑪范。范仲淹，字希文（九八九—一〇五二）。亦宋之名臣。參知政事。與韓琦齊名。出將入相。共致太平，天下稱韓范。卒後追封楚國公。參看宋史，卷三一四。

⑫生知安行，參看第九十九條，註七。

⑬「性」，王本作「德」。

⑭違道不遠。中庸，第十三章，「忠恕違道不遠，施諸己而不願，亦勿施于人」。

⑮伊尹，參看第九十九條，註三。

⑯傅說，商武丁（前一三二四—前一二六六）之賢相。

⑰周公，參看第二十一條，註二，及第一四一條，註五。

⑱召公，名奭。（前一〇五六卒）。謚曰康。文王之子，武王之弟。與周公相輔成王。詳史記，卷四，周本紀。

⑲不著不察，參看第一〇一條，註八。

⑳昭昭。孟子，盡心篇第七下，第二十章，「聖者以其昭昭，使人昭昭」。

⑯⑯ 來書云：「昔周茂叔①每令伯淳尋仲尼顏子樂處②。敢問是樂也，與七情③之樂，同乎否乎？

若同，則常人之一遂所欲，皆能樂矣。何必聖賢？若別有眞樂，則聖賢之遇大憂大怒大驚大懼之事，此樂亦在否乎？且君子之心，常存戒懼。是蓋終身之憂④也。惡得樂？澄平生多悶，未嘗見眞樂之趣。今切願尋之。

樂是心之本體。雖不同於七情之樂，而亦不外於七情之樂。雖則聖賢別有眞樂，而亦常人之所同有。但常人有之而不自知。反自求許多憂苦，自加迷棄。雖在憂苦迷棄之中，而此樂又未嘗不存。但一念開明，反身而誠⑤，則卽此而在矣。每與原靜論，無非此意。而原靜尙有何道可得之問，是猶未免於騎驢覓驢⑥之蔽也。

施邦曜云：樂不是快活之謂。是胸中有一段自得處。常人與聖賢不能同樂者，蓋聖賢有得，常人無得也。得則事變不能遷。無得則便逐境為憂喜。故有大憂、大怒、大驚、大懼之事。聖賢未嘗不加敬惕。然其自得于己者，事變之窾會，無不了當于胸中。只是臨事敬慎耳。若常人毫無把柄，便惶惑憂懼。故仁者之不憂，知者之不惑，勇者之不懼（論語，子罕篇第九，第二十九章），聖賢之能樂也。常人未免憂懼惑，安得樂？常存戒懼，正是君子求自得處。何道可得？來書全文，意必有此語。節略耳。

①周茂叔。　周敦頤，參看第一〇一條，註十四。

②顏子樂處。　二程遺書，第二卷上，頁二下，「昔受學于周茂叔。每令尋顏子仲尼樂處所樂何事」。此處不指明周子令程伊川抑程明道（伯淳）。近思錄卷二，爲學篇，第二十一條，載之，以爲明道語。註者皆謂所樂指論語，雍也篇第六，第九章，「子曰：賢哉回也。一簞食，一瓢飲，在陋巷。人不堪其憂。

回也不改其樂。賢哉回也」。又謂指論語，述而篇第七，第十五章，「子曰：飯疏食飲水。曲肱而枕之。樂亦在其中矣」。然此是臆測。周子程子均未明言。

③七情，參看第四十四條，註五。

④終身之憂。　孟子，離婁篇第四下，第二十八章，「君子有終身之憂，而無一朝之患也」。

⑤反身而誠。　孟子，盡心篇第七上，「孟子曰：萬物皆備于我矣。反身而誠，樂莫大焉」。

⑥景德傳燈錄，卷二七九，頁二下，誌公和尚大乘讚云，「不解即心即佛，眞似騎驢覓驢」。又卷二十八，頁六上，神會大師云，「誦經不見有無義，眞似騎驢更覓驢」。

167 來書云：大學以心有好樂忿懥憂患恐懼爲不得其正①，而程子亦謂聖人情順萬事而無情②。所謂有者，傳習錄③中以病瘧④譬之。極精切矣。若程子之言，則是聖人之情不生於心，而生於物也。何謂耶？且事感而情應，則是是非非，可以就格。事或未感時，謂之有，則未形也。謂之無，則病根在有無之間。何以致吾知乎？學務無情。累雖輕，而出儒入佛矣。可乎？

聖人致知之功，至誠無息⑤。其良知之體，皦如明鏡，略無纖翳⑥。妍媸之來，隨物見形。而明鏡曾無留染。所謂情順萬事而無情也。無所住而生其心⑦，佛氏曾有是言。未爲非也。明鏡之應物，妍者妍，媸者媸。一照而皆眞。卽是生其心處。妍者妍，媸者媸，一過而不留。卽是無所住處。病瘧之喻，既已見其精切。則此節所問，可以釋然。病瘧之人，瘧雖未發，而病根自在。則亦安可以其瘧之未發，而遂忘其服藥調理之功乎？若必待瘧發而後服藥調理，則既晚矣。致知之功，無間於有事無事。而豈論於病之已發未發邪？大抵原靜所疑，前後雖若不一。然皆起於自私自利將迎意必⑧之爲祟⑨。此根一去，則前後所疑，自將冰消霧釋，有不待於問辨者矣。

①不得其正，見第一〇一條，註十。

②無情。明道文集，卷三，荅橫渠先生定性書，頁一上，「天地之常，以其心普萬物而無心。聖人之常，以其情順萬事而無情」。

③傳習錄，指今本傳習錄上卷。中卷乃續錄也。

④病瘧，見第七十六條。

⑤無息。中庸，第二十六章，「故至誠無息。不息則久」。

⑥纖翳，細微障蔽。

⑦生其心。金剛經，第十品，「應無所住而生其心」。

⑧將迎意必，參看第二十九條，註二，與第一六一條，註五。

⑨「祟」，三輪執齋本作「累」。

錢德洪跋

答原靜書出，讀者皆喜澄善問，師善答。皆得聞所未聞。師曰，「原靜所問，只是知解上轉。不得已與之逐節分疏。若信得良知，只在良知上用功，雖千經萬典，無不脗合。異端曲學，一勘盡破矣。何必如此節節分解？佛家有撲人逐塊之喻①。見塊撲人，則得人矣。見塊逐塊，於塊奚得哉」？在坐諸友聞知，惕然皆有惺悟。此學貴反求，非知解可入也②。

①逐塊。涅槃經，第二十六品，曰，「凡一切凡夫，雖觀于果，不觀因緣。如犬逐塊不逐人，亦復如是」。續藏經，第二輯，第十八函祖庭事苑，卷八，頁一一六下，獅子咬人下云：大般若論云，「有擲塊于犬。犬逐塊也。塊終不止。有擲于獅子，獅子逐人。其塊自止」。

②南本原無此跋。錢德洪編訂傳習錄三卷時所增。全書，卷六，頁二十三上下寄陸元靜書云，「南元善曾將原靜後來論學數條刋入後錄中。初心甚不欲渠如此。近日朋輩見之，却因此多有省悟。始知古人相與論辨窮詰，又不獨自己明白，直欲共明此學于天下耳。蓋此數條，同志中肯用功者亦時有疑及之。然非原靜則亦莫肯如此披豁吐露。就欲如此披豁吐露，亦不能如此曲折詳盡。故此原靜一問，其有益于同志，良不淺淺」。是書之年爲嘉靖丙戌（一五二六），陽明在越。

答歐陽崇一①

168 崇一②來書云：師云，「德性之良知，非由於聞見。若曰『多聞擇其善者而從之，多見而識之』③，則是專求之見聞之末，而已落在第二義」④。竊意良知雖不由見聞而有，然學者之知，未嘗不由見聞而發。滯於見聞固非，而見聞亦良知之用也。今曰落在第二義，恐爲專以見聞爲學者而言。若致其良知，而求之見聞，似亦知行合一之功矣。如何？

良知不由見聞而有，而見聞莫非良知之用。故良知不滯於見聞，而亦不離於見聞。孔子云，「吾有知乎哉？無知也」⑤。良知之外，別無知矣。故致良知是學問大頭腦，是聖人⑥教人第一義。今云專求之見聞之末，則是失却頭腦，而已落在第二義矣。近時同志中蓋已莫不知有致良知之說。然其工夫⑦尚多鶻突者，正是欠此一問。大抵學問工夫，只要主意頭腦是當。若主意頭腦專以致良知爲事，則凡多聞多見，莫非致良知之功。蓋日月之間，見聞酬酢，雖千頭萬緒，莫非良知之發用流行。除却見聞酬酢，亦無良知可致矣。故只是一事。若曰致其良知而求之見聞，則語意之間，未免爲二。此與專求之見聞之末者，雖稍不同。其爲未得精一⑧之旨，則一而已。「多聞擇其善者而從之。多見而識之」。旣云擇，又云識，其⑨良知亦未嘗不行於其間。但其用⑩意乃專在多聞多見上去擇識，則已失却頭腦矣。崇一於此等處見得當已分曉。今日之問，正爲發明此學。於同志中極有益。但語意未瑩，則毫釐千里⑪，亦不容不精察之也。

①答崇一書。年譜繫此書于嘉靖五年（一五二六）。是年陽明五十五歲在越。然南元善刻傳習錄先此一年，爲嘉靖四年。二者必有一誤。
②崇一，歐陽南野，參看第一〇四條，註一。
③多見而識。論語，述而篇第七，第二十七章，孔子之語。
④師云。陽明之語，見第一四〇條。
⑤無知也。論語，子罕篇第九，第七章。
⑥「人」，施本，俞本，作「門」。
⑦「工夫」，南本，施本，俞本，下均有「間」字。
⑧精一，參看第二條，註四。

⑨「其」，南本作「則」。

⑩「用」，南本，施本，兪本，作「立」。

⑪千里，參看第四條，註六。

169 來書①云：師云，「繫言『何思何慮』②，是言所思所慮只是天理，更無別思別慮耳。非謂無思無慮也。心之本體卽是天理。有何可思慮得？學者用功，雖千思萬慮，只是要復他本體。不是以私意去安排思索出來。若安排思索，便是自私用智③矣」④。學者之蔽，大率非沉空守寂，則安排思索。德⑤辛壬⑥之歲，着前一病。近又着後一病。但思索亦是良知發用。其與私意安排者，何所取別？恐認賊作子⑦，惑而不知也。

「思曰睿。睿作聖」⑧「心之官則思。思則得之」⑨。思其可少乎？沉空守寂，與安排思索，正是自私用智。其爲喪失良知一也。良知是天理之昭明靈覺處。故良知卽是天理。思是良知之發用。若是良知發用之思，則所思莫非天理矣。良知發用之思，自然明白簡易。良知亦自能知得。若是私意安排之思，自是紛紜勞擾。良知亦自會分別得。蓋思之是非邪正，良知無有不自知者。所以認賊作子，正爲致知之學不明，不知在良知上體認之耳。

①書，南本此下有「又」字。

②繫言，參看第三十九條，註六。

③用智，參看第一四五條，註十。

④師云，指陽明答周道通書之語。見第一四五條。
⑤德，歐陽崇一之名。
⑥辛壬，正德十六年辛巳至嘉靖元年壬午（一五二一－一五二二）。
⑦認賊作子，參看第一二二條，註七。
⑧作聖。語出書經，洪範篇，第六節。
⑨得之。語見孟子，告子篇第六上，第十五章。

(170) 來書又云：師云，「爲學終身只是一事。不論有事無事，只是這一件。若說寧不了事，不可不加培養，却是分爲兩事也」①。竊意覺精力衰弱，不足以終事者，良知也。寧不了事，且加休養，致知也。如何却爲兩事？若事變之來，有事勢不容不了。而精力雖衰，稍鼓舞，亦能支持。則持志以帥氣②可矣。然言動終無氣力。畢事則困憊已甚。不幾於暴其氣③已乎？此其輕重緩急，良知固未嘗不知。然或迫於事勢，安能顧精力？或困於精力，安能顧事勢？如之何則可？

寧不了事，不可不加培養之意，且與初學如此說，亦不爲無益。但作兩事看了，便有病痛在。孟子言「必有事焉」④。則君子之學，終身只是集義⑤一事。義者宜也。心得其宜之謂義。能致良知，則心得其宜矣。故集義亦只是致良知。君子之酬酢萬變，當行則行，當止則止。當生則生，當死則死。斟酌調停，無非是致其良知，以求自慊而已。故「君子素其位而行」⑥。「思不出其位」⑦。凡謀其力之所不及，而強其知之所不能⑧者，皆不得爲致良知。而凡「勞其筋骨，餓其體膚。空乏其身，行拂亂其所爲。動心忍性，以增益其所不能」⑨

者，皆所以致其良知也。若云寧不了事，不可不加培養者，亦是先有功利之心，較計成敗利鈍，而愛憎取舍於其間。是以將了事自作一事，而培養又別作一事。此便有是內非外之意，便是「自私用智」⑩，便是「義外」⑪，便有「不得於心，勿求於氣」⑫之病。便不是致良知以求自謙⑬之功矣。所云鼓舞支持，畢事則困憊已甚。又云迫於事勢，困於精力。皆是把作兩事做了，所以有此。凡學問之功，一則誠，二則僞。凡此皆是致良知之意欠誠一眞切之故。大學言「誠其意者，如惡惡臭，如好好色。此之謂自慊」⑭。曾見有惡惡臭，好好色，而須鼓舞支持者乎？曾有畢事則困憊已甚者乎？曾有迫於事勢，困於精力者乎？此可以知其受病之所從來矣。

許舜屛云：既云「不為無益」，又云「便有病痛」。前後語氣，似相矛盾。

①師云，啓周道通書語，見第一四七條。

②持志。孟子，公孫丑篇第二上，第二章，「夫志，氣之帥也。氣，體之充也。夫志至焉。氣次焉。故曰：持其志，無暴其氣」。

③暴氣，同上註。

④必有事焉，參看第八十七條，註二。

⑤集義，參看第四十條，註一。

⑥素其位。中庸，第十四章，「君子素其位而行，不願乎其外」。

⑦不出位。論語，憲問篇第十四，第二十八章，曾子曰，「君子思不出其位」。語又見易經，艮卦，象傳。
⑧所不能。歐陽修（一〇〇七—一〇七二），歐陽文忠公文集，四部叢刋本，卷十五，秋聲賦，頁四上，「而況思其力之所不及，憂其智之所不能」。
⑨增益不能，語見孟子，告子篇第六下，第十五章。
⑩自私用智，參看第一四五條，註十。
⑪義外，參看第一三三條，註四。
⑫求于氣，參看第八十一條，註二。
⑬「謙」，與本文兩「慊」通用。
⑭自慊，語出大學，第六章。

⑰來書又有云：人情機詐百出。御之以不疑，往往爲所欺。覺則自入於逆億①。夫逆詐，卽詐也。億不信，卽非信也。爲人欺，又非覺也。不逆不億，而常先覺②，其惟良知瑩徹乎。然而出入毫忽之間，背覺合詐者多矣。

不逆不億而先覺，此孔子因當時人專以逆詐億不信爲心，而自陷於詐與不信。又有不逆不億者，然不知致良知之功，而往往又爲人所欺詐。故有是言。非教人以是存心，而專欲先覺人之詐與不信也。以是存心，卽是後世猜忌險薄者之事。而只此一念，已不可與入堯舜之道矣。不逆不億，而爲人所欺者，尙亦不失爲善。但不如能致其良知，而自然先覺者之尤爲賢耳。崇一謂其惟良知瑩徹者，蓋已得其旨矣。然亦穎悟所及，恐未實際也。蓋良知之在人心，亙萬古，塞宇宙，而無不同。「不慮而知」③，「恒易以知險」④。「不學而能」，「恒簡以知阻」。「先天而天不違。天且不違，而況於人乎？況於鬼神乎」⑤？夫謂背覺合詐者，是雖不逆人，而或未能無自欺也。雖不億人，而或未能果自信也。是或常有求先覺之心，而未能常自覺也。常有求先覺之心，卽已流於逆億，而足以自蔽其良知矣。此背覺合詐之所以未免也。君子學以爲己⑥，未嘗虞人之欺己也。恒不自欺其良知而已。未嘗虞人之不信己也。恒自信其良知而已。未嘗求先覺人之詐與不信也。恒務自覺其良知而已。是故不欺，則良知無所僞而誠。誠則明⑦矣。自信，則良知無所惑而明。「明則誠」矣。明誠相生，是故良知常覺常照。常覺常照，則如明鏡之懸，而物之來者自不能遁其妍媸矣。何者？不欺而誠，則無所容其欺。苟有欺焉，而覺矣。自信而明⑧，則無所容其不信。苟不信焉，而覺矣。是謂「易以知險，簡以知阻」。子思⑨所謂「至誠如神，可以前知」⑩者也。然子思謂「如神」，謂「可以前知」，猶二而言之。是蓋推言思誠者之功效。是猶爲不能先覺者說也。若就至誠而言，則至誠之妙用卽謂之神。不必言如神。至誠則無知而無不知，不必言可以前知矣。

但衡今云：或謂陽明所云，不逆不億而為人所欺者，尚亦不失為善。但不如致良知先覺者之尤為賢也。是析誠明良知而為二矣。語意之間，固不免易滋誤解。要知本節所云良知，蓋取誠明相生之義而言。自誠明，誠之止也。自明誠，明之止也。用以破崇一不逆不億而為人所欺者，亦由誠之不足，而未能至于止也。看似析為二，實則猶一也。

施邦曜總評云：此書說良知不滯見聞，亦不離見聞。所以要博學審問。二段說人心之思有是非邪正。所以要慎思明辨。三段言君子之學，終身只是集義。便是篤行之。四段則明而誠矣。體貼之自得。

①逆億。論語，憲問篇第十四，第三十三章，子曰，「不逆詐（料度人之欺己），不億不信（不意想人之疑己），抑亦先覺者，是賢乎」。

②先覺，同上註。

③不慮而知，參看第八條，註二。

④知險。易經，繫辭下傳，第十二章，「夫乾，天下之至健也。德行恒易以知險。夫坤，天下之至順也。德行恒簡以知阻」。

⑤先天。易經，乾卦，文言，「夫大人者與天地合其德。與日月合其明。與四時合其序。與鬼神合其吉凶。先天而天弗違。後天而奉天時。天且弗違，而況于人乎？況于鬼神乎」？

⑥爲己。論語，憲問篇第十四，第二十五章，子曰，「古之學者爲己。今之學者爲人」。

⑦誠明，參看第一六四條，註四。

⑧「明」，南本，施本，俞本，均作「誠」。

⑨子思，參看第四十二條，註一。

⑩前知。中庸，第二十四章，「至誠之道，可以前知。至善，必先知之。不善，必先知之。故至誠如神」。

答羅整菴少宰①書②

(172) 某頓首啓。昨承教及大學，發舟匆匆，未能奉答。曉來江③行稍暇，復取手教而讀之。恐至贛④後，人事復紛沓。先具其略以請。來教云，「見道固難，而體道尤難。道誠未易明，而學誠不可不講。恐未可安於所見，而遂以爲極則也」⑤。幸甚幸甚！何以得聞斯言乎？其敢自以爲極則而安之乎？正思就天下之有道以講明之耳。而數年以來，聞其說而非笑之者有矣。詬訾之者有矣。置之不足較量辨議之者有矣。其肯遂以教我乎？其肯遂以教我，而反覆曉諭，惻然惟恐不及救正之乎？然則天下之愛我者，固莫有如執事之心深且至矣。感激當何如哉！夫「德之不修。學之不講」⑥，孔子以爲憂。而世之學者，稍能傳習訓詁，即皆自以爲知學。不復有所謂講學之求。可悲矣。夫道必體而後見，非已見道而後加體道之功也。道必學而後明，非外講學而復有所謂明道之事也。然世之講學者有二。有講之以身心者。有講之以口耳者。講之以口耳，揣摸測度，求之影響者也。講之以身心，行著習察⑦，實有諸己者也。如此，則知孔門之學矣。

吉村秋陽云：後人議王子者，皆不出此數言，而王子既已言之。

①羅整菴。羅欽順，字允升，號整菴（一四六五—一五四七）。吉之泰和（江西）人。弘治壬子（一四九

二）鄉試第一。明年進士及第。授翰林編修。擢南京國子司業。以疏乞歸家養親，忤宦官劉謹，奪職爲民。後官至南京禮部尚書。著困知記，發揚理氣心性之學。雖未與朱子全同，然不失爲明代程朱學派之最傑出者。參看明儒學案，卷四十七，與明史，卷二八二。

②荅書。正德十五年（一五二〇），陽明四十九歲。已平江西之亂，捉獲宸濠。六月經泰和。羅欽順來書。見困知記，天啓二年（一六二二）本，附錄，卷五，頁五上至十上。陽明复之。

③江，指揚子江。

④贛州，在江西南部。

⑤來教云。整菴來書。語見困知記，附錄，卷五，頁六下。

⑥不講。論語，述而篇第七，第三章，子曰，「德之不修，學之不講，聞義不能徙，不善不能改，是吾憂也」。

⑦習察，參看第一〇一條，註八。

⑰來教謂某大學古本之復①，以人之爲學，但當求之於內，而程朱格物之說，不免求之於外。遂去朱子之分章②，而削其所補之傳③。非敢然也。學豈有內外乎？大學古本，乃孔門相傳舊本耳。朱子疑其有所脫誤而改正補緝之。在某則謂其本無脫誤，悉從其舊而已矣。失在於過信孔子則有之。非故去朱子之分章而削其傳也。夫學貴得之心。求之於心而非也，雖其言之出於孔子，不敢以爲是也。而況其未及孔子者乎？求之於心而是也，雖其言之出於庸常，不敢以爲非也。而況其出於孔子者乎？且舊本之傳，數千載矣。今讀其文詞，既明白而

可通。論其工夫，又易簡而可入。亦何所按據而斷其此段之必在於彼，彼段之必在於此，與此之如何而缺，彼之如何而誤④，而遂改正補緝之？無乃重於背朱，而輕於叛孔已乎？

馮柯云：致知格物之傳，本未嘗缺，但簡錯耳。朱子以己意補之，則因其錯而謂其缺，固非也。陽明見其補之非也，遂削之而復古本，則因其不缺而謂其不錯，亦非也。…今但據其所改正，而以聽訟之釋本末者為釋格物致知，則節次分明，意義周密。不必補，不必復，不必移，而傳自完矣（求是編，卷三，頁三十三上下）。

捷案：馮說是否有當，今不必論，而其兼評朱王，則亦非固守門戶者也。

①古本，參看上卷徐愛序，註二，及第一條。

②分章，參看第一二九條，註三。

③補傳，參看第六條，註一。

④「誤」，全書及通行本作「補」。今从施本與俞本改作「誤」。

⑰⑭ 來教謂如必以學不資於外求，但當反觀內省以爲務，則正心誠意四字，亦何不盡之有？何必於入門之際，便困以格物①一段工夫也？誠然誠然。若語其要，則脩身二字亦足矣。何必又言正心？正心二字亦足矣。何必又言誠意？誠意二字亦足矣？何必又言致知，又言格物？惟其工夫之詳密，而要之只是一事。此所以爲精一②之學。此正不可不思者也。夫理無內外。

性無內外。故學無內外。講習討論，未嘗非內也。反觀內省，未嘗遺外也。夫謂學必資於外求，是以己性爲有外也。是義外③也，用智④者也。謂反觀內省爲求之於內，是以己性爲有內也。是有我也，自私者也。是皆不知性之無內外也。故曰，「精義入神。以致用也。利用安身。以崇德也」⑤，「性之德也。合內外之道也」⑥。此可以知格物之學矣。格物者，大學之實下手處。徹頭徹尾，自始學至聖人，只此工夫而已。非但入門之際有此一段也。夫正心、誠意、致知、格物，皆所以脩身而格物者。其所用力，實⑦可見之地。故格物者，格其心之物也，格其意之物也，格其知之物也。正心者，正其物之心也。誠意者，誠其物之意也。致知者，致其物之知也。此豈有內外彼此之分哉？理一而已。以其理之凝聚而言則謂之性。以其凝聚之主宰而言則謂之心。以其主宰之發動而言則謂之意。以其發動之明覺而言則謂之知。以其明覺之感應而言則謂之物。故就物而言謂之格。就知而言謂之致。就意而言謂之誠。就心而言謂之正。正者，正此也。誠者，誠此也。致者，致此也。格者，格此也。皆所謂窮理以盡性也。天下無性外之理，無性外之物。學之不明，皆由世之儒者認理爲外，認物爲外。而不知義外之說，孟子蓋嘗闢之⑧。乃至襲陷其內而不覺。豈非亦有似是而難明者歟？不可以不察也。

劉宗周云：整菴又有答先生書云，前三物為物三，後三物為物一，為自相矛盾。要之，物一也。而不能不殺而為兩，散而為萬。先生之言，自是八面玲瓏（遺編，卷十一，陽明傳信錄一，頁五下至一上。又見明儒學案，卷十，頁七上）。

捷案：羅書云，「夫謂其格其心之物，格其意之物，格其知之物，其為物也三。謂正其物之心，誠其物之意，致其物之知，其為物也一而已」（困知記，附錄，卷五，頁八上）。

①格物。大學，經文，「物格，而后知至。知至，而后意誠。意誠，而后心正。心正，而后身脩。身脩而后家齊。家齊，而后國治。國治，而后天下平」。

②精一，參看第二條，註四。

③義外，參看第一三三條，註四。

④用智，參看第一四五條，註十。

⑤崇德，語見易經，繫辭上傳，第五章。

⑥合內外，語出中庸，第二十五章。

⑦「實」，全書作「日」。今从施本，俞本，改「實」。

⑧闢之。孟子闢告子義外之說，見孟子，告子篇第六上，第四章。

175 凡執事所以致疑於格物之說者，必謂其是內而非外也。必謂其專事於反觀內省之為而遺棄其講習討論之功也。必謂其一意於綱領本原之約，而脫略於支條節目之詳也。必謂其沉溺於枯槁虛寂①之偏，而不盡於物理人事之變也。審如是，豈但獲罪於聖門，獲罪於朱子？是邪說誣民，叛道亂正。人得而誅之也。而況於執事之正直哉？審如是，世之稍明訓詁，聞先哲之緒論者，皆知其非也。而況執事之高明哉？凡某之所謂格物，其於朱子九條②之說，皆包羅統括於其中。但爲之有要，作用不同。正所謂毫釐之差③耳。然毫釐之差，而千里之謬，實起於此。不可不辨。

①虛寂，指道家。

②九條，爲㈠或讀書講道義，或論古今人物而別其是非，或應接事物而處其當。今日格物。明日又格一物。㈡自一身之中，以至萬物之理，多多理會。㈢非窮盡天下之理。亦非止窮得一理。但須多積累。㈣于一一事上窮盡，可以類推。一事上窮不得，且別窮一事。或先其易。或先其難。各隨人深淺。㈤物必有理，皆所當窮。㈥如欲爲孝，當知所以爲孝之道。㈦物我一理。纔明彼，即曉此。一草一木皆有理，不可不察。㈧知至善之所在。㈨察之于身。此九條皆言格物致知所當用力之地與其次第工程。詳大學或問，頁四十六上至五十二上。

③千里，參看第四條，註六。

176 孟子闢楊墨至於無父無君①。二子亦當時之賢者。使與孟子並世而生，未必不以之爲賢。墨子兼愛，行仁而過耳。楊子爲我，行義而過耳。此其爲說，亦豈滅理亂常之甚而足以眩天下哉？而其流之弊，孟子至比於禽獸夷狄。所謂以學術殺天下後世②也。今世學術之弊，其謂之學仁而過者乎？謂之學義而過者乎？抑謂之學不仁不義而過者乎？吾不知其於洪水猛獸何如也。孟子云，「予豈好辯哉？予不得已也」③。楊墨之道塞天下。孟子之時，天下之尊信楊墨，當不下於今日之崇尚朱說。而孟子獨以一人呶呶於其間。噫，可哀矣！韓氏云，「佛老之害，甚於楊墨。④」韓愈之賢，不及孟子。孟子不能救之於未壞之先，而韓愈乃欲全之於已壞之後。其亦不量其力。且見其身之危，莫之救以死也。嗚呼！若某者，其尤不量其力。果見其身之危，莫之救以死也矣。夫衆方嘻嘻之中，而獨出涕嗟若⑤。舉世恬然以趨，而獨疾首蹙額以爲憂。此其非病狂喪心，殆必誠有大苦者隱於其中。而非天下之至仁，其孰能察之？其爲「朱子晚年定論」⑥，蓋亦不得已而然。中間年歲早晚，誠有所未考。雖不必盡出於晚年，固多出於晚年者矣。然大意在委曲調停，以明此學爲重。平生於朱子之說，如神明蓍龜。一旦與之背馳，心誠有所未忍。故不得已而爲此。「知我者謂我心憂。不知我者謂我何求」⑦。蓋不忍牴牾朱子者，其本心也。不得已而與之牴牾者，道固如是。「不直則道不見」⑧也。執事所謂決與朱子異者，僕敢自欺其心哉？夫道，天下之公道也。學，天下之公學也。非朱子可得而私也。非孔子可得而私也。天下之公也。公言之而已矣。故言之而是，雖異於己，乃益於己也。言之而非，雖同於己，適損於己也。益於己者己必喜之。損於己者己必惡之。然則某今日之論，雖或於朱子異。未必非其所喜也。「君子之過，如日月之食，其更也，人皆仰之」⑨。而「小人之過也必文」⑩。某雖不肖，固不敢以小人之心事朱子也。

施邦曜云：此書論朱子而舉楊墨佛老以為證，其詞未免過激。然朱子自有朱子之得力處。不必強而同也。蓋人之姿稟不齊。即孔門諸弟子，顏、曾、游、夏、冉、閔，得力人人殊。只是趨向皆正耳。要曉得先生諄諄然不得已于辯者，非是許朱子之短。只因後之學者，溺于訓詁，俱藉口朱子為重。故作晚年定論，以明朱子之心，以挽末學之病。卽朱子亦當欣然于廊廡也。學者不可不知。

孫鏘云：王學本獨有千古，可俟百世。何必借朱子為定論？況明言其不必盡出于晚年哉？觀「委曲調停」四字，先生蓋猶有鄉愿之見。而王學所以予人口實者，正在此也。今世學者旣鮮專尊朱學以攻王學者。故本書之末，武昌本，江西本，均附刻定論。今刪之。

①楊墨，參看第九十三條，註四，與第一四一條，註一。

②學術殺天下。陸象山，象山全集，四部備要本，卷一，與曾宅之書，頁三上，「此豈非以學術殺天下哉」？

③好辯。孟子，滕文公篇第三下，第九章，「予豈好辯哉？予不得已也」。

④韓愈語見韓昌黎全集，卷十八，四部備要本，與孟簡尚書書，頁九上下。韓愈，見第十一條，註二。

⑤涕嗟若。易經，離卦，爻辭，「出涕沱若，戚嗟若」。

⑥定論，附刊于卷下之末。

⑦何求，語見詩經，王風，黍離篇，第六十五篇。

⑧不見。孟子，滕文公篇第三上，第五章，孟子語。

⑨君子之過。論語，子張篇第十九，第二十一章，子貢曰，「君子之過也，如日月之食焉。過也，人皆見之。更也，人皆仰之」。

⑩必文，見同篇，第八章。子夏之語。

(177)執事所以教，反覆數百言。皆以未悉鄙人格物之說。若鄙說一明，則此數百言，皆可以不待辯說，而釋然無滯。故今不敢縷縷以滋瑣屑之瀆。然鄙說非面陳口析，斷亦未能了了於紙筆間也。嗟乎！執事所以開導啓廸於我者，可謂懇到詳切矣。人之愛我，寧有如執事者乎？僕雖甚愚下，寧不知所感刻佩服？然而不敢遽舍其中心之誠，然而姑以聽受云者，正不敢有負於深愛，亦思有以報之耳。秋盡東還，必求一面，以卒所請。千萬終教。

王應昌云：先生開口閉口，只是一個良知。似从朱子晚年悟後語得來。則先生之為學，與朱子本是一個血脈。

佐藤一齋云：整菴困知記載與陽明書二首。此書即其前書之答也。整菴旣得此答，復作一書論難。而陽明卒，不及覽之。整菴以為憾。愚今取讀之。大意不出于前書範圍。于答是也何有？

東正純云：按，文成是書，斥朱子頗過傷。故學朱者不能平焉。湯潛庵（湯斌，一六二七—一六八七）答陸稼書（陸隴其，一六三〇—一六九二）書云，「來諭陽明嘗比朱子于洪水猛獸。是詆毀先儒莫如陽明也。今亦黜毀先儒者耳。庸何傷？竊謂陽明之詆朱子也，陽明之大罪過也。于朱子何損？今人功業文章，未能望陽明之萬一，而止效法其罪過。如兩口角罵。何益之有？恐朱子亦不樂有此報復矣」云云。（湯文正公全書，同治辛未（一八七一）年本，卷二，頁六十五上下）。潛庵之言，真是公明正中，無偏無黨，可以為法也。

答聶文蔚①

178 春間②遠勞迂途枉顧，問證惓惓③。此情何可當也？已期二三同志，更處靜地，扳留④旬日，少效其鄙見，以求切劘⑤之益。而公期俗絆，勢有不能。別去極怏怏⑥，如有所失。忽承箋惠，反覆千餘言。讀之無甚⑦浣慰。中間推許太過。蓋亦獎掖之盛心。而規礪眞切，思欲納之於賢聖之域。又託諸崇一⑧以致其勤勤懇懇之懷。此非深交篤愛，何以及是？知感知媿，且懼其無以堪之也。雖然，僕亦何敢不自鞭勉，而徒以感媿辭讓爲乎哉？其謂思、孟、周、程⑨，無意相遭於千載之下。與其盡信於天下，不若眞信於一人。道固自在，學亦自在。天下信之不爲多，一人信之不爲少者⑩。斯固「君子不見是而無悶」⑪之心。豈世之譾譾⑫屑屑者知足以及之乎？乃僕之情，則有大不得已者存乎其間，而非以計人之信與不信也。

①聶豹，字文蔚，號雙江（一四八七—一五六三）。永豐（江西）人。歷官至陝西按察司副使。爲輔臣所惡而入獄。踰年得出。尋任兵部尚書。以邊功加至太子少傅。卒謚貞襄。陽明在越。先生以御史按閩過武林。欲渡江見之。人言力阻不聽。一見大悅。陽明既沒，先生時官蘇州。謂昔之未稱門生者冀再見耳。今不可得矣。乃設位北面再拜，始稱門生。以錢德洪王畿爲證。其學以主歸寂以通天下之感。且有疑陽

明之說。同門各致難端。其時陽明已揭致良知之教。然早年亦以收歛爲主。故黃宗羲云，「其後學者有喜靜厭動之弊，故以致良知救之。而曰良知是未發之中，則猶之乎前說也。先生亦何背乎師門」？參看明儒學案，卷十七，頁八下至十七上，及明史，卷二〇二。

②春間。年譜繫聶書于嘉靖五年（一五二六）。是年陽明五十五歲，在越。年譜謂是年夏先生見陽明。別後致此書。施本，俞本，均作「夏間」。未知孰是。又年譜謂南元善于嘉靖三年（一五二四）續刻傳習錄，錄收此書。則年譜繫聶書之年與繫南刻之年，必有一誤。

③問證惓惓。日本諸本「問」作「間」，誤。南本，施本，無「證惓惓」三字，「已期」至「靜地」十字，及「反復」至「無甚」九字。而「扳留」之上有「甚欲」二字，「浣慰」之下有「可知」二字。

④扳留，即挽留。

⑤切劘，切磨也。

⑥「快快」，全書作「佚佚」，誤。

⑦「甚」，三輪執齋疑應作「堪」。

⑧崇一，歐陽南野，參看第一〇四條，註一。

⑨思孟周程。思，子思，參看第四十二條，註一。周，周敦頤，參看第一〇一條，註十四。

⑩聶書所言，今不見聶雙江文集。

⑪無悶。易經，乾卦，文言，「遯世無悶，不見是而無悶」。言隱世而無煩懣。

⑫譾，淺薄。

(179) 夫人者，天地之心。天地萬物本吾一體①者也。生民之困苦荼毒，孰非疾痛之切於吾身者乎？不知吾身之疾痛，無是非之心者也。是非之心，不慮而知，不學而能②。所謂良知也。良知之在人心，無間於聖愚。天下古今之所同也。世之君子，惟務致其良知。則自能公是非，同好惡，視人猶己，視國猶家，而以天地萬物爲一體。求天下無治，不可得矣。古之人所以能見善不啻若己出，見惡不啻若己入，視民之飢溺，猶己之飢溺③，而一夫不獲④，若己推而納諸溝中⑤者，非故爲是而以蘄⑥天下之信己也。務致其良知，求自慊而已矣。堯舜三王⑦之聖，言而民莫不信⑧者，致其良知而言之也。行而民莫不說者，致其良知而行之也。是以其民熙熙皞皞⑨，殺之不怨，利之不庸⑩。施及蠻貊，而凡有血氣者，莫不尊親爲其良知之同也。嗚呼！聖人之治天下，何其簡且易哉！

①一體，參看第八十九條，註一。

②不學而能，參看第八條，註二。

③飢溺。孟子，離婁篇第四下，第二十九章，「禹思天下有溺者，由己溺之也。稷思天下有飢者，由己飢之也」。

④一夫。書經，說命下，第十節，「一夫不獲，則曰時予之辜」。

⑤溝中。孟子，萬章篇第五上，第七章，「匹夫匹婦，有不被堯舜之澤者，若己（湯）推而內（納）之溝中」。

⑥蘄，求也。某本作「靳」，誤。

⑦三王，湯，文、武。

⑧莫不信。中庸，第三十一章，「見而民莫不敬。言而民莫不信。行而民莫不說。……施及蠻貊。……凡有血氣者，莫不尊親」。

⑨熙皞。熙，和也。皞，廣大自得貌。

⑩不庸，孟子，盡心篇第七上，第十三章語。

(180) 後世良知之學不明。天下之人，用其私智，以相比軋①。是以人各有心。而偏瑣僻陋之見，狡僞陰邪之術，至於不可勝說。外假仁義之名，而內以行其自私自利之實。詭辭以阿俗，矯行以干譽。揜人之善，而襲以爲己長。訐②人之私，而竊以爲己直。忿以相勝，而猶謂之徇義。險以相傾，而猶謂之疾惡。妒賢忌能，而猶自以爲公是非。恣情縱欲，而猶自以爲同好惡。相陵相賊。自其一家骨肉之親，已不能無爾我勝負之意，彼此藩籬之形。而況於天下之大，民物之衆，又何能一體而視之？則無怪於紛紛籍籍，而禍亂相尋③於無窮矣。

①軋，傾也。

②訐，揭露。

③尋，續也。

(181) 僕誠賴天之靈，偶有見於良知之學。以爲必由此而後天下可得而治。是以每念斯民之陷溺，則爲之戚然痛心。忘其身之不肖，而思以此救之，亦不自知其量者。天下之人見其若是，遂相與非笑而詆斥之。以爲是病狂喪心之人耳。嗚呼！是奚足恤哉？吾方疾痛之切體，而暇計人之非笑乎？人固有見其父子兄弟之墜溺於深淵者，呼號匍匐，裸①跣顚頓，扳懸崖壁而下拯之。士之見者，方相與揖讓談笑於其傍。以爲是棄其禮貌衣冠，而呼號②顚頓若此。是病狂喪心者也。故夫揖讓談笑於溺人之傍，而不知救。此惟行路之人，無親戚骨肉之情者能之。然已謂之無惻隱之心非人③矣。若夫在父子兄弟之愛者，則固未有不痛心疾首，狂奔盡氣，匍匐而拯之。彼將陷溺之禍有不顧，而況於病狂喪心之譏乎？而又況於蘄人之信與不信乎？嗚呼！今之人雖謂僕爲病狂喪心之人，亦無不可矣。天下之人心，皆吾之心也。天下之人，猶有病狂者矣。吾安得而非病狂乎？猶有喪心者矣。吾安得而非喪心乎？

①「裸」，施本，俞本，作「踝」。

②「號」，三輪執齋本作「唬」。

③惻隱。孟子，公孫丑篇第二上，第六章，「無惻隱之心，非人也」。

⑱② 昔者孔子之在當時，有議其爲諂者①。有譏其爲佞者②。有毀其未賢③，詆其爲不知禮④，而侮之以爲東家丘者⑤。有嫉而沮之者⑥，有惡而欲殺之者⑦。晨門荷蕢之徒，皆當時之賢士。且曰「是知其不可而爲之者歟」⑧？「鄙哉硜硜乎！莫己知也，斯已而已矣」⑨。雖子路在升堂之列⑩，尙不能無疑於其所見⑪，不悅於其所欲往⑫，而且以之爲迂⑬。則當時之不信

夫子者，豈特十之二三而已乎？然而夫子汲汲遑遑，若求亡子於道路，而不暇於煖席者，寧以蘄人之知我信我而已哉？蓋其天地萬物一體之仁，疾痛迫切，雖欲已之，而自有所不容已。故其言曰，「吾非斯人之徒與而誰與」⑭？「欲潔其身，而亂大倫」⑮。「果哉末之難矣」⑯。嗚呼！此非誠以天地萬物爲一體者，孰能以知夫子之心乎？若其「遯世無悶」⑰，「樂天知命」⑱者，則固「無入而不自得」⑲，「道並行而不相悖」⑳也。

①爲諂。論語，八佾篇第三，第十八章，子曰，「事君盡禮。人以爲諂也」。

②佞者。論語，憲問篇第十四，第三十四章，微生畝曰：「丘（叫孔子之名，表示不恭）何爲是栖栖（依依）者歟？無乃爲佞（以言悅人）乎」？孔子曰，「非敢爲佞也。疾固（惡執一不通）也」。

③未賢。論語，子張篇第十九，第二十四章：叔孫武叔毀仲尼。子貢曰，「無以爲也。仲尼不可毀也。他人之賢者，丘陵也。猶可踰也。仲尼，日月也。無得而踰焉」。

④不知禮。論語，八佾篇第三，第十五章：子入太廟，每事問。或曰，「孰謂鄹人之子知禮乎？入太廟，每事問」。子聞之曰，「是禮也」。

⑤東家丘。中日辭典及註家均引孔子家語云，「孔子西家有愚夫，不知孔子爲聖人。乃曰，「彼東家丘，我知之矣」。諸家所引辭句略有出入。陳琳（二一七卒）爲曹洪與魏文帝書注引此事（大漢和辭典，第六冊，頁五八八七）。沈約（四四一—五一三），隱侯某，（光緒十八年，一八九二，漢魏六集百三家集本），卷一，頁八十三下，亦謂時人稱孔子爲東家丘。則此說流傳已久。惟遍查今本孔子家語無此事。豈本出古本家語耶？古本早已佚亡，無可考矣。三輪執齋門人河田琴卿與小柳司氣太謂語亦出說苑。

然遍查亦不見。

⑥嫉沮。論語，微子篇第十八，第四章，「齊人歸女樂。季桓子受之。三日不朝。孔子行」。魯定公十四年乙巳（前四九六），孔子年五十六，攝行相事。魯國大治。齊人贈女樂以阻之。

⑦欲殺。論語，述而篇第七，第二十二章，子曰，「天生德于予。桓魋其如予何」？孔子適宋。司馬桓魋欲殺之。

⑧晨門。論語，憲問篇第十四，第四十一章：子路宿于石門。晨門曰，「奚自」？子路曰，「自孔氏」。曰，「是知其不可而爲之者與」！

⑨鄙哉。同上，第四十二章：子擊磬于衛。有荷蕢而過孔氏之門者。曰，「有心哉！擊磬乎」！既而曰，「鄙哉！硜硜（石聲）乎！莫己知也（譏孔子不知己）。斯已而已矣（可以止矣）。深則厲（以衣涉水），淺則揭（攝衣涉水）（言應知深淺）」。子曰，「果哉（其人決意忘世）！末之難矣（出處若只如此，亦無所難）」。

⑩升堂。論語，先進篇第十一，第十四章，「由（子路）也，升堂（已造正大）矣。未入于室（未入精微）也」。

⑪所見。論語，雍也篇第六，第二十六章：子見南子（衛靈公夫人，有淫行）。子路不說。夫子矢之，曰，「予所否者，天厭之，天厭之」。

⑫欲往。論語，陽貨篇第十七，第五章：公山弗擾（季氏宰）以費（邑）畔。召。子欲往。子路不說曰，「末之也已（道既不行。無所往矣）。何必公山氏之之（往）也」？子曰，「夫召我者，而豈徒（徒然）哉？如有用我者，吾其爲東周（興周道于東方）乎」！

⑬爲迂。論語，子路篇第十三，第三章：子路曰，「衛君待子而爲政。子將奚先」？子曰，「必也正名乎」。子路曰，「有是哉？子之迂（遠于事情）也。奚其正」？子曰，「野（鄙俗）哉，由也。君子于其所不知，蓋闕如也。名不正，則言不順。言不順，則事不成……」。

⑭誰與。論語，微子篇第十八，第六章：長沮桀溺耦而耕。孔子過之。使子路問津焉。…桀溺曰：「是魯孔丘之徒與？…滔滔者（流而不反，天下皆亂）天下皆是也。而誰以易之？且而（汝）與其从辟人之士（孔子）也，豈若从避世之士（桀溺）哉」？…夫子憮（悵）然嘆曰，「鳥獸不可與同群。吾非斯人（人類）之徒與而誰與？（如）天下有道，丘不（無須）與易也」。

⑮大倫。論語，微子篇第十八，第七章：子路从（孔子）而後（落後）。遇丈人，以杖荷蓧。……止（留）子路宿。…明日，子路行以告。子曰，「隱者也」。…子路（述孔子之意）曰，…「君臣之義，如之何其廢之？欲潔其身，而亂大倫」。

⑯果哉，見上註九。

⑰無悶，參看第一七八條，註十一。

⑱知命，易經，繫辭上傳，第四章語。

⑲自得，語出中庸，第十四章。

⑳並行，語出中庸，第三十章。

(183) 僕之不肖，何敢以夫子之道爲己任？顧其心亦已稍知疾痛之在身。是以徬徨四顧，將求其有助於我者相與講去其病耳。今誠得豪傑同志之士，扶持匡翼，共明良知之學於天下。使天下之人，皆知自致其良知，以相安相養。去其自私自利之蔽，一洗讒妬勝忿之習，以濟於大同①，則僕之狂病，固將脫然以愈，而終免於喪心之患矣。豈不快哉！嗟乎！今誠欲求豪傑同志之士於天下，非如吾文蔚者而誰望之乎？如吾文蔚之才與志，誠足以援天下之溺者。今又既知其具之在我，而無假於外求矣。循是而充②，若決河注海，孰得而禦哉？文蔚所謂一人信之不爲少。其又能遜以委之何人乎？

①大同。禮記，禮運篇，第一節，「大道之行也，天下爲公。選賢與能。講信修睦。…是謂大同」。

②「而充」，施本，兪本，作「以往」。

⑱④ 會稽①素號山水之區。深林長谷，信步皆是。寒暑晦明，無時不宜。安居飽食，塵囂無擾。良朋四集，道義日新。優哉游哉！天地之間，寧復有樂於是者？孔子云，「不怨天。不尤人。下學而上達」②。僕與二三同志，方將請事斯語。奚暇外慕？獨其切膚之痛，乃有未能恝然者。輒復云云爾。咳疾暑毒。書札絕懶。盛使遠來，遲留經月。臨歧執筆，又不覺累紙。蓋於相知之深，雖已縷縷至此，殊覺有所未能盡也。

施邦曜云：此篇文字，見先生直以斯道自任。

佐藤一齋云：會稽以下，寫出遯世無悶，樂天知命狀景。

東正純云：文成是書，大意在因文蔚之言，而更洗潑而進之。固非抑文蔚之言而伸其說也。　又云：遯世無悶之情，寫出無剩。蓋樂天知命之學，必从潛龍不拔入焉。自非聰明之至，不能知其所以然。故為文蔚切言之。

孫鏘云：此篇自述救世苦心。

①會稽，山名，又縣名，即浙江紹興。山明水秀，爲浙東勝地。陽明書院成立于此。故良朋四集。

②上達，語見論語，憲問篇第十四，第三十七章。

二①

185 得書②見近來所學之驟進，喜慰不可言。諦③視數過。其間雖亦有一二未瑩徹處，却是致良知之功尚未純熟。到純熟時，自無此矣。譬之驅車。既已由於康莊大道之中。或時橫斜迂曲者，乃馬性未調，銜勒不齊之故。然已只在康莊大道之中，決不賺入傍蹊曲徑矣。近時海內同志到此地位者，曾未多見。喜慰不可言。斯道之幸也。賤軀舊有咳嗽畏熱④之病。近入炎方輒復大作。主上聖明洞察，責付甚重。不敢遽辭。地方軍務冗沓，皆輿疾從事。今却幸已平定。已具本⑤乞回養病。得在林下稍就清涼，或可瘳耳。人還。伏枕草草。不盡傾企。外惟濬⑥一簡，幸達致之。

①第二書，嘉靖七年（一五二八），十月，發于廣西。爲陽明絕筆之書。

②得書。聶豹來書，載雙江文集，嘉靖甲子（一五六四）年本，卷八，頁一上至六下。該書題目下云丁亥，即嘉靖六年。大概六年之冬或七年春夏方到。或早已收到。固軍事冗沓，遲而未復，亦未可知。

③諦，審也。

④咳嗽。據七年十月陽明疏請告，陽明六年承乏南贛，爲炎毒所中，遂患咳痢之疾。入廣西炎熱之區，毒益甚。

⑤具本，呈文，即十月之疏請告。而十一月卒于江西南安矣。

⑥惟濬，陳九川，參看第二〇一條，註二。致惟濬書載全書，卷六，頁三一下至三三上。

186 來書所詢，草草奉復一二。近歲來山中講學者，往往多說勿忘勿助①工夫甚難。問之，則云才著意便是助。才不著意便是忘。所以甚難。區區因問之云，忘是忘箇甚麼？助是助箇甚麼？其人默然無對。始請問。區區因與說我此間講學，卻只說箇「必有事焉」②。不說勿忘勿助。必有事焉者，只是時時去集義③。若時時去用必有事的工夫，而或有時間斷，此便是忘了。卽須勿忘。時時去用必有事的工夫，而或有時欲速求效，此便是助了。卽須勿助。其工夫全在必有事焉上用。勿忘勿助，只就其間提撕警覺而已。若是工夫原不間斷，卽不須更說勿忘。原不欲速求效，卽不須更說勿助。此其工夫何等明白簡易！何等灑脫自在！今卻不去必有事上用工，而乃懸空守著一箇勿忘勿助。此正如燒鍋煮④飯。鍋內不曾漬⑤水下米，而乃專去添柴放火。不知畢竟煮出箇甚麼物來。吾恐火候未及調停，而鍋已先破裂矣。近日一種專在勿忘勿助上用工者，其病正是如此。終日懸空去做箇勿忘，又懸空去做箇勿助。渀渀蕩蕩⑥，全無實落下手處。究竟工夫只做箇沉空守寂⑦。學成一箇癡騃漢。才遇些子事來，即便牽滯紛擾，不復能經綸宰制。此皆有志之士，而乃使之勞苦纏縛，擔⑧閣一生。皆由學術誤人之故。甚可憫矣。

孫奇逢云：必有事焉，謂有事于集義也。

東正純云：不說勿忘勿助，只時時去集義，此說固善。亦以有轉化交發之妙耳。若問集義，亦應不說集義須勿忘勿助之功矣。此處不善看，王湛之門所以各爭意見也。「近日」云云，暗指甘泉（湛若水，參看二〇一條）。甘泉有與陽明書，極有商量。甘泉豈懸空講勿忘勿助者乎？

①忘助，參看第八十七條，註二。
②必有事焉，同上註。
③集義，見第四十條，註一。
④「煮」，三輪執齋本作「鬻」。
⑤「漬」，南本作「注」。
⑥渀蕩，渺渺茫茫也。
⑦空寂，指釋道。

⑧「擔」，三輪執齋本與佐藤一齋本均作「耽」。

⑱⑦ 夫必有事焉，只是集義。集義只是致良知。說集義則一時未見頭腦。說致良知卽當下①便有實地步可用工。故區區專說致良知。隨時就事上致其良知，便是格物。著實去致②良知，便是誠意。著實致其良知，而無一毫意必固我③，便是正心。著實致良知，則自無忘之病。無一毫意必固我，則自無助之病。故說格致誠正④，則不必更說箇忘助。孟子說忘助，亦就告子得病處立方。告子強制其心，是助的病痛。故孟子專說助長之害。告子助長，亦是他以義爲外。不知就自心上集義，在必有事焉上用功，是以如此。若時時刻刻就自心上集義，則良知之體，洞然明白。自然是是非非，纖毫莫遁。又焉有「不得於言，勿求於心。不得於心，勿求於氣」⑤之弊乎？孟子集義養氣之說，固大有功於後學。然亦是因病立方，說得大段。不若大學格致誠正之功，尤極精一簡易爲徹上徹下，萬世無弊者也。

劉宗周云：致良知只是存天理之本然（遺編，卷十一，陽明傳信錄一，頁十六上。又見明儒學案，卷十，頁十一下。東正純誤以為黃宗義語）。

但衡今云：陽明以孟云集義所生，說明致良知之功。以良知之間斷與否，說明必有事焉，勿忘勿助之功。推而至于格物、誠意、正心，皆有實地工夫可用。條理分明。用以破當時單提勿忘勿助而煑空鍋者之迷。無有不恍然而目悟者也。至所云「集義只是致良知」，陽明取以說明必有事焉，與致字之功。不必以其致良知之學，卽孟子所謂集義也。不可不辨。

①當下，當時也，現在也。

②「致」，南本作「致其」。

③意必。論語，子罕篇第九，第四章，「子絕四：毋意，毋必，毋固，毋我」。

④格致誠正，見大學經文。

⑤勿求于氣，參看第八十一條，註二。

188 聖賢論學，多是隨時就事。雖言若人①殊，而要其工夫頭腦若合符節。緣天地之間，原只有此性，只有此理，只有此良知，只有此一件事耳。故凡就古人論學處說工夫，更不必攙和兼搭②而說。自然無不脗合貫通者。纔須攙和兼搭而說，即是自己工夫未明徹也。近時有謂集義③之功，必須兼搭箇致良知而後備者，則是集義之功，尚未了徹也。集義之功，尚未了徹，適足以爲致良知之累而已矣。謂致良知之功，必須兼搭一箇勿忘勿助④而後明者，則是致良知之功。尚未了徹也。致良知之功。尚未了徹，適足以爲勿忘勿助之累而已矣。若此者皆是就文義上解釋。牽附以求混融湊泊，而不曾就自己實工夫上體驗。是以論之愈精，而去之愈遠。文蔚之論，其於大本達道⑤，既已沛然無疑。至於致知窮理⑥及忘助等說，時亦有攙和兼搭處。却是區區所謂康莊大道之中，或時橫斜迂曲者。到得工夫熟後，自將釋然矣。

①「人」，三輪執齋與佐藤一齋本作「是」，南本作「人人」。
②攙和兼搭，搭掛附和以牽合。
③集義，見第四十條，註一。
④忘助，參看第八十七條，註二。
⑤大本達道，見中庸，第一章。
⑥致知窮理，見大學，第五知本章朱子補傳。

⑱⑨ 文蔚謂致知之說，求之事親從兄之間，便覺有所持循者，此段最見近來眞切篤實之功。但以此自爲不妨，自有得力處，以此遂爲定說教人，却未免又有因藥發病之患。亦不可不一講也。蓋良知只是一箇天理自然明覺發見處。只是一箇眞誠惻怛，便是他本體。故致此良知之眞誠惻怛以事親便是孝。致此良知之眞誠惻怛以從兄便是弟。致此良知之眞誠惻怛以事君便是忠。只是一箇良知，一箇眞誠惻怛。若是從兄的良知不能致其眞誠惻怛，即是事親的良知不能致其眞誠惻怛矣。事君的良知不能致其眞誠惻怛，即是從兄的良知不能致其眞誠惻怛矣。故致得事君的良知，便是致却從兄的良知。致得從兄的良知，便是致却事親的良知。不是事君的良知不能致，却須又從事親的良知上去擴充將來。如此又是脫却本原，著在支節上求了。良知只是一箇。隨他發見流行處，當下①具足，更無去來，不須假借。然其發見流行處却自有輕重厚薄，毫髮不容增減者。所謂天然自有之中②也。雖則輕重厚薄，毫髮不容增減，而原又只是一箇。雖則只是一箇，而其間輕重厚薄，又毫髮不容增減。若得可增減，若須假借，即已非其眞誠惻

怛之本體矣。此良知之妙用所以無方體無窮盡，「語大天下莫能載。語小天下莫能破」③者也。

三輪執齋云：（天然之中），程子以事物言之。王子以心理說之也。

①當下，當時，現在。

②自有之中。　朱子，大學或問，頁五十六下，「程子所謂天然自有之中」。二程遺書，卷十七，頁五下，伊川云，「事事物物上皆天然有箇中在那上，不待人安排也」。

③莫能破，語見中庸，第十二章。

190 孟氏「堯舜之道，孝弟而已」①者，是就人之良知發見得最眞切篤厚，不容蔽昧處提省人。使人於事君、處友、仁民、愛物，與凡動、靜、語、默間，皆只是致他那一念事親從兄眞誠惻怛的良知。即自然無不是道。蓋天下之事，雖千變萬化，至於不可窮詰。而但惟致此事親從兄一念眞誠惻怛之良知以應之，則更無有遺缺滲②漏者。正謂其只有此一箇良知故也。事親從兄一念良知之外，更無有良知可致得者。故曰，「堯舜之道。孝弟而已矣」。此所以爲惟精惟一③之學，放之四海而皆準，施諸後世而無朝夕④者也。文蔚云欲於事親從兄之間，而求所謂良知之學，就自己用工得力處。如此說亦無不可。若曰致其良知之眞誠惻怛以求盡夫事親從兄之道焉，亦無不可也。明道云，「行仁自孝弟始。孝弟是仁之一事。謂之行仁之本則可。謂是仁之本則不可」⑤。其說是矣。

①孝弟，語出孟子，告子篇第六下，第二章。
②滲，水流下也。
③精一，參看第二條，註四。
④無朝夕。禮記，祭義，第三十四節，曾子曰，「夫孝置之而塞乎天地。溥之而橫乎四海。施諸後世而無朝夕。推而放諸東海⋯西海⋯南海⋯北海而準」。
⑤行仁，語見二程遺書，卷十八，頁一下。實伊川語。

191 億逆先覺①之說，文蔚謂誠則旁行曲防②，皆良知之用。甚善甚善。間有攙搭處，則前已言之矣。惟濬之言③亦未爲不是。在文蔚須有取於惟濬之言而後盡。在惟濬又須有取於文蔚之言而後明。不然，則亦未免各有倚着之病也。舜察邇言④而詢芻蕘⑤，非是以邇言當察，芻蕘當詢，而後如此。乃良知之發見流行，光明圓瑩，更無罣⑥礙遮隔處。此所以謂之大知。纔有執着意必⑦，其知便小矣。講學中自有去取分辨。然就心地上着實用工夫，却須如此方是。

①億逆，參看第一七一條，註一。
②曲防，委曲防禦，施本，俞本，作「曲行」。
③惟濬之言。惟濬，陳九川，參看第二〇一條，註一。其言已不可考。
④邇言。中庸，第六章，「舜好問，而好察邇言（淺近之言）」。

⑤詢蕘。詩經，大雅，生民之什，板章，第二五四篇，「先民有言，詢于芻蕘（採薪之人）」。陽明合二事爲一事，取其意耳。

⑥罣，即礙。

⑦意必，參看第二十九條，註三。

192 盡心①三節，區區曾有生知學知困知②之說，頗已明白，無可疑者。蓋盡心知性知天者，不必說存心養性事天，不必說殀壽不貳，修身以俟。而存心養性，與修身以俟之功，已在其中矣。存心養性事天者，雖未到得盡心知天的地位，然已是在那裏做箇求到盡心知天的工夫，更不必說殀壽不貳，修身以俟，而殀壽不貳，修身以俟之功，已在其中矣。譬之行路。盡心知天者，如年力壯健之人。既能奔走往來於數千百里之間者也。存心事天者，如童稺之年。使之學習步趨於庭除之間者也。殀壽不貳，修身以俟者，如襁抱之孩，方使之扶墻傍壁而漸學起立移步者也。既已能奔走往來於數千里之間者，則不必更使之於庭除之間而學步趨，而步趨於庭除之間自無弗能矣。既已能步趨於庭除之間，則不必更使之扶墻傍壁而學起立移步，而起立移步自無弗能矣。然學起立移步，便是學步趨庭除之始。學步趨庭除，便是學奔走往來於數千里之基。固非有二事。但其工夫之難易，則相去懸絕矣。心也、性也、天也、一也。故及其知之成功則一。然而三者人品力量自有階級，不可躐等而能也。細觀文蔚之論，其意以恐盡心知天者廢却存心修身之功，而反爲盡心知天之病。是蓋爲聖人憂工夫之或間斷，而不知爲自己憂工夫之未眞切也。吾儕用工，却須專心致志在殀壽不貳，修身以俟上做。只此便是做盡心知天功夫之始。正如學起立移步，便是學奔走千里之始。吾方自慮其不能起立移步，而豈遽慮其不能奔走千里？又況爲奔走千里者，而慮其或遺忘於起立移步之習哉？文蔚識見本自超絕邁往。而所論云然者，亦是未能脫去舊時解說文義之習。是③爲此三段書，分疏比合，以求融會貫通。而自添許多意見纏繞。反使用工不專一也。近時懸空去做勿忘勿助④者，其意見正有此病。最能擔⑤誤人。不可不滌除耳。

①盡心，參看第六條，註四。
②生知，參看同上，註六。
③「是」，王本作「故」。
④忘助，參看第八十七條，註二。
⑤「擔」，三輪執齋本，佐藤一齋本，均作「耽」。

193 所謂①尊德性而道問學②一節，至當歸一，更無可疑。此便是文蔚曾著實用工，然後能爲此言。此本不是險僻難見的道理。人或意見不同者，還是良知尚有纖翳潛伏。若除去此纖翳，卽自無不洞然矣。

①謂，南本，施本，兪本，均作「論」。
②尊德性，參看第二十五條，註五。

⑲ 已作書後，移臥簷間。偶遇無事，遂復答此。文蔚之學，既已得其大者。此等處久當釋然自解。本不必屑屑如此分疏。但承相愛之厚，千里差人遠及，諄諄下問。而竟虛來意，又自不能已於言也。然直戇煩縷已甚。恃在信愛，當不爲罪。惟濬①處及謙之②崇一③處各得轉錄一通寄視之，尤承一體之好也④。

①惟濬，陳九川，參看第二〇一條，註二。
②謙之，鄒守益，參看第三一四條，註一。
③崇一，歐陽德，參看一〇四條，註一。
④此段南本，施本，俞本，語多省。

右南大吉①錄②

①南大吉，字元善，參看中卷錢德洪序，註二。
②南本無此五字。三輪執齋云，「此卷一（即今傳習錄卷中）本以答人論學書（第一三〇至一四三條）爲第一。以答周道通書（第一四四至一五〇條）爲第二。答歐陽崇一書（第一六八至一七一條）以下爲第三。答聶文蔚二書（第一七八至一九四條）爲第四。訓蒙（第一七五條）之前截立志說一條，合爲第五。于終書『右門人南大吉錄』七字。據年譜曰，『大吉取先生論學書復增五卷』，見嘉靖三年（一五二四）。

則是似爲得之焉。然卷首德洪小序言摘錄先師手書八篇而歷擧之而未及立志訓蒙之二條。而所謂五卷者，亦未知其元本否。則是恐後人所增，而非元善之舊矣」。佐藤一齋云，「案立志說，訓蒙大意，並係大吉所錄。則此五字當移入于卷末」。 捷案：示弟立志說日本各本均載于南大吉所錄之後，訓蒙之前。全書則不採入傳習錄而載于卷七，頁五十一上至五十四下。故我國傳習錄除孫鏘傳習錄集評外亦無示弟立志說。三輪執齋謂南大吉以荅聶文蔚兩書爲第四，未知何據。中卷錢德洪序明言荅聶文蔚第一書仍元善所錄之舊，而第二書則爲彼所增錄。今置于「右南大吉錄」之前，蓋以示敬意耳。

訓蒙大意示教讀劉伯頌等①

195 古之教者，教以人倫。後世記誦詞章之習起，而先王之教亡。今教童子，惟當以孝弟忠信②禮義廉恥③爲專務。其栽培涵養之方，則宜誘之歌詩，以發其志意。導之習禮，以肅其威儀。諷④之讀書，以開其知覺。今人往往以歌詩習禮爲不切時務。此皆末俗庸鄙之見。烏足以知古人立教之意哉？大抵童子之情，樂嬉遊而憚拘檢。如草木之始萌芽。舒暢之則條達。摧撓之則衰痿。今教童子，必使其趨向鼓舞，中心喜悅。則其進自不能已。譬之時雨春風。霑被卉木，莫不萌動發越。自然日長月化。若冰霜剝落，則生意蕭索，日就枯槁矣。故凡誘之歌詩者，非但發其志意而已。亦所以洩其跳號呼嘯於詠歌，宣其幽抑結滯於音節也。導之習禮者。非但肅其威儀而已。亦所以周旋揖讓，而動蕩其血脈，拜起屈伸，而固束其筋骸也。諷之讀書者，非但開其知覺而已。亦所以沈潛反復而存其心，抑揚諷誦以宣其志也。凡此皆所以順導其志意，調理其性情，潛消其鄙吝，默化其麤頑。日使之漸於禮義而不苦其難，入於中和而不知其故。是蓋先王立教之微意也。若近世之訓蒙穉者，日惟督以句讀課倣⑤。責其檢束，而不知導之以禮。求其聰明，而不知養之以善。鞭撻繩縛，若待拘囚。彼視學舍如囹獄而不肯入。視師長如寇仇而不欲見。窺避掩覆，以遂其嬉遊。設詐飾詭，以肆其頑鄙。偷薄庸劣，日趨下流。是蓋驅之於惡而求其爲善也。何可得乎？凡吾所以教，其意實在於此。恐時俗不察，視以爲迂。且吾亦將去⑥。故特叮嚀以告爾諸教讀。其務體吾意，永以爲訓。毋輒因時俗之言，改廢其繩墨。庶成「蒙以養正」⑦之功矣。念之念之⑧。

①正德十三年（一五一八），陽明既平南贛（江西）相連四省邊境之亂，四月班師。發南贛所屬各縣父老，興立社學。頒此文以諭之。劉伯頌未考。

②孝弟忠信，見論語，學而篇第一，第二，三章。

③禮義廉恥，出管子，四部叢印本，牧民篇第一，卷一，頁二下，「何謂四維？一曰禮，二曰義，三曰廉，四曰恥」。

④諷，導也。

⑤課倣，考試程式之文。

⑥將去，是年三月已因病上疏乞致仕。後卒不允。

⑦養正，語出易經，蒙卦，象傳。

⑧此文載年譜正德十三年（一五一八）四月。

敎約

196 每日清晨諸生參揖畢，敎讀以次遍詢諸生，在家所以愛親敬長之心，得無懈忽，未能眞切否？溫凊定省①之儀，得無虧缺，未能實踐否？往來街衢，步趨禮節，得無放蕩，未能謹飭否？一應言行心術，得無欺妄非僻，未能忠信篤敬②否？諸童子務要各以實對。有則改之，無則加勉。敎讀復隨時就事曲加誨諭開發，然後各退就席肄業。

①定省，參看第三條，註一。

②篤敬。論語，衞靈公篇第十五，第五章，子曰，「言忠信。行篤敬。雖蠻貊之邦，行矣」。

197 凡歌詩須要整容定氣，清朗其聲音，均審其節調。毋躁而急。毋蕩而囂①。毋餒而懾。久則精神宣暢，心氣和平矣。每學量童生多寡，分爲四班。每日輪一班歌詩。其餘皆就席斂容肅聽。每五日則總四班遞歌於本學。每朔望②集各學會歌於書院。

①囂，喧嘩也。

②朔望，農曆每月之初一十五。

198 凡習禮須要澄心肅慮。審其儀節。度其容止。毋忽而惰。毋沮而怍①。毋徑而野②。從容而不失之迂緩。脩謹而不失之拘局。久則禮貌習熟，德性堅定矣。童生班次，皆如歌詩。每間一日，則輪一班習禮。其餘皆就席斂容肅觀。習禮之日免其課倣。每十日則總四班遞習於本學。每朔望則集各學會習於書院。

①沮而怍，氣阻而色變。

②徑而野，率直而粗野。

199 凡授書不在徒多，但貴精熟。量其資稟。能二百字者，止可以授一百字。常使精神力量有餘。則無厭苦之患，而有自得之美。諷誦之際，務令專心一志。口誦心惟①。字字句句，紬繹反覆。抑揚其音節。寬虛其心意。久則義禮②浹洽，聰明日開矣。

①「惟」，通「維」。

②「禮」，南本作「理」。

200 每日工夫，先考德，次背書誦書，次習禮，或作課倣，次復誦書講書，次歌詩。凡習禮歌詩之類①。皆所以常存童子之心。使其樂習不倦，而無暇及於邪僻。教者知此，則知所施矣。雖然，此其大略也。「神而明之，則存乎其人」②。

①「類」，新釋漢文大系本作「數」。

②神明。易經，繫辭上傳，第十二章之語。

傳習錄 卷下（傳習續錄）

以下門人陳九川錄

201 正德乙亥①，九川②初見先生於龍江③，先生與甘泉④先生論格物之說。甘泉持舊說。先生曰，「是求之於外了」。甘泉曰，「若以格物理爲外，是自小其心也」。九川甚喜舊說之是。先生又論盡心一章⑤。九川一聞，却遂無疑。後家居。復以格物遺質先生。答云，「但能實地用功，久當自釋」⑥。山間乃自錄大學舊本⑦讀之，覺朱子格物之說非是。然亦疑先生以意之所在爲物⑧，物字未明。己卯⑨，歸自京師再見先生於洪都⑩。先生兵務倥傯，乘隙講授。首問近年用功何如？九川曰，「近年體驗得明明德功夫只是誠意⑪。自明明德於天下，步步推入根源到誠意上，再去不得。如何以前又有格致工夫？後又體驗。覺得意之誠僞，必先知覺⑫乃可。以顏子「有不善未嘗知之。知之未嘗復行」⑬爲證。豁然若無疑。却又多了格物功夫。又思來吾心之靈，何有不知意之善惡？只是物欲蔽了。須格去物欲，始能如顏子未嘗不知耳。又自疑功夫顚倒，與誠意不成片段。後問希顏⑭。希顏曰，「先生謂格物致知是誠意功夫，極好」。九川曰，「如何是誠意功夫」？希顏令再思體看。九川終不悟。請問，先生曰，「惜哉！此可一言而悟。惟濬⑮所擧顏子事便是了。只要知身心意知物是一件」。

九川疑曰，「物在外。如何與身心意知是一件」？先生曰，「耳目口鼻四肢，身也。非心安能視聽言動？心欲視聽言動，無耳目口鼻四肢，亦不能。故無心則無身，無身則無心。但指其充塞處言之謂之身。指其主宰處言之謂之心。指心之發動處謂之意。指意之靈明處謂之知。指意之涉着處謂之物。只是一件。意未有懸空的，必着事物。故欲誠意，則隨意所在某事而格之。去其人欲，而歸於天理。則良知之在此事者無蔽而得致矣。此便是誠意的功夫」。九川乃釋然破數年之疑。又問甘泉近亦信用大學古本，謂格物猶言造道⑯。又謂窮理如窮其巢穴之窮，以身至之也。故格物亦只是隨處體認天理⑰。似與先生之說漸同。先生曰，「甘泉用功，所以轉得來。當時與說『親民』⑱字不須改。他亦不信。今論格物亦近。但不須換『物』字作『理』字。只還他一『物』字便是」。後有人問九川曰，「今何不疑物字」？曰，「中庸曰，『不誠無物』⑲，程子曰，『物來順應』⑳。又如『物各付物』㉑，『胸中無物』㉒之類。皆古人常用字也」。他日，先生亦云然。

三輪執齋引陽明與毛古庵憲副書（全書，卷六，頁二十七上下）云：凡鄙人所謂致良知之說與今之所謂體認天理之說，本亦無大相遠。但微有直截迂曲之差耳。譬之種植。致良知者，是培其根本之生意，而達之枝葉者也。體認天理者，是茂其枝葉之生意，而求以復之根本者也。然培其根本之生意，固自有以達之枝葉矣。欲茂其枝葉之生意，亦安能舍根本而別有生意可以茂之枝葉之間者乎？又引寄鄒謙之第五書（全書，卷六，頁九上）云：隨事體認天理，即戒愼恐懼工夫。以為尚隔一塵，為世之所謂事事物物皆有定理而求之于外者言之耳。若致良知之功明，則此語亦自無害。不然，卽猶未免于毫釐千里也。

佐藤一齋云：朱子錯訓格物只坐看盡心一章。故今但論此章，欲使之自得。甘泉後果信用大學古本。其論格物亦漸近。文成嘗（第二一四條）曰，「與朋友論學，須委曲謙下，寬以居之（易經，乾卦，文言傳）」。又曰，「須箴規指摘處少，誘掖獎勸意多」（亦見第二十四條）。當時不敢論破，意亦在寬假誘掖如此。

一齋又云：九川之疑，蓋曰，大學至誠意而密極矣。更有致知，則功夫在知意之誠僞，若無疑者。而又尚有格物一段，以扞去外物，亦似有著落者。然擘頭功夫，畢竟猶未免注意于外物。則與誠意之自內推外者，功夫倒逆，不成片段也。 一齋又云：隨處體認天理。甘泉揭此六字為宗旨。其答聶雙江書曰，「以隨處體認為求之于外者非也。心與事應，然後天理見焉。天理非在外也。特因事之來，隨感而應耳。故事物之來，體之者心也。心得中正，則天理矣。與天地萬物一體，宇宙內部與人不是二物。故宇宙內無一事一物，合是人少得底」（甘泉先生文集，萬曆八年，一五八〇，本，卷七，頁三十四下至三十五上）。觀此則與文成致良知之說，不太相背違也。然以物字為理字，則仍是舊說。其所以未達一間也。

但衡今云：本節謂意之虛靈處謂之知。與蕺山（劉宗周）所云意蘊于心，知藏于意者正同。迹近合意知而為一。按之陽明答魏師說（全書，卷六，頁二十五上）云——上卷——，「應物起念，皆謂之意。知是知非，謂之良知」。則又扞念意知而為三矣。按之答陸澄云——中卷一，「良知者心之本體」（第一五二條），且假名為「照心」（第一五一條）。又謂「良知卽是未發之中，卽是廓然大公，寂然不動之本體」，「但不能不皆蔽于物欲」（第一五五條）。是直以知為心矣。按之天泉證道（第三一五條），則心是心——無善無惡——，意是意——有善有惡——，知是知——知善知惡——，不相假借，而先後相左若是。何耶？予意陽明之答魏師說著重「依得良知」，則是非自明。不在知意之分。答陸澄著重「良知未嘗不在」。乃藉心體無起無不起以明之，不在心知之辨。本節云云，着重心意知物是一件。此陽明學術一手撐天處。謂之身，謂之心，謂之意，謂之知，謂之物，亦只是一件。一掃古今支離分別知見。……又云：本節所云無心則無身，無身則無心，用以破九川物外之疑。不是究竟語。且嫌不足。應易為有心則有身，無心則無身。庶幾歸元則一。

①乙亥，正德十年，一五一五，陽明四十四歲。

②陳九川，字惟濬，號明水（一四九五—一五六二）。臨川（江西）人。授太常博士。因諫武宗南巡，廷杖五十。旋起禮部郎中。群小恨之，訟之下獄。已而復官致仕，周流講學。參看明儒學案，卷十九，頁十五下至十六下，與明史，卷一八九。

③龍江，今南京。

④甘泉，湛若水，字元明，號甘泉（一四六六—一五六〇）。廣東增城人。从學于陳白沙（名獻章，一四二八—一五〇〇）。入試。選庶吉士，擢編修。時陽明在吏部講學。先生和之。使安南。後陞侍讀，南京祭酒，

禮部侍郎，歷南京禮吏兵三部致仕。卒謚文簡。先生與陽明分主教事。陽明宗旨致良知。先生宗旨隨處體認天理。學者以其門戶相對而有爲之調停者。參看明儒學案，卷三十七，與明史，卷二八三。

⑤盡心章，即孟子，盡心篇第七上，第一章。

⑥自釋。此書已佚。

⑦舊本，參看第一條，註二。

⑧意在爲物，見第六條。

⑨己卯，正德十四年，一五一九。陽明四十八歲。

⑩洪都，今江西南昌。陽明六月奉敕勘處福建叛軍。半途聞宸濠反，起義兵。不旬日而拔南昌。

⑪誠意。明明德以至誠意，見大學經文。

⑫知覺。日本諸本以此爲句。

⑬復行，語出易經，繫辭上傳，第五章。

⑭希顏。王文成傳本，陽明弟子名錄，陽明弟子傳纂，儒林宗派，均無此名。諸註均云未考。捷疑希顏乃希淵（蔡宗兗）之誤。抄錄者因上行有「顏子」，故誤「淵」爲「顏」。第九十九條希淵問爲聖與此處問誠意，意趣相同。

⑮惟濬，陳九川之字。

⑯造道。甘泉先生文錄，卷七，答陽明書，頁二十下至二十一上，「格者，至也。…格物者，即造道也」。

⑰體認天理。同上，答陳宗亨，頁二十三下至二十四上，「格物者，至其理也。學問思辨行，所以至之也。…格物云者，體認天理而存之也」。

⑱親民，參看第一條，註一。

⑲無物，語出中庸，第二十五章。

⑳順應，參看第七十二條，註五。

㉑付物，程伊川語，見二程遺書，卷十八，頁十五下。

㉒無物，總述伊川之意。二程外書，卷十一，頁三上云，「堯夫（邵雍）胸中無事如此」。

202 九川問，「近年因厭泛濫之學，每要靜坐，求屏息念慮。非惟不能，愈覺擾擾。如何」？先生曰，「念如何可息？只是要正」。曰，「當自有無念時否」？先生曰，「實無無念時」。曰，「如此，却如何言靜」？曰，「靜未嘗不動。動未嘗不靜。戒謹恐懼卽是念。何分動靜」？曰，「周子何以言『定之以中正仁義而主靜』①」？曰，「『無欲故靜』。是『靜亦定，動亦定』②的『定』字，主其本體也。戒懼之念是活潑地。此是天機不息處。所謂『維天之命，於穆不已』③。一息便是死。非本體之念卽是私念」。

但衡今云：九川誤認無靜。陽明破以念不可息。九川復疑念有無息時。陽明乃以一息便死破之。九川又以如何言靜。詰之，猶是執著無念卽靜之意。陽明知未可以無念曉之，乃破之以靜未嘗不動。至于九川所引周子之說，實卽陽明靜未嘗不動之意。故告以無欲故靜，以顯中正仁義之義。自此以下，皆剩語也。本節問答云云，頗類禪師相見機鋒語。但禪師語只可解當下人。後世讀之，難免不捫盤當日也。陽明則先後深淺咸宜。

宜其門下亦是傾倒一時也。

①主靜，參看第一四五條，註十三。
②定，參看第二十三條，註一。
③於穆，語見詩經，周頌，維天之命，第二六七篇。中庸，第二十六章，引之。

203 又問，「用功收心時有聲色在前，如常聞見，恐不是專一」。曰，「如何欲不聞見？除是槁木死灰①，耳聾目盲則可。只是雖聞見而不流去便是」。曰，「昔有人靜坐。其子隔壁讀書，不知其勤惰。程子稱其甚敬②。何如」？曰，「伊川恐亦是譏他」。

但衡今云：陽明指示九川，耳之于聲，目之于色，只是雖聞見而不流出。此亦宗門見聞思修，逆流亡所之義。陽明用以接引學人，深得隨事勘破之法。亦孟子求其放心（告子篇第六上，第十一章）之義。靜坐而不知其子讀書勤惰，卽是不流出。知勤惰，則分別心生。分別心生，則流出矣。程子稱敬，取其不觸也，非譏之也。陽明之意，逐物固為物轉。不觸物亦屬絕物。謂之為譏，亦是也。但不逐而能了了于胸中者，當自不逐始。否則未可易言也。且未可為初學言也。

①槁木死灰，參看第三十九條，註二。

②甚敬。二程遺書，卷三，頁五上，「許渤（字仲容。天禧，一〇一七—一〇二一，進士）與其子隔一窓而寢，乃不聞其子讀書與不讀書。先生（伊川）謂此人持敬如此」。

204 又問，「靜坐用功，頗覺此心收斂。遇事又斷了。旋起箇念頭去事上省察。事過又尋舊功。還覺有內外打不作一片」。先生曰，「此格物之說未透。心何嘗有內外？即如惟濬①今在此講論，又豈有一心在內照管？這聽講說時專敬，即是那靜坐時心。功夫一貫。何須更起念頭？人須在事上磨鍊②做功夫乃有益。若只好靜，遇事便亂，終無長進。那靜時功夫，亦差似收斂，而實放溺也。後在洪都③，復與于中④國裳⑤論內外之說。渠皆云物自有內外。但要內外並着，功夫不可有間耳。以質先生。曰，「功夫不離本體。本體原無內外。只爲後來做功夫的分了內外，失其本體了。如今正要講明功夫不要有內外。乃是本體功夫」。是日俱有省。

劉宗周云：何須更起念頭？是聖學入微真消息。他日却曰，實無無念時，只是要正念。如講論時便起不得在內照管的念，則講論時不知又可起得個事親的意否」？（遺編，卷十三，陽明傳信錄三，頁十八上。又見明儒學案，卷十，頁十八上。東正純與吉村秋陽均誤以為黃宗羲語，而中田勝未予改正）。

施邦曜云：此是聖賢實體實驗工夫，方知先生格致之說，非是拋棄事物。只是要把人馳逐于外者，挽而歸之于內耳。合內外之道，方是能誠，方是能窮物之始終。

孫奇逢云：心無內外，故須在事上磨練。

但衡今云：靜時頗覺收歛，遇事則又斷了。此初學必然病痛。不關格物之說。透不透耳。說果透矣，猶是知解工夫。心體固無內外，而內外一片，未可輕易語此。陽明所云工夫一貫，用以教九川也。非為一般學者立言也。　又云：事上磨練，迹實外馳。必內外一如，方免此弊。自非初學所能辦到。若工夫躐等，尤是遺誤初學。靜時工夫，差似收歛，而實放溺。是皆陽明用以破九川專內遺外之失。語有偏全者也。須知心體固無內外，工夫仍須从裏做起，脚根方有著落。至若不要有內外與內外並著，此百丈竿頭，再進一步工夫。治王學者，不可不辨也。（本註：門下每多騖為高遠之記錄。下節亦然）。

①惟濬，陳九川之號，參看第二〇一條，註二。

②事上磨鍊，參看第一四七條，註一。

③洪都，今之江西南昌。

④于中，佐藤一齋云姓王，名未考。日本註家从之。孫鏘亦然。予一九六三年英譯傳習錄亦从之。中田勝與柳町達也則謂于中，姓王，名良勝，但不詳言。今查陽明弟子傳纂，卷二，頁四十五，有夏良勝傳。良勝字子中，南城（江西）人。正德三年（一五〇八）進士。官吏部考功員外郎。己卯（一五一九）南巡詔下，良勝與陳九川連署進言。下詔獄。廷杖除名。予敢謂于中乃子中之誤。查年譜九川正德十六年（一五二一）侍陽明于南昌，與于中論內外之說。此于中必是與之連署進言之子中，弟子傳纂同頁萬潮

傳謂與舒芬夏良勝陳九川稱江西四諫。舒芬即國裳，與九川于中同論內外之說。可知九川與夏良勝往來甚密。故此于中必是子中，可無疑矣。

⑤國裳。舒芬，字國裳，號梓溪（一四八四—一五二七）。江西進賢人。正德丁丑（一五一七）進士。與夏子中等諫南巡。上怒，命跪門五日，杖三十，謫福建市舶副提舉。後復官。又議大禮。上怒，杖如前。卒後謚文節。參看第二九七條，註九；明儒學案，卷五十三，頁十三下至十四上；及明史，卷一七九。

205 又問，「陸子①之學何如」？先生曰，「濂溪②明道③之後，還是象山。只是④粗些」。九川曰，「看他論學，篇篇說出骨髓，句句似⑤鍼膏肓。却不見他粗」。先生曰，「然他心上用過功夫。與揣摹依倣求之文義自不同。但細看有粗處。用功久當見之」。

佐藤一齋云：致良知之訓精矣。能體驗諸己，然後見金谿（指象山）猶有粗處。

但衡今云：「與揣摹依倣求之文義自不同」。此語似有涉及朱子意。

捷案：東敬治曾指出，陸子有致朱子書云，「揣量摸寫之工，依倣假借之似。其條畫足以自信，其習熟足以自安（象山全集，卷二，頁九上，與朱元晦第二書）。 但氏又云：本節粗細之說，自為記言所誤。聞道之士，安有粗獷與人，而微妙以自居者乎？

捷案：陽明从未說明象山如何是粗，只曾評象山格物之說為沿襲。學者解釋粗字不一。或以陸子重明道辨志以發明本心，而次中和戒懼等工夫為粗。或以其未有深切之人生經驗為粗。或以其先知後行為粗。均可備一說。竊謂一齋以精對粗是也。陽明謂象山沿襲，尚欠精一。在陽明則良知之致，知行並進。故其學說亦精亦一，其修養方法亦精亦一。陸子尚欠一籌，因粗。參看下面附錄拙著「从朱子晚年定論看陽明之于朱子」，有頗為詳細之討論。

①陸子，陸象山。
②濂溪，周子，參看第一〇一條，註十四。
③明道，程顥。
④「是」，三輪執齋本作「還」。
⑤「似」，兪本作「是」。

(206) 庚辰①往虔州②再見先生，問近來功夫雖若稍知頭腦。然難尋箇穩當快樂處。先生曰，「爾却去心上尋箇天理。此正所謂理障③。此間有箇訣竅」④。曰，「請問如何」？曰，「只是致知」。曰，「如何致」？曰，「爾那一點良知，是爾自家底準則。爾意念着處，他是便知是，非便知非。更瞞他一些不得。爾只不要欺他。實實落落依着他做去。善便存，惡便去。他這裏何等穩當快樂！此便是格物的眞訣，致知的實功。若不靠着這些眞機，如何去格物？我亦近年體貼出來如此分明。初猶疑只依他恐有不足。精細看⑤無些小⑥欠闕」。

劉宗周云：先生每以念字與意字合說。恐念與意終有別（遺編，卷十三，陽明傳信錄三，頁十八上。又見明儒學案，卷十，頁十八上）。

佐藤一齋云：金谿（指陸象山）恒言此心此理。正所謂去心上尋天理也。然或叵得著力處。餘姚（指陽明）始發揮致良知。然後工夫有所憑，尋得穩當快樂處。此條蓋亦心學精粗之辨也。

梁啓超云：不欺良知一語，王學之精蘊盡于是矣。

但衡今云：本段「格物的真訣」「格物」二字，當作克己看。「致良知的實功」「致知」二字，當作復禮看。如此會通，方免病痛。陽明以天理無可把握，故將良知以曉之，俾有實落用功處。非謂良知如此粗疏也。

①庚辰，正德十五年，一五二〇。陽明四十九歲。

②虔州，即贛州，今江西贛縣。

③理障，以理阻礙正知。語出圓覺經，彌勒菩薩章（大正新脩大藏經，第十七冊，頁十六）。

④訣竅，秘訣也。

⑤「看」，三輪執齋本作「看來」。

⑥「小」，施本，俞本，作「少」。

㉑⑦ 207

在虔與于中①謙之②同侍，先生曰，「人胸中各有箇聖人。只自信不及，都自埋倒了」。

因顧于中曰，「爾胸中原是聖人」。于中起。不敢當。先生曰，「此是爾自家有的。如何要推」？于中又曰，「不敢」。先生曰，「衆人皆有之。況在于中？却何故謙起來？謙亦不得」。于中乃笑受。又論「良知在人。隨你如何，不能泯滅。雖盜賊亦自知不當爲盜。喚他做賊，他還忸怩」。于中曰，「只是物欲遮蔽。良心在內，自不會③失。如雲自蔽日。日何嘗失了」？先生曰，「于中如此聰明。他人見不及此」。

①于中，參看二〇四條，註四。
②謙之，鄒守益。參看三一四條，註二。
③「會」，俞本，張本，作「曾」。

208 先生曰，「這些子看得透徹，隨他千言萬語，是非誠僞，到前便明。合得的便是，合不得的便非。如佛家說心印①相似。眞是箇試金石，指南針」。

①心印，印證以心，不待言說也。續藏經，第二輯，第十八函，祖庭事苑，卷五，頁六十六下大意云，「達磨西來，不立文字。單傳心印」。

209 先生曰，「人若知這良知訣竅①，隨他多少邪思枉念，這裏一覺，都自消融。眞箇是靈丹一粒，點鐵成金②」③。

①訣竅，即秘訣。
②景德傳燈錄，卷十八，頁二十二下，問，「還丹一粒，點鐵成金。至理一言，點凡成聖。請師一點」。眞覺大師靈照（八六〇—九二七）曰，「還知齊雲點鐵成金」？
③此條兪本載于卷末補遺。

210 崇一①曰，「先生致知之旨，發盡精蘊。看來這裏再去不得」。先生曰，「何言之易也？再用功半年看如何。又用功一年看如何。功夫愈久，愈覺不同。此難口說」。

梁啓超云：可見王學不專有頓教。

①崇一，歐陽德。參看一〇四條，註一。

211 先生問，「九川於致知之說，體驗如何」？九川曰，「自覺不同。往時操持，常不得箇恰好處。此乃是恰好處」。先生曰，「可知是體來與聽講不同。我初與講時，知爾只是忽易，未有滋味。只這箇要妙，再體到深處，日見不同，是無窮盡的」。又曰，「此致知二字，眞是箇千古聖傳之秘。見到這裏，『百世以俟聖人而不惑』①」。

①百世不惑，語出中庸，第二十九章。

212 九川問曰，「伊川說到體用一原，顯微無間①處，門人已說是泄天機②。先生致知之說，莫亦泄天機太甚否」？先生曰，「聖人已指以示人。只爲後人揜匿，我發明耳。何故說泄？此是人人自有的。覺來甚不打緊一般。然與不用實功人說，亦甚輕忽可惜。彼此無益。與實用功而不得其要者提撕之，甚沛然得力」。

①體用一原，參看第一五六條，註五。

②泄天機。二程外書，卷十二，頁八上，和靜（尹焞，一〇七一—一一四二）嘗以易傳序請問，曰，「『至微者，理也。至著者，象也。體用一源，顯微無間』。莫太洩露天機否」？伊川曰，「如此分明說破，猶自人不解悟」。

②天機，天之機密，即道之奧妙。

213 又曰，「知來本無知，覺來本無覺。然不知，則遂淪埋」。

劉宗周云：此是獨體正當處。被先生一口打并出。到這裏，說恁良不良，知不知？（遺編，卷十三，陽明傳信錄三，頁十九上。又見明儒學案，卷十，頁十八上。惟黃宗義刪評語「到這裡」以下。註家有誤以此評語為評第二一〇條。東正純誤以為黃宗義語而東敬治從之）。

佐藤一齋云：知來覺來是工夫。無知無覺是本體。

214 先生曰，「大凡朋友須箴規指摘處少，誘掖獎勸意多方是」。後又戒九川云，「與朋友論學，須委曲謙下，「寬以居之」①。

①居之。易經，乾卦，文言傳。參看第二四五，二四六關于朋友兩條。

⑮ 九川臥病虔州①。先生云，「病物亦難格。覺得如何」？對曰，「功夫甚難」。先生曰，「常快活，便是功夫」。

佐藤一齋云：病物，謂疾中意念。常快活，謂心體樂易。又引陳龍正云：素有快活處。病中仍舊，即常快活也。總是不為病所苦。陶潯霍云：病時工夫理當謹疾。其死生則聽之命。常快活又作意了。此三字（常快活）非先生言也。

①虔州，參看第二〇六條，註二。

⑯ 九川問，「自省念慮或涉邪妄，或預料理天下事。思到極處，井井有味。便繾綣難屏，覺得早則易，覺遲則難。用力克治，愈覺扞格。惟稍遷念他事，則隨兩忘。如此廓清，亦似無害」。先生曰，「何須如此？只要在良知上着功夫」。九川曰，「正謂那一時不知」。先生曰，「我這裏自有功夫。何緣得他來？只爲爾功夫斷了，便蔽其知。旣斷了，則繼續舊功

便是。何必如此」？九川曰，「直是難鏖①。雖知，丟他不去」。先生曰，「須是勇。用功久，自有勇。故曰，『是集義所生者』②。勝得容易，便是大賢」③。

①鏖，奮力惡戰也。
②集義，參看第四十條，註一。
③「大賢」，張本作「大勇」。此條俞本載在卷末補遺，施本在第三四〇條後。

217 九川問，「此功夫①却於心上體驗明白，只解書不通」。先生曰，「只要解心。心明白，書自然融會。若心上不通，只要書上文義通，却自生意見」。

①此功夫，即上條「只要在良知上着功夫」。

218 有一屬官，因久聽講①先生之學，曰，「此學甚好。只是簿書訟獄繁難，不得爲學」。先生聞之，曰，「我何嘗教爾離了簿書訟獄，懸空去講學？爾既有官司之事，便從官司的事上爲學，纔是眞格物。如問一詞訟，不可因其應對無狀，起箇怒心。不可因他言語圓轉，生箇喜心。不可惡其囑②托，加意治之。不可因其請求，屈意從之。不可因自己事務煩冗，隨意苟且斷之。不可因旁之譖③毀羅織，隨人意思處之。這許多意思皆私。只爾自知。須精細省察克治。惟恐此心有一毫偏倚，枉④人是非。這便是格物致知。簿書訟獄之間，無非實學。若離了事物爲學，却是着空」。

劉宗周云：因物付物，便是格物。先生却每事用個克己為善去惡之功，更自切實在。

孫奇逢云：六個「不可」，正見格物實學。

但衡今云：陽明「不可」云云，辭旨平實親切。且無一字及他。誠忠厚之至。正陽明巡撫南贛（江西），提督軍務，用兵八寨時也（正德十二至十三年，一五一七至一五一八）。

①講，與陽明門人講論。

②「囑」，閭本，朱本，兪本，張本，均作「口」。

③「譖」，三輪執齋本作「讚」。

④「枉」，全書作「杜」，誤。

(219) 虔州①將歸，有詩別先生云，「良知何事繫多聞？妙合當時已種根。好惡從之爲聖學。將迎②無處是乾元」③。先生曰，「若未來講此學，不知說好惡從之從箇甚麼」？敷英④在座，曰，「誠然。嘗讀先生大學古本序⑤，不知所說何事。及來聽講許時，乃稍知大意」。

①虔州，參看第二〇六條，註二。

②將迎，參看第一六一條，註五。

③乾元。易經，乾卦，象傳，「大哉乾元，萬物資始」。

④敷英，儒林宗派，王文成傳本，陽明弟子傳纂，均無此名。

⑤古本序，載全書，卷七，頁二十五上至二十六上。古本，參看上卷，徐愛序，註二。

220 于中①國裳②輩同侍食。先生曰，「凡飲食只是要養我身。食了要消化。若徒蓄積在肚裏，便成痞③了。如何長得肌膚？後世學者博聞多識，留滯胸中，皆傷食之病也」。

①于中，參看第二〇四條，註四。
②國裳，舒國裳。參看同上條，註五。
③痞，慢性脾臟腫大。

221 先生曰，「聖人亦是學知，衆人亦是生知」。問曰，「何如」？曰，「這良知人人皆有。聖人只是保全無些障蔽。兢兢業業，亹亹翼翼。自然不息。便也是學。只是生的分數多。所以謂之生知安行①。衆人自孩提之童，莫不完具此知。只是障蔽多。然本體之知，自難泯息。雖問學克治，也只憑他②。只是學的分數多。所以謂之學知利行」③。

佐藤一齋引陳龍正云：論品地，論工夫，論心性，總只交互渾融。非謂其差也。但孔孟隨時異言。先生一言到底。

①生知安行，參看第六條，註八。

②他，指良知。

③學知利行，同註一。

以下門人黃直錄

222 黃以方①問，「先生格致之說，隨時格物以致其知，則知是一節之知，非全體之知也。何以到得『溥博如天，淵泉如淵』②地位」？先生曰，「人心是天淵。心之本體，無所不該。原是一箇天。只爲私欲障礙，則天之本體失了。心之理無窮盡。原是一箇淵。只爲私欲窒塞，則淵之本體失了。如今念念致良知。將此障礙窒塞，一齊去盡。則本體已復，便是天淵了」。乃指天以示之曰，「比如面前見天，是昭昭之天。四外見天，也只是昭昭之天。只爲許多房子牆壁遮蔽，便不見天之全體。若撤去房子牆壁，總是一箇天矣。不可道眼前天是昭昭之天，外面又③不是昭昭之天也。於此便見一節之知，即全體之知。全體之知，即一節之知。總是一箇本體」。

①黃直，字以方。金谿（江西）人。嘉靖二年（一五二三）進士。除漳州（今福建龍溪縣）推官。旋以抗疏論救下獄。赦後貧甚自若。參看明史，卷二〇七。此條爲黃直本人所錄。本應用名而此處用字。大概錢德洪編此卷時改稱也。

②淵泉如淵，語出中庸，第三十二章。
③「又」，閻本作「天又」。「又」字或「天」之誤耳。

㉓先生曰，「聖賢非無功業氣節。但其循着這天理，則便是道。不可以事功氣節①名矣」。

劉宗周云：又指出天理（遺編，卷十一，陽明傳信錄三，頁二十上。明儒學案，卷十，頁十八下，刪此評語）。

①氣節，一作「節氣」。

㉔「發憤忘食」①，是聖人之志如此。眞無有已時。「樂以忘憂」，是聖人之道如此。眞無有戚時。恐不必云得不得也。

孫奇逢云：聖人原無不得之時。

佐藤一齋云：文成釋憤樂，不取舊注（朱注）。然夫子對人每有謙詞，無誇詞。則竟不如舊注以得不得言者之為愈。但推其語以透看聖人心體，則又見其實有不可揜者。此則文成之見，確不可易。此等處學者宜得意于言外矣。

①發憤忘食。論語，述而篇第七，第十八章：葉公問孔子于子路。子路不對，子曰，女（汝）奚不曰，「其爲人也，發憤忘食，樂以忘憂。不知老之將至云爾」？朱子論語集註，注此章曰，「未得，則發憤以忘食。已得，則樂之而忘憂」。

(225) 先生曰，「我輩致知，只是各隨分限所及。今日良知見在如此。只隨今日所知，擴充到底。明日良知又有開悟。便從明日所知，擴充到底。如此方是精一①功夫。與人論學，亦須隨人分限所及。如樹有這些萌芽。只把這些水去灌漑。萌芽再長，便又加水。自拱把以至合抱，灌漑之功，皆是隨其分限所及。若些小萌芽，有一桶水在。盡要傾上，便浸壞他了」。

劉宗周云：此是先生漸教。頓不廢漸（遺編，卷十三，陽明傳信錄三，頁二十一下。又見明儒學案，卷十，頁十八下。吉村秋陽誤以為黃宗羲語而中田勝未改正）。

東正純云：按續錄（傳習錄卷下）所載，多頓敎。而此等仍是漸敎。

梁啓超云：此亦漸敎。

①精一，參看第二條，註四。

(226) 問知行合一。先生曰，「此須識我立言宗旨。今人學問，只因知行分作兩件，故有一念發動，雖是不善，然却未曾行，便不去禁止。我今說箇知行合一，正要人曉得一念發動處，便卽是行了。發動處有不善，就將這不善的念克倒了。須要徹根徹底，不使那一念不善潛伏在胸中。此是我立言宗旨」。

劉宗周云：如此說知行合一，真是絲絲見血。先生之學，真切乃爾。後人何曾會得？（遺編，卷十三，陽明傳信錄三，頁二十下。又見明儒學案，卷十，頁十八下。吉村秋陽，杉原夷山，東正純，東敬治誤作黃宗羲語而中田勝未予改正）。梁啓超云：蕺山（劉宗周）云，「如此說知行合一，真是絲絲見血」。啓超案：大學所謂「其嚴乎」，蓋謂此也。

捷案：大學，第六章云：曾子曰，「十目所視，十手所指，其嚴乎！富潤屋。德潤身。心廣體胖。故君子必誠其意」。

但衡今云：陽明言知行合一，以本節數語為親切深至，進德修業之基。近人之言卽知卽行者，當奉此以為圭臬。至于根絕潛伏不善之念，又當以戒愼恐懼為總持工夫。

㉗ 聖人無所不知，只是知箇天理。無所不能，只是能箇天理。聖人本體明白。故事事知箇天理所在，便去盡箇天理。不是本體明後，却於天下事物，都便知得，便做得來也。天下事物，如名物、度數、草木、鳥獸之類，不勝其煩①。聖人須②是本體明了。亦何緣能盡知得？但不必知的，聖人自不消③求知。其所當知的，聖人自能問人。如子入太廟每事問④之類。先儒謂雖知亦問，敬謹之至⑤。此說不可通。聖人於禮樂名物不必盡知。然他知得一箇天理，

便自有許多節文⑥度數出來。不知能問，亦卽是天理節文所在」。

劉宗周云：說名物象數，也抬出天理二字。先生之學，自是勺水不漏（遺編，卷十三，陽明傳信錄三，頁二十一上。又見明儒學案，卷十，頁十九上。吉村秋陽與東正純誤作黃宗羲語而中田勝未予改正）。

三輪執齋云：「亦卽是天理」是解得本文「是理也」之句。

捷案：朱子論語集註，註學而篇第一，第十二章，「禮者，天禮之節文，人事之儀則也。」

①「煩」，三輪執齋本與佐藤一齋本作「繁」。

②「須」，閻本作「雖」。

③「消」，即「須」字解。

④每事問。論語，八佾篇第三，第十五章：子入太廟，每事問。或曰，「孰謂鄹人之子知禮乎」？…子聞之曰，「是禮也」。

⑤先儒。朱子，論語集註，注此章引尹焞云，「禮者，敬而已矣。雖知亦問，謹之至也」。尹語出自其論語解或論語說。二書均佚。

⑥節文，規則制度。

228 問，「先生嘗謂善惡只是一物①。善惡兩端如冰炭相反。如何謂只一物」？先生曰，「至善者心之本體。本體上才過當些子，便是惡了。不是有一箇善，却又有一箇惡來相對也。故善惡只是一物」。直②因聞先生之說，則知程子所謂「善固性也。惡亦不可不謂之性」③。又曰，「善惡皆天理。謂之惡者本非惡。但於本性上過與不及之間耳」④。其說皆無可疑。

東正純云：按近思錄註云，「原天命賦予之初，固有善而無惡。及氣禀物滯之後，則其惡者謂非性之本然則可。謂之非性則不可。性一也，所指之地不同耳」。朱王之學何曾不歸一處？

捷案：註指葉采（壯年一二四八），近思錄集解，註道體篇第一，第二十一條明道之語。

①只是一物，參看第一〇一條。
②直，黃以方之名。
③善惡謂之性，語見二程遺書，卷一，頁七下。近思錄，道體篇第一，第二十一條，引之以爲程明道語。
④善惡皆天理，語見同上，卷二上，頁一下。明道語。

229 先生嘗謂人但得好善如好好色，惡惡如惡惡臭①，便是聖人。直②初時聞之，覺甚易。後體驗得來此箇功夫着實是難。如一念雖知好善惡惡，然不知不覺又夾雜去了。才有夾雜，便不是好善如好好色，惡惡如惡惡臭的心③。善能實實的好，是無念不善矣。惡能實實的惡，是無念及惡矣。如何不是聖人？故聖人之學，只是一誠而已。

①如好好色，參看第五條。

②直，黃以方之名。

③但衡今疑此下脫「先生曰」三字。

230 問，「修道說」①言「率性之謂道」②，屬聖人分上事。「修道之謂敎」，屬賢人分上事③。先生曰，「衆人亦率性也。但率性在聖人分上較多。故『率性之謂道』，屬聖人事。聖人亦修道也。但修道在賢人分上多。故『修道之謂敎』，屬賢人事」。又曰，「中庸一書，大抵皆是說修道的事。故後面凡說君子，說顏淵④，說子路⑤，皆是能修道的。說小人，說賢、知、愚、不肖，說庶民，皆是不能修道的。其他言舜、文、周公、仲尼至誠至聖之類，則又聖人之自能修道者也」。

佐藤一齋云：「說庶民」三字疑係黃以方誤記。中庸中「庶民」字兩見，并皆泛言。非指不能修道者。故知此語誤于記者焉。

①修道說載全書，卷七，頁六十上下。

②率性之謂道，參看第一二七條，註二。

③修道說無此語。黃以方述意而已。

④顏淵，參看第七十七條，註一。

⑤子路，參看第二十七條，註三。

㉛問，「儒者到三更①時分，掃蕩胸中思慮。空空靜靜，與釋氏之靜只一般。兩下②皆不用。此時何所分別」？先生曰，「動靜只是一箇。那三更時分空空靜靜的，只是存天理。即是如今應事接物的心。如今應事接物的心，亦是循此天理。便是那三更時分空空靜靜的心。故動靜只是一箇，分別不得。知得動靜合一，釋氏毫釐差處亦自莫揜矣」。

劉宗周云：天理二字，是儒門得分家儅。釋氏空之。雖靜時也做不得主了（遺編，卷十三，陽明傳信錄三，頁二十一上下。又見明儒學案，卷十，頁十九下。吉村秋陽，東正純，與東敬治皆誤以為黃宗義之語而中田勝未改正）。

但衡今云：本節問答皆儱侗。且答非所問。治王學者當能辨之。

①三更，子時，即夜半十二時。

②兩下，指儒釋。

㉜門人在座，有動止甚矜持者。先生曰，「人若矜持太過，終是有弊」。曰，「矜持太過，如何有弊」？曰，「人只有許多精神。若專在容貌上用功，則於中心照管不及者多矣」。有太直率者。先生曰，「如今講此學，却外面全不檢束。又分心與事爲二矣」。

陶潯霍云：合二事看，乃見不偏。

233 門人作文送友行。問先生曰，「作文字不免費思。作了後，又一二日常記在懷」。曰，「文字思索亦無害。但作了常記在懷，則爲文所累。心中有一物矣。此則未可也」。又作詩送人。先生看詩畢。謂曰，「凡作文字，要隨我分限所及。若說得太過了，亦非修辭立誠①矣」。

①修辭立誠，易經，乾卦，文言傳。

234 文公①格物之說②，只是少頭腦。如所謂「察之於念慮之微」。此一句不該與「求之文字之中」，「驗之於事爲之著」，「索之講論之際」，混作一例看，是無輕重也。

劉宗周云：文公功臣（遺編，卷十三，陽明傳信錄三，頁二十一下。明儒學案，卷十，頁十九上，刪此評語）。

王應昌云：文公頭腦，已被先生提出了。

①文公，朱子之謚號。

②格物之說，如在下所引，見大學或問，頁五十八下至五十九上。

235 問，「有所忿懥」一條①。先生曰，「忿懥幾件②，人心怎能無得？只是不可有③耳。

凡人忿懥，着了一分意思，便怒得過當。非廓然大公④之體了。故有所忿懥，便不得其正也。如今於凡忿懥等件，只是箇物來順應。不要着一分意思。便心體廓然大公，得其本體之正了。且如出外見人相鬭。其不是的，我心亦怒。然雖怒，却此心廓然不曾動些子氣。如今怒人亦得如此，方纔是正」。

①有所忿懥，參看第一〇一條，註十。
②幾件，指忿懥，恐懼，好樂，憂患。
③「有」，俞本，張本，作「有所」。
④廓然大公，參看第七十二條，註五。

㉓⑥ 先生嘗言，「佛氏不着相，其實着了相。吾儒着相，其實不着相」①。請問。曰，「佛怕父子累，却逃了父子。怕君臣累，却逃了君臣。怕夫婦累，却逃了夫婦。都是爲箇君臣、父子、夫婦着了相，便須逃避。如吾儒有箇父子，還他以仁②。有箇君臣，還他以義。有箇夫婦，還他以別。何曾着父子、君臣、夫婦的相」？

劉宗周云：先生于佛氏一言而內外夾攻，更無剩義（遺編，卷十三，陽明傳信錄三，頁二十一下。採入明儒學案，卷十，頁十九上。東正純誤作黃宗羲語。東敬治沿之）。

①先生嘗言。 此語不見傳習錄或陽明書文。想是耳聞。

②還他以仁，佐藤一齋云，「仁」疑當作「親」。捷案：一齋誤矣。仁與義對。墨氏兼愛，有近于仁。楊氏爲我，有近于義。均偏。參看二程遺書，卷十三，頁一上。

以下門人黃修易錄

237 黃勉叔①問，「心無惡念時，此心空空蕩蕩的。不知亦須存箇善念否」？先生曰，「既去惡念，便是善念，便復心之本體矣。譬如日光被雲來遮蔽。雲去光已復矣。若惡念既去，又要存箇善念，卽是日光之中添燃一燈」。

①黃勉叔，名脩易。其名字不見儒林宗派。王文成傳本，卷二，頁十六上，與陽明弟子傳纂，目錄頁二十下，均只列黃脩易，並無字里。此條爲其本人所錄而用字。必是本是用名而錢德洪編此卷時改之，以示敬意。

238 問，「近來用功，亦頗覺妄念不生。但腔子裏黑窣窣的。不知如何打得光明」？先生曰，「初下手用功，如何腔子裏便得光明？譬如奔流濁水，纔貯在缸裏。初然雖定，也只是昏濁的。須俟澄定既久，自然渣滓盡去，復得清來。汝只要在良知上用功。良知存久，黑窣窣①自能光明矣。今便要責效，却是助長②，不成功夫」。

①黑窣窣，眞黑之義。越之俗語。「窣」音「突」。

②助長，參看第九十七條，註五。

239 先生曰，「吾教人致良知在格物上用功，却是有根本的學問。日長進一日。愈久愈覺精明。世儒①教人事事物物上去尋討，却是無根本的學問。方其壯時，雖暫能外面修飾，不見有過。老則精神衰邁，終須放倒。譬如無根之樹，移栽水邊。雖暫時鮮好，終久要憔悴」。

①世儒，指朱子與其學派。

240 問，「志於道」①一章。先生曰，「只志道一句，便含②下面數句功夫，自住不得。譬如做此屋。志于道，是念念要去擇地鳩材，經營成箇區宅。據德，却是經畫已成，有可據矣。依仁，却是常常住在區宅內，更不離去。游藝，却是加些畫采，美此區宅。藝者義也，理之所宜者也。如誦詩、讀書、彈琴、習射之類，皆所以調習此心，使之熟於道也。苟不志道而游藝，却如無狀小子，不先去置造區宅，只管要去買畫掛做門面。不知將掛在何處」？

陶潯霍云：如此說道德仁藝，方成一片，方是合為一事。

①志于道。論語，述而篇第七，第六章：子曰，「志于道，據于德，依于仁，游于藝」。

②「含」，通行本誤作「舍」。

241 問，「讀書所以調攝此心。不可缺的。但讀之之時，一種科目①意思，牽引而來。不知何以免此」？先生曰，「只要良知眞切。雖做擧業，不爲心累。總②有累，亦易覺克之而已。且如讀書時，良知知得强記之心不是，卽克去之。有欲速之心不是，卽克去之。有誇多鬬靡之心不是，卽克去之。如此亦只是終日與聖賢印對。是箇純乎天理之心。任他讀書，亦只是調攝此心而已。何累之有」？曰，「雖蒙開示，奈資質庸下，實難免累。竊聞窮通有命。上智之人，恐不屑此。不肖爲聲利牽纏，甘心爲此。徒自苦耳。欲屛棄之，又制於親，不能舍去。奈何」？先生曰，「此事歸辭於親者多矣。其實只是無志。志立得時，良知③千事萬爲只是一事。讀書作文，安能累人？人自累於得失耳」。因嘆曰，「此學不明。不知此處擔④閣了幾多英雄漢」⑤。

劉宗周云：又擧天理二字。如此方是眞讀書，亦便是眞格物處。朱先生以讀書為格物窮理之要，與先生語不無差別（遺編，卷十三，陽明傳信錄三，頁二十二上。又見明儒學案，卷十，頁十九下）。

①科目，考試制度之秀才，明經，進士等等。

②「總」，張本作「縱」。

③「良知」，施本，湘本，無此二字。

④「擔」，諸本作「耽」。

⑤閭本此後多二條。王本，張本，載在卷末。今錄于卷末爲拾遺第二，第三條。

242 問，「『生之謂性』①，告子亦說得是。孟子如何非之」？先生曰，「固是性。但告子認得一邊去了。不曉得頭腦。若曉得頭腦，如此說亦是。孟子亦曰，『形色，天性也』②。這也是指氣說」。又曰，「凡人信口說，任意行，皆說此是依我心性出來。此是所謂生之謂性。然却要有過差。若曉得頭腦，依吾良知上說出來，行將去，便自是停當③。然良知亦只是這口說，這身行。豈能外得氣，別有箇去行去說？故曰，『論性不論氣不備。論氣不論性不明』④。氣亦性也。性亦氣也。但須認得頭腦是當」。

①生之謂性，參看第一五〇條，註三。

②形色天性，語見孟子，盡心篇第七上，第三十八章。

③停當，適當也。

④論性，參看第一五〇條，註四。

243 又曰，「諸君功夫，最不可助長①。上智絕少。學者無超入聖人之理。一起一伏，一進一退，自是功夫節次。不可以我前日用得功夫了，今却不濟，便要矯強做出一箇沒破綻的模樣。這便是助長。連前些子功夫都壞了。此非小過。譬如行路的人，遭一蹶跌，起來便走。不要欺人做那不曾跌倒的樣子出來。諸君只要常常懷箇『遁世無悶』②之心。依此良知，忍耐做去。不管人非笑。不管人毀謗。不管人榮辱。任他功夫有進有退。我只是這致良知的主宰不息。久久自然有得力處。一切外事，亦自能不動」。又曰，「人若着實用功，隨人毀謗，隨人欺慢，處處得益，處處是進德之資。若不用功，只是魔也。終被累倒」。

①助長，參看第九十七條，註五。

②無悶，語出易經，乾卦，文言傳。

244 先生一日出遊禹穴①。顧田間禾曰，「能幾何時，又如此長了」。范兆期②在傍曰，「此只是有根學問。能自植根，亦不患無長」。先生曰，「人孰無根？良知卽是天植靈根③。自生生不息。但著了私累，把此根戕賊蔽塞，不得發生耳」。

佐藤一齋云：遺言錄有一條與此章互發。錄于左（今移載于卷末為補遺第二十九條）。

①禹穴。　俗傳此穴在浙江會稽縣，爲大禹藏書之處。或云大禹葬于此。然據王文成傳本，頁二上，會稽山並無洞壑。凡禹井，禹穴，陽明洞類，祇是石罅，並無托足地。王十朋（一一一二—一一七一）梅溪先生文集，後集，卷四「禹穴」詩云，「如今禹穴無尋處，洞鎖陽明石一拳」。

②范兆期，名引年，號半野。年譜，嘉靖九年，記門人薛侃建精舍于天眞山祀陽明，兆期等董其事。參看陽明弟子傳纂，卷一，頁三十五。

③黃庭內景經有云，「植靈根」。參看大西晴隆著（詳第十六條，註一），頁七三一。

245 一友常易動氣責人。先生警之曰，「學須反己。若徒責人，只見得人不是，不見自己非。若能反己，方見自己有許多未盡處。奚暇責人？舜能化得象的傲①。其機括只是不見象的不是。若舜只要正他的姦惡，就見得象的不是矣。象是傲人，必不肯相下。如何感化得他」？是友感悔。曰，「你今後只不要去論人之是非。凡當責辯人時，就把做一件大己私克去方可」。

①舜能化象，參看第二九六條。

246 先生曰，「凡朋友問難，縱有淺近粗疏，或露才揚己，皆是病發。當因其病而藥之可也。不可便懷鄙薄之心。非君子與人爲善①之心矣」。

①與人爲善。　孟子，公孫丑篇第二上，第八章，「取諸人以爲善，是與人爲善者也。故君子莫大乎與人爲善」。

247 問，「易，朱子主卜筮①。程傳主理②。何如」？先生曰，「卜筮是理。理亦是卜筮。

天下之理，孰有大於卜筮者乎？只爲後世將卜筮專主在占卦上看了，所以看得卜筮似小藝。不知今之師友問答，博學、審問、愼思、明辨、篤行③之類，皆是卜筮。卜筮者，不過求決狐疑，神明吾心而已。易是問諸天。人有疑自信不及，故以易問天。謂人心尚有所涉。惟天不容僞耳」。

但衡今云：陽明于二家之說，或未之深究。至所云師友問答，以至博學明辨等等，皆是卜筮，頗見新頴。要亦輔嗣（王弼，二二六—二四九）得象忘言，得意忘象之旨」。

①朱子主卜筮。朱子著周易本義十二卷，易學啓蒙三卷，皆主周易本爲卜筮而作。朱子語類，卷六十六，討論甚詳。

②程子主理。程頤著易傳四卷，目的在說理。伊川文集，卷五，頁十六上，答張閎中書云，「有理而後有象。有象而後有數。易因象以明理。由象而知數。得其義，則象數在其中矣」。

③學問思辨行，參看第四條，註四。

以下門人黃省曾錄

248 黃勉之①問，「『無適也，無莫也。義之與比』②。事事要如此否」？先生曰，「固是事事要如此。須是識得箇頭腦乃可。義卽是良知。曉得良知是箇頭腦，方無執著。且如受人餽逕，也有今日當受的，他日不當受的。也有今日不當受的，他日當受的。你若執著了今日當受的，便一切受去。執著了今日不當受的，便一切不受去③。便是適莫。便不是良知的本體。如何喚得做義」？

①黃勉之，名省曾，號五岳。蘇州人。嘉靖辛卯（一五三一）以春秋魁鄉榜。陽明講學于越（一五二二至一五二七），先生執贄爲弟子。著會稽問道錄十卷。此處所記六十八條，黃宗羲云，「當是採之問道錄中。往往失陽明之意」。參看明儒學案，卷二十五，頁四上下。此六十八條（第二四八至三一六條）之中，第二六〇，二九七，三一三，三一五，三三七，三三八，與三四二條，與勉之無關，而皆用錢德洪之名。顯是錢氏所記。德洪之跋謂「合所私錄，得若干條」，則由第二六〇條至三一六條爲其所錄，亦甚可能。因此日本諸本移德洪之跋由卷末至第三一六（即下卷一一六）條之后。

②義之與比。論語，里仁篇第四，第十章，「君子之于天下也，無適（可）也，無莫（不可）也。義之與比（从）」。

③今日不受，參看孟子，公孫丑篇第二下，第二章，關于孟子今日之受與前日之不受之討論。

249 問，「『思無邪』①一言，如何便蓋得三百篇之義」？先生曰，「豈特三百篇？六經②只此一言，便可該貫，以至窮古今天下聖賢的話。『思無邪』一言，也可該貫。此外更有何說？此是一了百當的功夫」。

①思無邪。　論語，爲政篇第二，第二章，子曰，「詩三百，一言以蔽之，曰，思無邪」。

②六經，參看第十三條，註一。

㉕⓪ 問道心人心①。先生曰，「『率性之謂道』②，便是道心。但著些人的意思在，便是人心。道心本是無聲無臭，故曰微③。依著人心行去，便有許多不安穩處，故曰惟危」。

①道心人心，參看第二條，註四。

②率性之謂道，參看第一二七條，註二。

③「微」，張本作「惟微」。

㉕① 問「『中人以下，不可以語上』①。愚的人與之語上，尚且不進。況不與之語可乎」？先生曰，「不是聖人終不與語。聖人的心，憂不得人人都做聖人。只是人的資質不同，施教不可躐等。中人以下的人，便與他說性說命，他也不省得。也須謾謾②琢磨他起來」。

①不可以語上。　論語，雍也篇第六，第十九章，子曰，「中人以上，可以語上也。中人以下，不可以語上也」。

②「謾謾」，兪本作「慢慢」，緩也。

㉒一友問，「讀書不記得如何」？先生曰，「只要曉得如何要記得，要曉得，已是落第二義了。只要明得自家本體。若徒要記得，便不曉得。若徒要曉得，便明不得自家的本體」。

孫奇逢云：明得自家本體，便不只曉得了。

許舜屏云：自家本體者，良知之謂也。

㉓問，「『逝者如斯』①，是說自家心性活潑潑地否」？先生曰，「然。須要時時用致良知的功夫，方才活潑潑地，方才與他川水一般。若須與間斷，便與天地不相似。此是學問極至處。聖人也只如此」。

①逝者如斯。論語，子罕篇第九，第十六章：子在川上曰，「逝者如斯夫！不舍晝夜」。

㉔問「志士仁人」①章。先生曰，「只爲世上人都把生身命子看得來太重。不問當死不當死。定要宛轉委曲保全。以此把天理却②丟去了。忍心害理，何者不爲？若違了天理，便與禽獸無異。便偷生在世上百千年，也不過做了千百年的禽獸。學者要於此等處看得明白。比干③，龍逢④，只爲他看得分明，所以能成就得他的仁」⑤。

①志士仁人。論語，衛靈公篇第十五，第八章，子曰，「志士仁人，無求生以害仁。有殺身以成仁」。

②「却」，陳本，施本，俞本，作「都」。
③比干，殷紂之叔父。諫紂不聽，被殺。
④龍逢，姓關，夏桀賢臣。諫桀不聽，被殺。
⑤「仁」，全書及通行本作「人」，誤。

㉕⑤ 問，「叔孫武叔毀仲尼①。大聖人如何猶不免於毀謗」？先生曰，「毀謗自外來的。雖聖人如何免得？人只貴於自修。若自己實實落落是箇聖賢，縱然人都毀他，也說他不著。却若浮雲揜日。如何損得日的光明？若自己是箇象恭色莊，不堅不介的，縱然沒一箇人說他，他的惡慝，終須一日發露。所以孟子說『有求全之毀。有不虞之譽』②。毀譽在外的。安能避得？只要自修何如爾」。

①毀仲尼，參看第一八二條，註三。
②毀譽，語出孟子，離婁篇第四上，第二十一章。

㉕⑥ 劉君亮①要在山中靜坐。先生曰，「汝若以厭外物之心去求之靜，是反養成一箇驕惰之氣了。汝若不厭外物，復於靜處涵養，却好」。

①劉君亮，字元道。全書，卷五，頁十九上，有癸未（一五二三）與劉元道書。明儒學案，卷十九，頁五

上至七下，有劉邦采，字君亮。與此君亮不同。年譜嘉靖三年（一五二四）有劉侯入山養靜之問。陽明答語與此條不同。該答語今載卷末補遺爲第三十九條。劉侯當另是一人。三輪執齋指出年譜劉侯，但不云與劉君亮同是一人。中田勝與柳町達也則疑是一人。儒林宗派無劉君亮元道，亦無劉侯。劉侯見陽明弟子傳纂，目錄，頁十八。但不見王文成傳本。此兩書並無劉君亮元道。

257 王汝中①省曾②侍坐。先生握扇命曰，「你們用扇」。省曾起對曰，「不敢」。先生曰，「聖人之學，不是這等綑縛苦楚的。不是粧做道學的模樣」。汝中曰，「觀『仲尼與曾點言志』③一章略見」。先生曰，「然。以此章觀之，聖人何等寬洪包含氣象？且爲師者問志於群弟子，三子皆整頓以對。至於曾點飄飄然不看那三子在眼。自去鼓起瑟來。何等狂態？及至言志，又不對師之問目。都是狂言。設在伊川④，或斥罵起來了。聖人乃復稱許他。何等氣象？聖人教人，不是箇束縛他通做一般。只如狂者便從狂處成就他，狷者便從狷處成就他。人之才氣如何同得」？

①王汝中，名畿，別號龍谿（一四九八—一五八三）。浙之山陰（今浙江紹興）人。嘉靖癸未（一五二三）下第歸而受業于陽明。丙戌（一五二六）試期遂不欲往。陽明以其學信疑者半，勸往京師，可以發明。既至謂錢德洪曰，「此豈吾與子仕之時也」？皆不廷試而歸。陽明門人益進，不能偏授。多與之見先生與德洪。陽明卒于南安（今江西信豐）。先生方赴廷試。聞之奔喪。心喪後壬辰（一五三二）始廷對。授南京職。復乞休。林下四十餘年，無日不講學。自兩都及吳楚閩越江浙，皆有講舍，莫不以先生爲宗

盟。參看明儒學案，卷十二，及明史，卷二八三。

②黃勉之之名。

③曾點言志，參看第二十七條，註八。

④伊川。二程外書，卷十二，頁十一上，「二先生（伊川與明道）與（韓）持國同游西湖。（持國）命諸子侍行。行次有言貌不莊敬者。伊川回視，厲聲叱之曰，『汝輩从長者行，敢笑語如此。韓氏孝謹之風衰矣』。持國遂皆逐去之」。

258 先生語陸元靜①曰，「元靜少年亦要解五經②。志亦好博。但聖人教人，只怕人不簡易。他說的皆是簡易之規。以今人好博之心觀之，却似聖人教人差了」。

①元靜，陸澄，參看第十五條，註一。

②五經，參看第十三條，註一。

259 先生曰，「孔子無不知而作①。顏子有不善未嘗不知②。此是聖學眞血脈路」。

①不知而作。論語，述而篇第七，第二十七章，子曰，「蓋有不知而作之者。我無是也。多聞，擇其善者而从之。多見而識之，知之次也」。

②未嘗不知。易經，繫辭下傳，第五章，「顏氏之子，其庶幾乎！有不善未嘗不知。知之未嘗復行也」。

260 何廷仁①，黃正之②，李侯璧③，汝中④，德洪侍坐。先生顧而言曰，「汝輩學問不得長進，只是未立志」。侯璧起而對曰，「珙亦願立志」。先生曰，「難說不立。未是必爲聖人之志耳」。對曰，「願立必爲聖人之志」。先生曰，「你眞有聖人之志，良知上更無不盡。良知上留得些子別念掛帶，便非必爲聖人之志矣」。洪⑤初聞時心若未服。聽說到，不覺悚汗⑥。

①何廷仁，字性之，號善山，初名秦（一四八六—一五五一）。江西雩縣人。擧嘉靖元年（一五二二）鄉試。至二十年始選知縣。見陽明于南康（今江西贛縣）。已而從陽明至越。與王畿，錢德洪，爲陽明高第。參看明儒學案，卷十九，頁十三上至十五下。
②黃正之，名宏綱，參看第一二〇條，註一。
③李侯璧，名珙。永康（浙江）人。餘不詳。王文成傳本，卷二，頁十七，有李洪。未審是否李珙之誤。
④汝中，王畿，參看第二五七條，註一。
⑤洪，陽明要書作「珙」。未知孰是。
⑥佐藤一齋云，「此條已下閭本分爲續錄卷下，題曰錢德洪王畿錄。陳本張本並題曰錢德洪錄」。

261 先生曰，「良知是造化的精靈。這些精靈，生天生地，成鬼成帝，皆從此出。眞是與物無對①。人若復得他，完完全全，無少虧欠，自不覺手舞足蹈。不知天地間更有何樂可代」？

佐藤一齋云：良知，卽太極也。文成自得之妙。殆絕于言議思惟。故唯贊以生天生地，成鬼成帝。勿謂主張之言。

東正純云：以良知為造化精靈，是王子最自得處。撥出天機無餘蘊。後學紛紛。或主體，或主用，或見在，或未發。要之所謂風斯在下矣。

①與物無對。　二程遺書，卷二上，頁三下，明道識仁篇云，「此道與物無對」。

㉖㉒ 一友靜坐有見。馳問先生。答曰，「吾昔居滁①時，見諸生多務知解口耳異同，無益於得。姑教之靜坐。一時窺見光景，頗收近效。久之，漸有喜靜厭動，流入枯槁之病。或務為玄解妙覺，動人聽聞。故邇來只說致良知。良知明白。隨你去靜處體悟也好。隨你去事上磨鍊也好。良知本體，原是無動無靜的。此便是學問頭腦。我這箇話頭，自滁州到今，亦較過幾番。只是致良知三字無病。醫經折肱②，方能察人病理」③。

①居滁，　年譜正德八年（一五一三），陽明四十二歲。十月至滁州（今安徽滁縣），督馬政。

②折肱。　左傳，定公十三年，「三折肱（閱歷多也），知為良醫」。

③此條兪本載入卷末補遺。大意與拾遺第三十八條同，惟較詳盡。

㉖㉓ 一友問，「功夫，欲得此知時時接續，一切應感處，反覺照管不及。若去事上周旋，又

覺不見了。如何則可」？先生曰，「此只認良知未眞，尙有內外之間。我這裏功夫不由人急心。認得良知頭腦是當，去樸實用功，自會透徹。到此便是內外兩忘①。又何心事不合一」？

①內外兩忘。明道文集，卷三，頁一下，答橫渠先生定性書，「與其非外而是內，不若內外之兩忘也」。

264 又曰，「功夫不是透得這箇眞機，如何得他充實光輝①？若能透得時，不由你聰明知解接得來。須胸中渣滓渾化，不使有毫髮沾滯②始得」。

①充實光輝，參看第十六條，註二。
②沾滯，卽沾滯。

265 先生曰，「『天命之謂性』①。命卽是性。『率性之謂道』。性卽是道。『修道之謂教』。道卽是教」。問，「如何道卽是教」？曰，「道卽是良知。良知原是完完全全。是的還他是，非的還他非。是非只依着他。更無有不是處。這良知還②是你的明師」。

①天命謂性，參看第一二七條，註一。
②「還」，閭本作「便」。

266 問，「『不睹不聞』①，是說本體，『戒愼恐懼』，是說功夫否」？先生曰，「此處須信得本體原是不睹不聞的，亦原是戒愼恐懼的。戒愼恐懼，不曾在不睹不聞上加得些子。見得眞時，便謂戒愼恐懼是本體，不睹不聞是功夫」。

劉宗周云：此非玄語。中庸曰，「使天下之人，齊明盛服以承祭祀」（第十六章），又是誰使他？只為今人解中庸鬼神二字是造化之鬼神，所以信。先生語不及而巧者，又於此播弄神通，入玄妙觀去。（遺編，卷十三，陽明傳信錄三，頁二十三上）。

佐藤一齋引高存之（高攀龍，一五六二——一六二六）曰，「耳目有時離形聲。人無時可離道。不睹不聞，說時亦可，說體亦可。不睹不聞之時，純是此體也。玩「乎其所」三字，便是不睹不聞不落空。戒慎恐懼非著相矣」（高子遺書，光緒二年（一八七六）本，卷四，頁三八上，仲尼馬學章）。

①不睹不聞，參看第一二〇條，註二。

267 問「通乎晝夜之道而知」①。先生曰，「良知原是知晝知夜的」。又問，「人睡熟時，良知亦不知了」。曰，「不知，何以一叫便應」？曰，「良知常知。如何有睡熟時」？曰，「向晦宴息②，此亦造化常理。夜來天地混沌，形色俱泯。人亦耳目無所睹聞，衆竅俱翕。此卽良知收斂凝一時。天地既開，庶物露生。人亦耳目有所睹聞，衆竅俱闢。此卽良知妙用發生時。可見人心與天地一體。故『上下與天地同流』③。今人不會宴息。夜來不是昏睡，卽是妄思④魘寐」。曰，「睡時功夫如何用」？先生曰，「知晝卽知夜矣。日間良知是順應無滯的。夜間良知卽是收斂凝一的。有夢卽先兆」。

①通乎晝夜之道，語出易經，繫辭上傳，第一章，第四章。

②向晦宴息（向晚均安息）。易經，隨卦，象傳，「君子以向晦入宴息」。

③同流。孟子，盡心篇第七上，第十三章，「夫君子所過者化，所存者神。上下與天地同流」。

④「思」，俞本作「想」。

268 又曰，「良知在夜氣發的方是本體，以其無物欲之雜也。學者要使事物紛擾之時，常如夜氣①一般。就是通乎晝夜之道而知」②。

劉宗周云：此語端的。良知常發而常歛，便是獨體真消息。若一向在發用處求良知，便入情識窠臼去。然先生指點人處，卻在發用上說。只是人是知是非上轉個為善去惡路頭。正是良心苦工（遺編，卷十三，陽明傳信錄三，頁二十三下。又見明儒學案，卷十，頁十九下至二十上。佐藤一齋與東正純誤以為黃宗義語）。

王應昌云：晝闢夜翕，良知妙與天地同體。先生與分言之矣。如何又云嘗如夜氣一般？卽使事物紛擾之時，常如夜氣時，是化晝為夜耳。恐非通知晝夜之道。

①夜氣，參看第四十七條，註一。

②通乎晝夜之道，語見易經，繫辭上傳，第一章及第四章。

269 先生曰，「仙家說到虛。聖人豈能虛上加得一毫實？佛氏說到無。聖人豈能無上加得一毫有？但僊家說虛，從養生上來。佛氏說無，從出離生死苦海上來。却於本體上加却這些子意思在。便不是他虛無的本色了。便於本體有障礙。聖人只是還他良知的本色。更不着些子意在。良知之虛，便是天之太虛①。良知之無，便是太虛之無形。日月風雷，山川民物，凡有貌象形色，皆在太虛無形中發用流行。未嘗作得天的障礙。聖人只是順其良知之發用。天地萬物，俱在我良知的發用流行中。何嘗又有一物超於良知之外，能作得障礙」？

劉宗周云：是辨三教異同大頭腦處。可見惟吾儒方擔得虛無字起。二氏不與也（遺編，卷十三，頁二十四下。又見明儒學案，卷十，頁二十上）。

佐藤一齋云：文成說虛無，即濂溪（周敦頤）之意也。通書（第二十章）曰，「無欲則靜虛動直。靜虛則明，明則通。動直則公，公則溥」，是也。二氏亦說虛無。然其所謂長生久視（老子，第五十九章），出離死生，則竟墮于自私自利。私利即欲也。安能明通公溥？

①太虛。張載，正蒙，太和篇第一，「太虛無形，氣之本體」（張子全書，四部備要本，卷二，頁二上）。

270 或問，「釋氏亦務養心，然要之不可以治天下。何也」？先生曰，「吾儒養心①，未嘗離却事物。只順其天則自然，就是功夫。釋氏却要盡絕事物。把心看做幻相。漸入虛寂去了。與世間若無些子交涉。所以不可治天下」。

王應昌云：看做幻相，絕不與世干涉，與那夜氣時奚別？無事做幻相，有事亦做幻相，與嘗如夜氣一般又奚辨？（參看二六八節）

①養心。孟子，盡心篇第七下，第三十五章，「養心莫善于寡欲」。離婁篇第四上，第十九章，『若曾子，則可謂養志矣」。

271 或問異端。先生曰，「與愚夫愚婦①同的，是謂同德。與愚夫愚婦異的，是謂異端」。

孫奇逢云：異端不止二氏。二氏其顯著者耳。

①愚夫愚婦，參看第一三九條，註一。

272 先生曰，「孟子不動心①，與告子不動心，所異只在毫釐間。告子只在不動心上着功。孟子便直從此心原不動處分曉。心之本體，原是不動的。只爲所行有不合義，便動了。孟子不論心之動與不動，只是集義②。所行無不是義，此心自然無可動處。若告子只要此心不動，便是把捉此心。將他生生不息之根反阻撓了。此非徒無益，而又害之。孟子集義工夫，自是養得充滿。並無餒歉。自是縱橫自在活潑潑地。此便是浩然之氣③」。

①不動心，參看八十一條，註二。

②集義，參看第四十條，註一。

③浩然之氣，同上註一。

273 又曰，「告子病源，從性無善無不善①上見來。性無善無不善，雖如此說，亦無大差。但告子執定看了，便有箇無善無不善的性在內，有善有惡，又在物感上看，便有箇物在外。却做兩邊看了，便會差。無善無不善，性原是如此。悟得及時，只此一句便盡了。更無有內外之間。告子見一箇性在內，見一箇物在外，便見他於性有未透徹處」。

但衡今云：告子主性無善無不善，與陽明之主無善無惡同，而與孟子朱子之道性善異。朱子之釋致知格物，與告子之主性內物外同而與孟子之言仁義一也異。陽明之心外無物，與孟子同而與告子異。予故以陽明之學術主一，考亭（朱子）之學術主二。然則程朱陸王門戶者，固不盡同亦不盡異也。且考亭陽明之于孟子告子，亦異亦同也。是豈可為究詰，而或同或異以為門戶者哉？故孟荀之學，不害其性善性惡也。

①告子，參看第七十三條，註三。

274 朱本思①問，「人有②虛靈，方有良知。若草木瓦石之類，亦有良知否」？先生曰，「人的良知，就是草木瓦石的良知。若草木瓦石無人的良知，不可以爲草木瓦石矣。豈惟草木瓦石爲然？天地無人的良知，亦不可爲天地矣。蓋天地萬物，與人原是一體③。其發竅之最精處，是人心一點靈明。風雨露雷，日月星辰，禽獸草木，山川土石，與人原只一體。故五穀禽獸之類，皆可以養人。藥石之類，皆可以療疾。只爲同此一氣，故能相通耳」。

劉宗周云：只是性體原是萬物一源，故如人參溫能補人，便是遇父子而知親。大黃苦能瀉人，便是遇君臣而知義。如何無良知？又如人參能退邪火？便是遇君臣而知義。大黃能順陰氣，便是遇父子而知親。如何又說此良知又是人得其全物得其偏者？（遺編，卷十三，陽明傳信錄三，頁二十五上下。又見明儒學案，卷十，頁二十上。佐藤一齋與吉村秋陽誤作黃宗羲語。中田勝未改正）。

但衡今云：本節議論，陽明自別有會心處。治王學者幸勿以動植有機無機之分別常識非笑之。科學之未能解決者，奚止此也？參閱陽明先生大學問篇（全書卷二十六），當可瞭然物我之無間矣。

唐九經（見王應昌）云：如何是人的良知？如何是草木瓦石的良知？又如何草木瓦石有人的良知？又如何人曉得草木瓦石的良知？能一一指否？

①朱本思，名得之，號近齋。靖江（江蘇）人。嘗爲邑丞。其學頗近老氏。參看明儒學案，卷二十五，頁五下至八下。

②「有」，張本作「心」。

③「一體」，湘本此下有「體必有主」四字。關於與天地萬物爲一體，參看第八十九條，註二。

(275) 先生遊南鎭①。一友指岩中花樹問曰，「天下無心外之物②。如此花樹，在深山中自開自落，於我心亦何相關」？先生曰，「你未看此花時，此花與汝心同歸於寂。你來看此花時，則此花顏色一時明白起來。便知此花不在你的心外」。

①南鎭，浙江紹興縣會稽山。

②心外無物，參看第六條，註十。

(276) 問，「大人與物同體①。如何大學又說箇厚薄」②？先生曰，「惟是道理自有厚薄。比如身是一體。把手足捍頭目，豈是偏要薄手足。其道理合如此。禽獸與草木同是愛的。把草木去養禽獸，又忍得。人與禽獸同是愛的。宰禽獸以養親，與供祭祀，燕賓客，心又忍得。至親與路人同是愛的。如簞食豆羹。得則生，不得則死③。不能兩全。寧救至親，不救路人，心又忍得。這是道理合該如此。及至吾身與至親，更不得分別彼此厚薄。蓋以仁民愛物④，皆從此出。此處可忍，更無所不忍矣。大學所謂厚薄，是良知上自然的條理。不可踰越，此便謂之義。順這箇條理，便謂之禮。知此條理，便謂之智。終始是這條理，便謂之信」。

①與物同體，參看第八十九條，註二。並參看第三三六條「人心與物同體」。

②厚薄。大學，經文，「其所厚者薄，而其所薄者厚，未之有也」。

③簞食豆羹。孟子，告子篇第六上，第十章，「一簞食，一豆羹。得之則生，不得則死。嘑爾而與之，行道之人弗受。蹴爾而與之，乞人不屑也」。

④仁民愛物。孟子，盡心篇第七上，第四十五章，「親親而仁民。仁民而愛物」。

277 又曰，「目無體，以萬物之色爲體。耳無體，以萬物之聲爲體。鼻無體，以萬物之臭爲體。口無體，以萬物之味爲體。心無體，以天地萬物感應之是非爲體」。

東正純云：王子常喜主心提醒，而往往又生着心之弊。所以有此說。大抵會得則心卽事，事卽心。合下無寸土。王塘南（王時槐，一五二二—一六〇五）謂心無體。以人情事物之感應為體。此語未善。夫事者心之影也。心固無聲臭，而事則心之變化。豈有實體哉？如水與波然。謂水以波為體，可乎」（明儒學案，卷二十，頁十上下）？云云，其說非無所見。惜猶滯在言詮上矣。

但衡今云：此節所云，與陽明教言相違。色為目之體。聲為耳之體。臭為鼻之體。味為口之體。感應為心之體。體在外。然則物猶在外也。且物外無心矣。不啻自毀其學術宗旨。度陽明之意，萬物之色非色也。以目為色。萬物之聲非聲也。以耳為聲。萬物之臭非臭也。以鼻為臭。萬物之味非味也。以口為味。萬物何嘗有色聲香味者哉？造心無心。萬物並育。何嘗為人心之體？更何嘗有是非于其間哉？

278 問夭壽不貳①。先生曰，「學問功夫，於一切聲利嗜好，俱能脫落殆盡。尚有一種生死念頭，毫髮掛帶，便於全體有未融釋處。人於生死念頭，本從生身命根上帶來。故不易去。若於此處見得破，透得過，此心全體方是流行無礙，方是盡性知命②之學」。

佐藤一齋云：陳幾亭（龍正）疑此條曰，「向說夭壽不貳，屬困知勉行（第一三四條）。此又言盡性至命。仍與朱子符，與己說歧矣」。愚案：陳氏之言似是而非。文成嘗言，豎說橫說，工夫一般（第一〇二條）。則固未必拘拘乎同異。且此說亦未嘗與前說相歧。此學，皆盡性至命之學。困知，困知此也。勉行，勉行此也。至其成功，則與聖人無異。但今方着功，故謂之學耳。

①夭壽不貳，參看第六條，註四。

②盡性知命。易經，說卦傳，第一章，「窮理盡性，以至于命」。

279 一友問，「欲於靜坐時，將好名好色好貨等根，逐一搜尋掃除廓清。恐是剜肉做瘡否」？

先生正色曰，「這是我醫人的方子。眞是去得人病根。更有大本事人？過了十數年亦還用得着。你如不用，且放起。不要作壞我的方子」。是友愧謝。少間曰，「此量非你事。必吾門稍知意思者①爲此說以誤汝」。在坐者皆悚然。

①佐藤一齋云，「陸原靜有引犬上堂而逐之之疑（第一六一條）。吾門稍知意思者，蓋指原靜輩。

280 一友問功夫不切。先生曰，「學問功夫，我已曾一句道盡。如何今日轉遠，都不着根」？對曰，「致良知，蓋聞敎矣。然亦須講明」。先生曰，「旣知致良知，又何可講明？良知本是明白。實落用功便是。不肯用功，只在語言上轉說轉糊塗」。曰，「正求講明致之之功」。先生曰，「此亦須你自家求。我亦無別法可道。昔有禪師，人來問法，只把麈①尾提起。一日，其徒將麈尾藏過，試他如何設法。禪師尋麈尾不見。又只空手提起②。我這箇良知，就是設法的麈尾。舍了這箇有何可提得」？少間，又一友請問功夫切要。先生旁顧曰，「我麈尾安在」？一時在坐者皆躍然。

①「麈」，音「主」。鹿類，比鹿爲大。尾毛用作拂麈之具。

②提起麈尾，禪宗故事。出處不詳。

281 或問至誠前知①。先生曰，「誠是實理。只是一箇良知。實理之妙用流行就是神。其萌動處就是幾。誠神幾曰聖人②。聖人不貴前知。禍福之來，雖聖人有所不免。聖人只是知幾遇變而通耳。良知無前後。只知得見在的幾，便是一了百了。若有箇前知的心，就是私心。就有趨避利害的意。邵子③必於前知。終是利害心未盡處」。

①前知。中庸，第二十四章，「至誠之道，可以前知。國家將興，必有禎祥。國家將亡，必有妖孽。……善必先知之。不善必先知之。故至誠如神」。

②誠幾神。周敦頤，通書，第四章，「寂然不動者，誠也。感而遂通者，神也。動而未形，有無之間者，幾也。誠精故明。神應故妙。幾微故幽。誠神幾曰聖人」。

③邵子，卽邵雍。此處泛述邵子前知之說。

㉘㉒ 先生曰，「無知無不知，本體原是如此。譬如日未嘗有心照物，而自無物不照。無照無不照，原是日的本體。良知本無知，今却要有知。本無不知，今却疑有不知。只是信不及耳」。

劉宗周云：獨體原是如此（遺編，卷十三，陽明傳信錄三，頁二十七上。又見明儒學案，卷十，頁二十一上。三數註家誤作黃宗羲語）。

㉘㉓ 先生曰，「『惟天下至聖爲能聰明睿知』①。舊看何等玄妙！今看來原是人人自有的。耳原是聰。目原是明。心思原是睿知。聖人只是一能之爾。能處正是良知。衆人不能，只是

箇不致知。何等明白簡易」！

但衡今云：陽明謂良知本無知，今却要有知。此孟子之所謂勿助。本無不知，今却疑有不知。此孟子之所謂勿忘。勿助勿忘，而心之本體究矣。予以其言之隱也，為之引而中之。

①聰明睿智，語出中庸，第三十一章。

284 問，「孔子所謂『遠慮』①，周公『夜以繼日』②，與將迎③不同。何如」？先生曰，「遠慮，不是茫茫蕩蕩去思慮。只是要存這天理。天理在人心，亘古亘今，無有終始。天理卽是良知。千思萬慮，只是要致良知。良知愈思愈精明。若不精思，漫然隨事應去，良知便粗了。若只着在事上茫茫蕩蕩去思，敎④做遠慮，便不免有毀譽、得喪、人欲、攙入其中。就是將迎了。周公終夜以思，只是戒愼不睹，恐懼不聞⑤的功夫。見得時，其氣象與將迎自別」。

劉宗周云：又攝在天理二字內。天理卽良知。是先生前後打合指訣。又曰，「良知愈思愈精明」。蓋言天理愈精明也。思卽是良知之柄。說不得個思良知。凡言思，不必說良知。言良知，不必又言思了。人心中容不得許多名目。（遺編，卷十三，陽明傳信錄三，頁二十七上下）。

但衡今云：陽明謂遠慮，只是存天理。天理所以別善惡是非，是也。又謂不可著在事上去思。然則懸空以存天理乎？且思慮必著事物，而後戒慎恐懼，存其天理，方有著落。否則思而不學，雖非将迎，是謂無託（本註云：釋家所謂無記空也）。度陽明之意，所以別将迎也。故于隨事應去戒漫然。著事而思戒茫然。與上文良知愈思愈精明之旨合。而于遠慮将迎之問，究欠分曉。予意事至而思而慮，正所以存天理也。事未至而預意預必，斯則将迎之矣（本註云：傳習錄下卷多有發問之人，未能指實者。亦有無緣而說者。其為門下結集之辭可知矣）。

①遠慮。論語，衛靈公篇第十五，第十一章，子曰，「人無遠慮，必有近憂」。

②夜以繼日。孟子，離婁篇第四下，第二十章，「周公思兼三王（禹，湯，文王），以施四事。其有不合者，仰而思之。夜以繼日。幸而得之，坐以待旦」。

③将迎，參看第一六一條，註五。

④「教」，陳本作「叫」。

⑤戒愼恐懼，參看第三十七條，註四。

285 問，「『一日克己復禮，天下歸仁』①。朱子作效驗說②如何」？先生曰，「聖賢只是爲己之學。重功夫。不重效驗。仁者以萬物爲體③。不能一體④，只是己私未忘。全得仁體，則天下皆歸於吾仁。就是『八荒皆在我闥』⑤意。天下皆與，其仁亦在其中。如『在邦無怨。在家無怨』⑥，亦只是自家不怨。如『不怨天。不尤人』⑦之意。然家邦無怨，於我亦在其中。但所重不在此」。

王應昌云：效驗之不離工夫，猶工夫之不離本體。三者鼎足而立，缺不得一件。又循環無端，住不得一刻。

①歸仁。論語，顏淵篇第十二，第一章之語。
②效驗說。朱子，論語集註，註此句云，「極言其效之甚遠而至大也」。
③「體」，張本作「一體」。
④一體，參看第八十九條，註二。
⑤八荒皆在我闥，語出呂大臨（一〇四四—一〇九〇），克己銘。宋元學案，卷三十一，頁八上，載之。
⑥無怨，語出論語，顏淵篇第十二，第二章。
⑦不尤人。論語，憲問篇第十四，第三十七章，子曰，「不怨天。不尤人。下學而上達。知我者，其天乎」！

㉘⑥問，「孟子巧力聖智之說①，朱子云，『三子力有餘而巧不足』②，何如」？先生曰，「三子固有力，亦有巧。巧力實非兩事。巧亦只在用力處。力而不巧，亦是徒力。三子譬如射。一能步箭。一能馬箭。一能遠箭。他射得到，俱謂之力。中處，俱可謂之巧。但步不能馬。馬不能遠。各有所長。便是才力分限有不同處。孔子則三者皆長。然孔子之和，只到得

柳下惠③而極。清只到得伯夷④而極。任只到得伊尹⑤而極。何曾加得些子？若謂三子力有餘而巧不足，則其力反過孔子了。巧力只是發明聖知之義。若識得聖知本體是何物，便自然了⑥」。

①巧力聖智。孟子，萬章篇第五下，第一章，孟子曰，「伯夷，聖之清者也。伊尹，聖之任者也。柳下惠，聖之和者也。孔子，聖之時者也。孔子之謂集大成。集大成也者，金聲而玉振之也。金聲也者，始條理也。玉振之也者，終條理也。始條理者，智之事也。終條理者，聖之事也。智，譬則巧也。聖，譬則力也」。

②三子。朱子，孟子集註，註此章云，「三子則力有餘而巧不足。是以一節雖至于聖，而智不足以及乎時中也」。

③柳下惠，姓展，名禽。魯之賢大夫。居柳下。謚曰惠。

④伯夷，參看第九十九條，註二。

⑤伊尹，參看同上，註三。

⑥「然了」，陳本，施本，俞本，均作「了然」。張本則作「瞭然」。

287 先生曰，「『先天而天弗違』①。天卽良知也。『後天而奉天時』。良知卽天也」。

劉宗周云：大徹大悟。蒙（愚也）又為先生轉一語曰，「先生言致良知以格物，便是先天而天弗違。先生言格物以致其良知，便是後天而奉天時」（遺編，卷十三，陽明傳信錄三，頁二十七下。又見明儒學案，卷十，頁二十一上。佐藤一齋，吉村秋陽，東正純，東敬治均誤作黃宗羲語。中田勝未改正）。

王應昌云：先天而天弗違，是我為主而天不與我抗。開天者也。如何倒說天卽良知？後天而奉天時，是天為政而我不敢與忤。律天者也。如何倒說良知是天？

①先天後天，參看第一七一條，註五。

288 良知只是箇是非之心①。是非只是箇好惡。只好惡，就盡了是非。只是非，就盡了萬事萬變」。又曰，「是非兩字是箇大規矩。巧處則存乎其人」。

劉宗周云：蒙（愚）嘗謂只有個知善知惡之心，更別無個好善惡惡之心。正如此說（遺編，卷十三，陽明傳信錄三，頁二十七下）。

但衡今云：陽明學術約理之精，自宋以來，無有出其右者。然大匠能予人以規矩，不能予人巧。學者又當循其規矩，而勿輕事其巧。則巧在其中矣」。

①是非之心，參看第三十八條，註一。

289 聖人之知，如青天之日。賢人如浮雲天日。愚人如陰霾天日。雖有昏明不同，其能辨黑白則一。雖昏黑夜裏，亦影影見得黑白。就是日之餘光未盡處。困學功夫，亦只從這點①明處精察去耳」②。

①「點」，張本作「一點」。
②此條兪本載入卷末補遺。

290 問，「知譬日。欲譬雲。雲雖能蔽日，亦是天之一氣合有的。欲亦莫非人心合有否」？先生曰，「喜怒哀懼愛惡欲，謂之七情①。七者俱是人心合有的。但要認得良知明白。比如日光，亦不可指着方所。一隙通明，皆是日光所在。雖雲霧四塞，太虛中色象可辨，亦是日光不滅處。不可以雲能蔽日，教天不要生雲。七情順其自然之流行，皆是良知之用。不可分別善惡。但不可有所着。七情有着，俱謂之欲，俱爲良知之蔽。然纔有着時，良知亦自會覺。覺卽蔽去，復其體矣。此處能勘得破，方是簡易透徹功夫」。

劉宗周云：人生一時離不得七情。七情卽良知之魄。若謂良知在七情之外，則七情又從何處來？（遺編，卷十三，陽明傳信錄三，頁二十八下。又見明儒學案，卷十，頁二十一下。東正純誤作黃宗羲語。東敬治沿之）。

①七情，參看上卷，第四十四條，註五。

291 問，「聖人生知安行①，是自然的。如何有甚功夫」？先生曰，「知行二字，卽是功夫。但有淺深難易之殊耳。良知原是精精明明的。如欲孝親，生知安行的，只是依此良知實落盡孝而已。學知利行者，只是時時省覺，務要依此良知盡孝而已。至於困知勉行者，蔽錮已深，雖要依此良知去孝，又爲私欲所阻，是以不能。必須加人一己百，人十己千②之功，方能依此良知，以盡其孝。聖人雖是生知安行，然其心不敢自是。肯做困知勉行的功夫。困知勉行的却要思量做生知安行的事。怎生成得」？

①生知安行，參看第九十九條，註七。
②人十己千，參看同上，註八。

292 問，「『樂是心之本體』①。不知遇大故，於哀哭時，此樂還在否」？先生曰，「須是大哭一番了方樂。不哭便不樂矣。雖哭，此心安處卽是樂也。本體未嘗有動」。

①心之本體，語見第一六六條。

293 問，「良知一而已。文王作象。周公繫爻。孔子贊易①。何以各自看理不同」？先生曰，「聖人何能拘得死格？大要出於良知同，便各爲說何害？且如一園竹。只要同此枝節，便是大同。若拘定枝枝節節，都要高下大小一樣，便非造化妙手矣。汝輩只要去培養良知。良知同，更不妨有異處。汝輩若不肯用功，連筍也不曾抽得。何處去論枝節」？

①易。　相傳伏羲畫八卦，文王作六十四卦之卦辭，以釋每卦全體之義。周公作爻辭，以釋一卦六爻中每爻之義。孔子作十翼，即上彖傳，下彖傳，上象傳，下象傳，繫辭上傳，繫辭下傳，文言，說卦，序卦，雜卦，以贊（明）易之本義。然易之歷史與作者爲誰，尚無定論。

㉙④ 鄉人有父子訟獄，請訴於先生。侍者欲阻之。先生聽之，言不終辭。其父子相抱慟哭而去①。柴鳴治②入問曰，「先生何言，致伊感悔之速」？先生曰，「我言舜是世間大不孝的子。瞽瞍③是世間大慈的父」。鳴治愕然。請問。先生曰，「舜常自以爲大不孝，所以能孝。瞽瞍常自以爲大慈，所以不能慈。瞽瞍只記得舜是我提孩長的。今何不曾豫悅我？不知自心已爲後妻所移了。尚謂自家能慈，所以愈不能慈。舜只思父提孩我時如何愛我。今日不愛，只是我不能盡孝。日思所以不能盡孝處，所以愈能孝。及至瞽瞍底豫時，又不過復得此心原慈的本體。所以後世稱舜是箇古今大孝的子。瞽瞍亦做成箇慈父」。

①鄉人訟獄。　年譜正德五年（一五一〇），陽明三十九歲。陞江西廬陵縣知縣。「爲政不事威刑。…慎選里正。…使之委曲勸諭。民胥悔勝氣囂訟，至有涕泣而歸者」。即指此事。

②柴鳴治，不詳。儒林宗派，王文成傳本，與陽明弟子傳纂之陽明弟子名表無姓柴者。

③瞽瞍。　孟子，萬章篇第五上，第二章，「父母使舜完（治）廩（倉）。捐（去）階（梯）。瞽瞍焚廩。

使浚（穿）井。出。从而揜（蓋）之。…舜不知象之將殺己」。離婁篇第四上，第二十八章，「舜盡事親之道，而瞽瞍底（至）豫（悅樂）」。參看第二四五條。

295 先生曰，「孔子有鄙夫來問，未嘗先有知識以應之。其心只空空而已。但叩他自知的是非兩端①，與之一剖決。鄙夫之心，便已了然。鄙夫自知的是非，便是他本來天則。雖聖人聰明，如何可與增減得一毫？他只不能自信。夫子與之一剖決，便已竭盡無餘了。若夫子與鄙夫言時，留得些子知識在，便是不能竭他的良知。道體卽有二了」。

①叩其兩端。 論語，子罕篇第九，第七章，子曰，「有鄙夫，問于我。空空（虛心）如也。我叩（發動）其兩端（始終本末）而竭（無所不盡）焉」。

296 先生曰，「『烝烝乂。不格姦』①。本註說象已進進於義②，不至大爲姦惡。舜徵庸③，後象猶日以殺舜爲事④。何大姦惡如之！舜只是自進於乂，以乂薰烝⑤。不去正他姦惡。凡文過揜慝，此是惡人常態。若要指摘他是非，反去激他惡性。舜初時致得象要殺己，亦是要象好的心太急。此就是舜之過處。經過來，乃知功夫只在自己不去責人。所以致得克諧。此是舜動心忍性，增益不能⑥處。古人言語，俱是自家經歷過來。所以說得親切。遺之後世，曲當人情。若非自家經過，如何得他許多苦心處」？

①烝烝。書經，堯典，第十二節，「瞽子（瞎子之子舜），父頑母嚚（言不忠信）。象（舜之兄）傲。克諧（和）以孝。烝烝（漸進）乂（自治），不格（至）姦（惡）」。

②本註。蔡沉（一一六七—一二三〇），書集傳，註「烝烝」云，「進進以善」。佐藤一齋云，此處「義」當作「善」，以符原註。捷案：義即善也。

③徵庸。書經，舜典，第二十八節，「舜生三十徵（召）庸（用），三十在位」。

④殺舜。孟子，萬章篇第五上，第三章。

⑤薰烝。陽明訓「烝烝」為「薰烝」，即感化之意。閭本「以乂薰烝」四字作「以乂去烝烝他」。

⑥動心忍性。孟子，告子篇第六下，第十五章，「故天將降大任于是人也，必先苦其心志，勞其筋骨，餓其體膚，空乏其身，行拂亂其所為。所以動心忍性，增益其所不能」。

297 先生曰，「古樂不作久矣。今之戲子尚與古樂意思相近」。未達①。請問。先生曰，「韶之九成②，便是舜的一本戲子。武之九變③，便是武王的一本戲子。聖人一生實事，俱播在樂中。所以有德者聞之，便知他盡善盡美與盡美未盡善④處。若後世作樂，只是做些詞調。於民俗風化，絕無關涉。何以化民善俗？今要民俗反樸還淳，取今之戲子，將妖淫詞調俱去了。只取忠臣孝子故事，使愚俗百姓人人易曉。無意中感激他良知起來。却於風化有益。然後古樂漸次可復矣」。曰，「洪要求元聲⑤不可得。恐於古樂亦難復」。先生曰，「你說元聲在何處求」？對曰，「古人制管候氣⑥，恐是求元聲之法」。先生曰，「若要去葭灰黍粒中求元聲，却如水底撈月。如何可得？元聲只在你心上求」。曰，「心如何求」？先生曰，「古人為治，先養得人心和平，然後作樂。比如在此歌詩。你的心氣和平，聽者自然悅懌興起。只此便是元聲之始。書云，『詩言志』⑦。志便是樂的本。『歌永言』。歌便是作樂的本。『聲依永。律和聲』。律只要和聲。和聲便是制律的本。何嘗求之於外」？曰，「古人制候氣法，是意何取」？先生曰，「古人具中和之體以作樂。我的中和，原與天地之氣相應。候天地之氣，協鳳凰之音，不過去驗我的氣果和否。此是成律已後事。非必待此以成律也。今要候灰管，先須定至日⑧。然至日子時，恐又不准。又何處取得准來」⑨？

①未達。　此條爲錢德洪所問。德洪未達。

②九成。　樂一終爲一成。書經，益稷，第九節，「簫韶（舜樂總名）九成（从一奏到九奏），鳳凰來儀（舞而有儀容）」。

③九變，即九成。武（武王之樂），凡九變，「則人鬼可得而禮矣」。詳周禮，大司樂。

④盡善。　論語，八佾篇第三，第二十五章，「子謂韶，盡美矣，又盡善也。謂武，盡美矣，未盡善也」。

⑤元聲，黃鐘之管也，爲十二律所自出。

⑥制管候氣，參看第六十一條，註三。

⑦詩言志。　書經，舜典，第二十四節，「詩言志。歌永言。聲依永（長短）。律和聲」。

⑧至日，冬至。

⑨此條俞本載在卷末補遺。年譜正德（三輪執齋誤作嘉靖）十五年九月，陽明還南昌，舒芬（參看二〇四條，註五）以翰林謫官市舶，問律呂元聲。陽明答語與本條略同。芬遂躍，當拜弟子。

㉘298 先生曰，「學問也要點化①，但不如自家解化者自一了百當。不然，亦點化許多不得」。

①點化，爲師友所解化。

㉙299 孔子氣魄極大。凡帝王事業，無不一一理會。也只從那心上來。譬如大樹，有多少枝葉。也只是根本上用得培養功夫。故自然能如此。非是從枝葉上用功，做得根本也。學者學孔子，不在心上用功，汲汲①然去學那氣魄，却倒做了。

①汲汲，不停止也。

300 人有過，多於過上用功。就是補甑①。其流必歸於文過②。

①補甑，補已破之甑。
②施本，湘本，此條與上條合爲一條。

301 今人於喫飯時，雖無一事在前，其心常役役①不寧。只緣此心忙慣了，所以收攝②不住。

①役役，勞也。
②收攝，收斂管轄。

302 琴瑟簡編①，學者不可無，蓋有業以居之②，心就不放。

①簡編，書籍。
②業以居之，語見易經，乾卦，文言傳。

303 先生嘆①曰，「世間知學的人，只有這些病痛打不破，就不是善與人同」②。崇一③曰，「這病痛只是箇好高不能忘已爾」。

①先生嘆。佐藤一齋謂此嘆恐暗指湛甘泉（若水），不知所據。
②善與人同，語出孟子，公孫丑篇第二上，第八章。
③崇一，歐陽德，參看第一〇四條，註一

304 問，「良知原是中和①的。如何却有過不及」？先生曰，「知得過不及處就是中和」。

劉宗周云：良知無過不及。知得過不及的是良知（遺編，卷十三，陽明傳信錄三，頁二十九下。又見明儒學案，卷十，頁二十一下。註家或誤以為黃宗羲語）。

①中和，參看第二十八條，註一。

305「所惡於上」①是良知。「毋以使下」即是致知。

①所惡于上。大學，第十章，「所惡于上，毋以使下。所惡于下，毋以事上」。

306先生曰，「蘇秦①張儀②之智，也是聖人之資。後世事業文章，許多豪傑名家，只是學得儀秦故智。儀秦學術，善揣摸人情。無一些不中人肯綮③。故其說不能窮。儀秦亦是窺見得良知妙用處。但用之於不善爾」。

黃宗羲云：傳習後錄（下卷）有先生（黃省曾）所記數十條。當是採之問道錄中。往往失陽明之意。然無如儀秦一條云，「蘇秦張儀之智也，是聖人之資。…但用之于不善耳」。夫良知為未發之中，本體澄然，而無人偽之雜。其妙用亦是感應之自然，皆天機也。儀秦打入情識窠臼，一往不返。純以人偽為多。無論用之于不善，卽用之于善，亦是襲取于外。生機槁滅，非良知也。安得謂其末異而本同哉？以情識為良知，其失陽明之旨甚矣」（明儒學案，卷二十五，頁四下。黃省曾，參看二四八條，註一）。

王應昌云：先生征藩一節，權宜詔旨，風雲部咨。間諜之妙，出神入化。苟非良知之用，自信逼真，幾何不自疑險譎，坐失事機乎？

佐藤一齋云：良知，是本然之知。私智，是形氣之知。蘇張之智，卽是私智。然原亦出于良知。譬諸日光，日光直照，皦然明白。此其本體也。日光先到水。水受之以倒受新窓，搖動原散，幻光不定。此失本體也。故良知本體，如直照之日光。蘇張私智，如倒照之水光。然其為日光則一也。黃宗羲以此條為黃五岳問道錄中語，辯其失陽明之旨。恐不然。

東正純云：黎（梨）洲之言，忽聞如可从者，而畢竟不是發王子密旨也。夫良知，極也，無物不體。良知，中也，無處不在也。喻曰，雖蔽黯之極，未嘗不照焉。…善惡是非，紛紛紜紜，未嘗不良知之所為也。…禪者曰，不離煩惱而證菩提…黎洲乃謂「知無過不及。知得過不及卽是良知」。此言實得之矣。

捷案：東正純所謂梨洲良知之語，實劉宗周語也。參看第三〇四條。

①蘇秦（前三一七卒）。戰國時洛陽人。初說秦惠王不用，往說趙燕。合六國之縱，同盟拒秦。後从約爲張儀所破。參看史記，卷六十九。

②張儀（前三〇九卒）。戰國時衛人。相秦惠王。以連衡之策說六國，使背从約而事秦。惠王卒。六國復合縱。儀出相魏。參看史記，卷七十。

③肯綮，樞要。

307 或問未發已發①。先生曰，「只緣後儒將未發已發分說了。只得劈頭說箇無未發已發，使人自思得之。若說有箇已發未發，聽者依舊落在後儒見解。若眞見得無未發已發，說箇有未發已發，原不妨。原有箇未發已發在」。問曰，「未發未嘗不和。已發未嘗不中。譬如鐘聲，未扣不可謂無，旣扣不可謂有。畢竟有箇扣與不扣，何如」？先生曰，「未扣時原是驚天動地。旣扣時也只是寂天寞地」。

佐藤一齋引彭定求（南畇集，光緒七年，一八八一，本附）釋毀錄（頁十二上）曰：通書（第七章）曰，「唯中也者，和也，中節也。天下之達道也」。中和一串說，便是合未發已發而一之也。文成之不分未發已發，實以周子（敦頤）為張本。

①未發已發，參看第二十八條，註一

308 問，「古人論性，各有異同。何者乃爲定論」？先生曰，「性無定體。論亦無定體。有自本體上說者。有自發用上說者。有自源頭上說者。有自流弊處說者。總而言之，只是這箇性。但所見有淺深爾。若執定一邊，便不是了。性之本體，原是無善無惡的。發用上也原是可以爲善，可以爲不善的。其流弊也原是一定善一定惡的。譬如眼，有喜時的眼。有怒時的眼。直視就是看的眼。微視就是覰①的眼。總而言之，只是這箇眼。若見得怒時眼，就說未嘗有喜的眼。見得看時眼，就說未嘗有覰的眼。皆是執定。就知是錯。孟子說性②，直從源頭上說來。亦是說箇大槩如此。荀子性惡之說③，是從流弊上說來。也未可盡說他不是。只是見得未精耳。衆人則失了心之本體」。問，「孟子從源頭上說性，要人用功在源頭上明徹。荀子從流弊說性，功夫只在末流上救正。便費力了」。先生曰，「然」。

佐藤一齋云：性之本體，無善無惡者，指形而上而言。至于善惡可言，則已落于形而下。故無善無惡者，卽所謂至善，而與物無對，是其本體也。與竺氏（佛氏）空寂之說不同。其流弊，也原是一定善，一定惡的。此句義不可解。疑必有誤脱。似當作「其源頭，也原是一定善的。其流弊，也原是一定惡的」。

但衡今云：本節言性本體，發用，源頭，流弊，皆非所以言性也，且益陷支離。若云本體，本體無善惡可言。若論發用，性無發用。心王主之。若論源頭，源頭無生滅。若論流弊，性不任善，亦不任惡。故流弊非性所任也。予故斷其非陽明意也。質之今之治王學者究之。

①覷，伺視。
②孟子說性，見公孫丑篇第二上，第六章，與告子篇第六上，第一至六章。
③荀子說性惡，見性惡篇第十七。

309 先生曰，「用功到精處，愈着不得言語，說理愈難。若着意在精微上，全體功夫反蔽泥①

了」。

①泥，阻滯也。

310 楊慈湖①不爲無見。又着在無聲無臭上見了。

①楊慈湖。楊簡，字敬仲（一一四〇—一二二六）。慈湖（浙江慈谿）人。陸象山門人。屢任知縣。官至兵部郎官。學重本心。以天地萬物爲一體。著「已易」，以天地之變化爲己之變化。循吾本心，則通于一，萬事畢。參看宋元學案，卷七十四，及宋史，卷四〇七。

311 人一日間，古今世界，都經過一番。只是人不見耳。夜氣清明時，無視無聽，無思無作，淡然平懷，就是羲皇世界①。平日時，神清氣朗，雍雍穆穆，就是堯舜世界。日中以前，禮儀交會，氣象秩然，就是三代②世界。日中以後，神氣漸昏，往來雜擾，就是春秋戰國世界。漸漸昏夜，萬物寢息，景象寂寥，就是人消物盡世界。學者信得良知過，不爲氣所亂，便常做箇羲皇以上人。

①羲皇世界，神話伏羲時代。參看第十一條。

②三代，夏商周。

312 薛尚謙①，鄒謙之②，馬子莘③，王汝止④侍坐⑤。因嘆先生自征寧藩⑥已來，天下謗議益衆。請各言其故。有言先生功業勢位日隆，天下忌之者日衆。有言先生之學日明，故為宋儒爭是非者亦日博。有言先生自南都⑦以後，同志信從者日衆，而四方排阻者日益力。先生曰，「諸君之言，信皆有之。但吾一段自知處，諸君俱未道及耳」。諸友請問。先生曰，「我在南都已前，尚有些子鄉愿⑧的意思在。我今信得這良知眞是眞非。信手行去。更不著些覆藏。我今纔做得箇狂者⑨的胸次。使天下之人都說我行不揜言也罷」。尚謙出曰，「信得此過，方是聖人的眞血脉」⑩。

劉宗周云：談此方知先生晚年真面目。我輩如何容易打過關捩子也？然曰後正大有事在（遺編，卷十三，陽明傳信錄三，頁三十下。又見明儒學案，卷十，頁二十一下。東正純誤作黃宗義語。東敬治沿之）。

①薛尚謙，名侃，參看第八十一條，註一。

②鄒謙之，名守益，參看第三一四條，註二。

③馬子莘，名明衡，參看第四十條，註二。

④王汝止，名良，號心齋（一四八三——一五四〇）。泰州之安豐（今江西九江）人。貧不能竟學。从父商于山東。常啣孝經論語大學于袖中，逢人質難。正德六年（一五一一）閒居三月半。自此行住語默，皆在覺中。時陽明巡撫江西，講良知之學。學者翕然信从。然先生僻處，未之聞也。有謂其談似王之學者。

先生卽日啓行。正德十五年（一五二〇）九月以古服進見。與陽明辯。下拜自稱弟子。明日復上坐辯難久之。大服。遂爲弟子如初，易其名銀爲艮。年三十八，先生冠服言動不與人同。陽明移書責之。及門三日不得見。陽明送客出門。先生跪而悔過。陽明不顧。先生隨之入，厲聲曰，「仲尼不爲已甚」。陽明乃揖之起。陽明卒後返家授徒。遠近皆至。于眉睫之間，省覺人最多。與王畿爲陽明高第二王見稱。參看明儒學案，卷三十二，及明史，卷一四三。

⑤侍坐。　據年譜，此爲嘉靖二年（一五二三）二月，在越（浙江紹興）。

⑥征寧藩。　年譜正德十四年（一五一九），六月，陽明奉命勘處福建叛軍。半途聞寧王宸濠反，十五日返江西起義兵。二十日拔南昌。二十六日擒宸濠。

⑦南都，南京。正德九年（一五一四），四月陞南京鴻臚寺卿，掌殿廷禮儀。五月至南京。至十一年（一五一六）九月陞御史巡撫江西福建。

⑧鄉愿。　論語，陽貨篇第十七，第十三章，「鄉愿，德之賊也」。孟子，盡心篇第七下，第三十七章，「言不顧行，行不顧言。則曰，『古之人，古之人』。行何爲踽踽（獨行不進）涼涼（薄也）？生斯世也，爲斯世也。善斯可矣』。閹然媚于世也者，是鄉原也。…同乎流俗，合乎汚世。居之似忠信，行之似廉潔。衆皆悅之，自以爲是，而不可與入堯舜之道」。

⑨狂者。　同上章，「狂者進取（有志），獧者有所不爲也（有守）…」。「何以謂之狂也」？曰，「其志嘐嘐然（志大言大）。曰，『古之人，古之人』（好說古之人）。夷（平）考其行，而不掩（覆）焉（究竟其行畢露，言行不符）者也」。

⑩此條載年譜嘉靖二年（一五二三）二月。按下有「請問鄉愿狂者之辨」三百餘字。佐藤一齋云，「此條

之後，俞本，王本，並有問鄉愿一條。諸本多闕。年譜（嘉靖二年，一五二三，二月）則載之。與此條合，爲一時事。施本與年譜同，但語有詳略。俞本尚缺章首十四字。今从王本錄如左」（今改載卷末爲拾遺第四條）。

313 先生鍛鍊人處，一言之下，感人最深。一日，王汝止①出遊歸。先生問曰，「遊何見」？對曰，「見滿街人都是聖人」。先生曰，「你看滿街人是聖人。滿街人到②看你是聖人在」。又一日，董蘿石③出遊而歸。見先生曰，「今日見一異事」。先生曰，「何異」？對曰，「見滿街人都是聖人」。先生曰，「此亦常事耳。何足爲異」？蓋汝止圭角④未融。蘿石恍見有悟。故問同答異。皆反其言而進之。洪⑤與黃正之⑥，張叔謙⑦，汝中⑧，丙戌⑨會試歸。爲先生道途中講學。有信有不信。先生曰，「你們拏一箇聖人去與人講學。人見聖人來，都怕走了。如何講得行？須做得箇愚夫愚婦，方可與人講學」。洪又言今日要見人品高下最易。先生曰，「何以見之」？對曰，「先生譬如泰山在前。有不知仰者，須是無目人」。先生曰，「泰山不如平地大。平地有何可見」？先生一言翦裁，剖破終年爲外好高之病。在座者莫不悚懼。

王應昌云：與汝止蘿石說是傳藥。與錢與黃張諸子說是傳方。傳藥是先生自為醫。傳方是先生教他醫。然須審證。切勿費人。

①王汝止，參看上條，註四。
②「到」，陳本，張本，作「倒」。
③董蘿石，名澐，字復宗，號蘿石，晚號从吾道人（一四五七—一五三三）。海鹽（浙江）人。嘉靖三年（一五二四），先生年六十八，正月遊會稽。聞陽明講學，師事之。能詩。不仕。參看明儒學案，卷四十四。
④圭角，鋒鋩。
⑤錢德洪，參看中卷序，註一。
⑥黃正之，名宏綱。參看第一二〇條，註一。
⑦張叔謙，名元冲，字叔謙，號浮峯。越之山陰（浙江紹興）人。嘉靖十六年（一五三七）進士。官至右副都御史。以敢諫名。年六十二登陽明之門。陽明贊其最爲眞切純篤。參看明儒學案，卷十四，頁五下至六上。
⑧汝中，王畿之字。參看第二五七條，註一。
⑨丙戌，嘉靖五年（一五二六）。

314 癸未①春，鄒謙之②來越③問學。居數日。先生送別於浮峯。是夕，與希淵④諸友移舟宿延壽寺。秉燭夜坐。先生慨悵不已。曰，「江濤煙柳。故人倏在百里外矣」。一友問曰，「先生何念謙之之深也」？先生曰，「曾子所謂『以能問於不能。以多問於寡。有若無。實若虛。犯而不校』⑤。若謙之者，良近之矣」。

①癸未，嘉靖二年（一五二三）。陽明五十二歲。

②鄒謙之，名守益，字謙之，號東廓（一四九一——一五六二）。江西安福人。正德六年（一五一一）授翰林編修。宸濠反，从陽明起義。議大禮忤旨下獄。謫判廣德州（今安徽廣德縣）。建書院講學。後陞南京國子祭酒。旋落職閒居四十一年，講學不休。卒謚文莊。參看明儒學案，卷十六。

③越，浙江紹興。

④希淵，蔡宗兗之字。參看第九十九條，註一。

⑤不較。語見論語，泰伯篇第八，第五章。

315 丁亥①年九月，先生起，復②征思田③。將命行時，德洪與汝中④論學。汝中舉先生敎言曰，「無善無惡是心之體。有善有惡是意之動。知善知惡是良知。爲善去惡是格物」。德洪曰，「此意如何」？汝中曰，「此恐未是究竟話頭。若說心體是無善無惡，意亦是無善無惡的意，知亦是無善無惡的知，物亦⑤是無善無惡的物矣。若說意有善惡，畢竟心體還有善惡在」。德洪曰，「心體是天命之性，原是無善無惡的。但人有習心，意念上見有善惡在。格致誠正修⑥，此正是復那性體功夫。若原⑦無善惡，功夫亦不消說矣」。是夕侍坐天泉橋⑧，各舉請正。先生曰，「我今將行，正要你們來講破此意。二君之見，正好相資爲用。不可各執一邊。我這裏接人，原有此二種。利根⑨之人，直從本源上悟入人心。本體原是明瑩無滯的。原是箇未發之中。利根之人，一悟本體，卽是功夫。人己內外，一齊俱透了。其次不免有習心在，本體受蔽。故且敎在意念上實落爲善去惡。功夫熟後，渣滓去得盡時，本體亦明盡了。汝中之見，是我這裏接利根人的。德洪之見，是我這裏爲其次立法的。二君相取爲用。則中人上下，皆可引入於道。若各執一邊，眼前便有失人。便於道體各有未盡」。既而曰，「以後與朋友講學，切不可失了我的宗旨。無善無惡是心之體。有善有惡是意之動。知善知惡的⑩是良知。爲善去惡是格物。只依我這話頭，隨人指點，自沒病痛。此原是徹上徹下功夫。利根之人，世亦難遇。本體功夫，一悟盡透。此顏子⑪明道⑫所不敢承當。豈可輕易望人？人有習心，不教他在良知上實用爲善去惡功夫，只去懸空想箇本體。一切事爲，俱不着實。不過養成一箇虛寂。此箇病痛，不是小小。不可不早說破」。是日德洪汝中俱有省⑬。

王畿，天泉證道記（王龍溪全集，卷一）云：陽明夫子之學。以良知為宗。每與門人論學，提四句為教法，「無善無惡心之體，有善有惡意之動，知善知惡是良知，為善去惡是格物」。學者循此用功，各有所得，緒山錢子，謂此是師門教人定本，一毫不可更易。先生謂夫子立教隨時，謂之權法。未可執定。體用顯微，只是一機。心意知物，只是一事。若悟得，心是無善無惡之心，意卽是無善無惡之意，知卽是無善無惡之知，物卽是無善無惡之物。蓋無心之心則藏密。無意之意則應圓。無知之知則體寂。無物之物則用神。天命之性，粹然至善。神感神應。其機自不容已。無善可名。惡固本無，善亦不可得而有也。是謂無善無惡。若有善有惡，則意動於物。非自然之流行。着於有矣。自性流行者，動而無動。着於有者，動而動也。意是心之所發。若是有善有惡之意，則知與物，一齊皆有。心亦不可謂之無矣。緒山子謂若是，是壞師門教法，非善學也。先生謂學須自證自悟。不從人脚跟轉。若執着師門權法，以為定本，未免滯於言詮。亦非善學也。時夫子將有兩廣之行。錢子謂曰，「吾二人所見不同。何以同人？盍相與就正夫子」？晚坐天泉橋上。因各以所見請質。夫子曰，「正要二子有此一問。吾教法原有此兩種。四無之說，為上根人立教。四有之說，為中根以下人立教。上根之人，悟得無善無惡心體，便從無處立根基。意與知物，皆從無生。一了百當。卽本體便是工夫。易簡直截，更無剩欠。頓悟之學也。中根以下之人，未嘗悟得本體。未免在有善有惡上立根基，心與知物，皆從有生。須用為善去惡工夫。隨處對治。使之漸漸入悟。從有以歸於無。復還本體。及其成功一也。世間上根人不易得。只得就中根以下人立教。通此一路。汝中所見，是接上根人教法。德洪所見，是接中根以下人教法。汝中所見，我久欲發，恐人信不及，徒增躐等之病。故含蓄到今。此是傳心秘藏。顏子明道所不敢言者。今既已說破，亦是天機該發泄時。豈容復秘？然此中不可執着。若執四無之見，不通得衆人之意。只好接上根人。中根以下人，無從接授。若執四有之見，認定意是有善有惡的。只好接中根以下人。上根人亦無從接授。但吾人凡心未了。雖已得悟，仍當隨時用漸修工夫。不如此，不足以超凡入聖。所謂上乘兼修中下也。汝中此意，正好保任。不宜輕以示人。概而言之，反成漏泄。德洪却須進此一格，始為玄通。德洪資性沉毅。汝中資性明朗。故其所得，亦各因其所近。若能互相取益，使吾教法，上下皆通，始為善學耳」。自此海內相傳天泉證悟之論，道脉始歸于一云。

劉宗周云：先生每言「至善是心之本體」（第二條，二二八條，三一七條）。又曰，「至善只是盡乎天理之極，而無一毫人欲之私」（第三，四條）。又曰，「良知卽天理」（第一六九條）。錄中言天理二字，不一而足。有時說「無善無惡者理之靜」（第一〇一條），亦未曾徑說無善無惡是心體。若心體果是無善無惡，則有善有惡之意，又从何處來？知善知惡之知，又从何處來？為善去惡之功，又从何處來？無乃語語絕流斷港？快哉四無之論！先生當何處作答？却又有上根下根之說，謂教上根人只在心上用工夫，下根人只在意上用工夫。又豈大學八目一貫之旨？又曰，「其次且教在意念上著實用為善去惡工夫。久之心體自明」。蒙（愚）謂纔著念時，便非本體。人若只在念起念滅上用工夫，一世合不上本體了。正所謂南轅而北轍也。先生解大學，于意字原看不清楚。所以于四條目處，未免架屋疊床至此。及門之士，一再摹之，益失本色矣。先生他日有言曰，「心意知事，只是一事」（第六條）。此是定論。旣是一事，決不是皆無。蒙因為龍溪（王畿）易一字曰，「心是有善無惡之心，則意亦是有善無惡之意，知亦是有善無惡之知，物亦是有善無惡之物」。不知先生首肯否？或曰，「如何定要說個有善無惡」？曰，「大學只說致知。如何先生定要說個致良知，多這『良』字」？其人默然。學術所關，不敢不辯（遺編，卷十三，陽明傳信錄三，頁三十四上至三十五上。又見明儒學案，卷十，頁二十二下至二十三上。佐藤一齋誤作黃宗羲語）。

佐藤一齋云：「無善無惡是心之體」，謂心之本體靈昭明覺，無善惡可指名。卽所謂至善者也。「有善有惡是意之動」，謂意有以本體而動者。以本體而動者為善，以過不及而動者為惡。卽所謂人心惟危者也。「知善知惡是良知」，謂執為本體之善，孰為過不及之惡，吾心之靈自知之。卽所謂靈昭明覺者也。「去善去惡是格物」，謂卽物之善而為之，卽物之惡而去之。便亦靈昭明覺者所為也。四者本釋大學心意知物。其言簡切明白，使學者易受用而已。至許龍谿（王畿），則姑誘掖之，取其有悟于本體，而其實不必須過為高妙之論也。

一齋又引楊東明晉菴（一五四八——一六二四）論性臆言曰，「本性之善，乃為至善。如眼之明，鑑之明。明卽善也。無一善而萬善之所从出也。此外有意之感動而為善者，如發善念行善事之類。此善有感則生，無感則無。無乃適得至善之本體。文成所云無善無惡者，正指感動之善而言」（明儒學案，卷二十九，頁十下）。

又云：毛奇齡撰王文成公傳本，載四句教言，「良知」作「致知」。自注云：「或作『良知』，誤」（卷二，頁八下）。愚案：本文「知善知惡」，不及「致」字。作「良知」當矣。致格非二。「致」字意，却包在格物內。

又引彭定求（南畇集，光緒七年，一八八一，本附）釋毀錄（頁十一下至十二上）曰：自文成「無善無惡者心之體」一語出，而詬之者以其入于佛氏「不思善不思惡」之說。顯與性善之義有礙。文成之意，謂心之體是理之靜。惡固本無。善亦不可得而有也。故曰，「上天之載，無聲無臭」。何善惡之可名乎？傳習錄云，「至善者，性也。性元無一毫之惡。故曰至善」（第九十一條）。又曰，「佛氏儕無善惡之見，一切不理。不可以治天下。聖人只是無有作好作惡，循乎理，不動乎氣。謂之不作者，不去又著一分意思，卽是不曾好惡一般」（第一〇一條）。其于至善宗旨，契盡無餘矣。

其灼見善惡之幾曰，「有善有惡意之動」。其喫緊為人處曰，「知善知惡是良知。為善去惡是格物」。其欲使人切實體驗宗旨，同無滲漏也。安得以無善無惡一語，汩其所論未發已發之指乎？

又云：釋毀錄引簡末數語曰，「是文成慎防放言高論之弊，其嚴如此。為龍溪者，宜如何終身論之也？乃自文成沒後，龍溪罷官。林下游行，四方講學。津津乎本體自在之說。流而為禪。決破藩籬。當時羅文恭（洪先，一五〇四—一五六四）面叩譏砭，可為龍溪之諍友，為文成之功臣。蕺山（劉宗周）先生曰，「象山不差，慈湖差。陽明不差，龍溪差」。己為推勘公平之案。

又云：後之為王氏學者，間有疑四句教言出于龍溪，非文成之言。愚案：續錄（中卷）成于緒山（錢德洪），而緒山明日侍坐天泉橋，各舉請正。則其不出于龍溪，無可疑矣。但為此議者，竟在欲闢龍溪以護文成。然文成之無善無惡，卽所謂至善，而與禪家之無善無惡不同。學者宜潛心以領會其旨，而不猜于語可也。

梁啓超云：此是王門一大公案，所謂四有句四無句之教也。後此王學流派紛爭，皆導源于此。讀龍谿（王畿），念菴（羅洪先），泰州，蕺山（劉宗周）諸案（明儒學案，卷十二，十八，三十二，六十二），當知其槪。

①丁亥，嘉靖六年（一五二七）。陽明五十六歲。

②復。陽明在越。起爲兼都察院左都御史。征思田。先是姚鏌行征，弗克。今陽明繼之，故曰復。

③思，思恩，今廣西武鳴縣北。田，田州，今廣西田陽縣北。

④汝中，王畿之字。參看第二五七條，註一。

⑤「亦」，全書，佐藤一齋本，三輪執齋本，均無此字。

⑥格致誠正修。格物，致知，誠意，正心，修身，治國，齊天下，見大學，經文。

⑦「原」，但衡今謂當作「意」。

⑧此條載年譜嘉靖六年（一五二七）九月較詳。據年譜，是月初八日德洪與王畿訪張元冲（參看第三一三條，註七）舟中。兩人語四句不合。畿曰，「明日先生啓行。晚可同進請問」。是日夜分，客始散。陽明將入內，德洪與畿侯立庭下。陽明復出。使移席天泉橋上。陽明喜曰，「朋友中更無有論證及此者」。後又云，「我年來立教，又更幾番。今始立此四句」。

⑨利根，天性玲琍。

⑩「的」，施本，兪本，無此字。

⑪顏子，參看第七十七條，註一。

⑫明道，程顥，字伯淳，世稱明道先生（一〇三二—一〇八五）。其弟伊川撰明道先生行狀（伊川文集，卷七，頁一上至七上）云，「出入于老釋者幾十年，返求諸六經而後得之。…謂孟子沒而聖學不傳，以興起斯文爲己任。…聞風者誠服。覩德者心醉。…未有不以先生爲君子也」。嘗謂「吾學雖有所受，天理二字，却是自家體貼得來（二程外書，卷十二，頁四上）。朱光庭（一〇三七—一〇九四）見明道歸謂人曰，「光庭在春風中坐了一箇月」（仝上，頁八上）。

⑬兪本及通行本此條後有「右門人錢德洪錄」等字。

（錢德洪序）

先生初歸越時，朋友踪跡尚寥落。既後四方來遊者日進。癸未①年已後，環先生而居者比屋。如天妃②光相③諸刹，每當一室，常合食者數十人。夜無卧處，更相就席。歌聲徹昏旦。南鎮④禹穴⑤陽明洞⑥諸山遠近寺刹，徙足所到，無非同志游寓所在。先生每臨講座，前後左右環坐而聽者，常不下數百人。送往迎來，月無虛日。至有在侍更歲，不能遍記其姓名者。每臨別，先生常嘆曰，「君等雖別，不出在天地間。苟同此志，吾亦可以忘形似矣」。諸生每聽講出門，未嘗不跳躍稱快。嘗聞之同門先輩曰，「南都⑦以前，朋友從遊者雖衆。未有如在越之盛者。此雖講學日久，孚信漸博。要亦先生之學日進。感召之機，申變無方。亦自有不同也」。

①癸未，嘉靖二年（一五二三）。陽明五十二歲。

②天妃，佛寺名。三輪執齋作天姚，山名。不知所據。日本註家从之。佐藤一齋謂「妃」當作「姥」，越山名。查天姥山在浙江新品縣四明山之西南，離越甚遠。

③光相，佛寺名。倪錫恩謂兩寺在紹興府內西南門內。未知是否。全集錢德洪「刻文錄敍說」（序，頁十六上）云，「癸未已後，環先生之室而居。天妃，光相，能仁，諸僧舍，每一室常合食者數十人。夜無卧所，更番就席」。又云「光相僧房」（頁十三下）。則天妃光相之為寺刹，無可疑矣。

④南鎮，會稽山。

⑤禹穴，參看第二四四條，註一。

⑥陽明洞，仝上。

⑦南都，參看第三一二條，註七。

此後黃以方錄

316 黃以方①問，「『博學於文』②，爲隨事學存此天理③。然則謂『行有餘力，則以學文』④，其說似不相合」。先生曰，「詩書六藝⑤，皆是天理之發見。文字都包在其中。考之詩書六藝，皆所以學存此天理也。不特發見於事爲者方爲文耳。餘力學文，亦只博學於文中事」。或問，『學而不思』⑥一句。曰，「此亦有爲而言。其實思卽學也。學有所疑，便須思之。思而不學者，蓋有此等人。只懸空去思，要想出一箇道理。却不在身心上實用其力，以學存此天理。思與學作兩事做，故有罔與殆之病。其實思只是思其所學。原非兩事也」⑦。

①黃以方，名直。參看第二二一條，註一。

②博學于文，參看第六條，註三。

③天理。此爲陽明解博文約禮之意。參看第九條。

④學文。論語，學而篇第一，第六章，子曰，「弟子，入則孝，出則弟。謹而信。汎愛衆，而親仁。行

有餘力，則以學文」。

⑤六藝，卽詩、書、易、禮、樂、春秋之六經。又可解作禮、樂、射、御、書、數。此處討論博學于文，則以前說爲是。

⑥不思。論語，爲政篇第二，第十五章，子曰，「學而不思則罔。思而不學則殆」。

⑦此條之後閭本尚有一條。佐藤一齋錄之以爲本條之註。今移至卷末作拾遺第五條。

317 先生曰，「先儒①解格物爲格天下之物。天下之物，如何格得？且謂『一草一木亦皆有理②』。今如何去格？縱格得草木來，如何反來誠得自家意？我解格作『正』字義，物作『事』字義③。大學之所謂身，卽耳目口鼻四肢是也。欲修身，便是要目非禮勿視，耳非禮勿聽，口非禮勿言，四肢非禮勿動④。要修這箇身，身上如何用得功夫？心者身之主宰。目雖視，而所以視者心也。耳雖聽，而所以聽者心也。口與四肢雖言動，而所以言動者心也。故欲修身，在於體當⑤自家心體。常令廓然大公⑥，無有些子不正處。主宰一正，則發竅於目，自無非禮之視。發竅於耳，自無非禮之聽。發竅於口與四肢，自無非禮之言動。此便是修身在正其心⑦。然至善者心之本體也。心之本體那有不善？如今要正心，本體上何處用得工？必就心之發動處纔可着力也。心之發動不能無善。故須就此處着力，便是在誠意。如一念發在好善上，便實實落落去好善。一念發在惡惡上，便實實落落去惡惡。意之所發既無不誠，則其本體如何有不正的？故欲正其心在誠意，工夫到誠意始有着落處。然誠意之本又在於致知也。所謂『人雖不知而己所獨知』⑧者。此正是吾心良知處。然知得善，却不依這箇良知便做去。

知得不善，却不依這箇良知便不去做。則這箇良知便遮蔽了。是不能致知也。吾心良知既不
能擴充到底。則善雖知好，不能着實好了。惡雖知惡，不能着實惡了。如何得意誠？故致知
者意誠⑨之本也。然亦不是懸空的致知。致知在實事上格。如意在于爲善，便就這件事上去
爲。意在于去惡，便就這件事上去不爲。去惡固是『格不正以歸於正』⑩，爲善則不善正了，
亦是格不正以歸於正也。如此則吾心良知無私欲蔽了，得以致其極。而意之所發，好善去惡，
無有不誠矣。誠意工夫實下手處在格物也。若如此格物，人人便做得。『人皆可以爲堯舜』
⑪，正在此也」。

劉宗周云：良知只是獨知時。然餘干主謹獨，先生言致知。手勢大不同。先生是出藍之
見（遺編，卷十三，陽明傳信錄三，頁三十下）。

捷案：餘干似指胡居仁（字叔心，學者稱敬齋先生，一四三四—一四八四）。胡氏江西
餘干人。其學以靜中戒謹恐懼為主。門人婁諒（字克貞，別號一齋。江西廣信上饒人，
一四二二—一四九一）得其傳。弘治二年（一四八九），陽明迎夫人諸氏歸餘姚，舟
過廣信，謁婁諒。諒語宋儒格物之學，謂聖人必不可學而至。遂深契之。

佐藤一齋引彭定求（南畇集，光緒七年，一八八一，本附）密證錄（頁一下至二上）云：
朱子于誠意章注云，「獨者，人所不知而己所獨知之地」。逗出「知」字。暗與陽明
所講格致工夫脗合。則所謂好惡之自慊，正是物之格處。為大學入手第一關也。獨中
明明有自然之好惡。豈不卽是良知？

①先儒，指程伊川與朱子。

②皆有理。 二程遺書，卷十八，頁九上，「一草一木皆有理。須是察」。伊川語。

③正字義，事字義。此爲陽明解大學經文「格物」之義。參看第六，七，一七四條。

④勿動。 論語，顏淵篇第十二，第一章，子曰，「非禮勿視。非禮勿聽。非禮勿言。非禮勿動」。

⑤體當，體會承當。

⑥廓然大公，參看第七十二條，註五。

⑦修身正心。 格物，致知，誠意，正心，修身，齊家，治國，平天下，皆見大學，經文。

⑧獨知。 朱子，大學章句，釋第六章愼獨云，「獨者，人所不知而己所獨知之地也」。

⑨意誠，閻本作「誠意」。

⑩歸于正，參看第八十五條。

⑪堯舜，語出孟子，告子篇第六下，第二章。

318 先生曰，「衆人只說格物要依晦翁①。何曾把他的說去用？我着實曾用來。初年②與錢友③同論做聖賢要格天下之物。如今安得這等大的力量？因指亭前竹子，令去格看。錢子早夜去窮格竹子的道理。竭其心思。至於三日，便致勞神成疾。當初說他這是精力不足。某因自去窮格。早夜不得其理。到七日，亦以勞思致疾。遂相與嘆聖賢是做不得的。無他大力量去格物了。及在夷中三年④，頗見得此意思。乃知天下之物，本無可格者。其格物之功，只在身心上做。決然以聖人爲人人可到。便自有擔當了。這裏意思，却要說與諸公知道」。

施邦曜云：朱子解格物曰，「在卽物而窮其理」。又曰，「欲其極處無不到」（大學補傳）。其所謂物理者，原是性命身心之理，非泛濫無窮之理也。所謂極處無不到，指理之極至而言。卽是至善。是直說，非横說也。後之學者，均失朱子本意，便落支離。

①晦翁，朱子之號。

②初年，年譜繫爲弘治五年（一四九二）。陽明侍其父龍山公于北京。官署中多竹。取竹格其理。

③錢友，佐藤一齋謂是錢德洪。然經東敬治指出，此處云在居夷之前，則此錢友必非錢德洪，蓋此時德洪尚未來學也。

④居夷三年，詳上卷，徐愛序，註八。

319 門人有言邵端峯①論童子不能格物，只教以灑掃應對之說。先生曰，「灑掃應對，就是一件物。童子良知只到此。便教去灑掃應對，就是致他這一點良知了。又如童子知畏先生長者。此亦是他良知處。故雖嬉戲中見了先生長者，便去作揖恭敬。是他能格物以致敬師長之良知了。童子自有童子的格物致知」。又曰，「我這裏言格物，自童子以至聖人皆是此等工夫。但聖人格物，便更熟得些子。不消費力。如此格物，雖賣柴人亦是做得。雖公卿大夫，以至天子，皆是如此做」。

①邵端峯，不詳。儒林宗派，王文成傳本，陽明弟子傳纂，均無陽明弟子姓邵者。

320 或疑知行不合一。以「知之匪艱」①二句爲問。先生曰，「良知自知。原是容易的。只是不能致那良知。便是『知之匪艱，行之惟艱』」。

①知之匪艱。 書經，說命中，第十三節，「非知之艱，行之惟艱」。

321 門人問曰，「知行如何得合一？且如中庸言『博學之』。又說箇『篤行之』①。分明知行是兩件」。先生曰，「博學只是事事學存此天理。篤行只是學之不已之意」。又問，「易『學以聚之』。又言『仁以行之』②。此是如何」？先生曰，「也是如此。事事去學存此天理，則此心更無放失時。故曰，『學以聚之』。然常常學存此天理，更無私欲間斷。此卽是此心不息處。故曰，『仁以行之』」。又問，「孔子言『知及之，仁不能守之』③。知行却是兩箇了」。先生曰，「說及之，已是行了。但不能常常行。已爲私欲間斷。便是仁不能守」。又問心卽理之說。「程子云，『在物爲理』④。如何謂心卽理」？先生曰，「在物爲理。『在』字上當添一『心』字。此心在物則爲理。如此心在事父則爲孝，在事君則爲忠之類」。先生因謂之曰，「諸君要識得我立言宗旨。我如今說箇心卽理是如何？只爲世人分心與理爲二。故便有許多病痛。如五伯⑤攘夷狄，尊周室，都是一箇私心。便不當理。人却說他做得當理。只心有未純。往往悅慕其所爲。要來外面做得好看。却與心全不相干。分心與理爲二。其流至于伯道之僞而不自知。故我說箇心卽理。要使知心理是一箇。便來心上做工夫。不去襲義⑥於外。便是王道之眞。此我立言宗旨」。又問，「聖賢言語許多。如何却要打做一箇」？曰，「我不是要打做一箇。如曰，『夫道一而已矣』⑦。又曰，『其爲物不二，則其生物不測』⑧。天地聖人皆是一箇。如何二得」？

施邦曜云：性即心所具之理，晦翁（朱子）亦有是言。知先生與晦翁固同一宗旨也。第先生發得暢快耳。

①篤行，參看第四條，註四。

②仁以行之。　易經，乾卦，文言，「君子學以聚之，問以辨之，寬以居之，仁以行之」。

③知及之。　論語，衛靈公篇第十五，第三十二章，子曰，「知及之，仁不能守之，雖得之，必失之」。

④在物爲理。伊川易傳，卷四，頁二十下，「在物爲理。處物爲義」。

⑤五伯，參看第十一條，註二十九。

⑥襲義，參看第八十五條，註二。

⑦道一，語出孟子，滕文公篇第三上，第一章。

⑧生物不測，語出中庸，第二十六章。

(322) 心不是一塊血肉。凡知覺處便是心。如耳目之知視聽，手足之知痛癢①。此知覺便是心也。

①痛癢，感覺之意。

323 以方①問曰，「先生之說格物，凡中庸之愼獨②，及集義③博約④等說，皆爲格物之事」。先生曰，「非也。格物卽愼獨，卽戒懼。至於集義博約，工夫只一般。不是以那數件都做格物底事」。

唐九經（見王應昌）云：如此則陽明之學又近于晦菴矣。

①以方，黃直之字。參看第二二二條，註一。
②愼獨，參看第三十七條，註四。
③集義，參看第四十條，註一。
④博約，參看第六條，註三。

324 以方問「尊德性①」一條。先生曰，「道問學，卽所以尊德性也。晦翁②言『子靜③以尊德性誨人。某教人豈不是道問學處多了些子』④。是分尊德性道問學作兩件。且如今講習討論，下許多工夫。無非只是存此心不失其德性而已。豈有尊德性，只空空去尊，更不去問學？問學只是空空去問學，更與德性無關涉？如此，則不知今之所以講習討論者，更學何事」？問『致廣大』⑤二句。曰，「盡精微卽所以致廣大也。道中庸卽所以極高明也。蓋心之本體，自是廣大底。人不能盡精微，則便爲私欲所蔽，有不勝其小者矣。故能細微曲折，無所不盡，則私意不足以蔽之，自無許多障礙遮隔處。如何廣大不致」？又問，「精微還是念慮之精微，是事理之精微」？曰，「念慮之精微，卽事理之精微也」。

但衡今云：陽明本節旨意，蓋欲合德性學問為一體，以矯當時門戶之弊。然立論之間，猶不免微有輕重出入之意。結習難除，賢者不免。此門戶之見，終明之時而未泯也。「念慮之精微，卽事理之精微」。二語精到。亦致知卽格物之義也。

①尊德性。　中庸，第二十七章，「故君子尊德性而道問學，致廣大而盡精微，極高明而道中庸。溫故而知新，敦厚以崇禮」。

②晦翁，朱子之號。

③子靜，陸象山之字。

④道問學多，語見朱子文集，卷五十四，頁五下。

⑤廣大，同註一。

325

先生曰，「今之論性者紛紛異同。皆是說性，非見性①也，見性者，無異同之可言矣」。

但衡今云：陽明謂說性者，非見性也。其論是矣。亦猶善易者不言易也。又當為先生轉一語。于性云異云同者，正所以求見性也。

①見性，佛語。此詞不見經書。

326 問，「聲色貨利，恐良知亦不能無」。先生曰，「固然。但初學用功，却須掃除蕩滌，勿使留積。則適然①來遇，始不爲累，自然順而應之。良知只在聲色貨利上用功。能致得良知精精明明，毫髮無蔽，則聲色貨利之交，無非天則②流行矣」。

①適然，偶然也。
②天則，卽天理。

327 先生曰，「吾與諸公講致知格物，日日是此。講一二十年，俱是如此。諸君聽吾言實去用功。見吾講一番，自覺長進一番。否則只作一場話說①。雖聽之亦何用」？

①一場話說，空空說閒話耳。

328 先生曰，「人之本體，常常是寂然不動①的。常常是感而遂通的。「未應不是先。已應不是後」②。

①寂然不動，參看第七十二條，註三。
②不是後。語見二程遺書，卷十五，頁八上。伊川語。

329 一友舉佛家①以手指顯出，問曰，「衆曾見否」？衆曰，「見之」。復以手指入袖。問曰，「衆還見否」？衆曰，「不見」。佛說還未見性②。此義未明。先生曰，「手指有見有不見。爾之見性，常在人之心神。只在有覩有聞上馳鶩。不在不覩不聞上着實用功。蓋不覩不聞③，是良知本體。戒愼恐懼，是致良知的工夫。學者時時刻刻常覩其所不覩，常聞其所不聞，工夫方有箇實落處。久久成熟後，則不須着力，不待防檢，而眞性自不息矣。豈以在外者之聞見爲累哉」？

東正純云：僧玉芝嘗參王子（陽明）。王子大衆中出袖中出鎖匙問，「見麼」？曰，「見」。還納袖中。復問，「見麼」？曰，「見」。王子曰，「汝未見」。蓋與此條互參，應有發悟處矣。

捷案：東正純未擧出處。或是日本傳說。

①佛家，不知是誰。
②大珠慧海頓悟要門，卷上，云，「見性常在」。參看大西晴隆著（詳第十六條，註一），頁七二六。
③不覩不聞，參看第三十七條，註四。

330 問先儒①謂「鳶飛魚躍」②與「必有事焉」③，同一活潑潑地④。先生曰，「亦是天地間活潑潑地無非此理。便是吾良知的流行不息。致良知，便是必有事的工夫。此理非惟不可離，實亦不得而離也。無往而非道，無往而非工夫」。

①先儒，指程明道。
②鳶飛魚躍，爲詩經，大雅，旱麓篇，第二三九首，之語。
③必有事焉，參看第八十七條，註三。
④活潑潑地。　二程遺書，卷三，頁一上：「『鳶飛戾天，魚躍于淵』，言其上下察也」（中庸，第十二章）。此一段子思喫緊爲人處。與「必有事焉，而勿正心」之意同活潑潑地。

331 先生曰，「諸公在此，務要立箇必爲聖人之心①。時時刻刻須是一棒一條痕，一摑②一掌血③，方能聽吾說話，句句得力。若茫茫蕩蕩度日，譬如一塊死肉，打也不知得痛癢。恐終不濟事。回家只尋得舊時伎倆而已。豈不惜哉」？

①心，佐藤一齋云應作「志」。
②摑，打也。
③一掌血，切己著力之意。大慧普說，卷二，「師云一掌血」。參看大西晴隆著（詳前條，註二），頁七二九。又見碧巖錄，第七十八則。

332 問，「近來妄念也覺少。亦覺不曾着想定要如何用功。不知此是工夫否」？先生曰，「汝且去着實用功，便多這些着想也不妨。久久自會妥帖。若纔下得些功，便說效驗。何足爲恃①」？

①「恃」，三輪執齋本，佐藤一齋本，無此字。

333 一友自嘆私意萌時，分明自心知得。只是不能使他卽去。先生曰，「你萌時這一知處便是你的命根。當下①卽去消磨，便是立命②功夫」。

①當下，卽時也。

②立命。孟子，盡心篇七上，第一章，「存其心，養其性，所以事天也。殀壽不貳，修身以俟之，所以立命也」。

334 夫子說性相近①，卽孟子說性善②。不可專在氣質上說。若說氣質，如剛與柔對，如何相近得？惟性善則同耳。人生初時，善原是同的。但剛的習於善，則爲剛善。習於惡，則爲剛惡。柔的習於善，則爲柔善。習於惡，則爲柔惡③。便日相遠了。

劉宗周云：此是先生道性善處（遺編，卷十三，陽明傳信錄，頁三十二上。又見明儒學案，卷十，頁二十二上。吉村秋陽誤作黃宗義語，中田勝未改正）。

①性相近。論語，陽貨篇第十七，第二章，子曰，「性相近也。習相遠也」。
②孟子說性善，參看第三〇八條，註二。
③柔善柔惡。周子，通書，第七章，「剛善爲義，爲直，爲斷，爲嚴毅，爲幹固。惡爲猛，爲隘，爲強梁。柔善爲慈，爲順，爲巽。惡爲懦弱，爲無斷，爲邪佞」。

335 先生嘗語學者曰，「心體上着不得一念留滯，就如眼着不得些子塵沙。些子能得幾多，滿眼便昏天黑地了」。又曰，「這一念不但是私念。便好的念頭亦着不得些子。如眼中放些金玉屑，眼亦開不得了」①。

①佐藤一齋云，「此條之後，王本有二條。諸本並佚。獨張本載在卷末。二條如左」（今移至卷末作拾遺第六第七條）。

336 問，「人心與物同體①。如吾身原是血氣流通的，所以謂之同體。若於人便異體了。禽獸草木益遠矣，而何謂之同體」？先生曰，「你只在感應之幾上看。豈但禽獸草木，雖天地也與我同體的。鬼神也與我同體的」。請問。先生曰，「爾看這箇天地中間，甚麼是天地的心」？對曰，「嘗聞人是天地的心②」。曰，「人又甚麼敎做心」？對曰，「只是一箇靈明」。曰③，

「可知充天塞地中間，只有這箇靈明。人只爲形體自間隔了。我的靈明，便是天地鬼神的主宰。天沒有我的靈明，誰去仰他高？地沒有我的靈明，誰去俯他深？鬼神沒有我的靈明，誰去辨他吉凶災祥？天地鬼神萬物離却我的靈明，便沒有天地鬼神萬物了。我的靈明離却天地鬼神萬物，亦沒有我的靈明。如此便是一氣流通的。如何與他間隔得」？又問，「天地鬼神萬物，千古見在，何沒了我的靈明，便俱無了」？曰，「今看死的人，他這些精靈游散了？他的天地萬物尚在何處」？

劉宗周云：此一則頗近宗門。但死時帶不去耳。故佛氏亦不肯收（遺編，卷十三，陽明傳信錄三，頁三十三上）。

①與物同體，必是陽明語，第八十九，二六七，二七六條語意相同。

②天地的心。禮記，禮運，第二十六節，「人者，天地之心也，五行之端也」。

③曰，全書，三輪執齋本，佐藤一齋本，均無此字。然「可知」以下爲陽明語，从無疑問。

337 先生起行征思田①。德洪②與汝中③追送嚴灘④。汝中舉佛家實相幻相⑤之說。先生曰，「有心俱是實。無心俱是幻。無心俱是實。有心俱是幻」。汝中曰，「有心俱是實。無心俱是幻。是本體上說功夫。無心俱是實。有心俱是幻。是功夫上說本體」。先生然其言。洪於是時尚未了達⑥。數年用功，始信本體功夫合一。但先生是時因問偶談。若吾儒指點人處，不必借此立言耳⑦。

東正純云：顧端文（顧憲成，一五五〇—一六一二）曰，「凡說本體，容易落在無邊。陽明所云『無心俱是幻』，景逸（高攀龍，一五六二—一六二六）所云『不做工夫本體』也。凡說工夫，容易落在有一邊。陽明所云『有心俱是幻』，景逸所云『不識本體工夫』也」（光緒丁丑，一八七七年顧端文公遺書本，東林商語上，頁二十三上）。蓋此說雖似可悅，猶恐不免拘執。喻如夢中看花也。姑存。

①思田，參看第三一五條，註一至三。
②德洪，錢德洪，參看卷中，序，註一。
③汝中，王畿之字。參看第二五七條，註一。
④嚴灘，一名七里灘，又名七里瀨。在浙江桐廬縣西。
⑤實相，法華經所說。幻相，涅槃經所說。
⑥達，兪本作「追」，連下讀。
⑦此條以下皆錢德洪所記。故自稱名。

338 嘗見先生送二三耆宿出門，退坐于中軒，若有憂色。德洪①趨進請問。先生曰，「頃與諸老論及此學，眞員鑿方枘。此道坦如道②路。世儒往往自加荒塞。終身陷荆棘之場而不悔。

吾不知其何說也」。德洪退謂朋友曰，「先生誨人不擇衰朽。仁人憫物之心也」。

許舜屏云：當時蓋亦有不信先生之說者。

①錢德洪，參看卷中，序，註一。
②「道」，閭本作「大」。

339 先生曰，「人生大病，只是一傲字。爲子而傲必不孝。爲臣而傲必不忠。爲父而傲必不慈。爲友而傲必不信。故象①與丹朱②俱不肖，亦只一傲字。便結果了此生。諸君常要體此。人心本是天然之理。精精明明，無纖介染着。只是一無我而已。胸中切不可有。有卽傲也。古先聖人許多好處，也只是無我而已。無我自能謙。謙者衆善之基。傲者衆惡之魁」。

①象不肖，參看二九六條，註一。
②丹朱不肖。參看一四二條，註八。

340 又曰，「此道至簡至易的。亦至精至微的。孔子曰，『其如示諸掌乎』①！且人於掌何日不見？及至問他掌中多少文理，却便不知。卽如我良知二字，一講便明。誰不知得？若欲的見良知，却誰能見得」？問曰，「此知恐是無方體②的。最難捉摸」。先生曰，「良知卽是易。『其爲道也屢遷。變動不居。周流六虛③。上下無常。剛柔相易。不可爲典要。惟變所適』

④。此知如何捉摸得？見得透時，便是聖人」⑤。

①示諸掌。中庸，第十九章，子曰，「明乎郊社之禮，禘嘗之義，治國其示諸掌乎」。

②方體。易經，繫辭上傳，第四章，「故神無方（方向）而易無體（體質）」。

③六虛，卦之六爻（六位）週流于空虛之間。

④惟變所適。語見易經，繫辭下傳，第八章。

⑤此條一本移至第二五九條之前。陽明要書亦然。

341 問，「孔子曰，『回①也，非助我者也』②。是聖人果以相助望門弟子否」？先生曰，「亦是實話。此道本無窮盡。問難愈多，則精微愈顯。聖人之言本自周遍。但有問難的人，胸中窒礙。聖人被他一難，發揮得愈加精神。若顏子聞一知十③，胸中了然。如何得問難？故聖人亦寂然不動，無所發揮。故曰非助」。

許舜屏云：此與朱子所解亦微有不同。

①回，顏子之名。參看第七十七條，註一。

②非助我。論語，先進篇第十一，第三章，子曰，「回也，非助我者也。于吾言無所不說（悅）」。朱子論語集註釋此章曰，「顏子於聖人之言，默識心通，無所疑問。故夫子云然。其詞若有憾焉，其實乃深喜

之」。

③知十。論語，公冶長篇第五，第八章：子謂子貢曰，「女與回也孰愈」？對曰，「賜也，何敢望回？回也，聞一以知十。賜也，聞一以知二」。

342 鄒謙之①嘗語德洪②曰，「舒國裳③曾持一張紙，請先生寫拱把之桐梓一章④。先生懸筆爲書。到至於『身而不知所以養之者』，顧而笑曰，『國裳讀書。中過狀元來。豈誠不知身之所以當養？還須誦此以求警』！一時在侍諸友皆惕然」⑤。

①鄒謙之，參看第三十四條，註二。

②德洪，參看中卷，序，註一。

③舒國裳，參看第二〇四條，註五。

④桐梓章。孟子，告子篇第六上，第十三章，孟子曰，「拱把之桐梓，人苟欲生之，皆知所以養之者。至于身，而不知所以養之者，豈愛身不若桐梓哉？弗思甚也」。

⑤三輪執齋云：篇尾一本有「知者，良知也。天然自有，卽至善也。物者，良知所知之事也。格者，格其不正以歸于正也。格之，斯實致之矣」一章四十字。佐藤一齋云，「施本，兪本，此末多六條。王本亦多六條與施兪不同。張本則合黃以方前後錄爲一，而多二十八條（實二十七條。一齋誤分第二十七條爲兩條）。內六條與王同。二條與施兪同。意當各有傳本然也。第謝侍御（廷傑）全書本，最爲可據，而闕此若干條，則可訝矣。豈緒山補遺止于此，而四明諸公（施兪等），尚有采于遺言逸稿歟？今摘錄如

左」（茲移載于卷末拾遺，爲第八條至第三十六條。參看拾遺第十九條，註二）。

錢德洪跋

嘉靖戊子①冬，德洪②與王汝中③奔師喪至廣信④。訃告同門，約三年收錄遺言。繼後同門各以所記⑤見遺。洪擇其切於問正者，合所私錄，得若干條。居吳⑥時，將與文錄⑦並刻矣。適以憂去未遂。當是時也，四方講學日衆。師門宗旨既明，若無事於贅刻者。故不復縈念。去年，同門曾子才漢⑧得洪手抄，復傍爲采輯，名曰「遺言」，以刻行於荊⑨。洪讀之，覺當時采錄未精。乃爲刪其重復，削去蕪蔓，存其三之一。名曰「傳習續錄」。復刻於寧國⑩之水西精舍⑪。今年夏，洪來遊蘄⑫，沈君思畏⑬曰，「師門之教，久行于四方。而獨未及于蘄。蘄之士得讀遺言，若親炙夫子之教。指見良知，若重覩日月之光。惟恐傳習之不博，而未以重復之爲繁也。請裒⑭其所逸者增刻之若何」？洪曰，「然」。師門致知格物之旨，開示來學。學者躬修默悟，不敢以知解承，而惟以實體得。故吾師終日言是，而不憚其煩。學者終日聽是，而不厭其數。蓋指示專一，則體悟日精。幾迎於言前。神發於言外。感遇之誠也。今吾師之沒，未及三紀⑮而格言微旨，漸覺淪晦。豈非吾黨身踐之不力，多言有以病之耶？學者之趨不一，師門之教不宣也。乃復取逸稿，采其語之不背者，得一卷。其餘影響不眞，與文錄既載者，皆削之。并易中卷爲問答話⑯，以付黃梅⑰尹張君⑱增刻之。庶幾讀者不以知解承，而惟以實體得，則無疑于是錄矣。嘉靖丙辰⑲夏四月，門人錢德洪拜書于蘄之崇正書院⑳。

①戊子，嘉靖七年（一五二八）。陽明五十七歲。

②德洪，參看卷中，序，註一。

③王汝中，名畿。參看第二五七節，註一。

④廣信，今江西上饒。年譜嘉靖七年十一月二十九日陽明卒于江西南安。德洪與王畿將入京殿試。聞陽明歸，遂迎至嚴灘（參看第三三七條，註四）。聞訃。八年正月三日，成喪于廣信，訃告同門。訃告書載全書，卷三十七，頁九十九下至一〇二上。

⑤所記，非指上卷各條，因其時上卷已刋行矣。

⑥吳，今江蘇蘇州。嘉靖十四年（一五三五）德洪官于此。

⑦文錄，參看卷中，序，註八。

⑧曾才漢，不詳。儒林宗派，王文成傳本，陽明弟子傳纂，均無此人。

⑨荆，今湖北江陵縣治。

⑩寧國，在安徽。

⑪精舍，儒家講學之地。原爲佛法師居所。

⑫蘄，今湖北蘄春。

⑬沈思畏，名寵，字思畏，號古林。宣城（安徽）人。嘗就學于歐陽德（參看第一〇四條，註一）與王畿。任湖廣兵備僉事。與州守同門谷鍾秀建崇正書院于蘄州麒麟山。據年譜嘉靖三十五年，沈是年建仰

止祠于崇正書院祀陽明。

⑭裒，聚也。

⑮三紀，自嘉靖七年戊子陽明沒至三十五年丙辰爲二十九年。

⑯中卷問荅語，指第二六〇條至三一五條。

⑰黃梅，湖北，黃梅縣。

⑱張君，不詳。

⑲丙辰，嘉靖三十五年（一五五六）。

⑳此跋日本諸本與傳習錄集評均移至第三一六條之前。蓋以此後爲黃以方所記而非錢德洪所記也。然跋所指不僅爲其本人所記而實指下卷之全部也。

傳習錄拾遺

傳習錄全書本共錄三百四十二條。南本，宋本，缺第九五條。其他諸本則共增三十七條。據佐藤一齋所校，即第二十四條後施本，南本，兪本，各增一條（均拾遺一）。閭本于二四一條后增兩條（拾遺二與三）。兪本，王本，于三一二條後增一條（均拾遺四）。閭本于三一六條后增一條（拾遺五）。張本于三三五條后增二條（拾遺六與七）。三四二條後施本，兪本增六條（均拾遺八至十三）。王本增六條（拾遺二與十四至十八）。張本增二十七條。除重複與王本所增者六條，施本與兪本所增者二條，與閭本所增第一條外，張本實增十八條（拾遺十九至三十六）。此三十六條，均載佐藤一齋之傳習錄欄外書。一齋于九十九條註又舉一條（拾遺三十七）。共增三十七條。今又從全書，卷目，錢德洪之刻文錄叙說抄出四條爲第三十八至四十一條（另第十條）。從年譜抄出十條爲第四十二至五十一條（另第十一條）。總共增拾遺五十一條。

① 千古聖人只有這些子。又曰，「人生一世，惟有這件事」①。

佐藤一齋云：只有這些子，謂全得種性也。即良知也。惟有這件事，謂集義也。即致良知也。答周道通書曰，「凡人為學，終身只為這一事。自少至老，自朝至暮，不論有事無事，只是做得這一件。所謂必有事焉者也」。此可以為此條疏詮。

捷案：答周書語見第一四七條。道通來書談事上磨煉，故陽明所謂這一件事，指必有事焉。今此條「這些子」與「這件事」皆無上文，不知所指。傳習錄無全得性種之語，亦無此意。恐一齋不免附會耳。

①此條載南本，施本，兪本第二十四條之后。

② 先生曰，「良知猶主人翁。私欲猶豪奴悍婢。主人翁沉疴在床，奴婢便敢擅作威福。家不可以言齊矣。若主人翁服藥治病，漸漸痊可，略知檢束①，奴婢亦自漸聽指揮。及沉疴脫體，起來擺布，誰敢有不受約束者哉？良知昏迷，衆欲亂行。良知精明，衆欲消化，亦猶是也」②。

①張本無「略知檢束」四字。

②此條閭本載在第二四一條之後。王本，張本，載在卷末。佐藤一齋錄以爲第二四一條之註。

③ 先生曰，「合着本體的，是工夫。做得功夫的，方識本體」①。

①同上條，註二。

④薛尙謙①，鄒謙之②，馬子莘③，王汝止④，侍坐。請問鄕愿⑤狂者⑥之辨。曰，「鄕愿以忠信廉潔見取于君子，以同流合汚無忤于小人。故非之無擧，刺之無刺。然究其心，乃知忠信廉潔，所以媚君子也。同流合汚，所以媚小人也。其心已破壞矣。故不可與入堯舜之道。狂者志存古人。一切紛囂俗染，不足以累其心。眞有鳳凰千千仞之意。一克念，卽聖人矣。惟不克念，故洞略事情，而行常不掩。惟行不掩，故心尙未壞而庶可與裁」。曰，「鄕愿何以斷其媚也」？曰，「自其譏狂狷知之。曰，『何爲踽踽凉凉？生斯世也，爲斯世也。善斯可矣』。故其所爲，皆色取不疑。所以謂之似。然三代⑦以下，士之取盛名于時者，不過得鄕愿之似而已。究其忠信廉潔，或未免致疑于妻子也。雖欲純乎鄕愿，亦未易得。而況聖人之道乎」？曰，「狂狷爲孔子所思⑧。然至乎傳道，不及琴張輩，而傳習曾子⑨。豈曾子乃狂狷乎」？曰，「不然。琴張輩，狂者之稟也。雖有所得，終止于狂。曾子，中行之稟也。故能悟入聖人之道」⑩。

①薛尙謙，名侃。參看第八十一條，註一。
②鄒謙之，名守益。參看第三一四條，註二。
③馬子莘，名明衡。參看第四十條，註二。
④王汝止，名艮。參看二五七條，註一。
⑤鄕愿，參看第三一二條，註八。
⑥狂者，參看三一二條，註九。

⑦三代，夏，商，周。

⑧孔子所思。孟子，盡心篇第七下，第三十七章，孟子曰，「孔子不得中道而與之，必也狂獧乎。狂者進取，獧者有所不爲也。孔子豈不欲中道哉？不可必得，故思其次也。…如琴張（名牢，字子張。莊子，四部叢刊本，名南華眞經，大宗師第六，卷三，頁十九上，記子桑戶死，琴張臨其喪而歌），曾皙（曾子之父。禮記，檀弓下第四節，記季武子死，曾皙，即曾點，倚其門而歌），牧皮（不詳）者，孔子之所謂狂矣」。

⑨曾子，參看第一一一條，註二。

⑩此條兪本，王本，載第三一二條之後。兪本缺「薛尚謙」等十四字。「狂者志存…千仞」等字亦見全書，錢德洪之刻文錄叙說，頁十六上。此條亦載年譜，嘉靖二年（一五二三）二月。語幾全同。

⑤ 南逢吉①曰：吉嘗以荅徐成之書②請問。先生曰，「此書于格致誠正③，及尊德性而道問學④處說得尙支離。蓋當時亦就二君⑤所見者將就調停說過。細詳文義，然猶未免分爲兩事也」。嘗見一友問云，「朱子以存心致知爲二事。今以道問學爲尊德性之功，作一事如何」？先生曰，「天命于我謂之性⑥。我得此性之謂德。今要尊我之德性，須是道學問。如要尊孝之德性，便須學問箇孝。尊弟之德性，便須學問箇弟。學問箇孝，便是尊孝之德性。學問箇弟，便是尊弟之德性。不是尊德性之外，別有道問學之功，道問學之外，別有尊德性之事也。心之明覺處謂之知。知之存主處謂之心。原非有二物。存心便是致知。致知便是存心。亦非有二事」。曰，「存心恐是靜養意，與道問學不同」。曰，「就是靜中存養。還謂

之學否？若亦謂之學，亦卽是道問學矣。觀者宜以此意求之」⑦。

①南逢吉，渭南（陝西）人。南大吉（參看中卷，序，註二）之弟。
②荅徐成之書，載全書卷二十一，頁十上至十七下。
③格致誠正，見大學，經文。
④尊德性，參看第二十五條，註五。
⑤二君，指朱子與陸象山。
⑥天命之謂性，語出中庸，第一章。
⑦此條閭本載第三一六條之后。佐藤一齋云，「閭本原註『此本在荅徐成之書下。今錄于此』。愚案：南本祇書此條。前一截爲小跋。『嘗見一友』已下不載。不審閭所讀何本」。

⑥ 先生曰「舜不遇瞽瞍①，則處瞽瞍之物無由格。不遇象②，則處象之物無由格。周公不遇流言憂懼③，則流言憂懼之物無由格。故凡動心忍性，增益其所不能④者，正吾聖門致知格物之學。正⑤不宜輕易放過，失此好光陰也。知此則夷狄患難⑥，將無入不自得矣」⑦。

①瞽瞍，參看第二九四條，註三。
②象，參看第二四五條與二九六條。

③周公。史記，卷三十三，頁三上，周公世家，「周公恐天下聞武王崩而畔，乃踐阼代成王，攝行政。當國管叔及其羣弟流言于國曰：周公將不利于成王」。

④增益不能，參看第二九六條，註六。

⑤「正」，張本無此字。

⑥夷狄患難。中庸，第十四章，「君子素其位而行，不願乎其外。…素夷狄，行乎夷狄。素患難，行乎患難。君子無入而不自得焉」。

⑦王本載此條與下條于第三三五條之後。張本則載在卷末。

⑦ 問①，「據人心所知，多有誤欲作理，認賊作子②處。何處乃見良知」？先生曰，「爾以爲何如」？曰，「心所安處，纔是良知」。曰，「固是。但要省察。恐有非所安而安者」③。

①「問」，張本作「直問」。

②認賊作子，參看第一二二條，註七。

③參看上條，註七。

⑧ 先生自南都①以來，凡示學者，皆令存天理，去人欲，以爲本。有問所謂，則令自求之。未嘗指天理爲何如也。黃岡②郭善甫③挈其徒良吉④，走越⑤受學。途中相與辨論未合。既至，質之先生。先生方寓樓饘，不答所問。第目攝⑥良吉者再。指所饘盂，語曰，「此盂中

下乃能盛此饘。此案下乃能載此盂。此樓下乃能載此案。地又下乃能載此樓。惟下乃大也」⑦。

①南都，即南京。正德九年（一五一四）陽明陞南京鴻臚寺卿。門徒益盛。
②黃岡縣，在湖北。
③郭善甫，名慶（據儒林宗派，卷十五，頁六下）。餘不詳。
④良吉，亦不詳。
⑤越，浙江紹興。
⑥攝，接也。
⑦據佐藤一齋，施本，俞本，于第三四二條後多六條，即此條與下五條（拾遺第八至十三條）。末有「門人黃以方錄」。則六條皆其所錄也。此條由首至「何如也」又載年譜，正德十六年（一五二一），正月。

⑨ 一日市中閧而詬。甲曰，「爾無天理」。乙曰，「爾無天理」。甲曰，「爾欺心」。乙曰，「爾欺心」。先生聞之，呼弟子，曰，「聽之。夫夫哼哼講學也」。弟子曰，「詬也。焉學」？曰，「汝不聞乎？曰，『天理』，曰『心』。非講學而何」？曰，「既學矣，焉詬」？曰，「夫夫也，惟知責諸人，不知及諸己故也」①。

①參看上條，註七。

⑩ 先生嘗曰，「吾良知二字，自龍場①以後，便已不出此意。只是點此二字不出。于②學者言，費却多少辭說。今幸見③出此意④。一語之下，洞見全體。眞是痛快。不覺手舞足蹈。學者聞之，亦省却多少尋討功夫。學問頭腦，至此已是說得十分下落。但恐學者不肯直下承當耳」。又曰，「某于良知之說，從百死千難中得來。非是容易見得到此。此本是學者究竟話頭。可惜此理淪埋已久。學者苦于聞見障蔽，無入頭處⑤。不得已與人一口說盡。但恐學者得之容易，只把作⑥一種光景玩弄，孤負此知耳」⑦。

①龍場，參看上卷，徐愛序，註八。
②「于」，施本，兪本，張本，作「與」。
③見，張本作「點」。
④「意」，施本，兪本，無此字。
⑤「可惜…頭處」，施本，兪本，無此二十字。張本少「此理」二字，「苦于聞見障蔽」作「蔽于聞見」。
⑥「作」，施本，兪本，張本，均作「做」。
⑦參看拾遺第八條，註七。張本亦錄此條。此條原載全書，卷目，錢德洪之刻文錄叙說，頁十四下至十五下，較諸本爲優。今故錄之。此條「又曰」以下又略載年譜正德十六年（一五二一），正月，與拾遺第八條上截及拾遺第十一條並爲一條。

⑪ 語友人曰，「近欲發揮此。只覺有一言發不出」。津津然含諸口，莫能相度①。久乃曰，

「近覺得此學更無有他。只是這些子。了此更無餘矣」②。旁有健羨不已者，則又曰，「連這些子亦無放處。今經變後始有良知之說」③。

①「莫能相度」。施本，俞本，無此四字。
②「了此更無餘矣」。施本，俞本，缺此六字。
③此條錄自年譜，正德十六年（一五二一），正月，比施本，俞本較詳也。參看拾遺第八條，註七。

⑫ 一友侍。眉間有憂思，先生顧謂他友曰，「良知固徹天徹地。近徹一身。人一身不爽，不須許大事。第頭上一髮下垂①，渾身卽是爲不快。此中那容得一物耶」②？

①「一髮下垂」，張本作「只一根頭髮釣着」。
②張本末又有「是友瞿然省惕」六字。參看拾遺第八條，註七。

⑬ 先生初登第時，上邊務八事①。世艷稱之。晚年有以爲問者，先生曰，「此吾少時事。有許多抗厲氣。此氣不除，欲以身任天下，其何能濟」？或又問平寧藩②。先生曰，「當時只合如此做。但覺來尚有揮霍③意。使今日處之，更別也」④。

施邦曜云：此條見先生學問。

①邊務八事。陳言邊務疏載全書，卷九，頁一上至十上。
②平寧藩，參看第三一二條，註六。
③揮霍，猝遽。
④參看拾遺第八條，註七。此條下有「門人黃以方錄」六字。

⑭ 直問，「許魯齋言學者以治生爲首務。先生以爲悞人①。何也？豈士之貧，可坐守不經營耶」？先生曰，「但言學者治生上，儘有工夫則可。若以治生爲首務，使學者汲汲營利，斷不可也。且天下首務，孰有急於講學耶？雖治生亦是講學中事。但不可以之爲首務，徒啓營利之心。果能於此處調停得心體無累，雖終日做買賣，不害其爲聖爲賢。何妨於學？學何貳於治生」②？

①許衡悞人，見上卷第五十六條。
②據佐藤一齋第三四二條後，王本亦多六條。其中一條，拾遺第二條，已錄于上。今依一齋錄五條，即此條至拾遺第十八條。

⑮ 先生曰，「凡看書，培養自家心體。他說得不好處，我這裏用得着，俱是益。只要此志眞切。有昔郢人夜寫書與燕國，誤寫舉燭①二字。燕人誤解。燭者明也。是教我舉賢明其理也。其國大治。故此志眞切，因錯致眞，無非得益。今學者看書，只要歸到自己身心上用」②。

①舉燭。故事見韓非子，四部叢刊本，外儲說左上第三十二，卷十一，頁七下。

②別本無「有昔郢人」以下六十四字。

⑯ 從目所視，妍醜自別，不作一念，謂之明。從耳所聽，清濁自別，不作一念，謂之聰。從心所思，是非自別，不作一念，謂之睿①。

①捷案：此條必多遺漏。既不是對話，又乏聰明睿知之知字。知字爲陽明旨題，斷不可缺也。

⑰ 嘗聞先生曰，吾居龍場①時，夷人言語不通。所可與言者中土亡命之流。與論知行之說，更無抽挌。久之，幷夷人亦欣欣相向。及出與士夫言，反多紛紛同異，拍挌不入。學問最怕有意見的人，只患聞見不多。良知聞見益多，覆蔽益重。反不曾讀書的人，更容易與他說得②。

①龍場，參看上卷，徐愛序，註八。

②此條又載全書，錢德洪之刻文錄敘說，頁十三上下，文詞較略。

⑱ 先生用功，到人情事變極難處時，見其愈覺精神。向在洪都①處張許②之變，嘗見一書與鄒謙之③，「云自別省城，卽不得復有相講如虔中④者。雖自已杝柄不敢放手，而灘流悍急，須仗有方⑤如吾謙之者持篙而來，庶能相助，更上一灘耳」。

①洪都，今江西南昌。

②張許之變。年譜，正德十四年（一五一九），九月十一日陽明獻俘（寧王宸濠）發南昌。太監張忠，安邊伯許泰等欲追還之。議將縱之鄱陽湖。俟武宗親與遇戰，而後奏凱論功。陽明信太監張永，以濠付之。稱病西湖淨慈寺。

③與鄒謙之書，已佚。全書今存與鄒謙之共七書（卷五，頁一上至二上，卷六，頁一上至十下）。惟不見此段。但此段載年譜，正德十五年（一五二〇）九月。

④虔中，即江西贛州。正德十三年（一五一六）陽明陞都察院右副都御史。行政之餘，講學甚盛。

⑤此條又見張本。方作「力」。章首有「直曰」二字。

⑲門人有疑知行合一之說者。直①曰，「知行自是合一。如今人能行孝，方謂之知孝。能行弟，方謂之知弟。不是只曉得個孝字弟字，遽謂之知」。先生曰，「爾說固是。但要曉得一念動處，便是知，亦便是行」②。

①直，黃以方，參看第二二二條，註一。

②佐藤一齋謂張本合黃以方前後錄爲一，而多二十八條（實二十七條。一齋誤分拾遺第二十七條爲兩條）。內六條與王本同，二條與施本，兪本同。一齋去其重複，餘十九條（實十八條）。今依一齋錄之，即拾遺第十九至三十六條。

⑳ 先生曰，「人必要說心有內外，原不曾實見心體。我今說無內外。尚恐學者流在有內外上去。若說有內外，則內外益判矣。況心無內外，亦不自我說。明道①定性書有云，『且以性爲隨物於外，則當其在外時，何者爲在內』②！此一條最痛快」。

①明道，程顥，參看第三一五條，註十二。
②定性書載明道文集，卷三，頁一上下。

㉑ 或問，「孟子『始條理者，智之事。終條理者，聖之事』①。知行分明是兩事」。直②曰，「要曉得始終條理，只是一個條理而始終之耳」。曰，「既是一個條理，緣何三子③却聖而不智」？直曰，「也是三子所知分限只到此地位」。先生嘗以此問諸友。黃正之④曰，「先生以致知各隨分限之說，提省諸生。此意最切」。先生曰，「如今說三子，正是此意」。

①條理，參看第二八六條，註一。
②直，黃以方，參看第二二二條，註一。
③三子，參看第二八六條，註一至註五。
④黃正之，名宏綱。參看第一二〇條，註一。

㉒ 先生曰，「『易則易知』①。只是此天理之心，則儞也是此心。儞便知得人人是此心，人

人便知得。如何不易知？若是私欲之心，則一個人是一個心。人如何知得」？

①易知。易經，繫辭上傳，第一章，「易則易知。簡則易從」。

㉓ 先生曰，「人但一念善，便實實是好。一念惡，便實實是惡。如此纔是學。不然，便是作僞」。嘗問門人聖人說「知之爲知之」①二句，是何意思？二友不能答。先生曰，「要曉得聖人之學，只是一誠」。直②自陳喜在靜上用功。先生曰，「靜上用功固好。但終自有弊。人心自是不息。雖在睡夢，此心亦是流動。如天地之化，本無一息之停。然其化生萬物，各得其所。却亦自靜也。此心雖是流行不息，然其一循天理，却亦自靜也。若專在靜上用功，恐有喜靜惡動之弊。動靜一也」。直曰，「直固知靜中自有知覺之理。但伊川答呂學士③一段可疑。伊川曰，『賢且說靜時如何』？呂學士曰，『謂之有物則不可。然自有知覺在』。伊川曰，『既有知覺，却是動也。如何言靜』」④？先生曰，「伊川說還是」。直因思伊川之言，分明以靜中無知覺矣。如何謂伊川說還是？考諸晦翁⑤亦曰，「若云知寒覺暖，便是知覺已動」⑥。又思知寒覺暖，則知覺著在寒暖上，便是已發。所謂有知覺者，只是有此理，不曾著在事物。故還是靜。然瞌睡也有知覺，故能做夢，故一喚便醒。槁木死灰，無知覺，便不醒矣。則伊川所謂「既有知覺，却是動也。如何言靜」？正是說靜而無靜之意。不是說靜中無知覺也。故先生曰，「伊川說還是」。

①知之。論語，爲政篇第二，第十七章，「知之爲知之，不知爲不知，是知也」。
②直，黃以方，參看第二二二條，註一。
③呂學士，名大臨，字與叔（一〇四四—一〇九〇）。程伊川門人。參看宋元學案，卷三十一，及宋史，卷三四〇，頁十上至十一下。
④伊川荅呂學士，實荅蘇季明。見二程遺書，卷十八，頁十五上。蘇名昞（壯年一〇九三）。武功（陝西）人。學于張載最久。後師二程。參看宋元學案，卷三十一，頁十一下至十二上，及宋史，卷四二八，頁三上。
⑤晦翁，朱子之號。
⑥已動。朱子語類，卷九十六，頁三九二三，「如知得寒，覺得暖，便是知覺一個物事」。

㉔直問，「戒愼恐懼①是致和，還是致中②」？先生曰，「是和上用功」。曰，「中庸言致中和。如何不致中？却來和上用功」？先生曰，「中和一也。內無所偏倚。少間發出，便自無乖戾。本體上如何用功？必就他發處，纔著得力。致和便是致中。萬物育，便是天地位」。直未能釋然。先生曰，「不消去文義上泥。中和是離不得底。如面前火之本體是中。火之照物處便是和。舉著火，其光便自照物。火與照如何離得？故中和一也。近儒③亦有以戒懼卽是愼獨非兩事者。然不知此以致和卽便以致中也。他日崇一④謂直曰，「未發是本體。本體自是不發底。如人可怒。我雖怒他，然怒不過當，却也是此本體未發。後以崇一之說問先生。先生曰，「如此卻是說成功。子思⑤說發與未發⑥，正要在發時用功」。

①戒愼恐懼，參看第三十七條，註四。
②致中和，參看同上條，註三。
③近儒，指胡季隨等。參看中庸或問，頁十八下。朱子云，「當分爲兩事。戒愼不睹，恐懼不聞……是防之于未然。…謹獨是察之于將然」（朱子語類，卷六十二，頁二三八五）。
④崇一，歐陽德，參看第一〇四條，註一。
⑤子思，參看第四十二條，註一。
⑥發與未發，參看第二十八條，註一。

㉕ 艾鐸①問，「如何爲天理」？先生曰，「就爾居喪上體驗看」。曰，「人子孝親，哀號哭泣。此孝心便是天理」。先生曰，「孝親之心眞切處纔是天理。如眞心去定省問安，雖不到床前，卻也是孝。若無眞切之心，雖日日定省問安，也只與扮戲相似，却不是孝。此便見心之眞切，纔爲天理」。

①艾鐸，儒林宗派，王文成傳本，明儒學案，陽明弟子傳纂，均無此人。

㉖ 直①問，「顏子②擇中庸③，是如何擇」？先生曰，「亦是戒愼不睹，恐懼不聞④。就己心之動處，辯別出天理來。『得一善』，卽是得此天理」。後又與正之⑤論顏子「雖欲從之，末由也已」⑥。正之曰，「先生嘗言，『此是見得道理如此。如今日用，凡視聽言動，都是此知

覺。然知覺却在何處？捉定不得。所以說「雖欲從之，末由也已」。顏子見得道體後，方纔如此說』」。

①直，黃以方。參看第二二二條，註一。

②顏子，參看第七十七條，註一。

③擇中庸。中庸，第八章，子曰，「回（顏子）之爲人也，擇乎中庸。得一善，則拳拳服膺，而弗失之矣」。

④不睹不聞，參看第三十七條，註四。

⑤正之，黃宏綱之字。參看第一二〇條，註一。

⑥末由。論語，子罕篇第九，第十一章，「顏淵喟然歎曰：仰之彌高，鑽之彌堅。……夫子循循然善誘人。博我以文，約我以禮。欲罷不能。既竭吾才，如有所立卓爾。雖欲從之，末由也矣」。

㉗ 直①問，「『物有本末』②一條，舊說似與先生不合」。先生曰，「譬如二樹在此，一樹有一樹之本末。豈有以一樹爲本，一樹爲末之理？明德親民③，總是一物，只是一個工夫。纔二之，明德便是空虛，親民便是襲取矣。『物有本末』云者，乃指定一物而言。如實有孝親之心，而後有孝親之儀文節目」④，「事有終始」云者，亦以實心爲始，實行爲終。故必始焉有孝親之心，而終焉則有孝親之儀文節目。事長，事君，無不皆然。自意之所著謂之物。自物之所爲謂之事。物者事之物。事者物之事也。一而已矣」⑤。

①直，參看上條，註一。

②本末。大學，經文，「物有本末，事有終始。知所先後，則近道矣」。

③明德親民。大學，經文，「大學之道，在明明德。在親民。在止于至善」。

④張問達曰，「此下疑有闕文。讀先生大學問自見」。

⑤佐藤一齋計此條爲兩條，蓋以張問達疑上截有缺文，故「事有始終」另行。然其爲一條也，實至明顯。

㉘先生曰，「朋友相處，常見自家不是，方能點化得人之不是。善者固吾師，不善者亦吾師。且如見人多言，吾便自省亦多言否？見人好高，吾自省亦好高否？此便是相觀而善，處處得益」①。

①關于朋友相處，參看第二一四，二四五，二四六條。

㉙先生曰，「至誠能盡其性①，亦只在人物之性上盡。離卻人物，便無性可盡得。能盡人物之性，卽是至誠致曲②處。致曲工夫，亦只在人物之性上致。更無二義。但比至誠有安勉③不同耳」④。

佐藤一齋云：此條與姚江（陽明）立言不類。疑語出于甘泉（湛若水）。當時王湛兩家門人迭相通。故錄亦或有誤混歟？

①盡性。中庸，第二十二章，「唯天下至誠，爲能盡其性。能盡其性，則能盡人之性。能盡人之性，則能盡物之性。能盡物之性，則可以贊天地之化育。可以贊天地之化育，則可與天地參矣」。

②致曲。中庸，第二十三章，「其次致曲。曲能有誠。…唯天下至誠，爲能化」。

③安勉，參看第六條，註八。

④佐藤一齋云，「此後（張本）原有「先生曰吾良知」一條（拾遺第十條），與施本重複。今刪」。

㉚ 先生曰，「學者讀書，只要歸在自己身心上。若泥文著句，拘拘①解釋，定要求個執定道理，恐多不通。蓋古人之言，惟示人以所向往而已。若於所示之向往，尙有未明，只歸在良知上體會方得」。

①拘拘，即拘拘，固守不申也。「拘」，「拘」之俗字。

㉛ 先生曰，「氣質猶器也。性猶水也。均之水也，有得一缸者，得一桶者。有得一甕者，局于器也。氣質有淸濁厚薄強弱之不同，然其爲性則一也。能擴而充之，器不能拘矣」。

佐藤一齋云：此條亦似增城（湛甘泉）話頭。

捷案：陽明性氣不分說，見第一五〇條，第九十九條亦此意。

㉜ 直①問，「『聖人情順萬事而無情』②。夫子哭則不歌③，先儒④解爲餘哀未忘⑤。其說如何」？先生曰，「情順萬事而無情，只謂應物之主宰，無滯發于天理不容己處。如何便休得？是以哭則不歌。終不然，只哭一場後，便都是樂。更樂更無痛悼也」。

①直，黃以方。參看第二二二條，註一。
②無情。明道文集，卷三，頁一上，荅橫渠先生定性書，「夫天地之常，以其心普萬物而無心。聖人之常，以其情順萬事而無情」。
③哭則不歌。論語，述而篇第七，第十章，「子于是日哭，則不歌」。
④先儒，指朱子。
⑤餘哀未忘。朱子，論語集註，註此章云，「一日之內，餘哀未忘，自不能歌也」。

㉝ 或問，「致良知工夫，恐於古今事變有遺」？先生曰，「不知古今事變從何處出。若從良知流出，致知焉盡之矣」①。

①參看上卷，第三十七條，在人情事變上做工夫之說。

㉞ 先生曰，「顏子①『欲罷不能』②，是眞見得道體不息，無可罷時。若功夫有起有倒，尚有可罷時，只是未曾見得道體」。

①顏子，參看第七十七條，註一。

②欲罷不能，參看拾遺第二十六條，註六。

㉟先生曰，「夫婦之與知與能①，亦聖人之所知所能。聖人之所不知不能，亦夫婦之所不知不能」。又曰，「夫婦之所與知與能，雖至聖人之所不知不能，只是一事」。

①與知與能。中庸，第十二章，「君子之道，費（用之廣也）而隱。夫婦之愚，可以與知焉。及其至也，雖聖人亦有所不知焉。夫婦之不肖，可以能行焉。及其至也，雖聖人亦有所不能焉」。

㊱先生曰，「雖小道必有可觀。如虛無①，權謀，術數，技能之學，非不可超脫世情。若能於本體上得所悟入，俱可通入精妙。但其意有所着。欲以之治天下國家，便不能通。故君子不用」。

①虛無，指道家。

㊲童克剛①問，「傳習錄中以精金喻聖②，極爲明切。惟謂孔子分兩不同萬鎰之疑，雖有軀殼起念之說，終是不能釋然」。師不言。克剛請之不已。師曰，「看易經便知道了」。克剛必請明言。師乃嘆曰，「蚤知如此起辨生疑，當時便多說這一千也得。今不自煆煉金之程

色，只是問他人金之輕重。奈何」！克剛曰，「堅若蚤得聞教，必求自見。今老而幸游夫子之門，有疑不決。懷疑而死，終是一憾」。師乃曰，「伏羲③作易。神農黃帝④堯舜用易。至于文王演卦于羑里。周公又演爻于居東。二聖人比之用易者似有間矣。孔子則又不同。其壯年之志，只是東周。故夢亦周公⑤。嘗曰，『文王既沒，文不在茲乎』⑥？自許其志，亦只二聖人而已。況孔子玩易，韋編乃至三絕⑦，然後嘆易道之精。曰，『假我數年，五十以學易，可以無大過』⑧。比之演卦演爻者更何如？更欲比之用易如堯舜，則恐孔子亦不自安也。其曰，『我非生而知之者。好古以求之者』⑨。又曰，『若聖與仁，則吾豈敢？抑之爲不厭』⑩。乃其所至之位」⑪。

①童克剛，名世堅，連城（福建）人。陽明弟子（據儒林宗派，卷十五，頁九下）。
②以金喩聖，見第一〇七條。
③伏羲，見第六十九條，註四。
④神農，黃帝，神話之古帝。
⑤夢周公。論語，述而篇第七，第五章，子曰，「甚矣，吾衰也。久矣，吾不復夢見周公」。
⑥文不在茲。論語，子罕篇第九，第五章。
⑦三絕。史記，卷四十七，孔子世家，頁二十四下，「孔子晚而喜易。讀易韋編（穿竹簡之皮條）三絕（斷）」。
⑧五十學易，語見論語，述而篇第七，第十六章。

⑨好古敏求。同上，第十九章語。

⑩聖與仁。同上，第三十三章語。

⑪第九十九條末佐藤一齋云，「數金分量之喻，卷內德章條（第一〇七條）可參。朱得之稽山承語亦有一條，尤爲詳盡。錄于左」（一齋錄于第九十九條之後作註。今移載于此作拾遺之一）。

㊳先生曰，「吾昔居滁①時，見學者徒爲口耳同異之辯，無益於得。且教之靜坐。一時學者亦若有悟。但久之漸有喜靜厭動，流入枯槁之病。故邇來只指破致良知工夫。學者眞見得良知本體，昭明洞徹，是是非非，莫非天則。不論有事無事，精察克治，俱歸一路。方是格致實功。不落却一邊。故較來無出致良知。話頭無病。何也？良知原無間動靜也」②。

①居滁。據年譜，陽明正德八年（一五一三），四十二歲。十月至安徽滁州（今安徽滁縣），督馬政。日與諸生遊遨。夜則環龍潭而坐者數百人。歌聲振谷。諸生隨地請正。

②此條錄自全集，卷目，錢德洪之刻文錄叙說，頁十三下至十四上。或與第二六二條重複。

㊴曰，「昔孔門求中行之士不可得，苟求其次。其惟狂者乎①。狂者志存古人。一切聲利紛華之染，無所累其衷。眞有鳳皇翔于千仞氣象。得是人而裁之，使之克念，日就平易切實。則去道不遠矣。予自鴻臚以前②，學者用功尚多拘局。自吾揭示良知，頭腦漸覺見得此意者多。可與裁矣」③。

①狂者，參看第三一一條，註九。
②鴻臚以前，參看第三一二條，註七。
③錄自全書，卷目，錢德洪之刻文錄叙說，頁十五下至十六上。此條與拾遺第四條當是同事異記。「狂者志存古人」約三十字見諸該條。惟其他諸語，只見于此。語有特殊意義，故並錄之，寧重毋缺。

㊵ 先生嘗語學者曰，「作文字亦無妨工夫。如『詩言志』①，只看爾意向如何。意得處自不能不發之於言。但不必在詞語上馳騁。言不可以僞爲。且如不見道之人，一片粗鄙心。安能說出和平話？總然都做得，後一兩句，露出病痛，便覺破此文原非充養得來。若養得此心中和，則其言自別」②。

①詩言志，語出書經，舜典，第二十四節。
②錄自全書，卷目，錢德洪之刻文錄叙說，頁十七上。

㊶ 門人有欲汲汲立言者。先生聞之，嘆曰，「此弊溺人，其來非一日矣。不求自信，而急於人知，正所謂『以己昏昏，使人昭昭』①也。恥其名之無聞於世，而不知知道者視之，反自貽笑耳。宋之儒者②，其制行磊犖。本足以取信於人。故其言雖未盡，人亦崇信之。非專以空言動人也。但一言之誤，至於誤人無窮。不可勝救。亦豈非汲汲於立言者之過耶」③？

①昭昭。語出孟子，盡心篇第七下，第二十章。
②宋之儒者，或指程朱學派。
③錄自全書，卷目，錢德洪之刻文錄叙說，頁十七上下。

㊷先生與黃綰①，應良②論聖學久不明。學者欲爲聖人，必須廓淸心體，使纖翳不留。眞性始見。方有操持涵養之地。應良疑其難。先生曰，「聖人之心如明鏡。纖翳自無所容。自不消磨刮。若常人之心，如斑垢駁蝕之，鏡須痛刮磨一番，盡去駁蝕，然後纖塵卽見。纔拂便去，亦不消費力。到此已是識得仁體矣。若駁蝕未去，其間固自有一點明處。塵埃之落，固亦見得。纔拂便去。至于堆積於駁蝕之上，終弗之能見也。此學利困勉③之所由異。幸勿以爲難而疑之也。凡人情好易而惡難。其間亦自有私意。氣習纏蔽。在識破後，自然不見其難矣。古之人至有出萬死而樂爲之者，亦見得耳。向時未見得裏面意思，此功夫自無可講處。今已見此一層，却恐好易惡難，便流入禪釋去也」④。

①黃綰，參看上卷第五條，註一。
②應良，字元忠。仙居（浙江）人。陽明在吏部時（一五一一）從學。爭大禮，廷杖。終廣東右布政事。參看明史，卷二八三。
③學利困勉，參看上卷，第六條，註八。
④錄自年譜，正德五年（一五一〇），十二月。年譜標題云，「論實踐之功」。

㊸ 孟源①問，「靜坐中思慮紛雜，不能强禁絕」。先生曰，「紛雜思慮，亦強禁絕不得。只就思慮萌動處省察克治。則天理精明後，有個物各付物②的意思，自然精專無紛雜之念。大學所謂知止而後有定③也」④。

①孟源，參看上卷，第十九條，註一。
②物各付物。二程遺書，卷六，頁三下，「物各付物，不役其知，則意誠不動」。不知爲伊川語抑明道語。
③知止有定，語出大學，經文。
④錄自年譜，正德八年（一五一三），十月。

㊹ 一日先生喟然發嘆。九川①問曰，「先生何嘆也」？曰，「此理簡易明白。若此乃一經沉埋數百年」。九川曰，「亦爲宋儒徒知解上入。認識神爲性體。故聞見日益，障道日深耳。今先生拈出良知二字。此古今人人眞面目。更復奚疑」？先生曰，「然。譬之人有冒別姓墳墓爲祖墓者。何以爲辯？只得開壙，將子孫滴血。眞僞無可逃矣。我此良知二字，實千古聖聖相傳一點滴骨血也」②。

①九川，陳惟濬，參看第二〇一條，註二。
②錄自年譜，正德十六年（一五二一），正月。

㊺ 張元冲①在舟中問二氏②與聖人之學所差毫釐。謂其皆有得於性命也。但二氏於性命中着些私利，便謬千里矣。今觀二氏作用，亦有功於吾身者。不知亦須兼取否」？先生曰，「說兼取便不是。聖人盡性至命③。何物不具？何待兼取？二氏之用，皆我之用。卽吾盡性至命中完養此身，謂之仙。卽吾盡性至命中不染世累，謂之佛。但後世儒者不見聖學之全，故與二氏成二見耳。譬之廳堂，三間共爲一廳。儒者不知皆吾所用。見佛氏則割左邊一間與之。見老氏則割右邊一間與之。而己則自處中間。皆舉一而廢百也。聖人與天地民物同體。儒佛老莊皆吾之用。是之謂大道。二氏自私其身。是之謂小道」④。

①張元冲，參看第三一三條，註七。
②二氏，老佛。
③盡性至命，參看第二八七條，註二。
④錄自年譜，嘉靖二年（一五二三），十一月。

㊻ 郡守南大吉①以座主稱門生。然性豪曠，不拘小節。先生與論學有悟。乃告先生曰，「大吉臨政多過。先生何無一言」？先生曰，「何過」？大吉歷數其事。先生曰，「吾言之矣」。大吉曰，「何」？曰，「吾不言，何以知之」？曰，「良知」。先生曰，「良知非我常言而何」？大吉笑謝而去。居數日，復自數過加密。且曰，「與其過後悔改，曷若預言不犯爲佳也」？先生曰，「人言不如自悔之眞」。大吉笑謝而去。居數日，復自數過益密。且

曰，「身過可勉。心過奈何」？先生曰，「昔鏡未開，可得藏垢。今鏡明矣。一塵之落，自難住脚。此正入聖之機也。勉之」②。

①南大吉，參看中卷，序，註二。

②錄自年譜，嘉靖三年（一五二四），正月。

㊼ 先生曰，「昔者孔子在陳思魯之狂士①。世之學者，沒溺于富貴聲利之場。如拘如囚，而莫之省脫。及聞孔子之教，始知一切俗緣，皆非性體。乃豁然脫落。但見得此意，不加實踐，以入於精微。則漸有輕滅世故，濶略倫物之病。雖比世之庸庸瑣瑣者不同，其爲未得於道一也。故孔子在陳思歸以裁之，使入於道耳。諸君講學，但患未得此意。今幸見此。正好精詣力造，以求至於道。無以一見自足，而終止於狂也」②。

①魯之狂士。論語，公冶長篇第五，第二十一章，「子在陳曰：歸與歸與！吾黨之小子狂簡，斐然成章。不知所以裁之」。

②錄自年譜，嘉靖三年（一五二四），八月。

㊽ 是月舒柏①有敬畏累灑落之問。劉侯②有入山養靜之問。先生曰，「君子之所謂敬畏者，非恐懼憂患之謂也。戒愼不睹，恐懼不聞③之謂耳。君子之所謂灑落者，非曠蕩放逸之謂

也。乃其心體不累於欲，無入而不自得之謂耳。夫心之本體，卽天理也。天理之昭明靈覺，所謂良知也。君子戒懼之功，無時或間，則天理常存，而其昭明靈覺之本體，自無所昏蔽，自無所牽擾，自無所歉餒愧怍。動容周旋而中禮④。從心所欲而不踰⑤。斯乃所謂眞灑落矣。是灑落生於天理之常存。天理常存生於戒愼恐懼之無間。孰謂敬畏之心，反爲灑落累耶」？謂劉侯曰，「君子養心之學，如良醫治病。隨其虛實寒熱而斟酌補泄之。要在去病而已。初無一定之方，必使人人服之也。若專欲入坐窮山絕世，故屏思慮，則恐旣已養成空寂之性，雖欲勿流於空寂，不可得矣」⑥。

①舒柏，字國用。靖安（江西）人。少事陽明。歷主書院。官至知府。參看陽明弟子傳纂，卷二，頁四十三。

②劉侯。年譜，嘉靖九年（一五三〇），五月，門人薛侃（參看上卷，第八十一條，註一）建精舍于距杭州城南十里之天眞山，祀陽明。同門劉侯等十餘人前後相役齋廡。餘不詳。

③不睹不聞，參看第三十七條，註四。

④周旋中禮。孟子，盡心篇第七下，第三十三章，「動容周旋中禮者，德之盛也」。

⑤不踰。論語，爲政篇第二，第四章，子曰，「六十而耳順。七十而從心所欲，不踰矩」。

⑥錄自年譜，嘉靖三年（一五二四），八月。

㊾

德洪①携二弟德周仲實讀書城南②。洪父心漁翁往視之。魏良政③魏良器④輩與遊禹穴

⑤諸勝。十日忘返。問曰。「承諸君相携日久。得無妨課業乎」？答曰，「吾舉子業無時不習」。家君曰，「固知心學可以觸類而通，然朱說亦須理會否」？二子曰，「以吾良知求晦翁⑥之說，譬之打蛇得七寸矣。又何憂不得耶」？家君疑未釋，進問先生。先生曰，「豈特無妨？乃大益耳。學聖賢者，譬之治家。其產業第宅服食器物，皆所自置。欲請客出其所，有以享之。客去其物具在，還以自享。終身用之無窮也。今之爲舉業者，譬之治家。不務居積。專以假貸爲功。欲請客自廳事以至供具百物，莫不遍借。客幸而來，則諸貸之物一時豐裕可觀。客去則盡以還人。一物非所有也。若請客不至，則時過氣衰，借貸亦不備。終身奔勞，作一窶人而已。是求無益於得，求在外也」。明年乙酉⑦大比⑧。稽山書院錢楩⑨與魏良政並發解江浙。家君聞之笑曰，「打蛇得七寸矣」⑩。

①德洪，錢德洪，參看卷中，序，註一。

②城南，越城之南。

③魏良政，字師伊，良弼（一四九二—一五七五）之弟。兄弟數人同事陽明。不仕。參看明儒學案，卷十九，頁二十上下。

④魏良器，字師顏，號藥湖。洪都（南昌，一五二一）從學之後，隨陽明至越（浙江紹興）。卒年四十二。參看明儒學案，卷十九，頁二十下。

⑤禹穴，參看第二四四條，註一。

⑥晦翁，朱子之號。

⑦丁酉，嘉靖四年（一五二五）。

⑧大比，鄉試。

⑨錢楩，不詳。

⑩錄自年譜，嘉靖三年（一五二四），八月。年譜標題曰，「論聖學無妨于舉業」。

㊿ 樾①方自白鹿洞打坐，有禪定意。先生目而得之。令舉似。曰，「不是」。已而稍變前語。又曰，「不是」。已而更端。先生曰，「近之矣。此體豈有方所？譬之此燭，光無不在。不可以燭上爲光」。因指舟中曰，「此亦是光，此亦是光」。直指出舟外水面曰，「此亦是光」。樾領謝而別②。

①樾，徐樾，字子直，號波石。貴溪（江西）人。嘉靖十一年（一五三二）進士。事陽明。繼而卒業于王艮（參看第三一二條，註四）之門。官至雲南左布政使。傳詳明儒學案，卷三十二，頁十四下至十八上；及明史，卷二八三。

②錄自年譜，嘉靖六年（一五二七），十月。

(51) 至吉安①。諸生偕舊遊三百餘迎入螺川驛中。先生立談不倦。曰，「堯舜生知安行②的聖人，猶兢兢業業，用困勉的工夫。吾儕以困勉的資質，而悠悠蕩蕩，坐享生知安行的成功。豈不誤己誤人」？又曰，「良知之妙，眞是『周流六虛③，變通不居』④。若假以文過飾非，爲害大矣」。臨別囑曰，「工夫只是簡易眞切。愈眞切愈簡易。愈簡易愈眞切」⑤。

①吉安，江西。

②生知安行，參看上卷第六條，註八。

③六虛，參看第三四〇條，註三。

④變通不居。語見易經，繫辭上傳，第八章。

⑤錄自年譜，嘉靖六年（一五二七），十月。

朱子晚年定論

朱子晚年定論，原附錄于傳習錄卷下之末錢德洪跋之後。今以傳習錄拾遺各條應與傳習錄三百四十二條連續，故移載于此。只事標點，不加評註。

定論首刻于南贛。朱子病目，靜久忽悟聖學之淵微。乃大悔中年著述，誤己誤人。遍告同志。師閱之，喜己學與晦翁同。手錄一卷，門人刻行之。自是為朱子論異同者寡矣。師曰，「無意中得此一助」。隆慶壬申（一五七二），虬峯謝君廷傑，刻師全書。命刻定論，附語錄後。見師之學，與朱子無相繆戾。則千古正學，同一源矣。并師首叙，與袁慶麟跋，凡若干條。洪僭引其說。

陽明子序曰：洙泗之傳，至孟氏而息。千五百餘年，濂溪明道，始復追尋其緒。自後辨析日詳。然亦日就支離決裂，旋復湮晦。吾嘗深求其故。大抵皆世儒之多言，有以亂之。守仁早歲業舉，溺志詞章之習。既乃稍知從事正學。而苦於衆學之紛撓疲𤺋，茫無可入。因求諸老釋，欣然有會於心。以為聖人之學在此矣。然於孔子之教，間相出入。而措之日用，往往缺漏無歸。依違往返，且信且疑。其後謫官龍場，居夷處困，動心忍性之餘，恍若有悟。體驗探求，再更寒暑。證諸五經四子，沛然若決江河而放諸海也。然後嘆聖人之道，坦如大路。而世之儒者，妄開竇逕，蹈荊棘，墮坑塹。究其為說，反出二氏之下。宜乎世之高明之士，厭此而趨彼也。此豈二氏之罪哉？閒嘗以語同志，而聞者競相非議，目以為立異好奇。

雖每痛反深抑，務自搜剔斑瑕。而愈益精明的確，洞然無復可疑。獨於朱子之說，有相牴牾，恒疚於心。竊疑朱子之賢，而豈其於此尚有未察？及官留都，復取朱子之書而檢求之。然後知其晚歲固已大悟舊說之非，痛悔極艾。至以爲自誑誑人之罪，不可勝贖。世之所傳集註或問之類，乃其中年未定之說。自咎以爲舊本之誤，思改正而未及。而其諸語類之屬，又其門人挾勝心以附己見。固於朱子平日之說，猶有大相繆戾者。而世之學者，局於見聞。不過持循講習於此。其於悟後之論，概乎其未有聞。則亦何怪乎予言之不信，而朱子之心，無以自暴於後世也乎？予既自幸其說之不繆於朱子，又喜朱子之先得我心之同然，且嘅夫世之學者，徒守朱子中年未定之說，而不復知求其晚歲既悟之論。競相呶呶，以亂正學。不自知其已入於異端。輒採錄而裒集之，私以示夫同志。庶幾無疑於吾說，而聖學之明可冀矣。正德乙亥（一五一五）冬十一月朔，後學餘姚王守仁序。

①答黃直卿書

爲學直是先要立本。文義却可。且與說出正意，令其寬心玩味。未可便令考校同異，研究纖密。恐其意思促迫，難得長進。將來見得大意，略舉一二節目，漸次理會，蓋未晚也。此是向來定本之誤。今幸見得，却煩勇革。不可苟避譏笑，却誤人也。

②答呂子約

日用功夫，比復何如？文字雖不可廢，然涵養本源，而察於天理人欲之判，此是日用動靜之間，不可頃刻間斷底事。若於此處見得分明，自然不到得流入世俗功利權謀裏去矣。熹亦近日方實見得向日支離之病。雖與彼中證候不同，然忘己逐物，貪外虛內之失，則一而已。程子說不得以天下萬物撓己，已立後自能了得天下萬物。今自家一箇身心，不知安頓去處，而談王說伯，將經世事業，別作一箇伎倆，商量講究，不亦誤乎？相去遠不得面論。書問終說不盡。臨風嘆息而已。

③答何叔京

前此僭易拜禀博觀之蔽，誠不自揆。乃蒙見是，何幸如此？然觀來諭，似有未能遽舍之意。何邪？此理甚明，何疑之有？若使道可以多聞博觀而得，則世之知道者爲不少矣。熹近日因事方有少省發處。如鳶飛魚躍，明道以爲與必有事焉勿正之意同者，今乃曉然無疑。日用之間，觀此流行之體，初無間斷處，有下功夫處。乃知日前自誑誑人之罪，蓋不可勝贖也。此與守書册，泥言語，全無交涉。幸於日用間察之。知此則知仁矣。

④答潘叔昌

示喻天上無不識字底神仙。此論甚中一偏之弊。然亦恐只學得識字。却不曾學得上天。即不如且學上天耳。上得天了，却旋學上天人，亦不妨也。中年以後，氣血精神，能有幾何？不是記故事時節。熹以目昏，不敢著力讀書。閒中靜坐，收斂身心，頗覺得力。閒起看書，聊復遮眼。遇有會心處，時一喟然耳。

⑤答潘叔度

熹衰病。今歲幸不至劇。但精力益衰，目力全短。看文字不得。瞑目靜坐，却得收拾放心。覺得目前外面走作不少。頗恨盲廢之不早也。看書鮮識之喻誠然。然嚴霜大凍之中，豈無些小風和日煖意思？要是多者勝耳。

⑥與呂子約

孟子言學問之道，惟在求其放心。而程子亦言心要在腔子裏。今一向躭着文字，令此心全體，都奔在册子上。更不知有己，便是箇無知覺不識痛癢之。人雖讀得書，亦何益於吾事邪？

⑦與周叔謹

應之甚恨未得相見。其爲學規模次第如何？近來呂陸門人，互相排斥。此由各循所見之偏，而不能公天下之心，以觀天下之理。甚覺不滿人意。應之蓋嘗學於兩家。未知其於此看得果如何？因話扣之，因書諭及爲幸也。熹近來亦覺向來說話，有大支離處。反身以求，正坐自己用功亦未切耳。因此減去文字功夫。覺得閒中氣象甚適。每勸學者，亦且看孟子道性善求放心兩章。著實體察收拾爲要。其餘文字，且大概諷誦涵養，未須大段著力考索也。

⑧答陸象山

熹衰病日侵。去年災患亦不少。比來病軀，方似略可支吾。然精神耗減，日甚一日。恐終非能久於世者。所幸邇來日用功夫，頗覺有力。無復向來支離之病。甚恨未得從容面論。未知異時相見，尙復有異同否耳。

⑨答符復仲

聞向道之意甚勤。向所喩義利之間，誠有難擇者。但意所疑以爲近利者，卽便舍去可也。向後見得親切。却看舊事，又有見未盡舍未盡者。不解有過當也。見陸丈回書，其言明當。且就此持守，自見功效。不須多疑多問，却轉迷惑也。

⑩答呂子約

日用功夫，不敢以老病而自懈。覺得此心操存舍亡，只在反掌之間。向來誠是太涉支離。蓋無本以自立，則事事皆病耳。又聞講授亦頗勤勞。此恐或有未便。今日正要清源正本，以察事變之幾微。豈可一向汩溺於故紙堆中，使精神昏弊，失後忘前，而可以謂之學乎？

⑪與吳茂實

近來自覺向時功夫，止是講論文義。以爲積集義理，久當自有得力處。却於日用功夫，全少檢點。諸朋友往往亦只如此做功夫，所以多不得力。今方深省而痛懲之。亦欲與諸同志勉焉。幸老兄徧以告之也。

⑫答張敬夫

熹窮居如昨，無足言者。自遠去師友之益，兀兀度日。讀書反己，固不無警省處。終是旁無彊輔，因循汩沒。尋復失之。近日一種向外走作，心悅之而不能自已者，皆準止酒例。戒而絕之，似覺省事。此前輩所謂，下士晚聞道，聊以拙自修者。若擴充不已，補復非前，庶其有日。舊讀中庸愼獨，大學誠意毋自欺處，常苦求之太過。措詞煩猥。近日乃覺其非。此正是最切近處，最分明處。乃舍之而談空於冥漠之間，其亦誤矣。方竊以此意痛自檢勒。懍然度日。惟恐有怠而失之也。至於文字之間，亦覺向來病痛不少。蓋平日解經，最爲守章句者。然亦多是推衍文義，自做一片文字。非惟屋上架屋，說得意味淡薄。且是使人看者，將註與經，作兩項功夫做了。下稍看得支離。至於本旨，全不相照。以此方知漢儒可謂善說經者，不過只說訓詁。使人以此訓詁，玩索經文。訓詁經文，不相離異。只做一道看了。直是意味深長也。

⑬答呂伯恭

道間與季通講論，因悟向來涵養功夫全少，而講說又多彊探。必取尋流逐末之弊，推類以求。衆病非一，而其源皆在此。恍然自失，似有頓進之功。若保此不懈，庶有望於將來。

然非如近日諸賢，所謂頓悟之機也。向來所聞誨諭，諸說之未契者，今日細思，脗合無疑。大抵前日之病，皆是氣質躁妄之偏。不曾涵養克治，任意直前之弊耳。

⑭答周純仁

閒中無事，固宜謹出。然想亦不能一併讀得許多。似此專人來往勞費，亦是未能省事，隨寓而安之病。又如多服燥熱藥，亦使人血氣偏勝，不得和平。不但非所以衞生，亦非所以養心。竊恐更須深自思省，收拾身心，漸令向裏，令寧靜閒退之意勝，而飛揚操擾之氣消。則治心養氣，處世接物，自然安穩。一時長進，無復前日內外之患也。

⑮答竇文卿

爲學之要，只在著實操存。密切體認，自己身心上理會。切忌輕自表襮，引惹外人辨論。枉費酬應，分却向裏功夫。

⑯答呂子約

聞欲與二友俱來，而復不果，深以爲恨。年來覺得日前爲學，不得要領。自做身主不起，反爲文字奪却精神。不是小病。每一念之，愓然自懼，且爲朋友憂之。而每得子約書，輒復恍然。尤不知所以爲賢者謀也。且如臨事遲回，瞻前顧後。只此亦可見得心術影子。當時若得相聚一番，彼此極論，庶幾或有剖決之助。今又失此機會，極令人悵恨也。訓導後生，若說得是，當極有可自警省處，不會減人氣力。若只如此支離，漫無統紀，則雖不教後生，亦只見得展轉迷惑，無出頭處也。

⑰答林擇之

熹哀苦之餘，無他外誘。日用之間，痛自斂飭。乃知敬字之功，親切要妙乃如此。而日前不知於此用力，徒以口耳浪費光陰。人欲橫流，天理幾滅。今而思之，怛然震悚。蓋不知所以措其躬也。

⑱又

此中見有朋友數人，講學其間，亦難得樸實頭負荷得者。因思日前講論，只是口說。不曾實體於身。故在己在人，都不得力。今方欲與朋友說，日用之間，常切檢點。氣息偏處，意欲萌處，與平日所講，相似與不相似。就此痛著功夫，庶幾有益。陸子壽兄弟，近日議論，却肯向講學上理會。其門人有相訪者，氣象皆好。但其閒亦有舊病。此間學者，却是與渠相反。初謂只如此講學，漸涵自能入德。不謂末流之弊，只成說話。至於人倫日用最切近處，亦都不得毫毛氣力。此不可不深懲而痛警也。

⑲答梁文叔

近看孟子，見人卽道性善，稱堯舜。此是第一義。若於此看得透，信得及，直下便是聖賢。便無一毫人欲之私，做得病痛。若信不及，孟子又說箇第二節功夫。又只引成覸顏淵公明儀三段說話。教人如此發憤，勇猛向前。日用之間，不得存留一毫人欲之私在這裏。此外更無別法。若於此有個奮迅興起處，方有田地可下功夫。不然，即是畫脂鏤氷，無眞實得力處也。近日見得如此。自覺頗得力，與前日不同。故此奉報。

⑳答潘叔恭

學問根本，在日用間，持敬集義功夫。直是要得念念省察。讀書求義，乃其間之一事耳。舊來雖知此意，然於緩急之間，終是不覺有倒置處。誤人不少，今方自悔耳。

㉑答林充之

充之近讀何書？恐更當於日用之間，爲人之本者，深加省察，而去其有害於此者爲佳。不然，誦說雖精，而不踐其實，君子蓋深恥之。此固充之平日所講聞也。

㉒答何叔京

李先生教人，大抵令於靜中體認大本未發時氣象分明。卽處事應物，自然中節。此乃龜山門下相傳指訣。然當時親炙之時，貪聽講論。又方竊好章句訓詁之習。不得盡心於此。至今若存若亡，無一的實見處。辜負教育之意。每一念此，未嘗不愧汗沾衣也。

㉓又

熹近來尤覺頭昏憒，無進步處。蓋緣日前偷墮苟簡，無深探力行之志。凡所論說，皆出入耳口之餘。以故全不得力。今方覺悟。欲勇革舊習，而血氣已衰。心志亦不復疆。不知終能有所濟否？

㉔又

向來妄論持敬之說，亦不自記其云何。但因其良心發見之微，猛省提撕，使心不昧，則是做功夫底本領。本領旣立，自然下學而上達矣。若不察良心發見處，卽渺渺茫茫，恐無下手處也。中間一書，論必有事焉之說，却儘有病。殊不蒙辨詰。何邪？所喩多識前言往行，固君子之所急。熹向來所見，亦是如此。近因反求未得箇安穩處，却始知此未免支離。如所謂因諸公以求程氏，因程氏以求聖人，是隔幾重公案。曷若默會諸心，以立其本，而其言之得失，自不能逃吾之鑒邪？欽夫之學，所以超脫自在，見得分明，不爲言句所桎梏，只爲合下入處親切。今日說話，雖未能絕無滲漏，終是本領。是當非吾輩所及。但詳觀所論，自可見矣。

㉕答林擇之

所論顏孟不同處，極善極善。正要見此曲折，始無窒礙耳。比來想亦只如此用功。熹近只就此處，見得向來未見底意思。乃知存久自明，何待窮索之語，是眞實不誑語。今未能久，已有此驗。況眞能久邪？但當益加勉勵，不敢少弛其勞耳。

㉖答楊子直

學者墮在語言，心實無得，固爲大病。然於語言中，罕見有究竟得徹頭徹尾者。蓋資質已是不及古人，而功夫又草草。所以終身於此，若存若亡，未有卓然可恃之實。近因病後，不敢極力讀書，閒中却覺有進步處。大抵孟子所論，求其放心，是要訣爾。

㉗與田侍郎子眞

吾輩今日，事事做不得。只有向裏存心窮理。外人無交涉。然亦不免違條礙貫。看來無着力處。只有更攢近裏面，安身立命爾。不審比日何所用心？因書及之。深所欲聞也。

㉘答陳才卿

詳來示，知日用功夫，精進如此，尤以爲喜。若知此心此理，端的在我，則參前倚衡，自有不容捨者。亦不待求而得，不待操而存矣。格物致知，亦是因其所已知者推之，以及其所未知。只是一本原，無兩樣功夫也。

㉙與劉子澄

居官無修業之益。若以俗學言之，誠是如此。若論聖門所謂德業者，却初不在日用之外。只押文字，便是進德修業地頭。不必編綴異聞，乃爲修業也。近覺向來爲學，實有向外浮泛之弊。不惟自誤，而誤人亦不少。方別尋得一頭緒，似差簡約端的。始知文字言語之外，眞別有用心處。恨未得面論也。浙中後來事體，大段支離乖僻。恐不止似正似邪而已。極令人難說。只得惶恐，痛自警省。恐未可專執舊說，以爲取舍也。

㉚與林擇之

熹近覺向來乖繆處，不可縷數。方惕然思所以自新者。而日用之間，悔吝潛積，又已甚多。朝夕惴懼，不知所以爲計。若擇之能一來，輔此不逮，幸甚。然講學之功，比舊却覺稍有寸進。以此知初學得些靜中功夫，亦爲助不小。

㉛答呂子約

示喻日用功夫，如此甚善。然亦且要見一大頭腦分明，便於操舍之間，有用力處。如實有一物，把住放行，在自家手裏。不是謾說求其放心，實却茫茫無把捉處也。

子約復書云：某蓋嘗深體之。此箇大頭腦，本非外面物事。是我元初本有底。其曰「人生而靜」，其曰「喜怒哀樂之未發」，其曰「寂然不動」，人汩汩地過了日月，不曾存息，不曾實見此體段，如何會有用力處？程子謂這箇義理，仁者又看做仁了，智者又看做智了。百姓日用而不知。此所以君子之道鮮。此箇亦不少，亦不剩。只是人看他不見。大抵信得此話，及其言於勿忘勿助長間認取者，認乎此也。認得此，則一動一靜，皆不昧矣。惻隱，羞惡，辭讓，是非，四端之著也。操存久則發見多。忿懥，憂患，好樂，恐懼，不得其正也。放舍甚則日滋長。記得南軒先生謂「驗厥操舍，乃知出入，乃是見得主腦。於操舍間，有用力處」之實話。蓋苟知主腦不放下，雖是未能常常操存，然語默應酬間，歷歷能自省驗。雖其實有一物在我手裏，然可欲者，是我底物。不可放失。不可欲者，非是我物。不可留藏。雖謂之實有一物，在我手裏，亦可也。若是謾說，既無歸宿，亦無依據。縱使彊把捉得住，亦止是襲取。夫豈是我元有底邪？愚見如此。敢望指教。朱子答書云，「此段大概甚正當親切」。

㉜答吳德夫

承喻仁字之說，足見用力之深。熹意不欲如此坐談，但直以孔子程子所示求仁之方，擇其一二切於吾身者，篤志而力行之。動靜語默間，勿令間斷。則久久自當知味矣。去人欲，存天理，且據所見去之存之。功夫既深，則所謂似天理而實人欲者，次第可見。今大體未正，而便察及細微。恐有放飯流歠，而問無齒決之譏也。如何如何？

㉝答或人

中和二字，皆道之體用。舊聞李先生論此最詳。後來所見不同，遂不復致思。今乃知其爲人深切。然恨己不能盡記其曲折矣。如云人固有無所喜怒哀樂之時，然謂之未發則不可。言無主也。又如先言慎獨，然後及中和。此亦嘗言之。但當時既不領略，後來又不深思。遂成蹉過。辜負此翁耳。

㉞答劉子澄

日前爲學，緩於反己。追思凡百，多可悔者。所論註文字，亦坐此病。多無著實處。回首茫然。計非歲月功夫，所能救治。以此愈不自快。前時猶得敬夫伯恭，時惠規益。得以自警省。二友云亡。耳中絕不聞此等語。今乃深有望於吾子澄。自此惠書，痛加鐫誨。乃君子愛人之意也。

朱子之後。如真西山許魯齋吳草廬，亦皆有見於此。而草廬見之尤真，悔之尤切。今不能備錄。取草廬一說附於後。

臨川吳氏曰：天之所以生人，人之所以爲人，以此德性也。然自聖傳不嗣，士學靡宗。漢唐千餘年間，董韓二子，依稀數語近之。而原本竟昧昧也。逮夫周程張邵興，始能上通孟氏而爲一。程氏四傳而至朱。文義之精密，又孟氏以來所未有者。其學徒往往滯於此而溺其心。夫既以世儒記誦詞章爲俗學矣。而其爲學，亦未離乎言語文字之末。此則嘉定以後，朱門末學之敝，而未有能救之者也。夫所貴乎聖人之學，以能全之所以與我者爾。天之與我，德性是也。是爲仁義禮智之根株。是爲形質血氣之主宰。舍此而他求，所學何學哉？假而行如司馬文正公，才如諸葛忠武侯，亦不免爲習不著，行不察。亦不過爲資器之超於人。而謂有得於聖學則未也。況止於訓詁之精，講說之密，如北溪之陳，雙峯之饒，則與彼記誦詞章之俗學，相去何能以寸哉？聖學大明於宋代，而踵其後者如此，可嘆已。澄也鑽研於文義，毫分鏤析。每以陳爲未精，饒爲未密也。墮此科臼中，垂四十年，而始覺其非。自今以往，一日之內子而亥，一月之內朔而晦，一歲之內春而冬，常見吾德性之昭昭，如天之運轉，如日月之往來。不使有須臾之間斷。則於尊之之道，始庶幾乎。於此有未能，則問於人，學於己。而必欲其至。若其用力之方，非言之可喻。亦味於中庸首章，訂頑終篇而自悟可也。

朱子晚年定論。我陽明先生在留都時，所採集者也。揭陽薛君尚謙，舊錄一本。同志見之，至有不及抄寫，袖之而去者。衆皆憚於翻錄，乃謀而壽諸梓。謂子以齒當志一言。惟朱子一生，勤苦以惠來學。凡一言一字，皆所當守。而獨表章是，尊崇乎此者，蓋以為朱子之定見也。今學者不求諸此，而猶踵其所悔，是蹈舛也。豈善學朱子者哉？麟無似，從事於朱子之訓，餘三十年。非不專且篤。而竟亦未有居安資深之地。則猶以為知之未詳，而覽之未博也。戊寅夏，持所著論若干卷，來見先生。聞其言，如日中天，睹之卽見。如五穀之藝地，種之卽生。不假外求，而真切簡易。恍然有悟。退求其故而不合，則又不免遲疑於其間。及讀是編始釋然。盡投其所業，假館而受學。蓋三月而若將有聞焉。然後知嚮之所學，乃朱子中年未定之論。是故三十年而無獲。今賴天之靈，始克從事於其所謂定見者。故能三月而若將有聞也。非吾先生，幾乎已矣。敢以告夫同志。使無若麟之晚而後悔也。若夫直求本原於言語之外，真有以驗其必然而無疑者，則存乎其人之自力。是編特為之指迷耳。

正德戊寅六月望門人雩都袁慶麟謹識

附錄　從朱子晚年定論看陽明之于朱子

明代中葉，朱子（名熹，字元晦，建草堂曰晦庵。一一三〇—一二〇〇）之理學已成正統。元仁宗皇慶三年（一三一四）科舉考試明經四書五經以程（程頤，世稱伊川先生。一〇三三—一一〇七）朱之註爲主（註一）。明初鉅儒如曹端（一三七六—一四三四），吳與弼（一三九一—一四六九），薛瑄（一三九二—一四六四），胡居仁（一四三四—一四八四），皆恪守程朱矩矱，特別重敬。其時象山（陸九淵，字子靜，世稱象山先生。一一三九—一一九三）曾以尊德性對朱子道問學之心學，後繼無人，早已不振。其心即理之哲學系統已爲朱子性即理之哲學系統所掩蔽。凡趨陸者便指爲禪，便指爲背朱。陽明即在此風氣之中產生。

陽明（王守仁，字伯安，世稱陽明先生。一四七二—一五二九）于明憲宗八年生于浙江之餘姚。自小豪邁不羈。年十五出遊居庸三關，慨然有經略四方之志。年十七親迎夫人諸氏于洪都（今南昌）。合巹之日，偶閑行入道宮。遇道士，相與對坐談養生之道，次早始還。次年歸途謁婁諒（一四二二—一四九一）。婁語之以宋儒格物之學。年二十一从其父居北京，遍求朱子遺書讀之。朱子謂即物而窮其理。乃與錢友向亭前竹樹考索。錢三日成疾，陽明亦七日以勞思致病（註二）。二十六歲學兵法。二十七歲談養生。三十一歲築室陽明洞行導引術。三十五歲因上疏抗救爲宦官劉瑾所逮繫之良臣戴銑而入獄。已而廷杖四十，尋謫貴州龍場驛站丞。三十七歲正德三年（一五〇八）春抵龍場。居夷處困。忽中夜大悟格物致知之旨。始知聖人之道，吾性自足。向之求理于事物者誤也。乃以默記五經之言證之，莫不脗合。因著五經臆說。又疑朱子所定大學章句，非聖門本旨。誠意章應如古本在知至章之前，因格致本于誠意也。朱子又于知本知至章補傳以釋格物致知之義，實所不必。明年又倡知行合一之論。然于朱子之說，有所衝突，恒疚于心。

年三十九（一五一〇）陞南京刑部四川清吏司主事。以後數年歷陞各部主事郎中以至正德九年（一五一四，年四十三）南京鴻臚寺卿。學徒衆多，議論甚烈。在此時期，取朱子書細讀之，乃知其晚年改變其說。于是从朱子文集三十四書中各抄一段，以爲朱子晚年定論。朱子荅呂子約第五書（定論所採書之㉛），採之不足，又附子約復書。又以朱子之後，如眞德秀（號西山，一一七八－一二三五），許衡（號魯齋，一二〇九－一二八一），吳澄（世稱草廬先生，一二四九－一三三三）亦皆有見，而草廬見之尤眞，悔之尤切。乃取草廬一說附于後。正德十年（一五一五，四十四歲）冬十一月爲之序，大意謂「謫官龍場，居夷處困。動心忍性之餘，恍若有悟。閒嘗以語同志，而聞者競相非議，目以立異好奇。及官留都，復取朱子之書而檢求之，然後知其晚年固已大悟舊說之非，痛悔極艾。世之所傳〔四書〕集註，〔四書〕或問之類，乃其中年未定之說。自咎以爲舊本之誤，思改正而未及。而其語類之屬，乃其門人挾勝心以附己見。夫世之學者徒守朱子中年未定之說，而不復知求其晚年既定之論。輙採錄〔朱子與友人書〕而裒集之，私以示夫同志。庶幾無疑于吾說，而聖學之明可冀矣」（註三）。序成後之數年，陽明出入賊壘，未暇寧居。至正德十三年（一五一八，四十七歲）七月乃刻朱子晚年定論。及隆慶六年（一五七二）謝廷傑（生卒年不詳）刻陽明全書以之附于全書卷三傳習錄下之後。前者有門人錢德洪引言，後有門人袁慶麟跋。

此論出後，即引起強烈反動，弄成一巨大風波，盪動一百五十年，爲我國思想上一大公案。今先舉歷代反應，然後討論此論之各方面。

最先批評定論者與陽明同時之理學巨儒羅欽順（號整庵，一四六五—一五四七）。彼于一五二〇年致書陽明，指出「何叔京卒于淳熙乙未（一一七五）。時朱子方四十有六歲。後二年丁酉而論孟集註或問始成。今有取于荅何書四通（定論三十四書之③，㉒，㉓，㉔）以爲晚年定論。至于集註或問則以爲中年未定之說。竊恐考之欠詳，而立論之太果也」。又陽明改朱子荅黃直卿書①。原書只云「向來差誤」。王增「定本」二字爲「向來定本之誤」，而序中又變「定」字爲「舊」字，亦所欠當。「凡此三十餘條者，不過姑取以證成高論」耳（註四）。數年後顧璘（字東橋，一四七六—一五四五）移書陽明，謂「又（只）取厭煩就約，涵養本原數說，標示學者，指定晚年之論，此亦恐非」（註五）。何以爲非，則顧氏並未說明。

羅欽順辭雖嚴厲，而證據明確，態度公正。數十年後，陳建（號清瀾，一四九七—一五六七）著學蔀通辯（一五四八），專攻擊陸象山，王陽明與禪。攻王甚烈。陳以陽明之晚年定論乃仿明之趙汸與程敏政。趙汸（號東山，一三一九—一三六九）著對江右六君子策，以朱子答項平父書（註六）有去短集長之言，便以朱陸雖異，苟陸不早死，則朱子必晚同于陸。陳謂此爲朱陸早異晚同之說所由萌（註七）。程敏政（號篁墩，一四六六年進士）著道一編六卷。據四庫全書總目提要云，程「編朱陸二家往還之書，而各爲之論斷，以見其始異而終同」（註八）。陳建云，「道一編，分朱陸異同爲三節。始焉若冰炭之相反，中焉則疑信之相半，終焉若輔車之相倚。朱陸早異晚同之說于是乎成。王陽明因之，遂有晚年定論之錄」（註九）。程氏謂「朱子晚年深悔其支離之失而有味于陸子之言」。于是王陽明論序謂「朱子晚歲大悟舊說之非，痛悔極艾」（註十）。陳指出荅叔京書㉔有「奉親遺日」之語，而朱子年四十丁母憂。可知此書在中年以前，非晚年也。荅何四書，皆在未會象山（一一七五）之前（註一一）。荅張敬夫書⑫亦在集註未成之前，不得爲晚（註一二）。此書只採一截，刪去以下大學中庸章句略修一過等語。以其與王序所云朱子「思改正而未及」有所衝突也（註一三）。又荅呂子約書⑥，陽明仿道一編只取一段言求放心，以爲晚年之論。不知全書乃爲子約耽書成病而言耳（註一四）。陳又指出荅黃直卿書①，文集正集云「此是向來差誤」（註一五）。此書又見續集，改爲「此是向來定本之誤」（註一六），陽明「不採正集而採續集亦乖」（註一七）。陳氏云，「定本」與書版無關（註一八）。朱子云，「聖人教人有定本。…教人須先立定本」（註一九）。陳引朱子荅直卿書云，「爲學直是先要立本」（註二〇），則定本即確定本旨之意而已。陳又云，道一編猶取二家語以比較，王則單取朱子語。「篁墩明以朱陸爲同而陽明則變爲陽朱而陰陸耳」（註二一）。

陳氏稍後有馮柯（字貞白，壯年一五六二），著求是編六十八章。以專章晚年定論駁斥陽明。指出程敏政所取以爲中年晚年者，陽明則反以爲晚年中年。其早其晚其未定，皆以己之私意臆斷之。朱子集註或問乃終身之事，不得謂爲中年未定之說。朱子功夫亦煩亦約，周流不已。不得只取厭煩就約之語，以爲晚年定論。其繁簡次第，乃工夫之先後而非年歲蚤晚。

陽明不解此意，「文皆洗垢索瘢，以陰其私。簸筆舌以玩侮先正，而初無委曲調停之意」（註二二）。

後馮柯數十年之孫承澤（一五九二—一六七六），著考正晚年定論二卷。四庫全書總目提要云，「是書以王不言晚年始于何時，特欲借朱子之言以攻朱子，不足爲據。乃取朱子年譜，行狀，文集，語類等書，詳爲考正。以朱子年四十五後，無一言合于陸氏，亦無一言涉于自悔」。提要評之曰，「羅欽順所辨已極爲明晰。是書特申而明之，固不出羅書之外」（註二三）。顧炎武（稱亭林先生，一六一三—一六八二）在其日知錄備述羅欽順，陳建，孫承澤之言，力擊陽明之誣朱。引孫語云，「困知之記，學蔀之編，固今日中流之砥柱矣」。又比陽明之良知于王衍（二五六—三一一）之清談與王安石（一〇二一—一〇八六）之新政，以爲三王禍世之罪，甚于桀紂（註二四）。

繼而攻擊陽明者爲陸隴其（字稼書，一六三〇—一六九三）。陸氏云，「自陽明王氏倡爲良知之說，以禪之實，而託儒之名。且輯朱子晚年定論，以明己之學與朱子未嘗異。龍溪（王畿，一四九八—一五八三），心齋（王艮，一四八三—一五四一），近溪（羅汝芳，一五一五—一五八八），海門（周汝登，一五四七—一六二九）之徒从而衍之，王氏之學徧天下」（註二五）。陸氏以陽明于「程朱之言，有可假借者卽曰，程朱固若是也。有不可假借者卽曰，此其中年未定之論也。黑白淆而雅鄭混」（註二六）。總言之，王氏假借朱子，陽儒陰禪。攻王之勢，于隴其達乎極峯。其後阮元（一七六四—一八四九）著書東莞陳氏學蔀通辯後，引朱子致李季章書（註二七），荅應仁仲書（註二八），荅葉味道書（註二九），與易簀前一日致黃直卿書（註三〇），以見朱子晚年修禮之益精益勤。阮氏云，「若如王陽明誣朱子以晚年定論之說，直似朱子晚年厭棄經疏，忘情禮教，但爲禪家之簡靜，不必煩勞，不必悽黯矣」（註三一）。惟阮氏以陳詆陸氏病狂失心，未能平允。刪去通辯疾狂失心等語。仍以陳建爲表章正學，無非欲辨朱子之誣云（註三二）。

以上可見此一百五十年間晚年定論之巨瀾擊蕩，攻之者衆，護之者少。僅王門劉宗周與李紱爲爭一詞。劉宗周（號念台，稱蕺山先生，一五七八——一六四五）于其陽明傳信錄卷二所錄朱子晚年定論序下按語曰，「先生自供供人處，俱確鑿無疑。朱子聞道畢竟在晚年」（註三三）。宗周之學沿襲陽明。因陽明良知只是獨知時之教而發揚獨愼之旨。因是謂「朱子之解大學也，先格致而後授之以誠意。先生之解大學者，卽格致爲誠意。其于工夫，似有分合之不一同。然詳二先生所最喫緊處，皆不越愼獨一關。則所謂因明至誠以進于聖人之道一也。故先生有朱子晚年定論之說」（註三四）。依劉氏所說，則朱子不特晚年合于陽明，且合于宗周矣。

李紱（字穆堂，一六七三——一七五〇）繼宗周之後，著朱子晚年全論八卷。採自文集共得三百七十餘篇。據提要云，李氏「取朱子〈文集〉正、續、別三集所載，自五十歲至七十一歲。⋯此書皆以朱子悔悟爲言。又舉凡朱子所稱切實近理用功者，一概歸之心學」（註三五）。其所取朱子年歲，蓋欲改正陽明抄選朱子中年書札之誤。然其目的在爲學蔀通辯報仇，然方法與主見，與陽明無異也（註三六）。

綜上所引，其批評陽明之處，不外四點。一爲其誤以中年之書爲晚年所繕。二爲其以集註或問為中年未定之說。三為其斷章取義，只取其厭煩就約之語與己見符合者。四為其誤解「定本」，且改為「舊本」。陽明自辨，在其答羅整庵少宰書只云「中間年歲早晚誠有所未考。雖不必盡出于晚年，固多出于晚年者矣」（註三七）。至于斷章與定本兩點，則置之不論。其維護陽明者如劉宗周，不特無以實其說，且蹈其覆轍。如謂朱子因明至誠，而不提朱子「明誠兩進」（註三八）是也。李紱亦然。只取文集而不採朱子終生用功之集註或問，又皆以朱子悔悟為言。可謂陽明一誤而李紱再誤也。「定本」「舊本」並非陽明故為曲解以惑人，而乃其確信朱子所謂定本實指訂定之版本，而答黃直卿書「向來定本」乃「舊本」之意。是以傳習錄上答楊士德問，亦中朱子晚年方悔之意，而士德亦引朱子「向來定本之誤」之言（註三九）。若謂故意曲解，希引人信，則師生談話之間亦如此耶？陽明誤會不可掩，但其誠意亦不可掩也。朱子易簀之前改大學註與修禮，陽明未嘗不知。但从其觀點，此乃小事，而朱子之棄繁就簡乃其思想全部之展化。此亦陽明所確信，而非立意顛倒是非以遂其私也。其謂語類為朱子門人挾勝心以附己見，誠言之過激。然李性傳（嘉定—一二〇八—一二二四—進士）朱子語錄後序即謂「語錄與四書（集註）異者，當以書為正」（註四〇）。蓋語錄為朱子晚年思想所薈萃，然門人各聞一義，難免參差。四書集註或問以大學或問為最精彩。然陽明既不以朱子大學章句與其第五章補傳為然，則其連他註均不採用，亦屬自然。

攻擊陽明者幾全集中于其以中年書札為晚年定論。羅欽順指出何叔京四書皆在朱子四十六歲以前，陳建又指出答張敬夫書⑫亦在集註未成之前。其謂與呂子約書⑥（註四一）與答林擇之書⑱為早而非晚（註四二），則無實據。然此亦三十四書之極小數耳。無怪陽明云固多出于晚年矣。今考三十四書全部內容，未嘗不可稍爲陽明辨護。今假定朱子四十八歲以後其全生最後三分之一（一一七八—一二〇〇）爲晚年，則所選之書，固多屬此。答呂子約第一書②「談王說覇」之語，蓋指一一八五與陳亮之爭辨。答潘叔昌書④云，「熹以目昏，不敢着力」。答潘叔度書⑤云，「目力全短」。與周叔謹書⑦云，「近來呂陸門人互相排斥」。答陸象山書⑧象山年譜載在淳熙十三（一一八六）（註四三）。答符復仲書⑨稱「陸丈」，則是陸象山一一九三年死後所書。答呂子約之第三書⑩謂之「老病」，又謂「詩說久已成書」（註四四），詩集傳成于一一七七年。與吳茂實書⑪云曹立之萬正淳來訪。此爲一一八〇年事（註四五）。答潘叔恭書⑳云「詩說已註」（註四六），可知在一一七七以後。答劉子澄之第二書㉞云，「二友云亡」，指張欽夫（張栻，卽敬夫，號南軒，一一三三生）與呂伯恭（呂祖謙，一一三七生）。張死于一一八〇，呂死于一一八一。以上十書，均可證爲晚年。其不能確證而似近晚年者，有答呂伯恭書⑬言近思錄補定卽印（註四七），答周純仁書⑭云印書（註四八），答林擇之之第一書⑰云「衰苦之餘」。答林擇之第二書⑱陳建謂陽明以早爲晚。然書中謂陸子壽兄弟門人相訪，當是一一七五鵝湖之會以後之事。答梁文叔書⑲云「鐖道相叙」（註四九）。鐖道卽趙師淵，乃一一七八進士。答楊子直書㉖云「近因病後」。與劉子澄之第一書㉙云「得聞到都」（註五〇）。劉生于一一三九，到都當在一一七八年間。與林擇之第四書㉚言憂苦，欲往臨川，與南軾蹤跡不定（註五一），均似晚年。凡此八書，均可爲晚。此外答黃直卿①，與呂子約⑥⑯㉛，答竇文卿⑮，答林充之㉑，答林擇之㉕㉝，與田子眞㉗，答陳才卿㉘，與答吳德夫㉜共十一書，均無史實可據，不能定爲早年晚年。統計決爲早年中年者五，決爲晚年者十，似爲晚年者八，無史實可據者十一。以多數論，仍屬陽明。

書札爲朱子議論較詳，則其專靠文集，未可厚非。其最大缺點，在斷章取義，獨提所好。其摘朱子之語以爲定論，亦如早年摘取五經之語以爲脗合耳。所採三十四書，實只代表二十三人。朱子與通訊者，所知者約四百三十人。今所取幾不及二十分之一。卽此可見其所謂晚年定論，分毫無代表性。朱子致書所存者約一千六百餘通。以朱子思想之淵博，若謂選三數十書便可斷其定論，則任何言說，均可謂爲定論矣。且朱子致張欽夫書四十七通（註五二），爲朱子論學書札之最重要者，南軒又爲朱子切磋最深之講友。陽明只擇其第二十七書之一小半⑫，以示朱子「常苦求之太過，近日乃覺其非」。此書云欲註孟子而日力未及（註五三），必在淳熙四年（一一七七）論孟集註成書之前。朱子與呂伯恭書正集一百通續集一通（註五四）。今只取第四十八書六行，以示朱子「因悟向來涵養功夫全少」⑬。此書雖無年月，然觀其近思錄尚多脫誤，已改正之語（註五五），則爲一一七五年編近思錄一兩年內之事無疑。是則朱子中年，非晚年也。較後淳熙四年（一一七七）荅張敬夫第三十二書，謂「學者須更令講讀經史，乃有可據之地」（註五六），反而不取。而于淳熙七年（一一八〇）云陸象山敎人讀書之第八十一書（註五七），亦半句不用。致胡廣仲，吳晦叔，王子合，程正思，與項平父等書（註五八），其重要性不下于何叔京，林擇之等之書。今全然棄之。如是去此取彼，無非以意用事而已。

至于陽明朱子晚年定論之動機，言者不一。羅欽順以事論事，只論其「證成高論」，而未嘗謂其用意爲何也。陳建則不然。一則曰，「皆是借朱子之言以形朱子平日之非，以著象山之是。……一則借朱子以譽象山，一則挾朱子以令後學」（註五九）。再則曰，「陽朱而陰陸」（註六〇），「援朱入陸」（註六一）。三則曰，「陽明見世人所信者朱子也。于是集爲朱子之論以誘之，而一語不及于陸。人但知其爲朱子之言，何疑而不从也」（註六二）？馮柯謂陽明「自幸己說之不謬于朱子。蓋欲援儒以入墨，推墨以附儒耳」（註六三）。亦卽陳建援朱入陸之意。孫承澤謂陽明欲借朱子之言以攻朱子。在陸隴其則陽明假借朱子，陽儒陰禪，與陳建陽朱陰陸同一口氣，蓋擁朱者皆以陸爲禪也。總其說，不外謂陽明誣朱譽陸，援朱入陸，全是門戶之見。其他意氣之語，更不必論。

陽明果倒朱扶陸耶？談宋明理學者每每陸王並論，稱爲心學。二者哲學均基于心卽理之說，以與程朱學派性卽理之說相對峙。从哲學思想進展言，固是正確。若謂王之哲學來自象山，或謂王氏全然擁陸，則並不然。蓋王贊美象山亦批評象山，而其致良知與知行合一之義，並未爲象山所想及也。陽明謫守龍場，年三十八（一五〇九）。提學副使席書（字元山，生卒年不詳）聘主貴陽書院。元山問朱陸同異之辨。陽明不語朱陸之學而告之以其所悟之知行合一。明日元山復來，乃舉知行本體，而謂「朱陸異同，各有得失，無事辨詰。求之吾性，本自明也」（註六四）。可知陽明全部精神注乎自創新見。于朱陸之辨，未感興趣。據年譜記載，在此以前，未見對陸氏有何特殊關係。雖謂元山首次引其注目，亦無不可。十一年後（一五二〇，年四十九）乃序象山文集。其時陽明巡撫江西南贛與福建汀州，漳州等處。古本大學，朱子晚年定論，與傳習錄上卷均已刻出。撫守李茂元氏重刻象山文集，請陽明爲之序。陽明書七百言，謂孟子之後，世儒析心理爲二而精一之學亡。至宋周程二子（周敦頤，字茂叔，世稱濂溪先生，一〇一七—一〇七三，與程顥，世稱明道先生，一〇三二—一〇八五）始復追孔門之宗。「自是而後，有象山陸氏。雖其純粹和平，若不逮于二子，而簡易直截，眞有以接孟子之傳」（註六五）。又謂世議以其嘗與朱子異，詆之爲禪。此不外持勝心理。蓋朱陸是非同異，不待辨說也」（註六六）。觀此並非抑朱揚陸。而爲析心理爲二之言，乃其本人對朱子之批評（註六七），非尊陸也。翌年（一五二一）以象山文廟尚缺配享之典，子孫未沾褒崇之澤，乃牌行象山家鄉撫州金谿縣官吏，免陸門嫡派子孫差役，並選俊秀子弟送學肄業。是年席書寄鳴冤錄，爲象山被排而伸冤。陽明復書重申言「象山之學，簡易直截，孟子之後一人」，但云「其學、問、思、辨、致知、格物之說，亦未免沿襲之累」（註六八），亦贊亦評。然席元山爲象山鳴冤，決然于陽明發生刺激。于是次年（一五二二）荅徐成之第一書，仍以朱陸異同，各有其是。不可左此右彼（註六九）。同年第二書仍以朱陸有異，不失爲聖人之徒。但儒者目陸爲禪，則誠可冤。故「欲冒天下之譏，以爲象山一暴其說」（註七〇）。據錢德洪（號緒山，一四九七—一五七四）序云，「吾師自謂天下是朱非陸，論定旣久，一旦反之爲難。二書姑爲調停兩可之說，使人自思得之」（註七一）。又明年，嘉靖二年（一五二三），年五十二。寄席元山書，仍提鳴冤錄。則其爲象山一暴之爲元山所影響無疑。祭元山席尚書文謂「往年與公論學于貴州，受公之知實深。近年以來，覺稍有進。思得與公一面，少叙其愚」（註七二）。上文謂「世方黨同伐異，而公獨卓然定見」（註七三），則元山于陽明所薰染，至少于朱陸異同方面爲然。論者从未歸功元山。此又可爲彼鳴冤者也。嘉靖三年（一五二四，年五十三），陽明啓周道通書勸其且論自己是非，「莫論朱陸是非」

（註七四），貫徹其公平主張，並未有何特列表彰或袒護象山之處。三年後（一五二六）且批評之。其荅友人問云，「致知格物，向來儒者皆相沿如此。故象山亦遂相沿。象山見得未精一處，不可掩也」（註七五）。五年前與席元山書已謂象山未免沿襲，今則進一步而直謂其未見精一。傳習錄下荅陳九川之問，謂「象山只還粗些」（註七六）。陽明未釋此「粗」字意義云何。學者釋者亦少。唐君毅以陽明「不同于象山之重明道辨志，以發明本心，而次中和戒懼等工夫之教」，故稱象山爲粗（註七七）。證以上引與席元山書謂象山學、問、思、辨爲沿襲，而荅友人問謂相沿未見精一，則唐氏之說可通。陸澄問象山「在人情事變上做工夫」，陽明謂更須致中和（註七八）。亦可謂其評象山欠缺中和之敎。杜維明以陽明大概覺得象山未嘗有深切之人生經驗以扶助其學說，故謂之粗（註七九）。九川再問，謂「看他論學，篇篇說出骨髓，句句似鍼膏肓。却不見他粗」。陽明曰，「然。他心上用過功夫，與揣摩依倣，求之文義，自不同。但細看有粗處。用功久當見之」（註八〇）。此處側重用功，似可謂象山用功尚未見久。如是則杜氏解釋，亦是近理。湛若水（號甘泉，一四六六—一五六〇）曾舉象山四海聖人同此心理，與宇宙內事皆己分內事之語（註八一）。陽明以非加切實之功，則所謂大者，亦虛見而已（註八二）。山田準謂象山之格物論，先知後行，乃是舊說，故粗（註八三），然何以相沿爲粗，仍待解釋。以上解釋分兩方面，一重功夫，一重學說。竊謂「粗」字當以「精」字說。陽明謂象山見得未精一處，可以見之。

陽明最重精一。精一之訓，來自書經大禹謨，「人心惟危，道心惟微。惟精惟一，允執厥中」。此爲儒家心傳之十六字訣。陽明于此亦去亦取。陽明評朱子「道心常爲一身之主，而人心每聽命」之語（註八四）云，「心一也。初非有二心也。今日道心爲主而人心聽命，是二心也」（註八五）。陽明不採人心爲私慾，道心爲天理之說。此處與象山同。象山云，「謂人心人僞也，道心天理也。非是」（註八六）。陽明謂博文爲精，約禮爲一（註八七）。又謂博學、審問、愼思、明辨、篤行，皆所以爲惟精而求一」（註八八），卽執中進一步之解釋。然彼謂修身、正心、誠意、格物只是一事。此所以爲精一之學（註八九），乃一時並了。與學、問、思、辨、行之逐步上進，有所先後不同。陽明之學，知行合一，心理不分。精一之學以理言（註九〇），而理不可分。陽明評朱子「析之有以極其精而不亂，然後合之有以盡其大而無餘」之語（註九一）云，「恐亦未盡。此理豈容分析？又何須湊合得？聖人說精一是盡」（註九二）。精一之理卽天理。精一之學卽朱子所謂「盡夫天理之極而無一毫人欲之私」（註九三）。陽明以此語爲「得之」（註九四）。卽是「此心純乎天理之極」（註九五）。天理卽良知（註九六）。致良知便爲精一之學（註九七）。故「所謂博學反約，皆所以用中而致其精一于道心。道心者，良知之謂也」（註九八）。良知之致，不待見聞。苟待見聞，便非精一（註九九）。其本人居夷三載，處困靜養。精一之功，超入聖域（註一〇〇）。總言之，精一之說，基乎其知行合一與致良知兩說而言。則象山格物知行學說固粗，其修養方法亦粗也。

从上所述，則普通所謂陽明有得于象山者厚，或謂其說爲象山心學之開展，均乏根據。在貴陽時席書與之論象山，陽明並無表示特殊興趣。以後只欲爲象山伸不平，並未嘗爲象山打先鋒也。至其稱贊象山爲眞有以接孟子之傳，乃贊其簡易直截，而非贊其學統之全。卽論其全，亦可謂周、程、象山、各自直溯孟子，而陽明本人之學，亦重在自得，無須象山爲橋梁也。

陽明既非揚陸，是否抑朱？此一問題不易解決。其揚乎？其抑乎？其陽揚而陰抑乎？據陽明朱子晚年定論序謂「喜朱子之先得我心之同然」（註一〇一）。荅羅整庵書謂「大意在委曲調停」（註一〇二）。與安之書云，「留都時偶因饒舌，遂致多口。攻之者環四面。取朱子悔悟之說，集爲定論。聊藉以解紛耳」（註一〇三）。致陸原靜第二書云，「今日紛紛之議，…吾說卒未易解」（註一〇四）。可知其集論實因其說新奇，令人懷疑，譏笑，以至攻擊，故欲調停解紛。此是實情，與援朱入陸入禪無關也。

然此外尚有積極方面，卽求歸一是也。陽明甚重歸一。荅甘泉云，「自是而吾黨之學歸一矣。此某之幸，後學之幸也」（註一〇五）。又自云，「予既自幸其說之不謬于朱子，又喜朱子之先得我心之同然」（註一〇六）。施邦曜（一五八五—一六四四）評此語曰，「先生與朱子是一是二，兩言可見」（註一〇七）。所謂歸一者，並非承認朱子之權威地位。此可于其道統觀念見之。朱子建立道統，由伏羲，神農，黃帝，堯，舜，禹，湯，文，武，周公，孔子，曾子與子思，孟子，周子，而二程（註一〇八）。朱子直以繼承道統自任。大學章句序云，「亦幸私淑（二程）而與有聞焉」。又滄州精舍告先聖文云，「晚逢有道」（註一〇九）。而其弟子黃榦（字直卿，一一五二—一二二一）所作行狀亦云，「道之正統，待人而得傳。…由孟子而後，周程張子（張載，一〇二〇—一〇七七）繼其絕，至先生而始著」（註一一〇）。又徽州朱文公堂記云，「周程張子之道，文公朱先生又繼之，此道統之正傳，歷萬世而可考也」（註一一一）。又漢陽軍學五先生祠堂記云，「濂溪周先生實倡其始，新安朱先生實成其終」（註一一二）。如是言之屢屢，在朱門以朱子繼承道統，絕無可疑。元代朱子獨尊，至明而此系統已堅立不移。陽明于朱子所立道統，大體承受，然始終未嘗承認朱子在道統中之地位。且居然以己代之。三十四歲赴龍場時荅湛若水贈詩云，「洙泗流浸微，伊洛僅如綫。後來三四公，瑕瑜未相掩。嗟予不量力，雖斃期致遠」（註一一三）。意謂朱子等人，已乏繼承道統資格，而彼則雄心勃勃，有如青年時有志經略四方。四十一歲爲吏部郎中，乃更進一步，以私淑周程自待，似與朱子爭私淑之地位。其荅儲柴墟書云，「僕常以爲世有周程諸君子，則吾固得而執弟子之役，則大幸矣」（註一一四）。同年別湛甘泉序云，「孟軻絕又二千餘年而周程續。自是而後，學益支離。…賴天之靈，固有所覺。始乃沿周程之說求之，而若有得焉」（註一一五）。此云若有得焉，尙未敢以道統自居。又云沿周程，非沿陸也。自四十七歲刻古本大學與朱子晚年定論與五十歲揭致良知之教以後，五十四歲則直以道統爲己任矣。是年書魏師孟卷云，「自孔孟既沒，此學失傳幾千百年。賴天之靈，偶復有見，誠千古之一快」（註一一六）。幾連周程皆抹殺，而自己直承孟子絕學。然此行文之便耳。次年，弟子聶文蔚謂其「思孟周程無意相遭于千載之下」（註一一七），即謂其師于朱子所定道統取朱子之地位而代之矣。陽明與象山異者，則象山謂孟子不復傳（註一一八）。又謂「伊洛諸公得千載不傳之學，但草創未爲光明」（註一一九）。其本人之學，乃因讀孟子而自得之」（註一二〇）。「區區之學，自謂孟子之後至是而始一明也」（註一二一）。陽明則謹守朱子所定周程承孟之說。

陽明最崇周程，然此周程與朱子所尊二程有所不同，理由亦異。朱之周程，濂溪伊川也。陽明之周程，則濂溪明道也。程氏兄弟意見每多相同。故朱子常只稱「程子」。其所引「論性不論氣不備，論氣不論性不明」（註一二二），朱子語類以爲伊川語（註一二三），又以爲明道語（註一二四）。而語類他處（註一二五）與文集（註一二六）則只云「程子」。可知兄弟議論多同。學者每以明道一元，伊川二元，不免求之太刻。然朱子致知格物與居敬窮理之說，多沿伊川。故在朱子，程子每指伊川，而陽明則指明道。其所謂周程，非指溪濂伊川，亦非指濂溪與二程也。象山文集序謂「周程二子」（註一二七），至爲顯然。陽明年三十遊九華。聞地藏洞有異人訪之。異人告以周濂溪程明道是儒家兩箇秀才（註一二八）。則其崇拜濂溪明道，由來久矣。故晚年定論序謂「洙泗之傳至孟子而息。千五百餘年，濂溪明道始復追尋其緒」（註一二九）。

陽明之推重周子與朱子之推重周子大異其趣。朱子尊周子以其太極之論，陽明尊周子則以其修養之教。朱子若無周子太極圖說「太極動而生陽，動極而靜。靜而生陰，靜極復動」之說（註一三〇），則理氣關係無从成立，而理一分殊之哲學無以完成。故其哲學以周子太極思想爲首，成爲新儒學之典型。陽明則絕少言太極。傳習錄只一見（註一三一）。然乃从陰陽動靜而言，非討論太極。陽明謁濂溪祠謂「千年私淑心喪後」（註一三二）。其欽佩周子，可謂至矣。其所以如是景仰之由，乃在其心性之旨。陽明云，「周茂叔窗前草不除（註一三三），是什麼心」（註一三四）？象山文集序云，「至宋周程二子，始復追尋孔顏之宗，而有『無極而太極』，『定之以仁義中正而主之靜』（註一三五）之說（註一三六）。

此處雖言無極太極，而重點在主靜之說。又上文云孔顏之宗，顯示顏淵爲聖門正宗。彼以見道之全者惟顏子（註一三七）。顏子沒而聖學之正派遂不盡傳（註一三八）。故山東鄉試特問古人之言曰，志伊尹之所志，學顏子之所學（註一三九），並謂非禮勿視，非禮勿聽，非禮勿言，非禮勿動（註一四〇），與單瓢陋巷而不改其樂（註一四一），惟顏子可以論此（註一四二）。其四勿之訓，蓋聖賢心學之大綱也（註一四三）。又云顏子在心地上用功（註一四四）。顏子有不善未嘗不知，知之未嘗復行（註一四五）。王云，「此是聖學眞血脈路」（註一四六）。由此可見陽明心目中顏子與心學之關係。周子追尋顏子之宗，故通書云，「志伊尹之所志，學顏子之所學」（註一四七）。

陽明之尊崇明道，亦以其心性之學而非在其性氣之論。年譜云，陽明年十七「讀明道先生書曰，『吾作字甚敬。非是要字好，只此是學』（註一四八）。既非要字好，又何學也？乃知古人隨時隨事，只在心上學。此心精明，字好亦在其中矣。後與學者論萬物，多舉此爲證」（註一四九）。此事對于陽明心學之發展甚屬重要，蓋此乃其心學之開始也。蓋此尚在其謁婁一齋之前一年。其心醉于養生，今乃轉爲心學。此一轉移，可謂陽明一生之大關鍵也。故與其謂婁諒爲陽明聖學之發動，不如謂明道發之之爲愈也。二十年後，三十八歲，已悟致知格物知行合一之旨。由龍場歸途，移書與諸生論學曰，「明道云，『纔學便須知有着力處，既學便須知有得力處』（註一五〇）。諸友宜于此處着力，方有進步」（註一五一）。又十年，四十九歲，以周程二子爲續傳孔顏之宗，謂「〔周子〕定之仁義中正而主靜之說，〔明道〕動亦定，靜亦定。無內外，無將迎之論（註一五二），庶幾精一之旨矣」（註一五三）。

此說明其所以以周程繼承孟子之故，乃在其精一之學也。一五二四年，年五十三，啓周道通書，舉明道「君子之學，莫若廓然而大公，物來而順應」之言（註一五四），謂濂溪主靜之言，亦是此意」（註一五五），又可爲證。如是三四十年，浸染明道。卒于嘉靖六年（五十六歲）直以明道自家體貼出來之天理（註一五六）爲良知（註一五七）。劉宗周云，「此是先生的派明道處」（註一五八）。可謂至言。

明道心學對于陽明心學之影響，更可于其引述明道見之。傳習錄引明道查有十六處，另全書所引有七處，共二十三處。除一處論性固善，然善惡皆天理（註一五九），與兩處論性氣（註一六〇）外，餘皆涉心學，言誠敬，體仁，爲學，立志，期爲聖人。尤其是荅橫渠定性書中之動靜皆定，廓然大公，物來順應之語。所引二十餘條中，幾乎一半引用此語（註一六一）。

陽明所引明道諸語，亦朱子所常用者。朱子性卽理之哲學固沿伊川，然朱子亦重心學。理學與心學並非相背而馳。近人謂程（伊川）朱爲理學，明道以至陸王爲心學，實劃分過份。誠如上文所云，二程意見每每一致。朱子繼承二程，非只一程也。故陽明之依重明道，亦卽依重朱子。今考其參究朱子，並指出其何處贊同，何處反對，可見一斑。

考陽明之研讀朱子爲期頗晚。十一歲對塾師云讀書學聖賢，恐只四書，未及朱陸。年十七仍專意于道家修養之術。十八歲謁婁諒。婁語以宋儒格物之說，亦卽朱子格物之說，則始與朱子學說發生直接關係。是年講析經義，則讀朱註無疑。據年譜二十一歲爲宋儒格物之學，偏求朱子遺書讀之，並與錢友向亭前竹子窮格。則其讀朱子實無心得。蓋朱子未嘗敎人如此格物也。卽依朱子大學第五章補傳，「致吾之知，在卽物而窮其理」。而指竹窮格，誤以朱子爲向外，忽略朱子「因其已知之理而益窮之」之言。而于朱子大學或問詳論格物諸端與窮理之方，似未讀過，或者竟置朱子方法于度外，而另設途徑。亦其人格不羈之本色也。據年譜陽明年二十七讀朱子上宋光宗疏有「居敬持志，爲讀書之本。循序致精，爲讀書之法」之言（註一六二），心頗誠服，然又感物理吾心終若判而爲二，卽其格竹失敗之由。沉鬱成病，仍思養生，則于朱子已起懷疑（註一六三）。然二十年間，于朱子之學，未嘗深究。至年四十三（一五一四）官留都時乃復取朱子書而檢求之（註一六四）。此次讀朱必勤。雖次年爲晚年定論，只採朱子文集。然單以傳習錄觀之，查引朱子共二十次。其中十一來自集註，六引來自或問，兩引來自文集，一由語類。可知陽明讀朱甚廣。又不限于定論之煩約涵養問題。蓋傳習錄所引關于天理人慾，心與理，尊德性，良知，性氣等問題也。然凡所引，或全與朱子針針相對。朱子云，「事事物物皆有定理」，陽明以爲「都是義外」（註一六五）。朱子謂道心爲主，人心聽命。陽明云，「天理人慾不兩立，安有天理爲主」（註一六六）？朱子云，「惡者可以懲創人之逸志」。陽明謂不得其說（註一六七）。朱子云，「人之所以爲學，心與理而已」。陽明以爲此是二之（註一六八）。朱子云，「析之有以極其精而不亂，然後合之有以盡其大而無餘」。陽明云，「此理豈容分析？又何須湊合得」（註一六九）？朱子云，「學爲效先覺之所爲」。陽明謂如此「只說得學中一件事」（註一七〇）。朱子謂曾子三省「于其用處蓋已隨事精察而力行之」。陽明則以爲未盡（註一七一）。朱子謂修道之謂教，乃聖人品節吾性之固有。陽明則以道卽性卽命，本是完全。何須品節（註一七二）？

朱子以孔子告顏淵爲邦之間是立萬世常行之道。陽明以爲不然（註一七三）。朱子曰，「心雖主乎一身，而實管乎天下之理」。陽明亦以此分心理爲二（註一七四）。朱子以盡心存心等爲聖人之事，而陽明則以爲賢人之事（註一七五）。朱子大學補傳云卽物而窮其理。陽明謂此析心理爲二（註一七六）。朱子云，「纔說性便有氣質之雜」。陽明云，性氣不可分（註一七七）。朱子以聰明睿智爲質。陽明反對之（註一七八）。陽明以朱子不應將察之驗之索之爲一例，不分輕重（註一七九）。又以朱子誤分尊德性道問學爲兩事（註一八〇）。

以上專與朱子全面對壘，未見委曲，實無調停之可能。只以朱子「盡夫天理之極而無一毫人慾之私」之語爲「得之」（註一八一）。並以朱子引范浚（壯年一一四六）心箴「天君泰然，百體从令」爲有主宰（註一八二）。又以朱子「人雖不知而己所獨知者」爲「此正是吾心良知處」（註一八三）。又承認朱子亦以溫故屬之尊德性（註一八四）。

至于支離一節，乃象山集中攻擊朱子之點。陽明似與象山同調。然又若卽若離。定論序云，「周程…自後…日就支離決裂」（註一八五）。別湛甘泉序云，「周程自是而後學益支離」（註一八六）。顯指朱子。紫陽書院集序則謂朱子白鹿洞書院學規各爲一事，而世之學者，往往失之支離（註一八七）。以後屢謂世之儒者支離瑣屑（註一八八）。然荅徐成之第二書論朱陸異同，則又謂朱子平日汲汲于訓解。世之學者掛一漏萬，議其支離。「不知此乃後世學者之弊，而當時晦庵之自爲，則亦豈至是乎」（註一八九）？是則朱子非支離矣。

傳習錄對話年期難定。然上册已于正德十三年（一五一八）刊出，則必比定論爲早。定論與朱子同而傳習錄反先與朱子異。豈非陽明本人晚年痛悔，而同于朱子耶？抑又自相矛盾耶？是皆未必然。蓋兩人思想，有同有異。對于朱子得于伊川格物之說，不能會同，而于朱子得于明道心性之學，則謂先得我心之所同然。陽明單採一邊以爲定論。實則非朱子之定論，而乃陽明之定論也。其必靠朱子以爲定論者，蓋由其必求與朱子歸一之故。

陽明年三十七不以朱子心理爲二爲然，沉鬱成病，蓋因與朱子兩不相同，而于朱子涵育薰陶之說，嘗以爲喜（註一九〇）。自辯與朱子時有不同，則曰，「吾之心與晦庵之心，未嘗異也」（註一九一）。遭人議論，則曰，「伊川晦庵之在當時尙不免于詆毀」（註一九二）。其自辯與朱子格物之訓不合處，則曰，「就如朱子亦尊信程子。至其不得于心處，亦何嘗苟从」（註一九三）？總之在在以朱子爲模範。于是其思想之大部份，不能越出宋學之範圍。在龍場悟格物致知之旨，必求諸五經之言以證之。其格物之敎與朱子逈異。然必依歸大學古本，始終不能走出朱子以大學爲基之立場。在龍場已錄大學古本（註一九四）。兩年後乃作序（註一九五）。古本之釋，其短序凡三易稿（註一九六），凡此疑慮，可于其荅羅整庵少宰書見之（註一九七）。此可見陽明對于朱子之敬奉，亦可見陽明之沿襲宋學。彼謂象山爲沿襲，爲粗，恐亦以五十步笑百步耳。

陽明之依歸朱子，劉宗周于其陽明傳信錄言之最切。陽明云，「志道懇切，固是誠意，然急迫求之，則反爲私己」（註一九八）。劉氏云，「此語自是印過程朱」（註一九九）。宗周又云，「先生旣言格致卽中庸明善之功，不離學、問、思、辨、行，則與朱子之說何異」（註二〇〇）？又云，「天理人慾四字，是朱王印合處。奚必晚年定論」（註二〇一）？又云，「先生語錄其言去人欲存天理者，不一而足。又曰至善是心之本體，然未嘗離事物（註二〇二）。又曰盡乎天理之極處（註二〇三），則先生心宗教法，居然只是宋儒矩矱，但先生提得頭腦清楚耳」（註二〇四）。陽明論中字無所偏倚。宗周云，「此卽朱子主靜之中，無所偏倚之說。先生則直以良知二字貫之」（註二〇五）。宗周思想，大體因襲陽明，又擁護其朱子晚年定論之議，而不知其指出陽明之有得于朱子，不只一端也。錢穆亦謂「守仁之說，始終未能擺脫盡朱熹的牢籠」（註二〇六），不過未細言耳。

劉氏所舉之外，吾人尚可增補三點，而此三點適爲陽明學說之骨髓。一爲陽明屢言至善是心之本體。乃引「盡乎天理之極而無一毫人欲之私」以釋之（註二〇七）。此語出自朱子大學章句註「明明德」。二爲陽明解獨知爲良知，謂「人雖不知而己所獨知者。此正是吾心良知處」（註二〇八）。首語出自朱子大學章句釋誠意章第六。是陽明之釋良知，有得于朱子矣。其三爲最重要者。陽明云，「虛靈不昧，衆理具而萬事出。心外無理，心外無事」（註二〇九）。又曰，「明德者天命之性。靈昭不昧，而萬理之所从出也」（註二一〇）。朱子註大學「明明德」云，「明德者，人之所得于天，而虛靈不昧，以具衆理而應萬事者也。但爲氣稟所拘，人欲所蔽，則有時而昏。然其本體之明，則有未嘗息者。故學者當因其所發而遂明之，以遂其初也」。陽明亦云，「其或蔽焉，物欲也。明之者，去其物欲之蔽，以全其本體之明耳」（註二一一）。直述朱子之言，幾一字不改。至善之心，良知，與明明德爲陽明心學之三大宗旨，而皆借助于朱子。無怪陽明云，「僕于晦庵亦有罔極之恩」（註二一二），直比朱子于皇天父母。又謂「平生于朱子之說如神明蓍龜」（註二一三）。陽明嘗問，「僕平日于晦庵何如哉」（註二一四）？荅案可不言而喻矣。

附註

註一：元史、百衲本，卷八一，選擧志，頁二下。

註二：傳習錄下，第三一九節，先生曰衆人條。王文成公全書，四部備要本，卷三，頁五一上。

註三：傳習錄下，全書卷三，朱子晚年定論序，頁六三下至六四下。又卷七，頁二一上至二二下。

註四：困知記，天啓二年壬戌（一六二二）年本，附錄，卷五，頁四上至六上。

註五：傳習錄中，第一三五條，荅顧東橋書引。全書，卷二，頁八下。全書，卷三四，頁一八下，年譜誤作嘉靖四年（一五二五）。傳習錄中册嘉靖三年已刻矣。

註六：朱子文集，四部備要本名朱子大全，卷五四，頁六上。

註七：學蔀通辯，正誼堂全書本，提綱，頁一上。又卷二，頁十下。

註八：紀昀編，商務印書館一九三三年本，頁一九六八。子部，儒家類存目一，道一編條。

註九：學蔀通辯，提綱，頁一上；卷一，頁三上；卷二，頁三下。

註一〇：同上，卷一，頁七下。

註一一：同上，卷一，頁三上，四上。何叔敬書「奉親遣日」之語，陽明未採。

註一二：同上，卷二，頁三上。

註一三：同上。

註一四：同上，卷二，頁三下至四上。

註一五：朱子文集，正集，卷四十六，頁三十下。

註一六：朱子文集，續集，卷一，頁三下。

註一七：學蔀通辯，卷二，頁五下。

註一八：同上。

註一九：朱子文集，卷三四，答呂伯恭第九十三書，頁三四上。

註二〇：同上註⑮。

註二一：學蔀通辯，卷三，頁十五下。

註二二：貞白五書，四明叢書本，求是編，卷四，頁四下。

註二三：四庫全書總目提要，頁一九九九。子部，儒家類存目三，考正晚年定論條。提要原文羅欽順誤作羅洪先。

註二四：日知錄，卷十八，朱子晚年定論條。國學基本叢書本，頁一一六至一二一。

註二五：三魚堂文集，武林薇署同治七年（一八六八）年本，卷二，學術辨上，頁一至二。

註二六：同上，頁一下。

註二七：朱子文集，卷三八，頁四十下至四十一下。

註二八：同上，卷五四，頁十二下。

註二九：同上，卷五八，頁二七上。

註三〇：同上，卷二九，頁二三上。

註三一：研經室續集，四部叢刊本，卷三，頁五下至六上。

註三二：同上，學蔀通辯序，頁七下。

註三三：劉子全書遺編，道光庚戌（一八五〇）年本。卷十二，陽明傳信錄三，頁十二下。

註三四：劉宗周，師說，王陽明守仁條，見黃宗羲（一六一〇—一六九五）編，明儒學案，四部備要本，師說，頁四下。

註三五：提要，頁二〇二三。子部，儒家類存目四，朱子晚年全論條。

註三六：參看錢穆，朱子新學案，台北，三民書局，一九七一年，第一冊，頁二三一至二三二。查費熙（一七九五—一八五二）有朱子晚年定論評述，採入費道峯遺書，光緒二十年刊。惜未得見。

註三七：傳習錄中，第一七六條。王文成公全書，卷二，頁六三下。又卷四七，頁三一上。

註三八：朱子文集，卷一，頁二下，白鹿洞賦。

註三九：傳習錄上，第一百條，士德問條。全書，卷一，頁四七下。

註四〇：朱子語類，池州刊朱子語錄後序。台北，正中書局，一九七〇年本，序目，頁二一。

註四一：學蔀通辯，卷二，頁三下。

註四二：同上，卷一，頁六上。

註四三：象山全集，四部備要本，卷三六，頁一四下。

註四四：朱子文集，卷四八，頁二上。

註四五：同上，卷四四，頁三十下至三一上。年期據錢穆，朱子新學案，第三冊，頁三一六。

註四六：朱子文集，卷五十，頁十五下。

註四七：同上，卷三三，頁三三下。

註四八：同上，卷六十，頁一下。

註四九：同上，卷四四，頁二八上。
註五〇：同上，卷三五，頁三六上。
註五一：朱子文集，別集，卷六，頁二下。
註五二：朱子文集，卷三十，頁十七上至卷三二，頁二六下。
註五三：同上，卷三一，頁十五上。
註五四：同上，正集，卷三三，頁一上至卷三五，頁十一上。續集，卷五，頁十下。
註五五：同上，卷三三，頁三三下。
註五六：同上，卷三二，頁三下。
註五七：同上，卷三四，頁二三下。
註五八：致胡氏書，仝上，卷四二，頁一上至十下；致吳書，卷四二，頁十下至二一上；致王書，卷四九，頁一上至十五上；致程書，卷五十，頁二六下至三二上；致項書，卷五四，頁五上至九下。
註五九：學蔀通辯，卷一，頁七下至八上。
註六〇：同上，卷三，頁十五下。
註六一：同上，卷十一，頁二下。
註六二：同上，卷十二，頁十下。
註六三：求是編，卷四，頁五下。
註六四：王文正公全書，卷三二，年譜，正德四年，頁十五上下。
註六五：同上，卷七，頁二九上下。

註六六：同上，頁三十上。

註六七：傳習錄上，第三十三，或問晦庵條。全書，卷一，頁二五上。

註六八：全書，卷五，與席元山，頁四上下。

註六九：同上，卷二十一，頁十上至十一下。

註七〇：同上，卷二一，頁十五上。年譜繫此書正德六年（一五一一）年四十，誤。

註七一：同上，卷二，頁一上。

註七二：同上，卷二五，頁五三上。

註七三：同上，頁五二上。

註七四：同上，卷二，頁三五上。傳習錄中，第一四九條。

註七五：同上，卷六，頁十四上下。

註七六：第二〇五，又問陸子條。全書，卷三，頁五上。

註七七：陽明與朱陸異同重辨，新亞學報，卷八（一九六八），第二期，頁一二六。

註七八：象山全集，卷三四，頁五上；傳習錄上，第三七，澄嘗問條。全書，卷一，頁二五下。

註七九：Tu Wei-ming, Neo-Confuclan Thought in Action: Wang Yang-ming's Youth (1472-1509), Berkeley, California, University of California Press, 1976, p. 158.

註八〇：傳習錄下，第二〇五，又問陸子條。全書，卷三，頁五上。

註八一：象山全集，卷二二，雜說，頁五上。

註八二：王文成公全書，卷四，答方叔賢，頁四四上。
註八三：陸象山と王陽明。一九四三年，東京，岩波書店，頁一百。
註八四：中庸章句序。
註八五：傳習錄上，第十，愛問道心條。全書，卷一，頁十一下。
註八六：象山全集，卷三五，頁二三上。
註八七：傳習錄上，第九，愛問先生條。全書，卷一，頁十一下。
註八八：同上，中，第二五，問惟精條。全書，卷一，頁二二上。
註八九：同上，第一七四條，答羅整庵少宰書。全書，卷二，頁六十上。
註九〇：同上，第一五三條，答陸原靜書。全書，卷二，頁三七上。
註九一：大學或問，頁二四下。
註九二：傳習錄上，第三五，問析之條。全書，卷一，頁二五上。
註九三：大學章句註「明明德」。
註九四：傳習錄上，第二，愛問知止條。全書，卷一，頁三上。
註九五：同上，第四，鄭朝朔條。全書，卷一，頁五上。
註九六：同上中，第一八九條，答聶文蔚書二。全書，卷二，頁七四上。
註九七：同上下，第二二五，先生曰我輩條。全書，卷三，頁十一下。
註九八：同上中，第一四〇條，答顧東橋書。全書，卷二，頁二十下。
註九九：同上，第一六八條，答歐陽崇一。全書，卷二，頁五三下。

註一〇〇：傳習錄上，徐愛序語。

註一〇一：王文成公全書，傳習錄下，卷三，朱子晚年定論序，頁六四下。又卷七，頁二二下。

註一〇二：同上，卷二，頁六三下。

註一〇三：同上，卷四，頁四十下。

註一〇四：同上，卷五，頁十五下。

註一〇五：同上，卷四，荅甘泉，頁四一上下。

註一〇六：同上註一〇一。

註一〇七：陽明先生集要，理學集，光緒三十二年（一九〇六）本，卷四，頁九一上下。

註一〇八：參看拙著朱熹集新儒學之大成，中華文化復興月刊，第七卷，第十二期（一九七四年十二月），頁一至十四；轉載華學月刊第三十七期（一九七五年一月），頁二十至四十三。又見拙著朱學論集，台北，學生書局，一九八二年，頁一至三五。

註一〇九：朱子文集，卷八六，頁十二上。

註一一〇：勉齋集，四庫全書珍本，卷三六，頁四八上。

註一一一：同上，卷十九，頁十九下。

註一一二：同上，卷二十，頁二上。

註一一三：王文成公全書，卷十九，頁二六下。

註一一四：同上，卷二一，頁二十上。

註一一五：同上，卷七，頁七上至八下。

註一一六：同上，卷八，頁一七上。

註一一七：傳習錄中，第一七八條，荅聶文蔚。全書，卷二，頁六五上。

註一一八：象山全集，卷三五，頁九下。

註一一九：同上，卷三六，年譜，淳熙十五年，頁一八下。

註一二〇：同上，卷三五，頁二九上。

註一二一：同上，卷三六，年譜，紹熙元年，頁二一下。

註一二二：程氏遺書，二程全書四部備要本，卷六，頁二上。

註一二三：朱子語類，卷四，蜚卿問條，頁一〇八；卷五九，孟子說條，頁二一九五。

註一二四：同上，卷四，亞夫問條，頁一一三；卷六二，問天命條，頁二三七〇。

註一二五：同上，卷四。大命條，頁一〇七，一二五；卷五九，楊尹叔條，頁二二〇〇，問程子條，二二〇二，橫渠曰條，二二〇五。

註一二六：朱子文集，卷三九，荅徐元聘，頁二四下。

註一二七：王文成公全書，卷七，頁二九下。

註一二八：同上，卷三二，年譜，弘治十四年，三十歲，頁九上。

註一二九：同上，卷七，頁二上。又傳習錄下，卷三，頁六三上。

註一三〇：周子全書，萬有文庫本，卷一，頁六。

註一三一：傳習錄中，第一五七條，荅陸原靜書。全書，卷二，頁四一上。

註一三二：全書，卷十九，萍鄉道中謁濂溪祠，頁三六上。

註一三三：程氏遺書，卷三，頁二上。

註一三四：傳習錄上，第一〇一，侃去草條。全書，卷一，頁四九下。

註一三五：周子全書，卷一，太極圖說，頁四，二三。

註一三六：王文成公全書，卷七，頁二九下。

註一三七：傳習錄中，第一四五條，荅周道通書。全書，卷二，頁三十二下。

註一三八：傳習錄上，第七七，問顏子條。全書，卷一，頁三九下。

註一三九：全書，卷三一下，山東鄉試錄，頁三八上。

註一四〇：論語，顏淵第十二，第一章。

註一四一：同上，雍也第六，第十一章。

註一四二：王文成公全書，卷三一下，山東鄉試錄，頁三八下。

註一四三：同上，頁四一下。

註一四四：傳習錄上，第一一三，黃誠甫條。全書，卷一，頁五三下。

註一四五：易經，繫辭下，第五章。

註一四六：傳習錄下，第二五九，先生曰孔子條。全書，卷三，頁二四下。

註一四七：周子通書，第十章志學。

註一四八：程氏遺書，卷三，頁二上。

註一四九：王文成公全書，卷三十二，年譜，頁五上，弘治元年（一四八八）。

註一五〇：程氏遺書，卷十二，頁二上。

註一五一：王文成公全書，卷四，與辰中諸生，頁一下。

註一五二：明道文集，二程全書本，卷三，荅橫渠先生定性書，頁一上。

註一五三：王文成公全書，卷七，象山文集序，頁二九下。

註一五四：同上註一五二。

註一五五：傳習錄中，第一四五條，啓周道通書。全書，卷二，頁三二下。

註一五六：程氏外書，二程全書本，卷十二，頁四下。

註一五七：王文成公全書，卷六，與馬子莘，頁二六上。

註一五八：劉子全書遺編，卷十一，陽明傳信錄二，頁十六上。明儒學案，卷十，頁十一下。

註一五九：傳習錄下，第二二八，問先生嘗謂善惡條。全書，卷三，頁十三上。

註一六〇：傳習錄中，第一五〇條，啓周道通書。全書，卷二，頁三六上。傳習錄下，第二四二，問生之謂性條。全書，卷三，頁十八下。

註一六一：傳習錄上，第二三，問靜時條。全書，卷一，頁二一上，動靜皆定。四八，澄操守，一，三十上，腔子卽天理。七二，澄曰好色，一，三六上，大公順應。八九自格物，一，四一下，一體。九三，問程子云仁，一，四二上，一體。一二一，志道問，一，五八上，誠敬。傳習錄中，荅顧東橋書，二，十一下，理性命。一四五，啓周道通書，二，三二上，大公順應。一四九，同上，二，三五上，氣象。一五六，荅陸原靜書，二，三九下，動靜皆定。一六三，同上，二，四七下，化澤。一六七，同上，二，五十下，順萬事。傳習錄下，二〇一，正德，三，三下，順應。二〇二，九川問近，三，三下，動靜皆定。二三五，問有所，三，十五下，大公順應。三三一，問先儒，三，五六上，活潑地。全書，四，與辰中諸生，為學。五，與劉元道，定性。五，二十下，與黃勉之，玩物。五，二七上，荅劉內重，遠大。六，二六上，與馬子莘，體認天理。六，三三上，寄同志，學聖人。二二，一四上，執範序，小學可學至聖人。陽明誤以為伊川語。語見明道文集，卷二，請修學校尊師儒取士劄子，頁三上。

註一六二：朱子文集，卷十四，行宮便殿奏劄二，頁十一上。

註一六三：王文成公全書，卷三二，年譜，頁七下至八上。弘治十一年（一四九八），二十七歲。

註一六四：同上，頁二八下，正德九年五月；頁五七下，正德十三年七月，又傳習錄下朱子晚年定論序。全書，卷三，頁六四上。

註一六五：傳習錄上，第二，愛問知止條。全書，卷一，頁三上。朱語出大學或問，頁十五下。

註一六六：同上，第十，愛問道心條。全書，卷一，頁十一下。朱語出中庸章句序。

註一六七：同上，第十四，又曰五經條。全書，卷一，頁十七上。朱語出論語集註，為政第二，第二章。

註一六八：同上，第三三，或問晦菴條。全書，卷一，頁二五上。朱語出大學或問頁五九下。

註一六九：同上，第三五，問析之條。全書，卷一，頁二五上。朱語出大學或問，頁二四上下。

註一七〇：同上，第一一一，子仁問條。全書，卷一，頁五下。朱語出論語集註，學而第一，第一章。

註一七一：同上，第一一二，國英問條。全書，卷一，頁五三上。朱語見論語集註，里仁第四，第十五章。

註一七二：同上，第一二七，馬子莘問條，全書，卷一，頁六二上下。朱語見中庸章句，第一章。

註一七三：同上，第一二八，黃誠甫問條。全書，一，頁六三下。朱語見論語集註，衛靈公第十五，第十章。

註一七四：傳習錄中，第一三三條，荅顧東橋書。全書，卷二，頁五下。朱語出大學或問，頁五九下。

註一七五：同上（第一三四條）。評朱子註論語述而第七，第一章。

註一七六：同上，第一三五條，答顧東橋書。全書，卷二，頁八下至九上。

註一七七：同上，第一五〇條，答周道通書。全書，卷二，頁三五下至三六上。朱子文集，卷六一，答嚴時亨，頁二二下汎引。

註一七八：同上，第一六五條，答陸原靜。全書，卷二，頁四七下至四八上。朱子中庸章句，註第三一章。

註一七九：傳習錄下，第二三四，文公格物條。全書，卷三，頁十五上。評朱子大學或問，頁五八下。

註一八〇：同上，第三二五，先生曰先儒條。全書，卷三，頁五四上。評朱子文集，卷五四，答項平父，頁五下。

註一八一：傳習錄上，第二節，愛問知止。全書，卷一，頁三上。大學章句註經。

註一八二：同上，第一〇四節，崇一問。全書，卷一，頁五上。孟子集註，告子第六上，第十五章。

註一八三：傳習錄下，第三一八，先生曰先儒條。全書，卷三，頁五十上。朱子語見大學章句，第六章。

註一八四：傳習錄中，第一四〇條，答顧東橋書，全書，卷二，頁二十下。朱子語類，卷六十四，問尊德性條，頁二五二二。

註一八五：王文正公全書，卷七，頁二一上。又傳習錄下。全書卷三，頁六十三上。

註一八六：全書，卷七，頁七上。

註一八七：同上，卷七，頁二十下。學規見朱子文集，卷七四，頁一六下至一七下。

註一八八：全書，卷七，从吾道人記，頁三四上；稽山書院尊經閣記，頁四六上。

註一八九：同上，卷二一，頁十三下。

註一九〇：同上，卷六，荅南元善二，頁十八下。

註一九一：傳習錄上，第九八，朋友觀書條。全書，卷一，頁四五上。

註一九二：全書，卷五，答陸元靜二，頁十五下。

註一九三：傳習錄上，第六，愛曰昨聞條。全書，卷一，頁八上下。

註一九四：全書，卷三二，年譜，正德十三年（一五一六），七月，頁五七上。

註一九五：全書，卷七，大學古本序，頁二五上。

註一九六：同上，卷五，與黃勉之，頁二一上。

註一九七：傳習錄中，第一七三條，全書，卷二，頁五九上下。

註一九八：全書，卷四，答徐成之，頁二下。

註一九九：劉子全書遺編，卷十一，陽明傳信錄一，頁二下。明儒學案，卷十，頁五上，删劉氏此語。

註二〇〇：同上，頁四下。明儒學案，卷十，頁六上。

註二〇一：同上，卷十三，陽明傳信錄三，頁一下。明儒學案，卷十，頁十二下。

註二〇二：傳習錄上，第二，愛問知止條。全書，卷一，頁三上。

註二〇三：同上。

註二〇四：劉子全書遺編，卷十三，陽明傳信錄三，頁五下。明儒學案，卷十，頁十四下。

註二〇五：同上，頁八上下。明儒學案，卷十，頁十五下删劉氏此語。

註二〇六：朱子新學案，第一册，提綱，頁二一〇—二一一。

註二〇七：同上註一八一。

註二〇八：同上註一八三。

註二〇九：傳習錄上，第三二，虛靈條。全書，卷一，頁二四下。

註二一〇：王文成公全書，卷七，親民堂記，頁三七下。

註二一一：同上，頁三八下。

註二一二：同上，卷二一，答徐成之二，頁十五下。

註二一三：傳習錄中，第一七六條，答羅整庵少宰書。全書，卷二，頁六三下。

註二一四：王文成公全書，卷二一，答徐成之二，頁十七上。

國家圖書館出版品預行編目資料

王陽明傳習錄詳註集評

陳榮捷著. – 初版. – 臺北市：臺灣學生，2022 印刷
面；公分

ISBN 978-957-15-0457-5(精裝)
ISBN 978-957-15-0458-2(平裝)

1. 傳習錄 – 註釋

126.41　　81005333

王陽明傳習錄詳註集評

著作者　陳榮捷
出版者　臺灣學生書局有限公司
發行人　楊雲龍
發行所　臺灣學生書局有限公司
地址　臺北市和平東路一段 75 巷 11 號
劃撥帳號　00024668
電話　(02)23928185
傳真　(02)23928105
E-mail　student.book@msa.hinet.net
網址　www.studentbook.com.tw
登記證字號　行政院新聞局局版北市業字第玖捌壹號
定價　精裝新臺幣七五〇元
　　　平裝新臺幣四五〇元

一九八三年十二月初版
二〇二二年　五月修訂版七刷

12602

臺灣學生書局出版

中國哲學叢刊

1. 孔子未王而王論　羅夢冊著
2. 管子析論　謝雲飛著
3. 中國哲學論集　王邦雄著
4. 王陽明傳習錄詳註集評　陳榮捷著
5. 江門學記　陳郁夫著
6. 王陽明與禪　陳榮捷著
7. 孔孟荀哲學　蔡仁厚著
8. 生命情調的抉擇　劉述先著
9. 儒道天論發微　傅佩榮著
10. 程明道思想研究　張德麟著
11. 儒家倫理學析論　王開府著
12. 呂氏春秋探微　田鳳台著
13. 莊學蠡測　劉光義著
14. 三唯論　王止峻著
15. 先秦道家與玄學佛學　方穎嫻著
16. 韓非子難篇研究　張素貞著
17. 商鞅及其學派　鄭良樹著
18. 陽明學漢學研究論集　戴瑞坤著
19. 墨學之省察　陳問梅著
20. 中國哲學史大綱　蔡仁厚著
21. 儒家政治思想與民主自由人權　徐復觀著
22. 道墨新詮　光　晟著
23. 中國心性論　蒙培元著

24. 管子思想研究　　徐漢昌著
25. 譚嗣同變法思想研究　　王　樾著
26. 明清之際儒家思想的變遷與發展　　林聰舜著
27. 張載哲學與關學學派　　陳俊民著
28. 明末清初學術思想研究　　何冠彪著
29. 道教新論　　龔鵬程著
30. 儒釋道與中國文豪　　王　煜著
31. 帛書老子校注析　　黃　釗著
32. 中國古代崇祖敬天思想　　王祥齡著
33. 黃老學說與漢初政治平議　　司修武著
34. 近思錄詳註集評　　陳榮捷著
35. 老莊研究　　胡楚生著
36. 莊子氣化論　　鄭世根著
37. 韓非之著述及思想　　鄭良樹著
38. 儒家的生命情調　　戴朝福著
39. 中國文化哲學　　馮滬祥著
40. 朱子學與明初理學的發展　　祝平次著
41. 明末清初理學與科學關係再論　　張永堂著
42. 中華文化的省思　　戴朝福著
43. 老子新校　　鄭良樹著
44. 中國管理哲學及其現代應用　　馮滬祥著
45. 孔子的生命境界──儒學的反思與開展　　蔡仁厚著
46. 仁學　　譚嗣同著，湯志鈞・湯仁澤校注
47. 荀子集釋　　李滌生著
48. 劉宗周及其愼獨哲學　　黃敏浩著
49. 燕園耕耘錄──朱伯崑學術論集(上冊)　　朱伯崑著
50. 燕園耕耘錄──朱伯崑學術論集(下冊)　　朱伯崑著

51. 體用與心性：當代新儒家哲學新論 賴賢宗著
52. 哲學史與儒學論評：世紀之交的回顧與前瞻 蔡仁厚著
53. 歷代聖哲所講論之心學述要 朱維煥述要
54. 老子道德經闡釋 朱維煥著
55. 儒學反思錄 龔鵬程著
56. 全體大用之學：朱子學論文集 朱榮貴著
57. 儒學與儒學史新論 郭齊勇著
58. 周易神話與哲學 李霖生著
59. 良知學的展開──王龍溪與中晚明的陽明學 彭國翔著
60. 道的錯置：中國政治思想的根本困結 林安梧著
61. 儒家思想中的具體性思維 林啓屏著
62. 張載易學與道學：以《横渠易說》及《正蒙》爲主之探討 胡元玲著
63. 新儒家與新世紀 蔡仁厚著
64. 莊子道化的人生哲學 吳順令著
65. 儒學轉向：從「新儒學」到「後新儒學」的過渡 林安梧著
66. 從逆境中靈修──中西逆境哲學 馮滬祥著
67. 中國政治哲學 馮滬祥著
68. 方東美先生的哲學典型 馮滬祥著
69. 人生哲學名言論集 馮滬祥著
70. 中國哲學史 蔡仁厚著
71. 王龍溪哲學系統之建構──以「見在良知」說爲中心 高瑋謙著
72. 劉宗周愼獨之學闡微 胡元玲著
73. 宋代老子學詮解的義理向度 江淑君著
74. 名家與名學：先秦詭辯學派研究 陳癸淼著
75. 荀子思想理論與實踐 周德良著
76. 儒家思想與生態文明 伍鴻宇主編
77. 簡明中國哲學史 趙衛民著

78. 葛洪《抱朴子內篇》與魏晉玄學　李宗定著
79. 儒學反思錄二集　龔鵬程著
80. 王船山《讀孟子大全說》研究　蔡家和著
81. 荀子再探　何淑靜著
82. 全球與本土之間的哲學探索　鄭宗義、林月惠合編
83. 爭論中的莊子主體論　詹　康著
84. 血緣性縱貫軸──解開帝制・重建儒學　林安梧著
85. 天地人和諧──儒家的環境空間倫理與關懷　潘朝陽著
86. 儒家工夫論　吳新成著
87. 中國宗教與意義治療　林安梧著
88. 沈思儒家：儒學儒教的鉤深致遠　潘朝陽著
89. 儒學的現代詮釋與時代關懷　楊自平著
90. 明代老子學詮解的義理向度　江淑君著
91. 實踐儒家：儒學儒教的踐履施行　潘朝陽著
92. 論語聖經譯解：慧命與心法　林安梧著
93. 郭店儒簡〈性自命出〉與儒學禮樂思想的哲學研究　謝君直著
94. 儒政新書　林庭翀著
95. 儒家工夫要義　吳新成著
96. 《歸藏》易──中國失落的開端　趙衛民著
97. 魏晉思想與談風　何啓民著
98. 公孫龍與公孫龍子　何啓民著
99. 竹林七賢研究　何啓民著
100. 儒學之現代解讀：詮釋、對比與開展　張子立著
101. 知性儒家：儒學儒教的知識之路　潘朝陽著
102. 從熊十力到新六藝的思考
──以生活世界爲核心的實踐開展　廖崇斐著
103. 儒學的性格──論語義理論叢續編　戴朝福著

104. 孟子論人之惡根

——當代儒學詮釋所陷之倫理學危機及其解決　　陳士誠著

105. 融通致用的生命實踐——民國《易》學研究　　陳進益著